21世纪高等院校教材·国际贸易系列

INTRODUCTION TO CHINA'S FOREIGN TRADE

中国对外贸易概论

(第2版)

阎志军 主 编
宗永建 副主编

科学出版社
北京

内 容 简 介

改革开放30余年来，在经济迅猛增长的同时，中国对外贸易也飞速发展，已成为货物贸易全球第二大贸易国、第一大出口国和第二大进口国。自加入世界贸易组织以来，中国对对外贸易政策、体制及法规等均进行了一系列调整，已基本实现与国际贸易体系接轨。本书紧密联系中国“入世”10年来对外贸易的发展现实，对中国对外贸易发展情况及有关理论与政策问题进行概述总结。

全书共分为十章，主要内容包括中国对外贸易发展概述、发展对外贸易的理论依据、对外贸易发展战略、对外贸易体制改革、对外贸易管理、对外贸易促进、技术贸易、服务贸易、对外贸易关系、对外贸易的有关问题等。

本书具有篇幅适中、内容新颖、体系完整、贴近实际等特点，并配备教学课件，可作为高等院校国际经济贸易类专业本科学生以及其他经济与管理类专业学生的教材，也可作为国际经济贸易领域相关工作人员的培训用书和参考读物。

图书在版编目(CIP)数据

中国对外贸易概论/阎志军主编. —2版. —北京：科学出版社，2011
21世纪高等院校教材·国际贸易系列
ISBN 978-7-03-032096-4

Ⅰ.①中… Ⅱ.①阎… Ⅲ.①对外贸易-中国-高等学校-教材 Ⅳ.①F752
中国版本图书馆CIP数据核字(2011)第167045号

责任编辑：王伟娟 / 责任校对：陈玉凤
责任印制：徐晓晨 / 封面设计：蕃茄文化

科学出版社出版
北京东黄城根北街16号
邮政编码：100717
http://www.sciencep.com
北京中科印刷有限公司 印刷
科学出版社发行 各地新华书店经销
*
2009年4月第 一 版 开本：720×1000 1/16
2011年8月第 二 版 印张：20
2021年1月第十次印刷 字数：400 000

定价：45.00元

(如有印装质量问题，我社负责调换)

第 2 版前言

进入 2011 年，中国加入世界贸易组织已满 10 个年头。“入世”后的这 10 年不仅是中国经济发展最好最快的 10 年，也是中国积极融入世界，与世界各国实现互利共赢、分享发展成果，为全球经济增长作出巨大贡献的 10 年。中国对外贸易抓住经济全球化带来的重大机遇，克服国际金融危机等因素的不利影响，取得了举世瞩目的发展成就。目前，中国已成为货物贸易全球第一大出口国、第二大进口国和第二大贸易国。展望“十二五”，随着“实施互利共赢的开放战略，进一步提高对外开放水平”理念的贯彻，人们有理由相信，中国对外贸易将会更好更稳健地发展，为中国实现由贸易大国向贸易强国的跨越打下更为坚实的基础。

“中国对外贸易概论”作为一门从宏观层面对中国对外贸易发展实践以及相关政策与战略等进行总结概述的课程，与时俱进是其内在本质性要求。本书在保持第 1 版教材框架体系的基础上，结合近三年来中国对外贸易领域的新变化，对教材有关内容进行了适时更新，以更好地贴近中国对外贸易的发展现实。书中的相关数据资料大都截至 2010 年年底或 2011 年年初。

本书由阎志军担任主编，宗永建任副主编。各章的编写分工是：第一、第四、第五章由阎志军编写，第二、第八、第十章由宗永建编写，第三、第七、第九章由温珺编写；第六章由上海电力学院经济与管理学院王颖编写。全书由阎志军负责统稿并修改定稿。

本书配备教学课件，可作为高等院校国际经济贸易类专业本科学生以及其他经济与管理类专业学生的教材，也可作为国际经济贸易领域相关工作人员的培训用书和参考读物。

在本书编写过程中，我们查阅了大量国内有关教材和专著以及众多机构网站的资料，并引用了其中许多观点和材料，限于篇幅，不能一一注明，在此一并向有关作者和机构表示感谢。囿于编者的学识水平，书中难免存在不足之处，敬请读者批评指正。

编　者

2011 年 4 月于南京理工大学经济管理学院

第1版前言

“中国对外贸易”是国际经济贸易学科的一门重要的基础课程，具有理论性与实践性相结合的明显特色。该课程的主要任务，是从宏观角度阐述中国对外贸易的发展概况、基本理论、政策以及发展战略等。编写一本篇幅适中、体系完整、贴近实际、适合教学的《中国对外贸易概论》教材，是本书的写作宗旨。

本书的特色主要体现在以下几个方面：

第一，反映了中国对外贸易领域的最新变化。中国改革开放已有30个年头，加入世界贸易组织也已满7年，国家对对外贸易政策、体制及有关法律法规等均进行了一系列调整。本书基本上涵盖了中国对外贸易领域的最新变化，相关数据资料大都截至2008年年底。

第二，内容全面，注重联系实际。本书在内容上包括中国对外贸易发展概述、发展对外贸易的理论依据、对外贸易发展战略、对外贸易体制改革、对外贸易管理、对外贸易促进、技术贸易、服务贸易、对外贸易关系、对外贸易的有关问题等。在叙述上，注重紧密联系中国对外贸易发展的实际。

第三，在教材编排上突出内容的内在逻辑关系，阐述及分析力求简明扼要，适合于本科阶段教学需要。各章后均附有一定数量的思考题，便于学生通过练习巩固所学内容。

本书由阎志军担任主编，宗永建任副主编。各章的编写分工是：第一、第四、第五章由阎志军编写，第二、第八、第十章由宗永建编写，第三、第七、第九章由温珺编写，第六章由上海电力学院管理与人文学院王颖编写。全书由阎志军负责统稿并修改定稿。

本书配备教学课件，可作为高等院校国际经济贸易类专业本科学生以及其他经济与管理类专业学生的教材，也可作为国际经济贸易领域相关工作人员的培训用书和参考读物。

在编写过程中，我们查阅了大量国内有关教材和专著以及众多机构网站的资料，并引用了其中许多观点和资料，限于篇幅，不能一一注明，在此一并向有关作者和机构表示感谢。囿于编者的水平，书中难免存在疏漏及错误之处，敬请读者批评指正。

编　者

2009年1月于南京理工大学

目　录

第一章　中国对外贸易发展概述

对外贸易是指一个国家或地区与其他国家或地区之间的商品和服务的交换活动，一个国家的对外贸易包括进口与出口两部分。作为一种历史现象，对外贸易是人类社会发展到一定历史阶段的必然产物。对外贸易的产生需要两个基本条件：一是商品生产与商品交换的出现与扩大，二是作为政治实体的国家的形成。在当今世界全球化潮流中，已经没有一个国家能够完全独立于世界经济之外，而贸易关系则是构成各国经济间最基本联系的纽带。

中国对外贸易的历史源远流长，可以上溯至2000多年前的秦汉时期。闻名于世的“丝绸之路”成为中国早期对外贸易的典型例证。1840年以后，随着鸦片战争的爆发，中国被迫打开国门，进入半殖民地半封建时代，对外贸易完全丧失主权。新中国成立后，社会主义的对外贸易得以建立，中国对外贸易在曲折中前进，走过了一段不平坦的发展历程。改革开放时代的到来，为中国对外贸易的发展翻开了新的一页，中国对外贸易特别是出口贸易增长迅猛，创造了世界贸易发展史上的奇迹。当前，在经济全球化的背景下，中国正在积极转变对外贸易增长方式，为实现由世界贸易大国向世界贸易强国的跨越而努力。

第一节　中国封建社会和半殖民地半封建社会的对外贸易

1949年之前，中国对外贸易的历史大体可分为两个阶段：从西汉时期的张骞通西域到鸦片战争以前的中国封建社会阶段；从鸦片战争爆发到新中国成立以前的半殖民地半封建社会阶段。虽然在古代曾有过“丝绸之路”和南洋海上贸易的辉煌历史，但中国对外贸易在近代却落伍了，产生了一段令人屈辱的历史。回顾这两个阶段的中国对外贸易，有助于我们用历史的眼光来看待新中国成立后，特别是改革开放以来中国对外贸易的发展，深刻理解对外贸易发展与民族复兴的关系。

一、中国封建社会时期的对外贸易

早在公元前20世纪，中国就已进入奴隶社会，已经具备了产生对外贸易的物质条件与社会条件。但由于特殊的地域环境，中国真正意义的对外贸易产生于约2200年前的西汉时期，自“丝绸之路”形成后，大规模的对外贸易活动才开始出现。

1. 秦汉时期

公元前221年秦统一了中国，建立了历史上第一个空前强大的统一国家，这也促进了生产力的发展和对外经济交流。在西汉时期，汉武帝派遣张骞出使西域各国，打通了著名的"丝绸之路"。自此，中国的丝绸、瓷器等特产运到了阿富汗、波斯、叙利亚等国家，并进一步到达地中海各国及其他欧洲国家。当时的地中海东岸一带，是商业十分发达的古罗马帝国（当时中国称之为大秦），中国同古罗马帝国的贸易，就是通过"丝绸之路"进行的。中国输往西域各国的商品，主要是丝织品、皮毛、铁器及其他金属制品，古罗马等国用于交换的主要是香料、药材、宝石、玻璃等物品。中国的丝绸在古罗马等国被视为珍品，古罗马人与古希腊人都称中国为"赛勒斯"，意即丝绸之国。我国古代史书中也曾有罗马使节和商人多次从陆路和海路到达中国的记载。"丝绸之路"不仅是一条商品通道，也是一条文化通道，促进了古代中国与当时西方诸国间的文化交流。当时世界各国对中国的了解，在很大程度上就是从输入中国商品开始的。

2. 唐宋时期

从汉朝末年至隋朝，由于战乱，中国对外交往与贸易常常受到抑制。及至唐朝，中国出现了统一安定的局面，经济文化发展均达到前所未有的程度，成为当时世界上最强盛的国家之一，唐朝都城长安则是世界上最重要的国际贸易中心。许多国家的商人慕名前来开展贸易。唐代的丝织业、陶瓷业和金属铸造业都很发达，其产品成为当时中国的主要出口产品。随着南方地区经济的发展，以及造船业和航海技术的进步，广州、潮州、泉州等主要港口的贸易得到很大发展。唐政府还在广州设置了"市舶司"，以管理对外贸易。

进入宋朝，海上贸易迅速发展，大大超过了陆路贸易，丝织品与瓷器是宋朝最主要的出口产品。在宋朝，管理对外贸易的专门机构是集外交与外贸于一身的"市舶司"。"市舶司"不仅具有海关的某些性质，还直接经营进出口业务。元朝时，由于建立了横跨欧亚大陆的帝国，通往西方各国的陆路与海路交通更加通畅，对促进国内外经济交流发挥了积极作用。同时，元代的对外贸易管理，也比宋朝显得更有条理。

3. 明清时期

明朝初年，由于政局动荡，社会经济尚未恢复，不仅北方的陆路贸易衰落，而且东南沿海地区的对外贸易也因倭寇的骚扰和实行海禁而陷入停滞状态。后来，随着政权的稳定和社会经济的快速发展，明朝恢复了"市舶司"，出现了郑和七次下西洋的壮举。在1405～1433年（跨明朝"永乐"、"洪熙"、"宣德"三个年号），由明政府组织，郑和率领庞大的船队前后七次远航，足迹遍及东南亚、南洋诸岛、阿拉伯半岛和东非一带，与许多国家建立了贸易与外交关系，使中国成为当时世界上最大的海上贸易强国。尽管郑和下西洋的政治目的十分明显，但政治目的需要通过经济贸易和文化交流来实现。郑和船队携带大量中国货物在远航途中进行广泛的贸易活动。中国的丝绸、瓷器、茶叶、金银器皿、铜钱、雨伞、烧珠、樟脑、麝香等物品深受西洋各国的喜爱，西洋的香料、药材、宝石、琥珀以及一些珍稀动植物也被引入中国。郑和船队还将中国的历法、礼仪、度量衡、建筑及生产技术等传到西洋，西洋各国的绘画、雕刻艺术等也传入中国。郑和下西洋要早于 1492 年的哥伦布远航，是中国古代对外贸易史上辉煌的一页。

清朝初期，为防止汉族人从海上组织反击力量，清政府颁布了“禁海令”，使这一时期的对外贸易大大衰落。进入康熙年间，由于政权的稳定与社会经济的发展，“海禁”得以放松。1685 年，清政府宣布限定广州、漳州、宁波和云台山四处为对外通商口岸，并实行严格的管理。1757 年，清政府关闭了其他三个口岸，仅限定广州为唯一的对外通商口岸，这种状况一直延续到 1840 年鸦片战争前夕。清政府采取闭关锁国的政策，对与其他国家的通商持消极态度。乾隆曾言“天朝物产丰盈，无所不有，原不藉外夷货物以通有无”，体现出一种夜郎自大式的自负。鸦片战争前的清朝正值世界贸易迅猛发展时期，而清政府的闭关锁国政策则严重阻隔了中外商品贸易与文化交流以及国内工商业的正常发展，也造成本土民众长期生活在一种闭目塞听、孤陋寡闻的状态之中，为近代中国的贫穷落后埋下了祸根，其教训极为深刻。

回顾整个封建社会时期的对外贸易，其特点主要包括：国家垄断对外贸易；贸易方式长期以“朝贡”贸易为主；丝织品与陶瓷是中国长期的优势出口产品；自给自足的自然经济制约了对外贸易的发展。

二、中国半殖民地半封建社会时期的对外贸易

1. 中国半殖民地半封建社会时期对外贸易概况

随着 1840 年鸦片战争的战败，清政府被迫与英国签订中国近代史上第一个不平等条约——中英《南京条约》。之后，中国又与列强签订了一系列的不平等条约，被迫割让领土，开埠通商，给予列强种种特权，甚至海关管理的权力也被西方列强所控制。西方列强的入侵，使中国传统的闭关自守型的贸易保护政策，被迫转为开放型的自由贸易政策。但这并非中国自主实行的自由贸易与开放，而是列强强加于中国的。中国完全丧失了对外贸易的自主权，对外贸易呈现出典型的半殖民地半封建社会的性质。

抗日战争爆发后，日本侵略者完全控制了其占领区的对外经济关系，并对中国进行对外贸易封锁，使中国无法进口用于抗战的物资。从抗战结束到新中国成立之前，美国又取代日本成为中国最大的贸易伙伴。由于受到内战与国内经济社会动荡的影响，这一时期中国的对外贸易急剧萎缩。据统计，1949 年中国的对

外贸易额仅为 3.38 亿美元，远不及 1919 年的 30.84 亿美元。

2. 中国半殖民地半封建社会时期对外贸易特点

从 1840 年鸦片战争到 1949 年新中国成立的这段历史时期，中国的对外开放程度虽有所提高，对外贸易额虽有所增长，但在经济上却完全丧失了独立自主的地位，对外贸易完全依附于西方列强，表现出以下主要特点：

(1) 对外贸易被帝国主义与官僚买办资产阶级所控制和垄断。帝国主义列强不仅在华取得协定关税的特权，霸占了中国海关的行政管理权，而且其洋行在中国迅速扩张，从而完全控制了中国的对外贸易以及外汇、金融、航运、保险、商检等有关领域。同时，中国的官僚买办资产阶级也开办了各种垄断性的贸易公司，垄断了各类重要物资的进出口，实际上成为西方各国在中国的代理行。

(2) 进出口商品结构完全适应西方列强利益的需要。当时中国的主要出口商品为丝绸、茶叶、桐油、大豆、猪鬃等农副产品与钨、锑等工业原料，而进口产品则为棉织品、毛织品、煤油、汽油、糖果、化妆品等消费品与奢侈品。如此的进出口商品结构，完全适应西方国家在华掠夺资源和对外倾销产品的需要。值得指出的是，19 世纪 90 年代以前，鸦片进口始终居中国进口总值中的第一位，鸦片贸易给中国人民带来了深重的苦难。

(3) 对外贸易长期巨额逆差和不平等交换。1877～1949 年，中国对外贸易年年入超，累计金额达到 64 亿美元，致使白银大量外流，财政陷入困境，加深了中国对于西方列强的屈从与依赖。西方国家还肆意扩大中国进口制成品与出口原材料之间的剪刀差，通过不平等交换，从中国掠走了大量的财富。

(4) 贸易对象主要集中于少数西方大国。在这一时期，中国的贸易对象主要是英国、日本、德国、美国、法国及俄罗斯等国家。自鸦片战争到 19 世纪末，英国在中国对外贸易中几乎处于垄断地位。第一次世界大战以后，日本和美国又分别成为中国的第一和第二大贸易国。第二次世界大战结束后，美国又凭借其特殊地位，成为当时中国最大的贸易对象国。

第二节　新中国成立至党的十一届三中全会前的对外贸易

从 1949 年至今，我国的对外贸易发展可以分为两个阶段：改革开放前的对外贸易和改革开放后的对外贸易。这两个阶段是以 1978 年 12 月召开的党的十一届三中全会为分界点的。在此次会议上，党中央作出了实施改革开放的重大决策。在这两个不同的阶段，对外贸易在我国国民经济中的地位有所不同，发展状况也呈现出显著的差异。

一、社会主义对外贸易的建立

新中国成立后，人民政府立即废除了帝国主义列强在华的一切特权，没收了对外贸易领域中的官僚垄断资本，建立了一批国营对外贸易企业，并对民族资本进出口业实施逐步改造，从而建立起全国统一的社会主义对外贸易。

1. 废除帝国主义列强在中国的一切特权

1949年以前，旧中国除对帝国主义列强割地赔款、开辟租界外，还给予其在华驻军、领事裁判、协定关税、海关管理、内河航行、兴建铁路、设立银行、开办工厂、自由经商等军事、政治和经济特权。中国的主权与领土完整受到严重破坏，对外贸易也丧失了独立自主的地位，沦为半殖民地性质的对外贸易。新中国成立后，我国立即废除帝国主义列强在中国的一切特权，收回长期被外国霸占的海关管理权，取消外国资本在金融、航运、保险、商检、公证、仲裁等方面的垄断权，并对对外贸易实行国家统制，实现了对外贸易的独立自主。

对于外国在中国的进出口企业，我国并未实行没收，而是允许它们在服从政府法令的条件下继续经营。但由于这些企业是依靠帝国主义在华特权起家的，在特权被取消后，特别是在美国及其追随者对新中国实行封锁禁运后，大都申请歇业，或者作价转让给中国政府。自此以后，外国资本在中国设立的进出口企业，基本上停止了经营活动。

2. 没收官僚资本

官僚资本是帝国主义在华的总买办，其依靠国际垄断资本的势力，凭借旧政权的权力，控制了旧中国的金融业、工业、交通运输业、国内贸易和对外贸易。在对外贸易领域，它独占了绝大部分商品的进口和出口。对于这样的官僚资本，人民政府采取了没收的政策。官僚资本的进出口企业与官僚资本的工业企业，在拥有资产的构成上有所不同，前者的主要资产是外汇，后者的主要资产是机器设备和厂房等。官僚资本的进出口企业所拥有的外汇，在人民解放战争进行过程中，已全部被官僚资产阶级卷逃或汇出中国内地。因此，所没收的官僚资本进出口企业的资产是有限的。

3. 建立国营对外贸易企业

新中国成立后，为适应恢复国民经济、发展对外贸易的需要，依靠国家政权与整个社会经济的力量，在山东、东北、华北、华东等解放区对外贸易的基础上，逐步建立起由中央人民政府直接领导的新型国营对外贸易企业，其中有经营对社会主义国家贸易的中国进口公司，有经营对资本主义国家贸易的中国进出口公司，以及中国土产、油脂、茶叶、矿产等国营外贸公司，同时逐步建立与完善其在各地的分支公司。这些公司在成立后，就在国家对外贸易中发挥主导作用。

1950年，国营外贸进出口额占全国进出口总额的比例为68.4%，1952年即上升到92.8%，占有绝对优势。

4. 改造私营进出口业

私营进出口业是建立在生产资料私人所有制基础上的，国家对其实行了利用、限制和改造的政策，将私营进出口企业的经营纳入国家计划的轨道。1956年，在全国公私合营高潮中，私营进出口企业也实行全行业公私合营。合营后，根据社会主义对外贸易工作的需要，对原来的商号立即进行合并改组，参照国营对外贸易公司制度，按行业成立专业性的公私合营公司，也有少数商号直接并入国营对外贸易公司。合营公司已经基本上是社会主义性质的企业。从此，我国对外贸易领域基本上完成了对生产资料私有制的社会主义改造，我国对外贸易已基本上是全民所有制。随着我国进入社会主义初级阶段，社会主义的对外贸易也就全面建立起来了。

二、改革开放前对外贸易的发展

从新中国成立初期到党的十一届三中全会前的这段历史时期，我国对外贸易的发展经历了若干个阶段。其间，受到当时不同历史背景的影响，我国对外贸易的发展过程曲折，各个阶段表现出不同的特征。

1. 国民经济恢复时期（1950～1952年）

新中国建立伊始，经过长期战争创伤，国家工农业生产遭到严重破坏，国民经济濒临绝境。而以美国为首的西方国家又对新中国采取敌视、孤立和封锁禁运的政策。在此态势下，国家提出了恢复国民经济、实施土地改革、进行抗美援朝、开展反封锁禁运斗争的任务。根据这一主要任务，对外贸易承担了组织内外物资交流、帮助调剂供求和稳定市场物价，扶持工农业生产和交通运输的恢复和发展，争取所需物资的进口，支援抗美援朝、保卫国家的斗争，迅速建立和发展同社会主义国家的经贸关系、突破西方国家对中国的封锁禁运等职责。

在这一时期，我国及时进口了大量恢复和发展工农业生产以及交通运输所必需的重要物资和原材料，如钢材、有色金属、化工原料、橡胶、机床、拖拉机、化肥、农药、车辆、船舶、飞机、石油，以及调剂供求和稳定市场所需的棉花、化纤、砂糖、动植物油、纸张、手表等物资；同时，相应组织了农副产品和一些原料产品的出口，如大豆、桐油、茶叶、猪鬃、肠衣、蛋品、厂丝、钨砂、水银及绸缎等。进出口总额从1950年的11.35亿美元，增加到1952年的19.41亿美元，增长了71%，年均增长速度为30.8%。其中，进口额从5.83亿美元增长到11.18亿美元，增长了49.1%，从而成功地突破了西方国家对我国的封锁禁运，并对恢复与发展国民经济、提高工农业生产能力、活跃城乡物资交流、改善人民生活以及支援抗美援朝等各方面，都发挥了积极作用。

2. 第一个五年计划时期（1953～1957年）

从1953年起，我国进入大规模的经济建设时期，国家制定了第一个五年计划。在这一时期，我国国民经济的主要任务是：集中主要力量进行以苏联援建的156个建设项目为中心的工业建设，建立我国社会主义工业化的初步基础。根据以上任务，中央对对外贸易提出的要求是：围绕国家工业化的中心任务，有计划地扩大内外物资交流，积极增加出口，换回我国生产和建设所需的机器、工业器材、原料及其他重要物资，以促进第一个五年计划的全面实现；加强同社会主义国家的经济合作，扩大对社会主义国家的贸易，在有利于我国社会主义建设的条件下，发展同东南亚各国及其他资本主义国家的贸易，增加重要物资的进口。

我国重点发展了同苏联、东欧国家的经济贸易关系，组织进口了苏联的156个大型项目及东欧国家的68个重要项目的物资，以及社会主义工业化所必需的工业器材和原料等。同时，随着外交政策的拓展，我国也发展了同东南亚和西方国家的贸易关系，进口了橡胶等一些重要物资。到1957年，生产资料进口的比重已高达92%，其中仅机械设备一项就高达52.5%。在工农业生产得以恢复和发展的基础上，我国的出口贸易有了很大增长，出口商品结构也发生了较大变化。到1957年，我国出口商品中重工业产品占24.3%，轻工业产品占22.7%，农副产品占53%，除了延续传统农副土特产品的出口外，还增加了多种新商品，特别是发展了工业品出口，如棉纱、棉布、钢材、五金、玻璃、金笔、缝纫机，以及纺织、水泥、造纸、碾米等成套设备，其中有许多商品过去是需要进口的。1957年，我国对外贸易总额为31.03亿美元，较1950年增长了1.73倍，其中进口额为15.06亿美元，增长了1.58倍，出口额为15.97亿美元，增长了1.89倍。自1956年起，我国扭转了多年来的贸易逆差局面，实现了进出口贸易出超。

3. 第二个五年计划及国民经济调整时期（1958～1965年）

在第二个五年计划时期，对外贸易的任务是有计划地组织有关物资的出口，以保证国家建设所必需的设备与器材的进口，保证进出口物资的平衡。但在1958～1959年，在所谓“大跃进”的口号下，对外贸易也出现了违背经济规律的“大进大出”的高指标和高速度，致使出现大幅度波动，1959年的进出口总额猛增到43.81亿美元，较1957年增长了41.2%。1960年开始发生“三年自然灾害”，全国经济出现严重下滑，加之中苏关系恶化，对外贸易出现连续三年的下降。1962年的进出口总额降为26.63亿美元，比1959年减少39.2%，大体退到了1954年的水平。这是新中国对外贸易经历的第一次较大的挫折。

1961年召开的党的八届九中全会确定对国民经济实行调整、巩固、充实、提高的方针后，我国国民经济进入调整时期。为适应国际形势的变化，克服国内经济困难，我国对外贸易的方向开始从苏联与东欧国家逐步转向西方发达资本主义国家，从这些国家进口了大量的粮食、食糖、动植物油、棉花、化纤、化肥等支援国内市场和农业生产的重要物资。其中，消费资料的进口比重从1959年的4.3%，上升到1965年的33.5%（1962年、1963年、1964年分别为44.8%、44.0%、44.5%）。这对于缓解国内经济困难、稳定市场供应和保障人民生活发挥了重大作用。

为了抵偿从西方国家的进口，我国改进了出口商品的生产工艺，使商品的品质、规格、花色、品种等适应资本主义国家市场的需要，迅即在日本、西欧等国家和地区的市场打开了销路。除新增加出口搪瓷制品、球鞋、皮件、闹钟、洗衣粉、涤纶布、珠宝首饰等外，原已出口的棉纱、棉布、针棉织品、罐头、缝纫机、自行车等商品的出口数量大幅度攀升。重工业产品出口也有所增长，增加了部分化工产品和拖拉机、工具、小五金、煤炭等的出口。到1965年，出口总额已恢复到22.28亿美元，接近1949年以来的最高水平，并提前还清了对苏联的全部债务，进出口总额上升到42.45亿美元，接近1959年的水平，较1962年增长了61.84%，年均增长达16.8%。在这一时期，我国已与世界上100多个国家和地区建立了贸易关系。

4. “十年动乱”与拨乱反正时期（1966～1978年）

“十年动乱”时期正值我国第三、第四个五年计划时期。从1966年开始的“文化大革命”使国民经济遭到重大破坏，也使中国对外贸易陷入倒退和徘徊不前的境地。1969年，对外贸易总额仅为40.29亿美元，比1966年下降了12.7%，甚至低于1959年的水平。1970年以后，国民经济有所恢复，特别是1971年中国恢复了在联合国大会的合法席位，1972年后又相继与日本、美国、联邦德国等西方主要发达国家建立了正常的外交关系和经贸关系，促进了对外贸易的发展。1975年，进出口总额达到147.5亿美元，开创了新中国成立以来的最高水平，比1970年的45.86亿美元增长了2.22倍，年均增长率高达26.3%。但总体上，这一时期中国对外贸易发展仍是低水平的。1975年后，所谓的“批邓、反击右倾翻案风”运动又使中国的政治与经济形势陷入混乱，国民经济再次大幅度下滑，对外贸易的上升势头又遭重挫。1976年的进出口总额仅为134.33亿美元，比1975年下降了8.9%，在世界主要贸易体中排名下降到第34位，低于中国香港、中国台湾等“亚洲四小龙”。其间，中国从1973年开始出口石油，从1975年起石油成为出口创汇最多的商品。

1976年10月，我国结束了历时十年的“文化大革命”，开始拨乱反正。但在这一时期，“左”的影响仍然存在，冒进、急于求成的指导思想依然盛行，还在左右着经济建设的方针、政策。1977年11月召开的全国计划工作会议，仍然对我国工业发展提出了很高的目标：到20世纪末，工业主要产品产量分别接近、达到或超过世界先进国家，工业生产的主要部分实现自动化，主要产品的各项经济技术指标接近或达到世界先进水平。为实现上述目标，新一轮的大规模投资在所难免，并且由于工业发展的目标是要赶超世界先进水平，仅依靠国内自身力量，在不到1/4世纪的时间内是难以实现的，必须从国外引进发展要素。

结果，当时被列为重点行业的冶金、煤炭、化工等部门，都提出了以引进项目为核心的发展规划。1978年，对外签约引进的项目价值高达78亿美元，再加上国内配套资金，如此大的引进规模大大超出了国家的财力范围。1979年，政府实事求是地总结了经济工作的失误和教训，及时调整了工业生产的增长速度，停建、缓建了一批建设项目，其中也包括一些引进项目。但由于建设规模已经展开，引进项目已经签约，从1978年起，我国工业仍以大规模引进为轴心，展开大规模的建设。

第三节　改革开放以来中国的对外贸易①

1978年12月召开的党的十一届三中全会作出了实行改革开放的重大决策，中共中央在总结历史经验和研究当代世界经济特点的基础上，将对外开放作为中国的一项基本国策，提出要“在自力更生的基础上，积极发展同世界各国平等互利的经济合作，努力采用世界先进技术和先进设备”。其后，又提出在经济建设中要利用两种资源、开发两个市场、学会组织国内经济建设和发展对外经济关系两套本领，从而确立了对外贸易在新的历史时期的重要战略地位。

进入改革开放新时期后，我国持续进行经济体制改革，国民经济迅速发展，对外贸易也随之步入一个新的发展时期，走上了一条持续快速发展的轨道。2001年12月加入世界贸易组织，为中国经济进一步融入全球化提供了新的、更大的机遇，也为中国对外贸易的发展提供了新的契机。“入世”以来，中国对外贸易特别是出口贸易连年高速增长，发展成就为全球所瞩目。本节将主要从对外贸易规模、对外贸易商品结构、对外贸易市场结构、对外贸易企业结构、对外贸易地区结构及对外贸易方式等几个方面，来考察改革开放后尤其是加入世界贸易组织以来中国对外贸易的发展情况。

一、对外贸易规模迅速扩大，增长率高于国内生产总值及世界贸易增长率

对外贸易规模通常用一定时期内一国的进出口贸易额、出口贸易额和进口贸易额来表示。从表1-1可以看出，改革开放前夕的1978年，中国进出口贸易额仅为206.4亿美元，2007年已提升到21 738.3亿美元，增长了104倍，年均增长17.4%；出口贸易额由1978年的97.5亿美元，增加到2007年的12 180.1亿

① 如无特别说明，本节的对外贸易指货物贸易，有关中国服务贸易的情况将在本书第八章中讨论

美元，增长了124倍，年均增长18.1%；进口贸易额从1978年的108.9亿美元，增加到2007年的9 558.2亿美元，增长了87倍，年均增长17.1%。

同样可以看出，加入世界贸易组织后的前6年（2001～2007年），是我国改革开放以来对外贸易增长最快、增速最为稳定的时期。我国进出口总额从2001年的5 097.7亿美元，增加到2007年的21 738.3亿美元，年均增长27.3%，其中出口和进口分别从2 661.5亿美元和2 436.1亿美元，增加到12 180.1亿美元和9 558.2亿美元，年均分别增长28.8%和25.6%。这说明加入世界贸易组织对我国对外贸易增长的积极效应已得以充分体现。2008年爆发的国际金融危机，给我国对外贸易发展带来严峻挑战，2009年的进出口贸易额、出口贸易额及进口贸易额均出现大幅下降，这是改革开放以来罕见的。进入2010年，我国克服了国际金融危机带来的巨大冲击，对外贸易规模实现恢复性发展，全年进出口总值为29 727.6亿美元，同比增长34.7%，其中出口15 779.3亿美元，增长31.3%，进口13 948.3亿美元，增长38.7%。

中国对外贸易的增长速度不仅高于同期国内生产总值（GDP）的增长速度（8%～10%），也大大高于世界贸易的平均增长速度（约为7%）。由于对外贸易的持续增长，特别是出口贸易的急剧扩张，中国在世界贸易中的地位不断攀升。1978年，中国出口贸易额在世界出口贸易总额中仅占0.75%，居第32位。根据世界贸易组织发布的《2007年世界贸易统计》，中国在该年度为世界第三大贸易国，其中出口贸易额已超越美国，占世界出口总值的8.8%，成为世界第二大出口国。进入2009年，在国际金融危机的不利影响下，中国进一步跃升为世界第二大贸易国、第一大出口国和第二大进口国，并在2010年得以保持。对外贸易额从千亿迈上万亿美元的大台阶，中国只用了16年。而同样是该项数字，日本用了30年，德国用了25年，美国用了20年。因此，说改革开放后中国对外贸易的发展创造了世界贸易史上的奇迹，其实并不为过。

中国出口贸易的迅猛增长，使得对外贸易顺差越来越显著。考察表1-1中的“贸易差额”一栏，可知在1981～1990年这10年，我国对外贸易整体呈逆差局面，逆差最高的年份为1985年，逆差额为149亿美元，顺差最高的年份为1990年，顺差额为87.4亿美元。而在1991～2000年这10年，除1993年存在贸易逆差122.2亿美元外，其余年份均为顺差。进入21世纪后，我国贸易顺差的增加趋势明显，2001～2010年，贸易顺差累计达到13 265.3亿美元，其中2008年一年贸易顺差就接近3000亿美元。中国的贸易顺差基本上来自加工贸易特别是其中的进料加工业务，一般贸易和其他贸易方式则大体处于逆差状态。贸易顺差的大幅增加，为我国的外汇积累发挥了决定性作用。2006年，中国已超过日本成为全球外汇储备最多的国家，截至2011年3月末，我国外汇储备余额已首次突破3万亿美元。

表 1-1　1978～2010 年中国进出口贸易额及增长率

年份	进出口		出口		进口		贸易差额/亿美元
	进出口额/亿美元	增长率/%	出口额/亿美元	增长率/%	进口额/亿美元	增长率/%	
1978	206.4	39.4	97.5	28.4	108.9	51.0	－11.4
1979	293.3	42.0	136.6	40.2	156.8	43.9	－20.2
1980	378.2	28.9	182.7	33.8	195.5	24.7	－12.8
1981	440.2	16.4	220.1	20.4	220.2	12.6	－0.1
1982	416.1	－5.5	223.2	1.4	192.9	－12.4	30.3
1983	436.2	4.8	222.3	－0.4	213.9	10.9	8.4
1984	535.5	22.8	261.4	17.6	274.1	28.1	－12.7
1985	696.0	30.0	273.5	4.6	422.5	54.1	－149.0
1986	738.5	6.1	309.4	13.1	429.0	1.5	－119.6
1987	826.5	11.9	394.4	27.5	432.2	0.7	－37.8
1988	1 027.8	24.4	475.2	20.5	552.7	27.9	－77.5
1989	1 116.8	8.7	525.4	10.6	591.4	7.0	－66.0
1990	1 154.4	3.4	620.9	18.2	533.5	－9.8	87.4
1991	1 357.0	17.6	719.1	15.8	637.9	19.6	81.2
1992	1 655.3	22.0	849.4	18.1	805.9	26.3	43.5
1993	1 957.0	18.2	917.4	8.0	1 039.6	29.0	－122.2
1994	2 366.2	20.9	1 210.1	31.9	1 156.2	11.2	53.9
1995	2 808.6	18.7	1 487.8	23.0	1 320.8	14.2	167.0
1996	2 898.8	3.2	1 510.5	1.5	1 388.3	5.1	122.2
1997	3 251.6	12.2	1 827.9	21.0	1 423.7	2.5	404.2
1998	3 239.5	－0.4	1 837.1	0.5	1 402.4	－1.5	434.7
1999	3 606.3	11.3	1 949.3	6.1	1 657.0	18.2	292.3
2000	4 743.0	31.5	2 492.0	27.8	2 250.9	35.8	241.1
2001	5 097.7	7.5	2 661.5	6.8	2 436.1	8.2	225.4
2002	6 207.9	21.8	3 255.7	22.3	2 952.2	21.2	303.5
2003	8 512.1	37.1	4 383.7	34.6	4 128.4	39.9	255.3
2004	11 547.9	35.7	5 933.7	35.4	5 614.2	36.0	319.5
2005	14 221.2	23.2	7 620.0	28.4	6 601.2	17.6	1 018.8
2006	17 606.9	23.8	9 690.7	27.2	7 916.1	20.0	1 774.6

续表

年份	进出口		出口		进口		贸易差额/亿美元
	进出口额/亿美元	增长率/%	出口额/亿美元	增长率/%	进口额/亿美元	增长率/%	
2007	21 738.3	23.5	12 180.1	25.7	9 558.2	20.8	2 622.0
2008	25 616.3	17.8	14 285.5	17.2	11 330.9	18.5	2 954.6
2009	22 072.7	−13.9	12 016.6	−16.0	10 056.0	−11.2	1 960.6
2010	29 727.6	34.7	15 779.3	31.3	13 948.3	38.7	1 831.0
2011 1～3月	8 003.1	29.5	3 996.4	26.5	4 006.6	32.6	−10.2

资料来源：商务部网站（http：//www.mofcom.gov.cn）

改革开放以来，中国对外贸易增速连续多年高于同期GDP增速，导致对外贸易依存度也在不断升高。对外贸易依存度是指一国的进出口贸易额与其国内生产总值的比值，即对外贸易依存度＝（进口额＋出口额）/GDP，该指标可用于衡量一国经济对国际市场依赖程度的高低。1978年，中国的对外贸易依存度仅为10.7%。世界银行的资料显示，2004年美国的对外贸易依存度为24%，日本为22%，俄罗斯为57%，印度为42%，巴西为31%，中国则达到75%，不仅显著高于同属“金砖四国”（BRIC）的印度、巴西、俄罗斯，更远高于美国、日本这些世界一流发达国家。对于中国这样一个发展中大国，过高的外贸依存度既表明经济开放度高，对外贸易对国民经济发展的促进作用大，同时也表明中国经济发展过于依赖国际市场，容易受到国际环境中不利因素的冲击，2008年国际金融危机的影响即印证了这一点。

二、对外贸易商品结构不断优化

对外贸易商品结构，即进出口商品结构，是指一定时期内一国对外贸易中各类商品的组成，即某类商品的进出口贸易额与进出口贸易总额的比值。它可以反映一国的经济发展水平、产业结构状况及第三产业的发展水平。目前，国际通行的对进出口商品的分类是按照《国际贸易标准分类》（SITC）进行的，将进出口商品整体上分为初级产品和工业制成品两大类。

初级产品（primary products）是指未经过加工或只经过初步加工的产品，按SITC可以划分为五类：①食品及活动物（foodstuff and livestock）；②饮料及烟类（beverage and tobacco）；③非食用原料（燃料除外）（non-edible materials（excluding fuels））；④矿物燃料、润滑油及有关原料（fossil fuel，lubricant and other related materials）；⑤动植物油、脂及蜡（animal and vegetable oil，fat and wax）。

工业制成品（manufactured products）是指由工业部门对初级产品进行加工或再加工所得的产品，包括中间产品和最终产品，按 SITC 具体又可划分为五类：①化学成品及有关产品（chemicals and related products）；②按原料分类的制成品（manufactured products classified by raw materials）；③机械及运输设备（machinery and transportation equipment）；④杂项制品（sundry）；⑤未分类的商品（others）。

2010 年我国的进出口商品结构见表 1-2。

表 1-2 2010 年中国进出口商品结构

商品构成（按 SITC 分类）	出口		进口	
	金额/亿美元	同比/%	金额/亿美元	同比/%
总值	15 779.3	31.3	13 948.3	38.7
一、初级产品	817.2	29.5	4 325.6	49.3
0 类 食品及活动物	411.5	26.1	215.7	45.4
1 类 饮料及烟类	19.1	16.2	24.3	24.3
2 类 非食用原料（燃料除外）	116.0	43.2	2 111.2	49.4
3 类 矿物燃料、润滑油及有关原料	267.0	31.1	1 887.0	52.1
4 类 动植物油、油脂及蜡	3.6	12.4	87.4	14.4
二、工业制成品	14 962.1	31.4	9 622.7	34.4
5 类 化学成品及有关产品	875.9	41.2	1 496.3	33.5
6 类 按原料分类的制成品	2 491.5	34.8	1 311.1	21.7
7 类 机械及运输设备	7 803.3	32.2	5 495.6	34.8
8 类 杂项制品	3 776.8	26.0	1 135.2	33.3
9 类 未分类的商品	14.7	−10.8	184.4	457.5

资料来源：中国海关统计（http：//www.customs.gov.cn）

在进出口贸易规模迅速扩大的同时，中国的进出口商品结构也在不断改善，特别是出口商品结构得以明显优化。改革开放初期的 1980 年，我国初级产品出口占总出口的比重为 53.4%，工业制成品的出口比重为 46.6%，几乎各占半壁江山，出口结构明显不够优化。为此，在第七个五年计划中，国家提出了新的出口商品战略，即我国出口商品结构要“逐步由主要出口初级产品向主要出口制成品转变，由主要出口粗加工制成品向主要出口精加工制成品转变”。1990 年“七五”计划完成时，初级产品的出口比重下降到 25.6%，工业制成品的出口比重提高到 74.4%，表明出口商品结构顺利实现了从以出口初级产品为主向以出口工业制成品为主的转变。经过“八五”、“九五”和“十五”计划，我国出口商品结构中初级产品的比重连续大幅度下降，工业制成品出口占据了绝对的主导地位。1995 年，两者出口所占比重分别为 14.4%和 85.6%，2000 年各为 10.2%和 89.8%，2005 年各为 6.4%和 93.6%。在“十一五”规划完成的 2010 年，我国对外贸易出口额中的 94.7%为工业制成品，初级产品出口仅占 5.3%。

依照通行的初级产品、工业制成品两大类划分法将中国出口商品结构与其他世界主要贸易国进行比较，中国出口工业制成品的比重不仅高于同属发展中国家的巴西等国，而且高于美国等主要发达国家。但这并不意味着我国出口商品结构已经实现升级，达到了发达国家的出口结构高度。进一步分析工业制成品的构成可知，在我国的工业制成品出口中，相当比例的产品还属于劳动密集型、低技术、低附加值的产品，与发达国家的技术资本密集型、高附加值产品还难以相比。我国出口商品结构优化升级仍然任重道远。

迄今，在我国出口商品结构的提升过程中，曾先后出现过两次大的跨越。1986 年，纺织服装取代石油成为我国第一大类出口商品，标志着我国以资源为主的出口商品结构，向以劳动密集型制成品为主的出口商品结构转变；第二次跨越发生在 1995 年，机电产品的出口比重上升到 29.6%，超过纺织服装的出口比重，首次成为我国最大类的出口商品。

机电产品（machinery and electronics）是机械、电工电器、仪器仪表、运输工具、电子等产品（包括成套设备、机组、单机、零部件等）的总称。按 SITC 分类，机电产品包括专用工业机械、办公及电信设备、汽车、其他机械及运输设备、家用电器等类。机电产品具有加工层次多、附加值大、配套性强、协作面广、结构复杂、技术密集、多次及耐久的使用性等特性，其国际市场容量巨大，出口前景广阔。近些年来，我国机电产品出口总值连年增长，2010 年，其出口额为 9334.3 亿美元，占我国出口总值的比重已达 59.2%。作为资本和技术密集型产品，机电类产品已成为我国出口商品结构中的一个新支柱。

当前，我国出口商品结构正在经历的第三次跨越，以电子信息技术为代表的高新技术产品（high-tech product）出口的高速增长为标志。进入 21 世纪以来，高新技术产品出口越来越显示出活跃的生命力，正成为推动我国出口贸易发展的新亮点，2000 年，我国高新技术产品出口额为 370.4 亿美元，占出口总额的比重为 14.9%；2010 年，高新技术产品出口已达 4924.1 亿美元，占出口总额的比重提高到 31.2%。高新技术产品主要涉及计算机与通信技术、生命科学技术、电子技术、计算机集成制造技术、航空航天技术、光电技术、生物技术、材料技术等领域。目前，我国高新技术产品出口主要以计算机与通信技术产品和电子技术产品为主，两者合计占我国高新技术产品出口总额的 90%左右。

必须指出的是，我国出口的大部分机电产品及高新技术产品，是由在华外商投资企业以加工贸易方式完成的。因此，并不能依据我国现有出口商品结构来简单判定中国产业在国际分工及全球产业链中的位置。

改革开放以来，与出口商品结构相比，我国进口商品结构的变化相对较小。1985年，初级产品的进口比例为17.1%，工业制成品为82.9%。进入20世纪90年代后，初级产品的进口比重呈现上升态势。并且，越是国内经济增长形势好的年份，初级产品进口的增幅就越明显。1994～2010年，初级产品的进口比重明显提高，由14.23%提高到31.01%，增长近17个百分点。初级产品进口比重提高，又主要体现在非食用原料（燃料除外）和矿物燃料、润滑油及有关原料这两类上。前者从6.43%提高到15.14%，后者从3.49%提高到13.53%。2010年，这两类产品的进口合计占初级产品总进口的比例为92.4%。这说明，随着近年来中国经济的发展和加工制造能力的扩大，其对外部资源的依赖程度也在提高，如在2010年，中国原油的进口量就高达2.39亿吨。在工业制成品的进口上，最大类别是机械及运输设备，2010年该类产品的进口占工业制成品总进口的比例为57.11%（表1-2）。那些国内技术与生产能力已逐步完善的产品（如摩托车、家用电器、个人电脑等），其进口已大幅度下降。

三、多元化的对外贸易市场结构正在形成

对外贸易市场结构也称对外贸易地区分布或国别构成，是指一定时期内各个国家或国家集团在一国对外贸易中所占的地位，通常以它们各自的进口额、出口额、进出口额分别占该国进口总额、出口总额、进出口总额的比重来表示。对外贸易市场结构表明一国出口货物的去向与进口货物的来源，从而反映一国与其他国家或国家集团之间经贸联系的紧密程度。

改革开放后，特别是20世纪90年代以来，全方位协调发展的国别地区政策使中国与世界各国与地区的贸易关系有了突飞猛进的发展。1980年，与中国存在贸易关系的国家和地区有180个左右。到了2001年，我国已经与世界220多个国家与地区建立了经贸关系，且进出口市场由主要集中于发达国家朝全球化方向转变，正在形成多元化的市场格局。我国对前10大出口市场的依赖程度从1995年的92.2%，下降到2000年的88.9%，2010年又进一步降到80.4%，下降幅度明显。

1998年，我国的前10位贸易伙伴依次为日本、美国、欧盟、中国香港、东盟、韩国、中国台湾、澳大利亚、俄罗斯、加拿大。到了2010年，按双边贸易额大小排序，我国的前10位贸易伙伴已变为欧盟、美国、日本、东盟、中国香港、韩国、中国台湾、澳大利亚、巴西及印度，与这10位贸易伙伴的贸易额合计占中国当年对外贸易总额的75.7%。其中，与最大贸易伙伴欧盟的双边贸易额为4797.1亿美元，对前7位贸易伙伴的贸易规模均超过1000亿美元。

2010年我国前10位出口市场和前10位进口来源地分别见表1-3和表1-4。

表 1-3　2010 年中国前 10 位出口市场

排序	国别（地区）	1～12 月金额/亿美元	同比/%	占比/%	占比变化
总值		15 779.3	31.3	100.0	0.0
1	欧盟	3 112.4	31.8	19.7	0.0
2	美国	2 833.0	28.3	18.0	−0.4
3	中国香港	2 183.2	31.3	13.8	0.0
4	东盟	1 382.1	30.1	8.8	0.0
5	日本	1 210.6	23.7	7.7	−0.4
6	韩国	687.7	28.1	4.4	−0.1
7	印度	409.2	38.0	2.6	0.1
8	中国台湾	296.8	44.8	1.9	0.2
9	俄罗斯	296.1	69.0	1.9	0.4
10	澳大利亚	272.3	31.9	1.7	0.0
	小 计	12 683.4	30.8	80.4	−0.2

资料来源：中国海关统计（http：//www. customs. gov. cn）

表 1-4　2010 年中国前 10 位进口来源地

排序	国别（地区）	1～12 月金额/亿美元	同比/%	占比/%	占比变化
总值		13 948.3	38.7	100.0	0.0
1	日本	1 767.1	35.0	12.7	−0.3
2	欧盟	1 684.8	31.9	12.1	−0.6
3	东盟	1 545.7	44.8	11.1	0.5
4	韩国	1 384.0	35.0	9.9	−0.3
5	中国台湾	1 156.9	35.0	8.3	−0.2
6	美国	1 020.4	31.7	7.3	−0.4
7	澳大利亚	608.7	54.1	4.4	0.5
8	巴西	380.9	34.7	2.7	−0.1
9	沙特阿拉伯	328.1	39.2	2.4	0.1
10	俄罗斯	258.4	21.7	1.9	−0.2
	小 计	10 135.0	36.3	72.7	−1.2

资料来源：中国海关统计（http：//www. customs. gov. cn）

2010 年，中国的前 10 位顺差来源地依次为中国香港、美国、荷兰、英国、印度、意大利、阿拉伯联合酋长国、越南、巴拿马、西班牙，其中，对中国香港和美国的贸易顺差较为明显，分别为 2060.6 亿美元和 1812.7 亿美元，对后 8 位贸易伙伴的贸易顺差则均未超过 500 亿美元。前 10 位贸易逆差来源地依次为中国台湾、韩国、日本、澳大利亚、马来西亚、沙特阿拉伯、安哥拉、瑞士、巴西、泰国，对它们的贸易逆差均超过100亿美元，其中，对中国台湾、韩国及日本的贸易逆差较为明显，分别为860.2亿美元、696.3亿美元和556.5亿美元。

四、对外贸易企业结构趋向多元，外商投资企业成为出口主力

对外贸易企业结构，是指一定时期内各类企业在一国对外贸易中的地位，可以用它们各自的进口额、出口额、进出口额分别占该国进口总额、出口总额、进出口总额的比重来表示。对外贸易企业结构反映了一国内部各类企业在该国对外贸易中的相对重要性。

中国的对外贸易额，是通过具体进出口企业的经营实现的。在传统计划经济体制下，中国对外贸易几乎全部由国家外贸专业总公司独家垄断经营，对外贸易领域所有制结构呈单一公有制。实行改革开放以来，我国对外贸易经营主体逐步实现多元化，对外贸易领域单一公有制的所有制格局被打破。1979年以后，我国赋予外商投资企业自营进出口权；1999年后，国家又赋予私营企业自营进出口权；自2004年7月1日起，随着修订后的《中华人民共和国对外贸易法》（以下简称《对外贸易法》）的实施，任何企业、组织及个人均可依法从事对外贸易经营活动。目前，我国的对外贸易企业可划分为国有企业、外商投资企业和其他企业（主要包括集体企业与私营企业）三类。

2010年我国各类企业的进出口状况，如表1-5所示。

表1-5　2010年中国进出口企业结构

企业性质	出口		进口	
	金额/亿美元	同比/%	金额/亿美元	同比/%
总值	15 779.3	31.3	13 948.3	38.7
国有企业	2 343.6	22.7	3 875.6	34.3
外商投资企业	8 623.1	28.3	7 380.0	35.3
其他企业	4 812.6	42.2	2 692.7	56.6
集体企业	498.5	23.0	349.4	31.7
其他	4 314.1	44.8	2 343.3	61.1

资料来源：中国海关统计（http：//www.customs.gov.cn）

20世纪80年代中期以后，外商投资企业的出口贸易增长速度一直领先于全国出口贸易的增长速度，外商投资企业出口占我国出口总额的比重不断提高。1995年，外商投资企业出口比重为31.5%，2001年首次突破50%，占据了中国出口贸易的半壁江山。2002年至今，外商投资企业出口在我国出口贸易总额中的比例，一直保持在50%以上，2010年该比例为54.6%。在2009年我国出口额最大的200家企业中，外商投资企业占了153家，其出口额占全国200强出口总

额的 77.8%。表 1-6 和表 1-7 分别列出了 2009 年我国出口额最大的前 20 家企业和进出口额最大的前 20 家企业名单，外商投资企业在其中均占据相当比重。

表 1-6 2009 年中国出口额最大的前 20 家企业名单

排 名	公司名称	出口/亿美元
1	达丰（上海）电脑有限公司	217.57
2	鸿富锦精密工业（深圳）有限公司	132.06
3	仁宝信息技术（昆山）有限公司	88.99
4	富泰华工业（深圳）有限公司	87.97
5	诺基亚（中国）投资有限公司	83.53
6	纬新资通（昆山）有限公司	71.63
7	华为技术有限公司	69.90
8	名硕电脑（苏州）有限公司	63.48
9	中国船舶工业贸易公司	63.11
10	中国石油天然气集团公司	52.77
11	鸿富锦精密电子（烟台）有限公司	51.65
12	英顺达科技有限公司	51.09
13	英源达科技有限公司	50.13
14	中国石油化工股份有限公司	42.72
15	群康科技（深圳）有限公司	39.60
16	中国机械工业集团公司	39.60
17	鸿富泰精密电子（烟台）有限公司	39.05
18	昌硕科技（上海）有限公司	38.92
19	惠州三星电子有限公司	38.67
20	中兴通讯股份有限公司	35.81

资料来源：商务部网站（http：//www.mofcom.gov.cn）

表 1-7 2009 年中国进出口额最大的前 20 家企业名单

排 名	公司名称	进出口/亿美元	出口/亿美元	进口/亿美元
1	中国石油化工股份有限公司	551.58	42.72	508.86
2	中国石油天然气集团公司	270.99	52.77	218.22
3	达丰（上海）电脑有限公司	255.32	217.57	37.75
4	鸿富锦精密工业（深圳）有限公司	233.57	132.06	101.51
5	富泰华工业（深圳）有限公司	162.84	87.97	74.87
6	中国中化集团公司	140.74	21.88	118.86
7	诺基亚（中国）投资有限公司	111.68	83.53	28.15

续表

排名	公司名称	进出口/亿美元	出口/亿美元	进口/亿美元
8	仁宝信息技术（昆山）有限公司	103.51	88.99	14.52
9	华为技术有限公司	96.25	69.90	26.35
10	鸿富锦精密电子（烟台）有限公司	89.55	51.65	37.90
11	名硕电脑（苏州）有限公司	87.85	63.48	24.37
12	纬新资通（昆山）有限公司	79.04	71.63	7.41
13	中国海洋石油总公司	75.46	14.92	60.54
14	中国船舶工业贸易公司	75.29	63.11	12.18
15	中国第一汽车集团	73.64	2.40	71.24
16	苏州三星电子液晶显示器有限公司	66.33	17.34	48.99
17	惠州三星电子有限公司	65.67	38.67	27.00
18	群康科技（深圳）有限公司	61.86	39.60	22.26
19	英顺达科技有限公司	59.59	51.09	8.50
20	中国通用技术（集团）控股有限责任公司	59.23	12.67	46.56

资料来源：商务部网站（http：//www.mofcom.gov.cn）

值得注意的是，自 1999 年 1 月国家取消对非公有制经济从事对外贸易经营的限制以来，私营企业迅速成长为我国对外贸易领域一支重要的力量。在 2009 年中国出口额最大的 200 家企业中，私营企业为 5 家。目前，私营进出口企业队伍不断发展壮大，经营规模逐步提高，抗风险能力进一步增强。作为对外贸易的新生力量，私营企业以其灵活的经营机制、多样化的经营方式及开创性的经营理念，在我国进出口贸易中发挥着越来越重要的作用。根据 2007 年的贸易统计，私营企业的出口贸易额已经超过国有企业，占到我国出口贸易总额的 20.3%。根据 2010 年的海关统计（表 1-5），在“其他企业”项下，主要包含私营企业的“其他”的出口已占我国出口贸易总额的 27.3%。

五、沿海省市在对外贸易地区结构中的地位显著

对外贸易地区结构，即一定时期内一国国内的各个地区在该国对外贸易中的地位，可以用这些地区各自的进口额、出口额、进出口额分别占该国进口总额、出口总额、进出口总额的比重来表示。对外贸易地区结构反映了一国内部的各个区域在该国对外贸易中的相对重要性。

在开展对外贸易的地区构成上，改革开放以来，由于在地理位置、交通、通信及利用外资和经济发展等方面的明显优势，沿海省市成为中国发展对外贸易的主要基地。1995 年，我国进出口额最大的 10 个省市依次是广东、北京、上海、江苏、福建、山东、辽宁、浙江、天津和河北，其进出口额合计为 2467 亿美元，

占当年我国外贸总额的87.8%，与1990年大体持平，而其余20个省区仅占我国外贸总额的12.2%。2000年，我国进出口额最大的10个省市依次为广东、上海、北京、江苏、浙江、山东、福建、辽宁、天津和河北，其中除河北省外，其他9个省市的对外贸易额均超过100亿美元。

进入21世纪后，中国对外贸易呈进一步集中于沿海地区的态势。2010年，我国进出口额最大的前10位省市依次为广东、江苏、上海、浙江、山东、北京、福建、辽宁、天津和河北，它们合计占中国当年外贸总额的90.2%，其中前7位省市的外贸规模均超过1000亿美元，广东省更是一枝独秀，外贸额达到8337.4亿美元，较列第2位的江苏省高出近3350亿美元。而其他21个省区市（1997年，我国设立重庆直辖市）合计仅占中国当年外贸总额的9.8%，与沿海省市相比在发展对外贸易方面的差距进一步拉大。表1-8列出了2010年我国前10位出口省市及前10位进口省市，它们均集中于我国沿海地区。如何发挥我国中西部省区市在发展对外贸易方面的潜力，缩小其与沿海省市的差距，是有待解决的课题之一。

表1-8　2010年中国前10位出口省市和前10位进口省市

排序	省市	出口金额/亿美元	全国出口份额/%	同比/%	排序	省市	进口金额/亿美元	全国进口份额/%	同比/%
	总值	15 779.3	100.0	31.3		总值	13 948.3	100.0	38.7
1	广东	4 671.9	29.6	28.9	1	广东	3 665.5	26.3	36.0
2	江苏	2 814.6	17.8	35.7	2	江苏	2 173.0	15.6	37.0
3	浙江	2 009.6	12.7	36.1	3	上海	1 921.6	13.8	40.0
4	上海	1 732.8	11.0	27.4	4	山东	1 145.5	8.2	41.7
5	山东	1 103.2	7.0	33.4	5	浙江	862.0	6.2	36.7
6	福建	666.2	4.2	30.4	6	北京	799.7	5.7	38.0
7	辽宁	429.7	2.7	31.3	7	天津	538.9	3.7	29.4
8	天津	378.0	2.4	24.5	8	辽宁	522.8	3.7	40.8
9	北京	307.4	1.9	5.4	9	福建	439.2	3.1	45.8
10	河北	279.9	1.4	45.8	10	河北	339.3	2.4	61.0
	小计	14 393.2	91.2	31.0		小计	12 407.6	89.0	38.3

资料来源：中国海关统计（http：//www.customs.gov.cn）

六、贸易方式多样化，加工贸易成为主要出口贸易方式

贸易方式是指国际贸易中买卖双方所采用的各种交易的具体做法。在对外贸易活动中，每一笔交易都要通过一定的贸易方式来进行。贸易方式是在买卖双方

交易过程中，随着不同商品、不同地区和不同对象，根据双方的需要而形成的。当前，在国际贸易中流行着各种各样的贸易方式，各种贸易方式可以单一采用，也可交叉进行。随着国际贸易的发展，新的贸易方式正在不断涌现。通过考察各种贸易方式的进口额、出口额或进出口额占一国进口总额、出口总额或进出口总额的比重，可以看出该国进行对外贸易的主要方式。

在 20 世纪 80 年代以前，我国的贸易方式较为单一，主要是借助函电成交和一年两届的中国出口商品交易会（即广交会），失去了大量的贸易机会。改革开放以来，针对不同的交易对象与不同的商品，我国灵活地采用了国际上各种通行的贸易方式，实现了对外贸易方式的多样化。当前，根据贸易方式的不同特征，我国的贸易方式可分为一般贸易、加工贸易和其他贸易方式三种。

一般贸易是指我国的进出口贸易企业（包括在华外商投资企业）进行单边进出口的贸易，通常是经过对外签订合同、协议、函电往来或当面洽谈而成交，其交易的货物是企业单边售定的正常贸易的进出口货物。

加工贸易是指从境外进口原材料、零部件，利用本国的生产能力和技术，将其加工成成品后再出口，从中获得相应收益的贸易方式，具有“两头在外”、进口与出口相联系的特征。在我国，常见的加工贸易方式一般包括进料加工、来料加工、来件装配和协作生产。其中，进料加工是指企业进口境外的原材料、辅料等，利用自己的技术、设备和劳动力，加工成成品后再销往境外市场；来料加工是指企业承接境外厂商的原材料和包装物料，有时也附带提供专用设备，按照对方的要求进行加工生产，然后将成品交付对方，并收取加工费（processing fee）；来件装配是指企业承接境外厂商提供的元器件、零部件，按照对方的技术与工艺要求进行装配，然后将成品交付对方，并收取装配费用；协作生产是指外方提供部分配件或主要部件，由国内企业利用本国生产的其他配件组装加工成产品然后出口。当前，进料加工是我国开展加工贸易的最主要方式（表 1-9）。

其他贸易方式是指除一般贸易和加工贸易以外的贸易方式，主要包括易货贸易、边境小额贸易及保税仓库进出境货物、保税区仓储转口货物进出口等方式。在我国的对外贸易方式中，相比于加工贸易与一般贸易，其他贸易方式在整体上一直处于从属地位。

改革开放以来，在我国出口贸易构成中，加工贸易的出口比重经历了一个由升到降的过程。1986 年，加工贸易出口比重为 18.6％，1995 年上升到 49.5％，首次超过一般贸易而成为中国出口贸易的最大贸易方式。近些年来，加工贸易出口占我国出口总额的比重长期保持在 50％以上。2000～2004 年，加工贸易出口比重维持在 55％左右，其后有所下降，2010 年其比重已下降至 46.9％。我国海关监管的加工贸易企业由 2005 年的 9.1 万家，增长至 2010 年的 11 万家。据统计，目前我国 80％以上的加工贸易由在华外商投资企业经营，在我国投资的数百家跨国公司中，许多都在从事加工贸易。加工贸易对于促进我国进出口贸易顺差增长，扩大劳动力就业，以及带动我国机电产品和高新技术产品出口，都发挥了积极作用。然而，在经过连续多年对劳动力的过度消耗之后，如何改变跨国公司在前30年已形成的国际分工体系，打造能在中国本土扎根的贸易体系，顺利实现转型升级，是中国加工贸易下一阶段发展必须面对的核心问题。

2010年我国各类贸易方式状况见表1-9。

表1-9 2010年中国进出口贸易方式状况

贸易方式	出口		进口	
	金额/亿美元	同比/%	金额/亿美元	同比/%
总值	15 779.3	31.3	13 948.3	38.7
一般贸易	7 207.3	36.0	7 679.8	43.7
加工贸易	7 403.3	26.2	4 174.3	29.5
来料加工	1 123.2	20.2	992.9	30.7
进料加工	6 280.1	27.3	3 181.4	29.1
其他贸易方式	1 168.7	37.7	2 094.2	40.2

资料来源：中国海关统计（http：//www.customs.gov.cn）

第四节 中国由贸易大国向贸易强国的跨越

改革开放30余年来，中国对外贸易规模由小到大，不断取得历史性突破。特别是进入21世纪以来，中国对外贸易出现了前所未有的高速增长态势。继2004年对外贸易总量突破1万亿美元之后，仅仅三年后的2007年，中国对外贸易规模又突破2万亿美元大关，位居世界第三，在世界贸易中已占有举足轻重的地位。2008年爆发的国际金融危机虽然重挫了中国对外贸易的发展势头，但进入2010年，中国对外贸易实现了恢复性增长，全年进出口总值为29 727.6亿美元，已逼近3万亿美元大关。

中国现已成为世界经济的重要组成部分。根据联合国的有关报告，2009年中国对全球经济增长的贡献率超过50%，国际货币基金组织发布的《2010年世界经济展望报告》，预计2010年中国对世界经济增长的贡献率为27%。全球贸易信息系统显示，全球71个已公布2009年外贸数据的主要贸易国（地区）中，有59个国家（地区）出口产品对中国市场依赖程度在加大，而且上升幅度非常明显。2009年，欧盟、美国和日本三大经济体对中国市场的依赖程度分别为7.4%、6.6%和18.9%，较上年分别提升1.4、1.2和2.9个百分点。中国现已跻身世界贸易大国行列，但与其他贸易大国相比，差距还相当明显。因此，实现由贸易大国向贸易强国的跨越，更好地发挥对外贸易对于经济增长与社会发展的促进作用，将是我国在今后很长一段时期内的战略目标之一，需要我们为之付出艰苦的努力。

一、中国已是名副其实的贸易大国

1978 年，我国对外贸易规模为 206.4 亿美元，而当年世界贸易的规模已达到 26 573 亿美元，我国对外贸易额占世界贸易额的比重仅为 0.78%，名列当年世界第 34 位，不仅远远落后于美国、日本、联邦德国、英国、法国等西方发达国家，而且也落后于亚洲的“四小龙”，当时中国台湾（第 19 位）和中国香港（第 25 位）甚至也排列在中国内地之前。

到 2003 年，中国在世界贸易中已跃居第四位，排名仅次于美国、德国和日本。美国当年进出口总额为 20 269 亿美元、德国为 13 500 亿美元、日本为 8 547 亿美元、中国为 8 512.1 亿美元，日本仅比中国多了不到 40 亿美元。2004 年，中国全年对外贸易总额为 11 547.9 亿美元，净增 3 035.4 亿美元，相当于“入世”之前 2001 年的 2.26 倍，取代日本成为全球第三大贸易国。2005～2008 年，中国继续保持世界第三大贸易国的地位。其中在 2007 年，中国出口贸易额为 12 180亿美元，比美国 11 630 亿美元的出口额多出 550 亿美元，占世界份额的 8.8%，成为仅次于德国的全球第二大出口贸易国。表 1-10 显示了世界贸易组织公布的 2008 年出口贸易与进口贸易的全球 10 强。

表 1-10　2008 年世界前 10 位出口国与前 10 位进口国

排名	出口国	金额/亿美元	世界份额/%	同比/%	排名	进口国	金额/亿美元	世界份额/%	同比/%
1	德国	14 650	9.1	11	1	美国	21 660	13.2	7
2	中国	14 280	8.9	17	2	德国	12 060	7.3	14
3	美国	13 010	8.1	12	3	中国	11 330	6.9	19
4	日本	7 820	4.9	10	4	日本	7 620	4.6	22
5	荷兰	6 340	3.9	15	5	法国	7 080	4.3	14
6	法国	6 090	3.8	10	6	英国	6 320	3.8	1
7	意大利	5 400	3.3	10	7	荷兰	5 740	3.5	16
8	比利时	4 770	3.0	10	8	意大利	5 560	3.4	10
9	俄罗斯	4 720	2.9	33	9	比利时	4 700	2.9	14
10	英国	4 580	2.8	4	10	韩国	4 350	2.7	22

资料来源：世界贸易组织（http：//www.wto.org）

我国“十五”计划纲要曾提出，到 2005 年，进出口贸易总额要达到 6800 亿美元，较“九五”末的2000年增加43%，并计划到2010年，进出口总额要达到8000亿美元。而2005年，我国实际进出口总额为14 221亿美元，相当于原计划目标的两倍有余。2008年，我国对外贸易规模已达到25 616亿美元，与德国还存在1100亿美元左右的差距。进入2009年，在金融危机肆虐全球的背景下，全球贸易量下降了22%，但中国出口贸易仍然超越德国成为“世界出口第一”，进口贸易也取代德国成为“世界进口第二”。目前，我国已是仅次于美国的全球第二大贸易国。

中国现在已经毫无疑问地成为世界贸易大国，但贸易大国并不必然是贸易强国的代名词。贸易大国的地位主要是从贸易数量方面体现的，而贸易强国的地位则主要是在贸易质量方面得以体现。尽管对于贸易强国的衡量指标，国内外目前还没有形成统一的标准，但是对于作为贸易强国的那些代表性国家，却是一致认同的。与当今世界主要贸易强国相比，中国还存在着相当大的差距。

二、世界贸易强国的基本特征

目前，美国、日本、德国、法国、英国等发达国家不仅是世界贸易大国，也是全球公认的贸易强国。考察这些国家的经济贸易状况，不难得出世界贸易强国的一些基本特征。

1. 经济与贸易高度发达，对世界经济贸易影响力强

第一，贸易强国的经济高度发达，GDP总量特别是人均国民总收入位居世界前列。经济实力不强的国家很难成为贸易强国。表1-11列出了2008年美国、日本、德国、法国、英国五个国家的GDP、人均国民总收入以及它们的货物贸易与服务贸易规模。从数据上看，这五个国家的GDP分居世界第1、第2、第4、第5和第6（中国在该年度GDP列世界第3，为43 262亿美元），人均国民总收入均在4万美元上下，相当于世界人均国民总收入平均水平的5倍左右。

第二，贸易强国同时也是贸易大国，其广泛参与世界分工，通过国内外两个市场合理配置资源，因而都有着巨大的货物贸易与服务贸易规模（表1-11）。雄厚的经济、贸易实力构成了贸易强国坚实的物质基础，使其在国际贸易中能够左右贸易利益的分配格局，可以通过有利的国际分工实现对生产要素的最优化配置。

表1-11　2008年世界贸易强国的经济贸易概况

国家	GDP/亿美元	人均国民总收入/美元	货物贸易		服务贸易	
			金额/亿美元	世界排名	金额/亿美元	世界排名
世界	605 870	8 613	324 920	—	72 671	—
美国	142 043	47 580	34 569	1	88 93	1

续表

国家	GDP/亿美元	人均国民总收入/美元	货物贸易		服务贸易	
			金额/亿美元	世界排名	金额/亿美元	世界排名
德国	36 528	42 440	26 656	2	5 246	2
日本	49 093	38 210	15 446	4	3 138	4
法国	28 531	42 250	13 110	5	2 999	5
英国	26 456	45 390	10 906	8	47 92	3

资料来源：国家统计局网站（www. stats. gov. cn）

2. 位于国际分工价值链的顶端

世界贸易强国通过参与国际分工，充分发挥本国资源的比较优势和经济技术的竞争优势，在出口商品结构方面以高附加值产品为主，在国际分工的价值链上从事那些具有较高价值的业务活动。

首先，在货物贸易结构上，出口附加值高的工业制成品。上述贸易强国作为世界产品和资本的主要供应者和需求者，在汽车、机器设备、化学制品、电子信息产品等资本和技术密集型产品出口方面居世界前列，其对外经济贸易活动在很大程度上直接左右着世界贸易与资本市场的变化方向和趋势。例如，2006 年美国化学制品进出口均列世界第 2 位，药品、办公及电信设备进口列第 2 位，出口列第 3 位；日本汽车出口列第 2 位，化学制品出口列第 3 位。

其次，掌握出口产品的核心技术。高新技术产品的出口比例，反映了一个国家的科学技术水平与研究开发能力。据估算，全世界约 90％的研究与开发是在美国、日本、德国、法国和英国这 5 个国家进行的。高强度的研发使得贸易强国的高新技术产品出口占其总出口的比例较高，以美国为例，据美国商务部统计，美国高新技术产品出口额多年来保持世界第一，主要出口产品包括计算机及软件、办公设备、电视设备、通信设备、飞机及零部件、科学仪器、药品、发动机和涡轮机等。2000 年，美国高新技术产品出口占全球的比重达到 19.7％。

最后，贸易强国的服务贸易发达，服务贸易出口在总出口贸易中所占比例较高。例如，在 2008 年，英国的服务贸易出口占其总出口的比例高达 38.2％，美国为 28.6 ％，法国为 20.1％，日本与德国也都在 10％以上。

3. 拥有众多一流跨国公司和国际知名品牌

伴随着 20 世纪 90 年代兴起的经济全球化，跨国公司异军突起，成为一类崭新的国际贸易主体。包括跨国公司之间及公司内贸易在内，涉及跨国公司的贸易大约占全球贸易总额的 2/3，全球 85％以上的专利掌握在跨国公司手中，跨国公司日益成为富可敌国的经济巨鳄和世界经济的主宰。而全球一流的跨国公司基本上都掌握在贸易强国的手中。例如，在美国《财富》杂志发布的 2010 年全球企业500强中，美国企业占据139个，日本企业占据71个，法国企业占据39个，德国企业占据37个，英国企业占据30个，这五国企业合计占据了500强席位中的3/5以上。它们的业务范围涉及能源、重工、电子、汽车、化工、食品、航空航天、银行、保险、建筑、零售、物流等众多生产及服务领域，经营地域基本上涵盖全球，其产品国际竞争力强劲，有力地推动了各自母国对外经济贸易的发展。

同时，在国际经济竞争中，知名品牌不仅增加了一国产品的国际竞争力，还可以在国际市场通过影响客户的消费偏好与购买选择而构成“品牌壁垒”，阻止他国同类品牌产品的进入。因而，拥有国际知名品牌的多寡，在很大程度上决定了一个国家在国际贸易中的强弱地位。根据全球最大的综合性品牌咨询机构Interbrand发布的2010年全球“100个顶级品牌”排行榜，美国有50个品牌入选，且在前10强中占据了9席，其中可口可乐、IBM、微软、谷歌和通用电气分列前五位。其他四大贸易国中，德国有10个，日本有6个，法国有7个，英国有5个。这五国合计有78个品牌上榜，占据全球品牌百强的近八成。至于发展中国家，除了韩国及墨西哥各有2个和1个品牌入选外，并无其他发展中国家的品牌上榜，包括中国。

4. 是国际经济贸易规则的制定者

规则与惯例一方面保障了国际经济贸易的正常运行，另一方面也为其制定者带来了巨大的贸易利益。贸易强国凭借其强大的经济、贸易与科技实力，通过把持全球性经济贸易组织等方式主导着国际贸易中规则及标准的制定与修改，使之能更有效地为本国的国家利益服务。例如，在美国等国的影响下，倾销、补贴被世界贸易组织认定为“不公平贸易”，而反倾销、反补贴则被视为“公平贸易”，致使欧、美、日贸易强国日益滥用反倾销、反补贴，借“公平贸易”之名行“贸易保护”之实。据统计，95%的反倾销手段都有损竞争。同时，贸易强国还设置了名目繁多的非关税贸易壁垒，如环境技术标准、环境标志、环境管理体系标准、绿色包装制度、绿色补贴制度、绿色卫生检疫制度等，逼迫其他国家就范。

三、中国与世界贸易强国的现实差距

中国作为发展中大国，人口规模巨大，仅从人均上看，与贸易强国的差距就很明显，如2010年我国GDP为5.8万亿美元，在世界排名第二，但人均只有4000多美元，与贸易强国人均约4万美元相比仍有相当大的差距。2010年我国对外贸易总量为2.97万亿美元，在世界排名第二，但人均贸易量只有2000多美元，而2009年德国人均贸易量约2.5万美元，日本约8800美元，美国约8600美元。具体而言，我国与世界贸易强国的差距还体现在以下几个方面。

1. 服务贸易发展相对滞后

当今世界，国际贸易发展已不再仅是货物贸易一枝独秀，服务贸易也在蓬勃发展之中。1980 年的世界服务贸易出口额为 3650 亿美元，2008 年提高到 33 116 亿美元[①]，28 年间增长了约 8 倍。据预测，到 2020 年，全球服务贸易额将相当于全球货物贸易额的 1/2。

然而长期以来，我国货物贸易与服务贸易发展不平衡，服务贸易规模较小，贸易逆差显著，服务出口占总出口的比重一直徘徊在 10%以下。中国服务贸易自 1992 年首次出现贸易逆差以来，至今局面尚未改观。2003 年，中国服务贸易出口额为 445 亿美元，占世界服务贸易出口总额的比重为 2.5%，世界排名第九，逆差为 93 亿美元；2009 年，我国服务贸易出口额提升至 1286 亿美元，排名上升到世界第五，仍出现 296 亿美元的显著贸易逆差。特别是我国的服务贸易结构还很不平衡，主要集中在旅游、运输等传统服务部门，高附加值、高科技含量的现代服务贸易发展还很落后。

2. 出口产品缺乏核心竞争力，比较优势集中于价值链低端的劳动密集型产品上

改革开放 30 余年来，我国制成品出口比重从 46%提高到将近 95%，机电产品从 3%提高到 59.2%，高新技术产品从不到 1%提高到 31.2%，这三个比重全都超过发达国家的平均水平。然而，我国出口产品缺乏具有自主知识产权的核心技术和品牌，这是制约中国成为贸易强国的重要因素。近些年来，我国高新技术产品出口增长迅速，但 90%左右是在华外资企业通过加工贸易方式实现的，关键技术基本上控制在外方手中。比如，在通信、半导体、生物、医药、计算机等高新技术领域，外国公司获得授权的专利占到 60%～90%。2009 年中国出口笔记本电脑金额为 666 亿美元，2010 年前 10 个月达到 758 亿美元，是仅次于服装的第二大出口项目和加工贸易第一大出口产品。[②] 然而在一台笔记本电脑所产生的全部利润中，至少有 3/4 被开发软件、设计芯片和经营整机的各家外国公司收入囊中，只有 5%～10%的利润为中国代工企业所得。这种由外资所带动的出口增长，如果没有出现技术外溢和自主产业结构的根本性变化，那么在国际市场上的国家竞争力就不明显，所创造的绝大部分价值被外资带走，也就谈不上产品核心竞争力的提高。

我国自主品牌在国际竞争中仍处于追赶和从属地位，缺乏国际知名品牌。目前，我国各类进出口企业中拥有自主商标的不到 20%，全国自主品牌产品出口占出口总量的比重仅在 10%左右。以纺织业为例，中国是服装纺织品出口大国，但 50%的服装是采用进料加工的方式出口，30%以上由进口商提供商标、款式，

① 中国服务贸易指南网（http：//tradeinservices. mofcom. gov. cn）

② 耿雁冰 . 2011-02-21. 商务部详解千亿顺差：主要由加工贸易创造 . 21 世纪经济报道，第 6 版

进行来料加工，自主品牌出口只占10%左右。作为世界第二贸易大国，中国有220多种产品产量位居世界第一，但由于缺乏技术和品牌等核心竞争优势，产品在国际市场上卖不出理想价格，很多产品必须以“贴牌”的方式生产，拥有强大制造能力的中国制造业却不具备较高的增值和赢利能力。

中国出口贸易的比较优势仍主要集中于丰富的劳动力要素供给上，与贸易强国相比，中国的资本、技术、知识等要素供给尚处于劣势，尤其是在技术知识密集型产品方面不具备成本低的优势。按照比较优势定位国际分工的位次，中国大多数产业仍处在国际分工的低端层次上。即便是在资本、技术密集型产品的生产上，中国承担的只是这种高技术产品增值链条中附加值较低的加工组装环节，还是属于劳动密集型。比如，近来名声大噪的美国苹果公司手机iPhone虽也是“中国制造”，但其中仅有3.6%的价值（约合6.50美元）来自中国，由中国企业的加工组装所贡献。因此，目前中国所扮演的角色只是低附加值、低技术含量的劳动密集型的产业工序的加工者，仅靠资源消耗与人力投入获得极少的加工费，是“中国制造”而非“中国创造”。

3. 尚未形成一大批综合实力强、能够深度参与国际竞争的跨国企业

经济全球化并未改变企业的国籍属性，“民族企业”的观念并未过时。当前，推动本国企业参与国际竞争、培育本国大型跨国集团，已成为世界各国提升其国际分工地位的重要手段。与欧、美、日等相比，绝大多数中国企业规模尚小，资金有限，技术研发实力较弱，缺少国际知名品牌，缺乏跨国管理人才。有资料显示，截止到2006年年底，包括中国石化、中国移动、中国核工业集团等在内的150多家中央企业累计拥有专利3.8万项，还不及国外一家大型跨国公司的专利数量。在美国《财富》杂志公布的2010年全球企业500强中，有43家中国内地企业入围，其中中央企业就多达30家，基本上为国家垄断经营的国有商业银行、保险、通信、石化、电力企业等，制造业企业仍寥寥无几，能够与跨国公司展开全球深度竞争的企业尚未出现。

4. 外贸效益增长依靠数量扩张，贸易条件恶化

中国出口的产品以低附加值的劳动密集型产品为主，这些产品大部分已进入产品成熟阶段，在国际市场上已供大于求，这势必导致激烈的竞争。在市场竞争中，中国企业主要采取价格竞争手段，特别是在进军国际市场时，盲目出口、竞相压价、出口增量不增价的现象普遍存在，因此在造成出口产品大量涌入国际市场的同时，也导致出口价格的持续下降，甚至造成贸易摩擦。以数据卡为例，中国华为技术有限公司借助USB接口广泛普及的时机，推出即插即用的USB数据卡产品。2007年欧洲市场的3G数据卡单价为150欧元左右，之后个别中国厂商为提升市场份额挑起价格战，数家国内厂商随之跟进。到2010年欧洲市场数据卡单价甚至降至20～30欧元，致使当地中小厂家的市场占有率由65%锐减到不足20%，这直接导致欧盟启动针对中国产数据卡的“两反一保”①。种种情况表明，中国对外贸易增长仍是以数量增长为主，长期走的是一条规模扩张的“粗放增长”之路。这种增长模式不仅对我国造成越来越大的资源与环境压力，也带来了愈演愈烈的中外贸易纠纷。

5. 基本上是国际贸易规则的被动接受者

到2011年，中国加入世界贸易组织仅有10年时间，和贸易强国相比，其在参与国际贸易规则的制定方面，仍存在着较大差距，不仅难以按照自己的国家利益去主导贸易规则的制定，还在某种程度上遭受很多不公平待遇，中国遭受国外反倾销、反补贴和保障措施及特保立案调查的数量不断上升，在与国外贸易争端中处于被动地位。比如，2009年中国遭遇贸易摩擦案件116起，涉案金额127亿美元；2010年又遭遇贸易救济调查66起，涉案金额达77亿美元。2009年中国出口占全球的比例为9.6%，而遭受的反倾销占全球的比例为40%，反补贴占全球的比例为75%。2010年10月1日至15日，美国商务部对华贸易救济和相关案件多达24起，其中12日至15日就达9起。同时，我国对国际贸易规则的认知程度还远不如贸易强国，在应对国外贸易摩擦方面缺乏经验，很难灵活运用某些规则与标准为自身利益服务。中国在国际贸易规则的制定和修改方面尚没有太大话语权，其在国际贸易中基本上只能处于被动执行的地位。

四、实现由贸易大国向贸易强国的跨越

中国虽已成为贸易大国，但“大而不强”的问题非常突出，与当今世界贸易强国相比，仍存在着明显差距。商务部于2006年10月发布的《商务发展第十一个五年规划纲要》提出，中国将在继续保持外贸适度增长的基础上，着力提高对外贸易的竞争力和综合效益，加快从贸易大国向贸易强国转变。2010年10月召开的党的十七届五中全会提出要“积极创造参与国际经济合作和竞争新优势”，标志着中国对外贸易即将启动由贸易大国向贸易强国跨越的进程。为此，我们需要把握好经济全球化所提供的机遇，制定和实施相应的对外贸易发展政策，转变对外贸易增长方式，保证我国对外贸易在短期内和长期内顺利发展，实现由贸易大国向贸易强国跨越的战略目标。

1. 大力发展服务贸易，提升服务贸易的国际竞争力

要实现由贸易大国向贸易强国的转变，首先需要做到对外贸易发展中的两条腿走路，即不但要大力发展货物贸易，更要发展服务贸易特别是现代服务贸易。世界经济发展实践表明，服务业是现代经济发展的主要动力之一，发展服务业和服务贸易是世界各国优化产业结构、保证国民经济持续增长、提升国际竞争力及

① 指反倾销、反补贴、保障措施

缓解就业压力、保持社会稳定的重要途径。目前我国正处于工业化中期阶段，受到资源与环境的约束，发展服务业尤其是现代服务业是推进发展方式转变的核心力量，是促进产业结构升级和提高国家竞争力的关键所在。要迅速提高服务业在GDP中的比重，以服务业开放为契机，加快服务贸易发展。可以采取的措施包括提升服务业从业人员的素质、完善我国服务贸易立法、加强服务贸易宏观管理、促进服务业产业升级、发挥服务业比较优势、增强我国服务业企业的国际竞争力等。同时，政府也应对服务业企业的发展给予必要的扶持。

2. 实施品牌战略，重构中国对外贸易的比较优势

中国是世界上劳动力资源最为丰富的国家，劳动力成本低是中国目前最大的比较优势。在今后相当长的一段时间内，纺织、服装、轻工等劳动密集型产业仍将在中国对外贸易中占有重要的地位，应继续稳定劳动密集型产品出口。但我国由于没有国际知名品牌，大多数产品只能通过贴牌方式出口。当前，发达国家的制造业正在向中国转移，将中国作为其海外主要生产基地。但世界上没有一个国家仅靠为别人代工就可以成为世界制造业中心，也没有一个世界制造业中心不拥有属于自己的国际知名品牌。实施品牌战略，重构中国对外贸易的比较优势已经势在必行。为此，我们要抓住机遇，把自己的劳动力优势、市场优势、产业基础优势、资金优势等结合起来，在具有比较优势的加工工业中，加快形成一批拥有国际知名品牌的大型企业，实现由制造大国向品牌大国的转变。

在经济全球化潮流中，塑造良好的品牌形象可以从整体上提升中国出口产品的国际形象，品牌弱国不可能是贸易强国。因此，在出口商品中创立更多自主品牌，尤其是拥有核心技术和知识产权的自主品牌，应成为出口企业的当务之急。在20世纪50年代日本经济刚复苏时，“东洋货”即为质次价低产品的代名词，根本无法同“美国制造”、“英国制造”相竞争。而到了20世纪70年代末，“日本制造”却以其“优良的品质、创意的设计、合理的价格”的崭新形象立足国际市场，帮助日本成为现代贸易强国。由此可见，从“借船出海”到自创品牌，打造良好国家品牌形象是一国经济发展到一定阶段后的必然选择。现在的中国完全可以借鉴日本等国的成功经验，重新塑造“中国制造”这一国家品牌。

3. 实施科技兴贸战略，提高出口商品的国际竞争力

随着全球知识经济时代的来临，企业间的竞争已不再局限于价格和产品产量的竞争，而扩展到包括知识含量和附加值的竞争，科技进步日益成为促进国际贸易发展的重要因素。实施科技兴贸战略，提升出口产品的科技含量与附加值，有助于我国转变外贸增长方式，实现对外贸易可持续发展，顺利实现从贸易大国向贸易强国的跨越。

我国工业经过60余年的发展，已形成了门类较齐全、配套较完整的工业体系，但相对于国外同类技术而言，我国工业体系技术装备仍普遍较为落后。通过实施科技兴贸战略，在高起点上采用高技术，特别是微电子技术、新材料技术和自动化技术，改造我国传统出口产业，可以迅速提高传统出口产品的档次、水平，提高生产效率，增强竞争力，实现科技对对外贸易的有力推动。同时，以国际市场为导向，要在我国优势技术领域培育一批国际竞争力强、附加值高、出口规模较大的高新技术出口产品和企业，使我国高新技术产品出口额占出口总额的比重显著提高。为此，需要建立健全技术引进、消化、吸收、创新的良性循环机制，促进高新技术产业发展和产品出口的体制创新，促进高新技术出口产品关键技术开发与产业化，并构筑科技兴贸服务体系，加大对于知识产权的保护力度。

4. 推进对外直接投资，培育中国的跨国公司

跨国公司是当今世界经济与贸易活动的主体。在经济全球化中，跨国公司依然密切并且最终依附于各自的母国，其国家属性依然明显。我国对外贸易对在华外资企业依赖性很强，使得经济发展与对外贸易存在着某种不稳定、不安全因素。一旦外资企业受其母国相关政策的影响而集体撤资，或因为成本变动等问题而大规模转移到其他国家，就会对我国的经济与对外贸易产生重大不利影响。这就要求我国在迈向贸易强国的过程中，必须要加快培育我国自主的大型跨国公司。

发达国家的经验表明，开发国际市场的最佳途径是鼓励本国企业通过对外直接投资开展跨国生产与跨国经营。特别是在跨国公司主导全球经济、成为国际贸易和国际投资的共同主体的情况下，尽快培育我国的跨国公司显得尤其重要。同时，我国实施出口商品品牌战略、提高高新技术产品在出口贸易中的比重、实施知识产权战略、培育自主的对外贸易主体等，也都要求我国尽快培育自主的跨国公司。从某种意义上讲，能否培育出具有国际竞争力、具有自主产品品牌、具有核心技术的我国自主的国际大型跨国公司，是我国由贸易大国向贸易强国转变的关键，也是我国经济安全、稳定发展的关键。

因此，必须从战略高度来认识对外直接投资的必要性和紧迫性，充分把握国际产业结构调整与分工深化带来的市场机遇，同时利用国际市场与国际投资带动经济发展。进行对外直接投资，不仅是在更高层次上实行对外开放和参与国际分工的战略需要，同时也是拉动对外贸易，推动产业升级，实现国民经济持续、快速、协调、健康发展的战略需要。政府应积极扶持企业，尤其是帮助提升工业生产型企业的跨国经营能力，特别应注意对民营企业的对外直接投资给予大力扶持，要加强对企业"走出去"的政策引导，整合各种资源，加强信息、技术、培训等服务工作，加强对企业海外投资的监管，形成推动企业"走出去"的强大合力。

5. 全面稳健地融入全球经济，提高对外开放水平

首先，积极参与多边贸易体制，加强区域和双边经贸合作。应在充分了解和熟悉世界贸易组织规则基础上，深化与世界主要贸易伙伴国的经贸合作，构建和谐的经贸关系，同时积极参与多边贸易谈判，利用世界贸易组织有关规则维护中国在对外经贸活动中的合法权益。此外，还应加强区域和双边的经贸合作，高度重视中国与周边国家、地区的区域和双边经贸合作，大力推进各个层次的区域经济贸易一体化，推进中国的自由贸易区战略，逐步构建面向全球的区域经济合作网络。

其次，建立和完善符合国际通行规则的对外经济贸易体制。根据社会主义市场经济的内在要求和中国加入世界贸易组织的相关承诺，进一步改革对外经贸体制，建立统一、稳定、规范和高效的对外经贸管理和服务促进机制；加快对外经贸法律法规的修改、完善工作，并增强其透明度；还应继续完善竞争、反垄断、知识产权保护等相关政策，规范市场竞争秩序。

最后，灵活处理各类贸易摩擦，争取主动地位。随着中国对外贸易的飞速发展，其与贸易伙伴的贸易摩擦也在不断增加。因此，应加强对国际贸易相关法律、法规、惯例的研究，建立与完善政府、企业及行业协会三者分工合作的专业化贸易摩擦应对机制和快速反应机制，指导国内企业在应对各类贸易摩擦时采取更为积极主动的态度。参与贸易争端解决机制并不在于“打得赢就打，打不赢就不打”，更在于中国企业应积极努力地在国际贸易争端解决机制中学会努力发挥作用，并最终能够参与国际贸易相关规则，包括标准的制定与修改。

思　考　题

1. 中国封建社会的对外贸易有哪些代表性的事例？

2. 中国半殖民地半封建社会对外贸易的基本特征是什么？

3. 新中国成立至党的十一届三中全会前这段时期的中国对外贸易为何发展曲折？

4. 从对外贸易规模、对外贸易商品结构、对外贸易市场结构、对外贸易企业结构以及对外贸易方式这几个方面，论述改革开放以来中国对外贸易的总体格局。

5. 什么是对外贸易依存度？如何认识中国的对外贸易依存度？

6. 如何客观认识外商投资企业以及加工贸易对中国对外贸易发展的贡献？

7. 为何说加入世界贸易组织对于促进中国对外贸易的发展作用巨大？

8. 为何说中国现已成为世界贸易大国，但并非世界贸易强国？

9. 为实现从贸易大国向贸易强国的跨越，中国需要采取哪些举措？

第二章　中国发展对外贸易的理论依据

中国发展对外贸易的理论依据基本上分为两大分支，即西方经济学家的国际贸易理论和马克思主义关于国际经济贸易的理论。西方经济学家的国际贸易理论包括传统国际贸易理论和当代国际贸易理论，他们凭借其国家在数百年国际经济贸易活动中积累起来的丰富经验，提出了许多颇具价值的理论分析，基本符合国际贸易的一般规律。认真研究和借鉴西方经济学家的国际贸易理论，对于发展中国对外贸易，有着不可否认的积极意义。马克思主义经典作家对资本主义运动规律进行了科学和系统的研究，在国际经济领域内提出了一些带有普遍性的原理，这些原理对于分析当今国际经济贸易关系和促进中国对外贸易的发展，依然有着重要的指导意义。

第一节　传统国际贸易理论

一般认为，西方传统国际贸易理论主要包括古典贸易理论和新古典贸易理论等内容。

一、古典贸易理论

传统国际贸易理论的第一阶段是古典贸易理论，该理论以亚当·斯密的绝对成本理论为滥觞，后经过大卫·李嘉图的发展，形成了比较成本理论，之后赫克歇尔及俄林又提出了要素禀赋理论，从而形成了古典贸易理论体系。

（一）绝对成本理论

绝对成本理论（theory of absolute cost），又称绝对优势理论（theory of absolute advantage），是英国经济学家、国际分工和国际贸易理论的创始者亚当·斯密（Adam Smith，1723～1790年）提出的。该理论是在批判重商主义的基础上产生的。重商主义认为，金银就是财富，要取得金银就应鼓励出口，限制进口，争取贸易顺差。亚当·斯密对重商主义思想进行了深刻的批判，在其1776年出版的代表作《国民财富的性质和原因的研究》（中译本又称《国富论》）中提出了国际贸易的绝对成本理论。他认为，欧洲产业革命后存在着实行自由贸易的必要性，英国生产力水平的迅速发展需要大规模开展对外贸易，而传统的重商主义已经阻碍了英国工业化的发展，而且有着强大工业基础的英国也根本不需要用保护贸易政策来保护国内经济。

斯密认为，一国应把本国生产某种商品的成本即生产费用与外国生产同种商品的成本即生产费用相比较，以决定是自己生产还是从外国进口。若一国某种商品的生产成本绝对地低于他国，则该国生产这种产品的产业就是具有绝对优势的产业；相反，就是不具有绝对优势的产业。各国按照绝对成本差异进行国际分工，专门生产本国具有绝对优势的产品，然后再去进行贸易，将会使各国的资源、劳动力和资本得到最有效率的利用，进而会大大提高劳动生产率和增加各国的物质福利。

为了说明自由贸易对经济发展的作用，斯密通过举例加以阐述。他假设有两个国家（英国和葡萄牙）、两种商品（毛呢和酒）和一种生产要素（劳动）。假定英国和葡萄牙两国同时生产毛呢和酒。由于自然资源和生产技术条件不同，两国生产等量毛呢和酒的生产成本不同。生产 1 单位毛呢和 1 单位酒，英国各需要 70 人劳动一年和 120 人劳动一年，葡萄牙各需 110 人劳动一年和 80 人劳动一年（表 2-1）。

表 2-1　英国和葡萄牙的绝对成本差异

国　家	单位毛呢产量所需劳动人数/（人/年）	单位酒产量所需劳动人数/（人/年）
英国	70	120
葡萄牙	110	80

显然，生产等量毛呢，英国的生产成本比葡萄牙低，处于绝对优势；而生产等量的酒，葡萄牙的生产成本比英国低，处于绝对优势。按照绝对成本理论，各国应根据自己最有利的生产条件进行专业化生产，生产出成本比别国低的产品，然后进行国际交换，就能保证双方都能得到贸易利益。在此例中，英国应专门生产毛呢，葡萄牙应专门生产酒来参与国际贸易。

按照绝对成本差异进行国际分工和贸易，其直接利益表现在劳动生产率的提高、消费水平的提高和劳动时间的节约等方面。

首先，在国际分工前，两国一年共生产 2 单位的毛呢和 2 单位的酒。在国际分工后，英国专门生产毛呢，190 人劳动一年，可生产出 2.714 单位的毛呢；葡萄牙专门生产酒，190 人劳动一年，可生产 2.375 单位的酒。在要素投入不变的情况下，两种产品的总产量都增加了，说明专业化分工带来了资源配置效率的提高。

其次，假定英国用一部分（比如 1.2 单位）的毛呢与葡萄牙交换酒，再假定交换比例为 1∶1，则通过国际贸易都能提高消费水平。英国毛呢和酒的消费量分别是 1.514 单位和 1.2 单位，比贸易分工前分别增加了 0.514 单位的毛呢和 0.2 单位的酒；而葡萄牙毛呢和酒的消费量分别为 1.2 单位和 1.175 单位，比贸易分工前分别增加了 0.2 单位的毛呢和 0.175 单位的酒。

最后，如果两国维持分工前的消费水平不变，英国只需用 70 人生产的 1 单位的毛呢与葡萄牙交换自己需要的 1 单位的酒，比自己生产节约了 50 人一年的劳动；葡萄牙只要用 80 人生产的 1 单位的酒从英国换回自己需要的 1 单位的毛呢，比自己生产节约了 30 人一年的劳动。

斯密的绝对成本理论从劳动分工原理出发，划时代地论证了贸易互利性原理，克服了重商主义者认为国际贸易只是对单方面有利的片面看法。从某种意义上说，这种通过国际分工实现互利双赢的理念，对于当前中国扩大对外开放，积极参与国际分工和贸易依然具有启示意义。

（二）比较成本理论

比较成本理论（theory of comparative cost）又称比较优势理论（theory of comparative advantage），是英国经济学家大卫·李嘉图（David Ricardo，1772～1823 年）在其 1817 年出版的《政治经济学及赋税原理》一书中提出的。根据斯密的观点，国际贸易只能在生产上各具绝对优势的国家之间进行，而几乎所有产品均处于绝对优势的发达国家和几乎所有产品都处于绝对劣势的不发达国家之间不会发生国际贸易，其局限性是很明显的。大卫·李嘉图进一步发展了亚当·斯密的绝对优势理论，提出了比较成本理论，论证了国际贸易分工的基础并不限于绝对成本差异，而是只要各国间的生产成本存在着相对差异，即比较成本差异，就可以参与国际分工，并可以从中获得贸易利益。

李嘉图认为，在国与国之间的贸易中，绝对优势并非必要条件，即使一个国家生产各种产品，其资源的投入都比另一个国家多，不具有绝对优势，但是，只要该国不同生产部门的生产效率不同，那么该国仍然存在着比较优势，相对而言仍然具有比较强的部门；而另一个国家各个部门的生产都具有优势，但是，相互之间也可以比较，相对而言，有的部门所具有的优势更胜一筹，也存在着比较优势。每个国家应集中力量生产那些利益较大或不利较小的产品，然后在自由贸易条件下进行国际交换。在资本和劳动力投入不变的情况下，生产总量也将大为增加，如此形成的国际贸易对世界各国都是有利的。这一理论后被形象地概括为“两利相权取其重，两害相权取其轻”。

大卫·李嘉图同样主张自由贸易，在其理论影响下，英国最终废除了“谷物法”，并先于其他国家从保护贸易转向了自由贸易政策。这对加速英国的社会经济发展起了重要的促进作用，为英国奠定经济霸主地位创造了条件，对于整个世界经济发展，带动世界各国产业生产水平的提高，都产生了深远影响。

李嘉图同样以英国和葡萄牙两国为例说明其理论。假定英国和葡萄牙两国同时生产毛呢和酒。由于生产条件的差异，两国生产等量毛呢和酒的生产成本不同。生产1单位的毛呢和1单位的酒，英国各需100人劳动一年和120人劳动一年，而葡萄牙只各需90人劳动一年和80人劳动一年（表2-2）。

表2-2　英国和葡萄牙的比较成本差异

国　家	单位毛呢所需劳动人数/（人/年）	单位酒所需劳动人数/（人/年）
英国	100	120
葡萄牙	90	80

按照斯密的绝对成本理论，在上述情况下，两国不会发生贸易分工。因为英国两种产品的生产成本都比葡萄牙高，处于绝对劣势；而葡萄牙两种产品的生产成本都比英国低，处于绝对优势。英国没有产品可以出口到葡萄牙，葡萄牙也不必从英国进口产品。

李嘉图则认为，即使在这种情况下，两国仍然可以进行国际分工和贸易，并从中获益。虽然英国生产两种产品的成本都比葡萄牙高，但比例不同：毛呢为100/90＝1.1倍，酒为120/80＝1.5倍，通过比较，生产毛呢的成本相对要低一些，因此英国生产毛呢具有相对优势或比较优势；葡萄牙生产两种产品的成本都比英国低，毛呢相当于英国的90/100，即90%，酒相当于英国的80/120，即67%，通过比较，生产酒的成本更低，因此葡萄牙生产酒具有相对优势或比较优势。

根据上述分析，李嘉图指出葡萄牙应“两利相权取其重”，放弃生产成本比英国优势较少的毛呢，专门生产酒，并出口一部分到英国以换取毛呢。英国则应“两害相权取其轻”，放弃生产成本比葡萄牙劣势较多的酒，专门生产毛呢，并出口一部分到葡萄牙以换取酒。这样双方同样会互利双赢，具体表现在以下三个方面。

首先，按照比较成本理论进行生产的国际分工，可以提高资源配置效率，增加产品产量。在国际分工前，两国一年共生产2单位的毛呢和2单位的酒。在国际分工后，英国专门生产毛呢，220人劳动一年，可生产出2.2单位的毛呢；葡萄牙专门生产酒，170人劳动一年，可生产2.125单位的酒。投入不变，但两种产品的总产量都增加了，说明专业化分工带来资源配置效率的提高。

其次，随着产量的增加，通过国际贸易，各国的消费水平也提高了。假定英国用一半的毛呢与葡萄牙交换酒，再假定交换比例为1∶1，则通过国际贸易都能提高消费水平。英国毛呢和酒的消费量都是1.1单位，比贸易分工前分别增加了0.1单位；而葡萄牙毛呢和酒的消费量分别为1.1单位和1.025单位，比贸易分工前分别增加了0.1单位的毛呢和0.025单位的酒。

最后，如果两国维持分工前的消费水平不变，在存在国际贸易分工的情况下，英国只需用100人生产的1单位的毛呢与葡萄牙交换自己需要的1单位的酒，比自己生产节约了20人一年的劳动；葡萄牙只需要用80人生产的1单位的酒从英国换回自己需要的1单位的毛呢，比自己生产节约了10人一年的劳动。

李嘉图的比较成本理论，反映了国际贸易领域客观存在的经济运行的一般原则和规律，具有很高的科学价值和现实意义。比较成本理论表明，任何国家都能确定自己的相对优势，即使处于劣势的也能找到劣势中的相对优势，各国根据比较成本原则来安排生产，进行贸易，均可以增加总的消费量。因此，经济发展水平不同的国家都可以从参与国际贸易和国际分工中获益。中国作为发展中国家同样能够通过积极参与国际分工和贸易以发展经济，该理论提供了有力的论证。

需要说明的是，斯密的绝对成本理论和李嘉图的比较成本理论的基本假定都是一样的，主要包括：

（1）世界上只有两个国家，只生产两种产品，只投入一种生产要素，该方法也称“2×2×1模型”。

（2）所有劳动都是同质的，没有熟练和非熟练的区别，产品成本（价格）以真实劳动成本（劳动时间）计量。

（3）生产是在成本不变的情况下进行的，其规模收益不变。

（4）不存在运输费用和交易费用。

（5）劳动力充分就业，并且在国内完全流动，而在国际上完全不流动。

（6）生产要素市场和产品市场是完全竞争的市场。

（7）国际贸易不影响一国居民的相对收入水平，即收入分配没有变化。

（8）贸易方式是易货贸易。

（9）不存在技术进步和经济发展，国际经济是静态的。

（三）要素禀赋理论

要素禀赋理论（theory of factor endowments），又称要素比例理论（theory of factor proportion），或赫克歇尔-俄林理论（Heckscher-Ohlin theory），是由瑞典经济学家赫克歇尔（Eli Heckscher，1879～1952年）和俄林（Bertil Ohlin，1899～1979年）提出的。赫克歇尔于1919年发表论文《对外贸易对收入分配的影响》，提出了要素禀赋理论的基本论点。俄林继承了其导师赫克歇尔的观点，于1933年出版了《地区间贸易和国际贸易》一书，创立了要素禀赋理论。20世纪40年代，美国经济学家萨缪尔森（Paul Samuelson）发展了该理论，提出了要素价格均等化学说，又称赫-俄-萨（H-O-S）理论。

1. 与要素禀赋理论有关的术语

这里主要涉及生产要素与要素价格、要素密集度与要素密集型产品、要素禀赋与要素丰裕程度等几对术语。

（1）生产要素与要素价格。生产要素（factors of production）是指从事生产活动所必须投入的主要因素或使用的主要手段，一般包括土地、劳动、资本和企业家管理才能等。要素价格（factor price）则是指使用生产要素需要支付的费用或指要素参与生产本身应获得的报酬，即土地的租金、劳动的工资、资本的利息、管理的利润等。

（2）要素密集度与要素密集型产品。要素密集度（factor intensity）是指产品生产中某种要素投入比例的大小，若某种要素的投入比例大，则称该要素密集度高。根据产品生产所投入的生产要素中所占比例最大的生产要素的不同种类，可将产品分为不同种类的要素密集型产品（factor intensive commodity）。若产品生产投入的劳动比例高，则该产品称为劳动密集型产品，其他依此类推。

（3）要素禀赋和要素丰裕程度。要素禀赋（factor endowment）是指一国拥有各种生产要素的数量。要素丰裕程度（factor abundance）是指在国际要素禀赋的比较中，如果一国的某要素供给比例大于别国同种要素的供给比例，其相对价格低于别国同种要素的价格，则该国拥有该经济资源的相对丰富性。

2. 要素禀赋理论的假设条件

与绝对成本理论和比较成本理论相比，要素禀赋理论的假设条件有一定的修正。其假设主要有以下几点：

（1）两个国家分别生产两种产品，每种产品的生产至少需要两种生产要素的投入，且两国等量要素在相同时间内的产量相同。

（2）商品市场和生产要素市场是完全竞争的，生产要素在国内可以自由流动，在国家间则不能自由流动。

（3）生产要素是完全可分割的，单位生产成本不随生产的增减而变化，因此不存在规模经济。

（4）两国的技术水平相当，生产函数相同，产量只是生产要素投入量的因变量。

（5）没有运输费用，没有关税或其他贸易限制。这意味着生产专业化过程可持续到两国商品的相对价格相等为止。

3. 要素禀赋理论的内容

要素禀赋理论，简称 H-O 定理，主要通过对相互依存的价格体系的分析，用生产要素的丰缺来解释国际贸易的产生和一国的进出口贸易类型。

该理论认为，商品价格差异是国际贸易的基础，而商品价格的差异是由于商品生产的成本比率不同；商品生产成本比率不同，是因为各种生产要素的价格比率不同，而生产要素价格比率不同，则是由于各国的生产要素禀赋比率不同。因此，生产要素禀赋比率的不同，是产生国际贸易的最重要基础。

不同商品在生产中使用各种要素的比例是不同的，即要素的密集度是不一样的。根据要素禀赋理论，一国应出口的产品是其具有比较优势的产品，即在生产上密集使用该国丰裕而便宜的生产要素的产品，而进口的产品是其在生产上密集使用该国相对稀缺且昂贵的生产要素的产品。

为了说明该理论，试举例如下：假设日本和澳大利亚使用劳动和土地两种要素，生产小麦和纺织品两种产品。两国生产小麦和纺织品的生产技术即两种产品的要素投入比例相同。日本劳动力资源相对丰富，因而劳动力价格相对便宜；澳大利亚土地资源相对丰富，因而土地价格相对便宜。要素禀赋的差异决定了两国在小麦和纺织品生产上的比较成本差异（表 2-3）。

表 2-3　要素比例、要素价格与比较成本

国　家	产　品	要素比例		要素价格		成本
		劳动	土地	劳动	土地	
日本	小麦（a_1）	1	5	1 日元	4 日元	21 日元
	纺织品（b_1）	10	1	1 日元	4 日元	14 日元
澳大利亚	小麦（a_2）	1	5	2 澳元	1 澳元	7 澳元
	纺织品（b_2）	10	1	2 澳元	1 澳元	21 澳元

在表 2-3 中，$a_1/b_1 : a_2/b_2 = 21/14 : 7/21 = 3/2 : 1/3$，表明日本纺织品成本比较低，澳大利亚小麦成本比较低。因此，根据要素禀赋比率形成的比较成本差异，日本和澳大利亚的分工格局应该是：日本生产纺织品并向澳大利亚出口，澳大利亚生产小麦并向日本出口。

对目前的中国而言，虽然随着居民生活水平的提高及劳动法的实施，劳动力成本较以往有一定程度的提升，但由于劳动力资源基数甚为庞大，中国仍然属于劳动力要素较为丰裕的国家，许多出口产品仍然是劳动密集型产品；此外，由于中国经济发展水平较低，资金、技术等生产要素相对稀缺，仍然需要适度引进。因此，要素禀赋理论对于中国开展对外经济贸易仍然具有一定的指导意义。

4. 要素价格均等化学说

按照 H-O 理论的逻辑演绎，虽然各国要素缺乏流动性，使得世界范围内要素价格存在差异，但商品贸易可以部分替代要素流动，弥补要素流动性的不足，国际贸易不仅可以使贸易各国之间的商品价格差缩小，而且会使要素价格差缩小，并趋于均等，这就是要素价格均等化定理。H-O 理论认为要素价格均等化只是一种趋势，而美国经济学家萨缪尔森在 20 世纪 40 年代发表的一系列论文中则论证了自由贸易导致要素价格均等是一种必然，而不仅仅是一种趋势。这一理论被称为要素价格均等化学说（factor-price equalization theorem），其揭示了国际贸易对要素价格的影响。

根据要素均等化学说，国际贸易成为国际要素流动的替代，使各国同质要素获得相同的相对和绝对收入。例如，会使贸易各国的同质劳动获得等量工资，资本获得均等的利息，土地获得同样的地租。国际贸易促使要素价格均等化的过程，可以甲乙两国进行劳动密集型产品 L 和资本密集型产品 C 的贸易为例来说明。以下便是两国劳动力和资本两种要素的价格均等化过程。

假定甲国劳动力丰裕、资本稀缺，因而贸易前工资率低而利率高，应该出口 L 产品，进口 C 产品；乙国则正好相反，劳动力稀缺但资本丰富，贸易前工资率高而利率低，应该出口 C 产品，进口 L 产品。两国开展贸易后，各自增加生产并出口密集使用丰裕要素的产品，减少生产并进口密集使用稀缺要素的产品，即甲国增加 L 产品生产，减少 C 产品生产，因此导致对劳动力需求的增加，工资率开始上升，而对资本的需求下降，资本利率随之下降；乙国的情况正相反，出口 C 产品，进口 L 产品，因此增加 C 产品生产，减少 L 产品生产，对资本的需求增加，使利率上升，对劳动力的需求减少，使工资率下降。随着甲国的工资率上升，利率下降，乙国的利率上升，工资率下降，两国都有一股强大趋势推动要素价格趋向于一个共同的水准。因此，自由贸易的结果，使得商品相对价格趋于一致，从而使要素价格均等。

该学说表明，通过国际贸易不仅可以合理配置资源，调整各国的经济结构，而且可以改善各国收入分配不均的状况，缩小彼此的经济差距。因此，要素价格均等化学说又被称为“要素报酬均等化理论”。

5. 里昂惕夫之谜

要素禀赋理论提出后，逐渐为西方经济学界普遍接受。第二次世界大战后，一些西方学者利用经验数字对该理论进行验证，期望从实证角度证明这一理论的正确性。其中，美国经济学家里昂惕夫（Wassily W. Leontief）运用其创造的投入-产出分析法，以美国情况为案例，计算了在 1947 年和 1951 年美国生产每百万美元出口产品和每百万美元进口竞争产品所需的资本和劳动数量，结果发现美国出口的竟然是劳动密集型产品，而进口的却是资本密集型产品（表 2-4）。

表 2-4 里昂惕夫的计算

指标	1947 年		1951 年	
	出口	进口竞争	出口	进口竞争
资本（1974 年的美元价格）/美元	2 550 780	3 091 339	2 256 800	2 303 400
劳动/（人/年）	182	170	174	168
资本/劳动	14 015	18 184	12 977	13 726

根据表 2-4 所示，1947 年美国进口竞争产品的资本与劳动的比例为 18 184，出口产品的资本与劳动的比例为 14 015，前者是后者的 1.3 倍，同理 1951 年是 1.06 倍，即美国进口的是资本密集型产品，而出口的是劳动密集型产品。这个验证结果与一般的感觉不同。一般认为，美国资本较充足，科技发达，劳动力相对不足（劳

动力成本较高)，因此美国在生产资本密集型产品方面应有相对优势。按照要素禀赋理论，美国应出口资本密集型产品，进口劳动密集型产品，而实际验证结果却恰恰相反，这一矛盾被称为“里昂惕夫之谜”(the Leontief paradox)。

受里昂惕夫对要素禀赋理论的实证研究的启发，西方经济学界纷纷尝试用新的理论来说明和解释实际现象，于是一批新的国际贸易理论陆续涌现出来。

二、新古典贸易理论

古典贸易理论的主要特征是以静态分析和短期分析为主，难以准确解释国际贸易发展中的新现象。第二次世界大战后，西方经济学家致力于贸易理论的动态研究，形成了国际贸易的动态理论。然而，该理论仍然与古典贸易理论的本质相同，即认为国际贸易的根本原因是建立在比较成本差别基础上的商品价格差异，对国际贸易的分析是建立在完全竞争的市场结构之下的。因此，第二次世界大战后出现的国际贸易动态理论一般被称为新古典贸易理论，主要包括国际贸易新要素理论和产品生命周期理论。

(一) 国际贸易新要素理论

为了从更宽的角度说明里昂惕夫之谜，并解释国际贸易格局发生的新变化，西方一些经济学家提出了国际贸易新要素理论。该理论认为，应赋予生产要素以新的含义，生产要素不仅仅是要素禀赋理论所说的劳动、资本和土地，诸如技术、人力资本、研究与开发、信息及管理等，也都是生产要素，这些“新”要素对于说明贸易分工的基础和贸易格局，都有着重要的作用。

1. 人力资本理论

为了解释里昂惕夫之谜，美国经济学家卢卡斯(Robert Lucas)、克拉维斯(Irving Kravis)、基辛(Donald Keesing)、凯南(Peter Kenen)、鲍德温(Robert Baldwin)及舒尔茨(Theodore Schultz)等，相继提出并发展了人力资本理论(human capital theory)。他们认为，H-O理论中所阐述的资本实际上只是物质资本，而没有考虑到“人力资本”。所谓人力资本，是劳动者投入到企业中的知识、技术、创新概念和管理方法等资源的总称，是资本与劳动力结合而形成的一种新的生产要素。一国通过对劳动力进行投资，如正规的学校教育、卫生保健、在职培训等，可以改善劳动者的素质，提高劳动生产率，从而对该国的对外贸易格局产生重要影响。一般认为，资本丰裕的国家常常也是人力资本丰裕的国家，因此人力资本丰裕是这类国家参与国际分工和贸易的基础。在贸易结构和流向上，这些国家往往出口人力资本要素密集型产品。

20世纪80年代，卢卡斯根据贝克尔的人力资本内生理论和阿罗的观点，将原来的外生技术进步转变为人力资本。他建立了一个以人力资本为增长发动机的两部门模型，并分析指出，经济不需要依赖外生力量就能增长，增长的源泉是人力资本积累，并且一国的人力资本存量和生产力对经济增长有重要影响。从长期看，各国经济增长率的广泛差异是由知识和人力资本存量及积累水平决定的。发展中国家与发达国家间的知识和人力资本的差距，大大超过了财富的差距。根据卢卡斯模型，发达国家由于人力资本水平高，资本边际效率和简单劳动者的工资都较高，物质资本生产收益递增使发展中国家的资本和工人流向发达国家。在全球经济相互依赖日益加深的条件下，发展中国家要充分重视人力资本的开发，才能在国际贸易中拥有竞争优势。因此，中国作为世界上最大的发展中国家，应吸收人力资本理论的合理内核，大力培养技术人才，提升出口产品的技术含量，以促进对外贸易增长方式的转变，增强对外贸易竞争力。

2. 研究与开发要素理论

研究一般是指与新产品、新技术、新工艺紧密相关的基础与应用研究，开发则是指新产品的设计开发与试制。研究与开发要素理论认为，研究与开发也是一种生产要素。一个国家越重视研究与开发要素的作用，产品的知识与技术密集度就越高，在国际市场竞争中就越能获利。在一定条件下，投入研究与开发的资金的多少，可以决定一个国家在国际分工中的比较优势，以及能否产生出新的贸易比较利益。在当前中国大力倡导自主创新的背景下，通过加大研究与开发的力度，生产出符合国际市场需求的产品，是中国发展对外贸易的重要途径。因此，该理论仍有一定的启示意义。

3. 信息要素理论

作为生产要素的信息，是指一切来源于生产过程之外并作用于生产过程的、能带来利益的信息的总称。西方经济学家认为，现代经济生活不仅需要土地、资本和劳动这样的传统生产要素，更需要如信息这般无形生产要素。信息作为一种能够创造价值的资源，与有形资源结合在一起构成现代生产要素。一个国家对信息的利用状况将影响其比较优势，改变其在国际分工和国际贸易中的地位。

当前，信息通过全球网络在参与国际经贸活动的国家和地区间流动，推动了国际贸易信息化的发展态势，给国际贸易的运作方式带来了巨大变化——电子商务的兴起。电子商务作为一种现代贸易方式，利用计算机网络搜索和获取信息，为决策提供服务，加快了产品交易的速度。国际贸易中的信息技术因素成为贸易国及其企业国际竞争力的构成要素，国家及企业的信息处理效率成为其参与国际竞争的基础条件，信息基础设施的发达程度和信息产业的规模比重都极大地影响了一国在国际贸易中的竞争力和地位。中国是发展中国家，更应重视信息要素在发展对外贸易中的重要作用，信息要素理论对此提供了较好的“注脚”。

4. 技术差距论

技术差距论（technological gap theory）又称创新与模仿理论，是探讨技术差距或技术变动对国际贸易影响的理论。该理论由美国经济学家波斯纳(Michael Posner) 于1961年在《国际贸易与技术变化》一文中提出。技术差距论把国家间的贸易与技术差距的存在联系起来，认为不同国家间的技术差距是导致国际贸易发生的原因。

在要素禀赋理论中，技术被认为是不变的，而实际上技术水平是在不断提升的。技术创新和新技术的运用在各国间的不平衡，导致了国家间技术差距的存在。技术差距使得技术领先的国家享有出口技术密集型产品的优势。新产品总是在工业发达国家最先问世，并在其国内销售后再进入国际市场，创新国借此获得了初期的比较利益。其他国家尽管想生产，但由于技术差距的存在，从产品创新到其他国家模仿生产之间存在着时滞。时滞的存在使得创新国的技术优势得以在一段时期内保持，其他国家对该产品的需求只能通过进口加以满足。因此，技术差距引起的国际贸易得以持续一段时间。

波斯纳在描述技术差距时，把产品创新到模仿生产的时间称为模仿时滞。模仿时滞分为需求时滞、反应时滞和掌握时滞三类。所谓需求时滞，是指技术创新国从开始生产新产品到开始出口新产品之间的时间间隔。反应时滞是指技术创新国从开始生产新产品到技术模仿国模仿其技术开始生产新产品的时间间隔。掌握时滞是指技术模仿国从开始生产新产品到完全掌握该技术，国内生产扩大，进口变为零的时间间隔。

需求时滞的长度主要取决于两国收入水平差距和市场容量差距，差距越小长度越短。反应时滞期的长短，主要取决于企业家的决策意识和规模效益、关税、运输成本、国外市场容量以及居民收入水平等因素。如果技术创新国在扩大新产品生产中能够获得较多的规模效益，并且运输成本较低，进口国关税率较低，则可以延长反应时滞阶段；否则，这种优势就容易失去，反应时滞将缩短。掌握时滞的长短，主要取决于技术模仿过程的长短和吸收新技术能力的高低。

技术差距论说明了技术差距的存在是产生国际贸易的重要原因。该理论虽然主要是为了解释里昂惕夫之谜的，但就其内容的合理内核来看，在一定程度上也可以说明总体技术水平较低的中国与一些发达国家之间的贸易关系。然而，它没有进一步解释国际贸易流向的变动及其原因，而在技术差距论基础上发展起来的产品生命周期理论正好弥补了这一缺陷。

(二) 产品生命周期理论

产品生命周期理论的创始人，是美国经济学家弗农(Raymond Vernon)和威尔士(Louis Wells)。1966年，弗农在其《产品周期中的国际贸易与国际投资》一文中，首次提出“产品生命周期”的概念，认为不同国家间的技术差距是产生国际贸易的重要原因之一。威尔士在此基础上，引入市场营销学中的产品生命周期理论，具体描述了因技术差距而产生国际贸易的过程。他们将产品生命周期理论引入国际贸易理论之中，奠定了国际贸易的产品生命周期理论。该理论认为，产品在其生命的不同阶段由不同的国家生产和出口，以此说明国际贸易的流动方向，将市场营销学中的产品生命周期理论与国际贸易理论结合起来，使比较优势理论从静态发展为动态。

产品的生命周期可分为三个阶段：产品创新阶段、产品成熟阶段和产品标准化阶段，每个阶段具有不同的特点。

(1) 产品创新阶段。少数在技术上领先的创新国，其创新企业率先开发出新产品，然后在其国内生产。此时，创新企业在生产和销售方面具有垄断权。新产品不仅满足了国内市场需求，而且可以出口到与创新国收入水平类似的国家和地区。在这一阶段，创新企业几乎没有竞争对手，企业竞争的关键不是生产成本。这一阶段的特点，从产品生产地来看，由于新产品的设计要求接近市场和供应者，因此新产品的生产地确定在创新国；从产品的要素密集性来看，产品生产需要投入大量的科研与开发费用，生产要素的密集性表现为技术密集型产品。

(2) 产品成熟阶段。随着技术的成熟，生产企业不断增加，企业间的竞争不断增强。对企业来说，产品成本和价格变得越来越重要。此外，随着国外市场的不断扩大，出现了大量模仿者，创新国企业的生产不但面临国内原材料供应紧张的局面，而且面临着产品出口运输能力和费用的制约、进口国家对该产品的贸易限制以及进口国家企业仿制品的替代问题。此时，企业若要保持和扩大国外市场份额，需要到国外进行直接投资，从事当地生产、当地销售。这样，在没有大量增加其他费用的同时，由于利用了当地的廉价资源，减少了关税、运费、保险费的支出，结果大大降低了产品成本，增强了产品竞争力，巩固和扩大了市场。该阶段的特点，从产品生产地特性来看，创新国从事新产品制造的企业，开始在东道国投资生产；从产品的要素密集性来看，该阶段知识技术的投入减少，资本和管理要素投入增加，高级熟练劳动投入越来越重要，生产要素密集性表现为资本密集型。

(3) 产品标准化阶段。此时，技术和产品都已经实现标准化了，生产此类产品的企业日益增加，竞争更加激烈，产品成本与价格在竞争中的作用更加突出。因此，许多企业通过对各国市场、资源、劳动力价格等进行比较，选择到生产成本最低的地方从事生产活动。这时，由于发达国家劳动力价格较高，生产地点的最佳选择是发展中国家。创新国的技术优势不复存在，国内对此类产品的需求转向从国外进口。对于创新企业而言，若要继续保持优势，则必须进行新的技术创新。该阶段的特点，从产品生产地特性看，产品生产地已经逐渐开始向一般发达国家，甚至是发展中国家转移，并且范围在不断扩大；从产品的要素密集性上看，此时产品技术趋于稳定，技术投入可忽略不计，资本要素投入虽很重要，但非熟练劳动投入大幅增加，生产要素密集性也因此改变。

产品生命周期理论把产品生命周期与国际贸易结合起来分析，从技术进步、技术创新和技术传播的角度，分析了国际分工的基础和国际贸易格局的演变。中国发展对外贸易也可以借鉴该理论的合理内核，通过对贸易产品生命周期的分析，了解和掌握出口贸易的动态变化，以正确制定对外贸易的产品战略和市场战略。

第二节　当代国际贸易理论

古典贸易理论和新古典贸易理论的基本前提中，都假定市场结构是完全竞争的，而第二次世界大战后国际贸易理论界已经承认实践中的不完全竞争的市场结构，并将其作为贸易理论研究的基本前提。这种贸易理论基本前提的变化，标志着国际贸易理论已由传统贸易理论发展为当代国际贸易理论。当代国际贸易理论主要包括产业内贸易理论和国家竞争优势理论等内容。

一、产业内贸易理论

产业内贸易理论，是 20 世纪 60 年代以来在西方国际贸易理论中产生和发展起来的一类解释国际贸易格局的理论分支。

1. 产业内贸易的概念

根据产品内容，国际贸易可分为两种基本类型：一种是一国进口和出口属于不同产业部门生产的产品，即产业间贸易（inter-industry trade），又称为部门间贸易；另一种是产业内贸易（intra-industry trade），又称部门内贸易，是指一国既出口又进口某种同类型的产品。

相对于产业间贸易而言，产业内贸易具有以下三个特点：一是产品流动具有双向性。产业间贸易对象的流动是单向的，一国出口一种产品，进口另一种产品；产业内贸易的对象则是既进口又出口。二是产业内的产品具有相似性，消费具有可替代性。例如，一国出口某些型号的汽车，进口另外一些型号的汽车，尽管其型号、档次有差别，但都是代步工具，能够相互替代。三是产业内贸易的产品生产过程中使用相似的要素投入。这一特点揭示了一国进出口同类产品，常常不是因为缺乏生产能力或是在成本上的劣势，而主要是因为产品差别和规模经济所造成的。通过产业内分工和贸易，相互开放市场，有助于双方企业实现规模经济效益。

20 世纪 70 年代以来，产业内国际贸易得到迅速发展。格鲁贝尔（Herbert Grubel）和劳埃德（Peter Lloyd）在 1975 年对该现象进行了系统研究。他们发现，美国等 10 个发达国家的产业内贸易的比率大约为 50%，其中化工、机械和运输设备等产品的产业内贸易比率最高。

2. 产业内贸易的理论解释

产业内贸易理论从供给和需求的角度，可分为规模经济贸易理论和偏好相似理论。

1）规模经济贸易理论

该理论以企业生产中的规模经济和世界市场的不完全竞争为基础，解释产业内贸易的原因。此理论产生于20世纪70年代末，其代表人物是2008年诺贝尔经济学奖获得者、美国经济学家保罗·克鲁格曼（Paul Krugman）。

规模经济贸易理论有两个假设前提：一是企业生产具有规模经济。规模经济是指在企业生产扩张的开始阶段，企业由于扩大生产规模而使经济效益得到提高。企业通过参与国际贸易，获得了更为广阔的市场空间，可以扩大生产规模。随着生产规模的扩大，单位产品的成本逐渐下降。这种规模经济使得企业增强了竞争力，提高了赢利水平。二是国际市场竞争是不完全的。不完全竞争是一种垄断和竞争并存的市场结构。

在规模经济和垄断竞争条件下，任何一国都不可能囊括一个行业全部产品的生产，从而使国际分工和贸易成为必然。

规模经济贸易理论认为，企业长期平均成本随着产量增加而下降，企业面对的是市场需求曲线，市场需求量会随着价格的下降而增加。在参与国际贸易之前，企业所面对的只是国内需求，因国内市场相对有限，企业产量也相对有限，从而使生产成本和产品价格维持在相对较高的水平上。若企业参与国际贸易，产品所面临的市场就会扩大，企业产量就可以增加。由于生产处于规模经济阶段，产量的增加会使产品的平均成本降低，从而在国际市场上增加了竞争能力。规模经济效应使得要素禀赋即使在无差异的国家之间也能凭借生产规模的优势形成竞争力，从而取得贸易利益。

当前，中国多种产品的产量居世界第一位，巨大的产能和产量一方面可以降低单位成本，另一方面也需要广阔的国际市场予以吸纳，规模经济贸易理论对中国对外贸易的发展具有一定的借鉴意义。

2）偏好相似理论

1961年，瑞典经济学家林德（Staffan B. Linder）提出了偏好相似理论，第一次从需求角度对国际贸易的原因作出分析。林德认为，一国经济增长进而其人均收入的提高，会使该国的代表性需求向某种比较昂贵的商品或奢侈品转移。为了满足市场需求，生产者会不断扩大生产与改进技术，结果使产量增长速度超过需求增长速度，从而使该国有能力向别国出口。

林德的基本观点是：①一种工业品要成为潜在的出口产品，首先是一种在本国消费或投资生产的产品，即产品出口的可能性取决于其国内需求。②两个国家的需求结构越相似，即两国消费者的消费偏好越相似，一国代表性需求的商品也越容易在另一国找到市场，因而这两个国家之间的贸易量越大。如果两国需求结构完全一致，一国所有可能进出口的产品同样也是另一国可能进出口的产品，因而会产生产业内贸易。③人均收入是影响需求结构的最主要因素。人均收入水平的相似，可以用来作为需求结构相似的指标。由于工业化国家的人均收入水平比较接近，消费者的偏好相似程度比较高，这为工业制成品贸易和产业内贸易提供了广阔的市场基础。

中国虽然是发展中国家，但国内各地区经济发展水平不均衡，需求具有不同层次的特点，能够产生与某些国外消费者类似的消费需求。因此，偏好相似理论可以在一定程度上解释中国对外贸易。例如，中国进口某些豪华轿车可以满足国内富裕人士的需求，而国外中低收入者也可以消费来自中国的廉价小汽车。

二、国家竞争优势理论

20 世纪 80～90 年代，美国哈佛大学教授迈克尔·波特（Michael Porter）出版的《竞争战略》、《竞争优势》和《国家竞争优势》三本著作，引起了西方经济学界和企业界的高度重视。前两本著作主要是研究产业竞争优势的创造，而《国家竞争优势》一书则主要从宏观角度，论述了一国如何确立和提高本国产业和产品的国家竞争优势。

国家竞争优势，是指一个国家帮助其产业和企业持续地以较低价格向国际市场提供高质量产品、占有较高市场份额并获取利润的能力。一国竞争优势主要取决于四组基本因素和两组辅助因素。四组基本因素是指要素条件，国内需求，相关产业和支撑产业，以及企业的战略、结构和竞争状态。这四组因素中的每一组都可单独发生作用，并同时作用于其他因素。四者组成一个系统，共同决定国家竞争优势（图 2-1）。此外，国家竞争优势还受到机遇和政府作用的影响，由于两者要通过四组基本因素影响国家竞争优势，所以属于辅助因素。

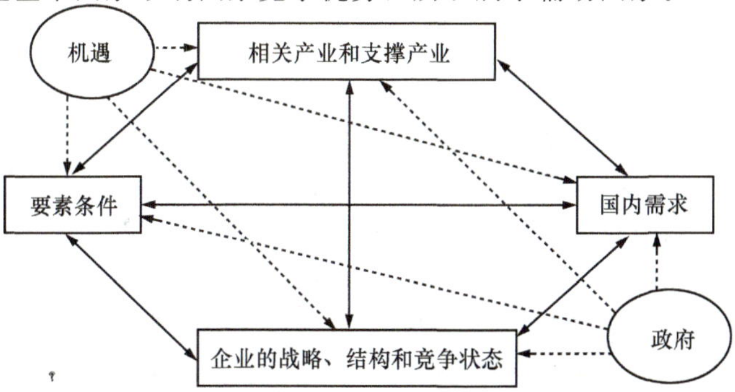

图 2-1　决定国家竞争优势的四组基本因素和两组辅助因素

注：图中的实线表示四组因素中每一组均可单独发生作用，并同时作用于其他因素。虚线表示两组辅助因素只能通过四组基本因素才能发生作用，进而影响国家竞争优势

国家竞争优势理论，实际上是研究这四组基本因素和两组辅助因素的性质及其相互作用的理论。

1. 要素条件与国家竞争优势

波特认为，一个国家如果拥有对某一产业十分重要的某类低成本要素禀赋或独特的高质量要素禀赋，那么该国企业就可能在该产业获得竞争优势。要素条件主要是指人力资源、物质资源、知识资源、资本资源和基础设施等方面的条件，不仅包括要素数量，还包括要素质量，以及获得这些要素的成本的高低。

根据产生机制和所起作用的不同，要素可分为基本要素和推进要素。基本要素主要是指一国先天拥有或不需太多投资即可得到的要素（如自然资源、地理位置、非熟练劳动力等）。推进要素是指必须通过长期投资和培训才能创造出的要素（如高质量人力资本等）。对于国家竞争优势的形成而言，后者更为重要。因为随着科技的发展，对基本要素的需求减少，靠基本要素获得的竞争优势难以持久。而只有推进要素才是稀缺的，因为它不仅需要复杂的私人与社会投资，而且要创造推进要素，创造机构本身就需要高级的人力资源和技术资源。因此，推进要素才是竞争优势的长远来源。

根据作用和专门性，要素可分为一般要素和专门要素。一般要素是指适用范围广泛的要素，如一般的港口、受过普通高等教育的雇员等。专门要素则是指专门领域的专业人才、特殊的基础设施、特定领域的专门知识等专业性很强的要素，如专门供集装箱装卸的港口、研究所毕业的专业人才等。越是高级的要素，越有可能是专门要素。专门要素比一般要素更能为一国创造持久的竞争优势，因为一般要素提供的仅是基本类型的竞争优势，其供给在许多国家都能得到，容易被取代或失去效能。而专门要素的获得不仅需要更专一、更具风险性的投资，而且通常需要以丰富的一般要素为基础。专门要素在更为复杂或更具专业性的生产中不可或缺，特别是在高新技术产业领域。

2. 国内需求与国家竞争优势

国内需求是指本国市场对该项产业提供产品或服务的需求情况。波特认为，国内需求直接影响一国的国家竞争优势。其作用表现在以下五个方面：

（1）老练、挑剔的买主有助于产品标准的建立。买方的高质量要求会使国内企业在买方压力下，努力改进产品质量、性能和服务。

（2）前瞻性的买方需求有助于国内企业在国际竞争中取得领先地位。因为在一国的买方需求领先于其他国家的情况下，国内企业会率先意识到新的国际需求的来临，并积极从事新产品研发，使企业自身不断升级换代。此外，领先的国内需求还会使企业的新产品更容易在国内找到市场，使企业新产品和企业自身得到发展机会。

（3）国内需求增长速度及独立的买主数量会对一国竞争优势产生影响。国内需求增长迅速可激励企业尽快采用新技术，扩大生产规模，实现规模效益。而众多独立买主可以为企业提供更多、更全面的需求信息，促进企业实行多元化生产，减少经营风险。

（4）国内需求的作用还表现在产品研发人员基本在国内，企业对国内需求的敏感性要比对国外需求更强烈。

（5）企业国内经营业绩的比较常常影响甚至左右经营者的自尊心和荣誉感，迫使其重视满足国内需求。

3. 相关产业、支撑产业与国家竞争优势

相关产业一般是指因共用某些技术、共享同样的营销渠道和服务而联系在一起的产业或具有互补性的产业，如计算机设备和计算机软件，汽车和轮胎，等等。支撑产业是指某一产业的上游产业，它主要向其下游产业提供原材料和中间产品。

相关产业对某一产业的促进作用，体现在可促进有关产业的创新上。因为具备国际竞争力的相关产业进入某一产业后，可使后者从较高起点进行创新和升级。此外，由于营销渠道的共享，相关产业的国际成功还可带动有关产业的国际成功，使有关产业在生产初期即可快速打开国际市场。

支撑产业对下游产业的促进作用，体现在可降低后者的生产成本，并在合作中进行创新上。比如，实力强大的供应商能够充当信息传递的媒介，协助下游企业尽快获得新的信息和技术，使得整个行业的创新提速。

波特认为，一个国家若具有一系列国际竞争力较强的关联产业，则容易形成有国际竞争力的新产业。一国要使某一产业具有国际竞争力，必须注意相关产业和支撑产业的发展，通过产业分布的集中和信息交流，取得地方经济和集团经济效果，建立起强大的产业簇群。

4. 企业的战略、结构和竞争状态与国家竞争优势

企业的战略、结构和竞争状态，是指企业在一个国家的基础、组织、管理形态，以及国内市场竞争的表现，包括企业的建立、组织和管理的环境以及国内竞争的性质。企业要在竞争中赢得优势，必须根据内部条件和外部环境作出适当的选择。比如，一些消费资料生产部门，为适应顾客多变的需求，必须选择灵活的经营体制；而一些大型生产资料生产部门，则必须保持组织管理上的严格有序。

波特认为，强大的国内竞争是企业竞争优势得以产生并长久保持的最强有力的刺激因素。在激烈的国内竞争环境下，国内企业可以提高整个产业的创新速度，促进产业升级；还可迫使企业尽快向外扩张，力求达到国际水准，占领国际市场。

5. 机遇、政府作用与国家竞争优势

机遇是指重要的新发明、重大技术变化、投资成本的巨变、外汇汇率的重要变化、突然出现的世界或地区性需求、战争等偶然性事件。机遇的作用，在于它可能打断事物发展的正常进程，使原来处于领先地位的企业丧失竞争优势，落后国家的企业则可借此获得竞争优势，并后来居上。一国能否抓住机遇并有效利用机遇则取决于四组基本要素，因而它属于辅助因素。

政府的作用体现在可以通过对上述四组基本因素施加影响，从而影响国家竞争优势。比如，政府可以通过教育政策影响劳动力要素，通过产业组织政策为产业、企业竞争力的提高创造良好的环境，通过对消费者权益的保护培育国内需求，等等。因此，对于一国的国家竞争优势而言，政府的作用不可或缺。同样，政府的作用也是通过影响四组因素体现出来的，所以也属于辅助因素。

此外，波特认为国家竞争优势的发展可分为四个阶段：第一阶段是要素推动阶段，基本要素上的优势是竞争优势的主要源泉。第二阶段是投资推动阶段，资本要素是竞争优势的主要来源，持续的资本投入可以扩大生产规模，大量更新设备，提高技术水平，增强企业的竞争力。第三阶段是创新推动阶段，此时的竞争优势来自创新。企业已经具备各种条件，人员培训效果显著，引进技术吸收消化能力强，能够自主进行研究生产和开发工作，创新意识和创新能力较强，通过将高科技成果转化为产品的努力，增强经济适应能力，就能够赢得持续的竞争优势。第四阶段是财富推动阶段，此时国家主要依靠过去长期积累的物质精神财富维持经济运行，创新意愿和能力都可能下降，面临丧失竞争优势的危险。

国家竞争优势理论关于国家竞争优势来源的论述，关于取得和保持国家竞争优势途径的探讨，对于所有国家特别是中国这样一个经济发展水平相对较低的国家而言具有重要的启发性意义。中国要促进生产力发展、提高国际竞争力，必须重视科技发展和人力资本投资、重视国内需求、创造公平竞争的环境、大力倡导企业自主创新。

第三节　马克思主义国际贸易理论

西方国际贸易理论对于我国发展对外贸易具有较好的借鉴意义，然而也应认识到，中国不仅是一个经济上的发展中国家，同时也是一个以公有制为基础的社会主义国家，在发展对外贸易问题上，马克思主义的国际贸易理论依然有着非常重要的指导意义。

一、马克思主义的国际分工理论

资本主义商品经济的巨大发展，使得国际贸易具有了举足轻重的社会经济意义，使世界上每个国家和民族都不同程度地加入国际性的生产和流通体系中来。在马克思的著作中有不少有关国际分工和国际贸易的论述，“世界贸易和世界市场在16世纪揭开了资本的近代生活史”[①]，而“创造世界市场的趋势已经直接包含在资本的概念本身中”[②]。资本主义的发展，以其无限的扩张力把商品经济关系推向全世界，打破了一切民族和国家的界限，使剩余价值规模向国际化发展。资本主义商品经济的发展，使“过去那种地方的和民族的自给自足和闭关自守状态，被各民族的各方面的互相往来和各方面的互相依赖所代替了”[③]，从而“使一切国家的生产和消费都成为世界性的了”[④]。

以上这些论述表明，一方面是资本主义商品经济向国际范围的扩张，形成了国际经济贸易关系，它体现了资本家对剩余价值的无限度追求，反映了资本主义生产方式本质上是世界性的剥削关系。另一方面，国际经济贸易的发展，反映了生产社会化和商品经济发展的客观要求，这是社会化大生产和现代商品经济发展的普遍规律。由于客观上存在相互联系和依赖的关系，任何国家和民族若要得到发展，都必须积极发展对外经济贸易关系，而决不能搞自给自足的闭关自守。

在探讨当代国际贸易发生基础的问题上，马克思主义政治经济学原理认为，分工是交换的基础，只有在分工不断专业化和深化的基础上，经常性的、大规模的交换活动才有可能进行。可见，国际分工是商品经济和国际贸易发展的基础。国际分工能促进各国按照社会化大生产分工协作的原则，发挥本国、本地区在自然资源、劳动力、资金、技术等方面的优势，集中力量专门生产成本较低的产品，通过国际贸易使本国的生产和消费规模得以扩大。

社会主义国家自诞生之日起，就是在国际分工、生产国际化高度发展的基础上进行再生产活动的。同时，由于社会主义是在资本主义世界的薄弱环节中产生的，其经济建设必然面对技术落后和资金不足的难题。尽管当前的国际分工依然是以资本主义国际分工为主导的，但国际分工、国际贸易的发展在一定历史时期具有促进人类生产力发展的进步作用。因此，作为社会主义国家，发展生产力是中国的首要任务，必须利用一切有助于社会生产力发展的积极因素，包括利用国际分工发展对外贸易，充分吸收资本主义国家所取得的生产力和科学技术成果，促进社会主义经济建设事业的顺利发展。

马克思主义的国际分工理论不仅科学地论证了一国发展对外贸易的客观性和必要性，而且科学地论证了国际分工的性质，为中国参与和利用国际分工指明了正确方向，是中国发展对外贸易的重要理论依据。

---

① 马克思．1975．资本论．第1卷．北京：人民出版社：167

② 马克思，恩格斯．1979．马克思恩格斯全集．北京：人民出版社：391

③④ 马克思，恩格斯．1964．共产党宣言．北京：人民出版社：27

二、马克思主义的国际价值理论

马克思主义认为，商品的价值作为凝结在商品中的一般的、无差别的人类抽象劳动，只有在充分地比较劳动的社会属性前提下，也就是在包括各民族经济活动在内的世界市场上，才能够完全地展现出来。因而，在国际贸易活动中价值规律同样起作用，只是由于经济环境的不同，其作用形式发生了重大变化。

1. 国际社会必要劳动时间决定国际价值

在国际贸易中，决定商品交换的国际价值，不由一国之内的社会必要劳动时间决定，而要由国际社会必要劳动时间决定。各国的商品价值，在国际市场上都成了个别价值或国别价值；各国生产该商品的社会必要劳动时间，在国际市场上也成了个别或国别劳动时间。决定国际价值的国际社会必要劳动时间，是生产某种商品的世界各国的平均劳动时间，是所有进入国际市场的同类商品直接消耗的国内社会必要劳动时间的加权平均数。由于参与国际交换的是不同国家的不同经济实体，因此落后国家创造的同类产品即较低的劳动生产率的劳动产品也可以参与国际交换，又因为落后国家的个别价值较高，其参与国际价值的形成的结果是抬高了国际价值水平。

2. 参与国际贸易的国家均可获益

在等价交换的情况下，如果一国的国别价值低于国际价值，就能够稳定地获得大大高于国内市场的超额利润。一般而言，发达国家的劳动生产率高，较多商品的国别价值低于国际价值，可以在交换中得到较多的贸易利益。正如马克思所言："价值规律在国际上的应用，还会由于下述情况而发生更大的变化：只要生产效率较高的国家没有因竞争而被迫把它们的商品出售价格降低到和商品的价值相等的程度，生产效率较高的国民劳动在世界市场也被算作强度较大的劳动。""一个国家的资本主义生产越发达，那里的国民劳动的强度和生产率，就越超过国际水平。因此，不同国家在同一劳动时间内所生产的同种商品的不同量，有不同的国际价值，从而表现为不同的价格，即表现为按各自的国际价值而不同的货币额。所以，货币的相对价值在资本主义生产方式较发达的国家里，比在资本主义生产方式不太发达的国家要小"。①

对于劳动生产率较低的国家而言，虽然其国别价值即个别价值可能高于国际价值，在与发达国家进行贸易时处于不利地位，但这并不意味着从贸易中不能获利。经济不发达国家在与发达国家进行贸易时，"这种国家所付出的实物形式的物化劳动多于它所得到的，但是它由此得到的商品比它自己所能生产的更便

① 马克思．1975. 资本论．第1卷．北京：人民出版社：614

宜”[①]。这是因为国际贸易商品的价值实现也不同于国内商品。每一种参与国际贸易的商品到达消费者手中，都要通过国际市场和国内市场这两次市场交换，有两次价值实现的机会。这与只在国内市场流通的商品存在重大区别。无论是在经济落后国家还是在先进国家，通过国际和国内两次市场交换，所实现的商品价值都会大于出口商品中实际消耗的劳动时间，或是节约国内生产同类产品将要耗费的劳动时间。

对于落后国家而言，以国际价值为标准来同先进国家进行交换时，其所付出的商品中包含的劳动时间虽然大大超过所得到的商品中实际耗费的劳动时间，然而在商品输入之后，还要按国内的生产条件再在市场上实现一次。进口商品不是其国内不能生产的，就是成本很高，所以落后国家输入商品在国内市场上实现的价值，还是会大于或至少能等于出口商品中实际耗费的劳动时间。因此，落后国家通过参与国际贸易与分工，是能够得到益处的。

而且，落后国家通过国际贸易，还可以发现自己与世界先进水平的差距，一般会努力提高劳动生产率，降低个别（国别）价值，争取在国际竞争中处于有利地位。事实上，不少后进国家或地区已经通过扬长避短，充分发挥自身优势，生产出成本低于国际生产成本的商品，成功地打入国际市场，甚至把发达国家的同类产品挤出了市场，由此获得了巨大的贸易利益，促进了本国或本地区的经济发展。

中国作为发展中国家，应该自觉地运用马克思主义的国际价值理论，大力发展对外贸易，通过实现对外价值形态的转换，大量节约社会劳动，促进经济发展。中国对外贸易不能仅仅考虑贸易利益，而首先要考虑国民经济发展的整体利益，在考虑全局和长期利益的前提下，充分利用国际市场条件，取得贸易利益。

三、马克思主义的社会再生产理论

马克思主义的社会再生产理论指出，社会生产各部类之间以及每个部类的内部必须保持一定的比例关系，包括第一部类——生产生产资料的部类与第二部类——生产消费资料的部类之间，农业、轻工业和重工业之间，农业生产内部、工业生产内部，都必须保持适当的比例关系，如此社会再生产才能顺利进行，才能取得高的发展速度和好的经济效益。社会生产各个部类之间及其内部的比例关系，不仅在价值形态上要求平衡，而且在实物形态上也要求平衡。

各国在生产水平、经济结构、科学技术条件以及资源、气候因素等条件上的巨大差异，导致各国社会总产品的实际实物构成，往往与扩大再生产的发展以及进行技术改造所要求的实物构成存在着一定的差距。因此，在一国范围内，不可

① 马克思，恩格斯．1974．马克思恩格斯全集．第25卷．北京：人民出版社：265

能在实物形态上达到社会扩大再生产所要求的平衡关系，任何一个国家都不可能生产自己发展经济所需要的一切。

对外贸易的主要特点是可以同国外实现实物形态的转换，即可以把生产资料转化为消费资料，把一种国内有余的生产资料转换为另一种国内短缺的生产资料，这是其他经济部门所无法做到的。从这个意义上看，可以说对外贸易是国民经济的一个特殊经济部门。通过对外贸易，用国内的一部分产品到国外去换取本国社会再生产所需要的另一部分产品，即进行实物形态的转换，以调整第一部类与第二部类之间，农业、轻工业、重工业之间，以及它们的内部结构在实物形态上的比例关系，在较高的水平上实现综合平衡，从而取得社会经济发展的宏观经济效益。通过对外贸易实物形态转换实现这种社会再生产比例关系的客观要求，对一国经济发展具有重要的战略意义。

中国社会主义扩大再生产是在全球化和生产国际化高速发展的情况下进行的。在当代科学技术突飞猛进的情况下，国家间的相互需要和依赖进一步加强。因此，只有参与和利用国际分工，充分利用国际条件，更有效地利用本国资源，发挥本国优势，才能达到大规模节约社会劳动、迅速发展生产力的目的。只有通过发展对外贸易，才能根据中国的需要和国外市场的可能，将国外资源和市场适当、有机地结合起来，国民经济才有可能建立起超越本国经济内在力量的扩大再生产规模，建立起高级的国民经济综合平衡，以取得较快的发展速度和较好的经济社会效益。

思考题

1. 试比较绝对成本理论和比较成本理论的异同。
2. 要素禀赋理论的假设条件和主要内容各是什么？
3. 国际贸易新要素理论和产品生命周期理论的主要内容分别是什么？
4. 试论述产业内贸易的特点及产业内贸易理论的主要内容。
5. 试论述国家竞争优势理论的内容及其对促进中国对外贸易发展的借鉴意义。
6. 马克思主义的国际分工理论、国际价值理论和社会再生产理论的主要内容各有哪些？

第三章　中国对外贸易发展战略

对外经济关系作为一项重大战略问题，不仅应确立其战略地位和战略意义，还应制定一整套的方针与政策。对外贸易是一国对外经济关系的基础，因此必须要在对外经济贸易领域制定和实施相应的战略。改革开放以来，中国相应制定和确立了与国民经济发展相适应的对外贸易发展战略和战略目标。

第一节　对外贸易发展战略的基本概念

一、对外贸易战略的含义

对外贸易战略是指一国或地区根据经济发展的总体要求，针对对外贸易发展目标及其实现手段所作的长期性的战略决策。在经济全球化日益深入的今天，对外贸易是一个国家国民经济的重要组成部分，因而对外贸易战略也构成一国国民经济发展战略的核心组成部分，对一国经济发展具有至关重要的影响。它以国民经济发展战略为指导并为之服务，在一定程度上决定了国民经济发展的目标和方向。一国的对外贸易发展战略，是该国经济发展总体战略指导下的具体经济部门的发展战略。

二、对外贸易战略的分类

按照不同的分类标准，对外贸易战略可以划分为不同的类型。

1. 根据一国发展对外贸易的侧重点划分

根据一国发展对外贸易的侧重点的不同，对外贸易战略可以分为以下三类。

1）进口替代战略

进口替代战略（import-substituting strategy），是 20 世纪 50～60 年代被提出并风行于发展中国家的一种对外贸易战略。提出与实施该战略主要是为了实现以下目标：削减进口，减少对国外的经济依附；节约外汇，平衡国际收支；发展本国幼稚工业，实现工业化；促进制成品的生产与出口，改善贸易条件；保护民族工业，扶持本国工业品的生产和出口；增加工业部门劳动就业，改变二元经济结构，等等。在第二次世界大战结束后的初期，拉丁美洲一些国家率先实施进口替代战略，随后，亚洲一些国家和地区也开始选择这一战略。到了 20 世纪 60 年代，进口替代已成为发展中国家居主导地位的经济发展战略。改革开放以前，我国长期实行的也是这种战略。

进口替代一般需要经历两个阶段：

第一阶段，首先建立和发展一般的最终消费品工业，以替代这些消费品（如收音机、自行车、一般家用电器等）的进口。在这一阶段，由于发展中国家缺乏必要的资本、机器设备、原材料、中间产品和技术等，需要从国外进口这些要素，加之缺乏管理经验，生产规模也较小，因而往往会出现产品成本高、质量低、缺乏规模效益、外汇使用过度、国际收支失衡、产品价格高于同类产品的进口价格等问题。但随着幼稚进口替代工业的逐渐成长、成熟，这些问题一般会逐步得到解决，并趋于完成进口替代的预定目标。

第二阶段，当最终消费品的进口替代工业发展到一定程度，其产品基本上能满足国内市场需要时，进口替代工业就应当及时升级，从最终消费品的生产转向国内需要的资本品、中间产品的生产，通过发展机器制造、机床生产、石油提炼、炼钢轧钢等工业，在生产中尽可能多地使用国产原料和其他投入，增强自力更生能力。

发展本国进口替代工业可以采取多种形式，如由国家出资建厂、引进外资建厂、国家与外资或私人企业与外资合作办厂、利用外援和国外资助办企业、设立经济特区、利用跨国公司在国内建立生产和销售基地等。

进口替代战略在许多发展中国家取得了一定成效，促进了这些国家民族工业的建立，推动了其工业化发展。然而，该战略在实施过程中也暴露出某些弊端。例如，大量资本品和半成品的进口会造成外汇短缺，进而严重影响国际收支平衡，加重对国外的依赖；同时，进口替代的某些保护措施使得国内被保护的行业失去竞争意识，从长远看对国家经济发展产生不利影响。

2）出口导向战略

出口导向战略（export-oriented strategy），也称出口鼓励战略或出口替代战略，是一种外向型战略。出口导向战略又可分为依靠初级产品出口来推动经济增长的“初级产品”出口导向贸易战略，以及依靠制成品出口来带动经济增长的“次级产品”出口导向贸易战略。如果说进口替代是发展中国家在发展初期所必须采取的对外贸易发展战略，那么，一旦进口替代进入成熟阶段，发展中国家就应当及时转向外向型贸易战略，即出口导向贸易战略。而且从实践上看，一些发展中国家在进口替代战略的缺陷日益显露之后，也不得不转向寻求外向型的贸易战略。20 世纪 70 年代后，一些拉美国家及东南亚国家或地区就开始实行这种转变。

出口导向一般也需经历两个阶段：

第一阶段，主要发展加工工业，以生产一般消费品为主，如食品，服装，鞋帽，纺织品，洗衣机、收录机、电视机等家用电器，木材加工品，玩具等。这些产品的生产方法比较简单，技术较易掌握，投入要素也容易获得，而且国际市场需求较大，需求弹性也不小，故比较容易起步。

第二阶段，当第一阶段出口商品生产发展到一定程度，特别是当其中某些产品的市场容量已渐趋饱和或生产与对外贸易条件已经变得不利时，就应当转向以机器设备、机床、电子仪器、机械工具等高技术产品生产为主的出口工业。此时，进入了第二阶段。

出口导向工业的发展可以采用外商独资、合资经营、来料加工、劳务出口（如建筑业）、在国外办企业等各种形式。

出口导向战略可以进一步分为两种类型：一种是出口导向与国内生产并举型，即在鼓励出口的同时，还重视发展与出口有关的工业，使其形成规模经济以满足国内需要；另一种是单纯出口扩大型，即一切以鼓励出口为主。究竟采用哪一种类型取决于各国的具体条件，如国家的面积、资源禀赋、生产技术条件、人力资源状况、地理位置等。韩国、新加坡等地域较小的国家，采用的是第二种类型的出口导向；而巴西、墨西哥等发展中大国，采用的是第一种类型的出口导向。

出口导向战略主张积极参与国际分工和国际交换，充分发挥比较优势，力求通过贸易来实现工业化与现代化。在 20 世纪 60～80 年代，亚洲不少发展中国家和地区利用出口导向战略实现了经济腾飞。但出口导向战略同样存在局限性。例如，容易导致本国经济发展过度依赖国际市场；此外，一些出口产业受到国家过度的关税保护和价格补贴，从而削弱本国企业的国际竞争力，并且会增加政府财政负担等。

3）混合发展战略

混合发展战略也称综合型贸易战略或平衡型贸易战略。该战略的根本考虑，是把进口替代战略与出口导向战略各自有效的成分组合起来，在继续大力发展进口替代的同时，积极利用出口导向战略的某些政策，以兼收并蓄、最大限度地促进经济发展。这里的有效组合部分，主要包括进口替代战略中面向国内市场的独立自主的工业化、改进后的政府干预和保护，以及出口导向战略中的鼓励政策等。但实施这种战略也会产生一系列的矛盾与问题，给经济发展带来不同程度的损害。其主要原因在于，进口替代和出口导向战略是两种完全不同的贸易战略，各自所奉行的贸易政策在作用和方向上基本上是相反的。

鉴于上述三种贸易战略各有其弊端，在新时期我国应采取何种对外贸易发展战略问题上，有国内学者提出了一种新的贸易战略，即内撑外开型贸易战略。所谓内撑外开型贸易战略，简单地说，就是指以国际比较优势为依据，以国内市场为依托，以适度保护为辅助，全面对外开放的贸易战略。

2. 根据一国进出口贸易的组成划分

一国的对外贸易分为进口贸易和出口贸易两部分，相应地，对外贸易战略也可以分为进口贸易战略和出口贸易战略两大类。

货物贸易长期以来一直是中国对外贸易的主体部分。改革开放后，为了发展我国的货物进出口贸易，根据各个时期不同的国际、国内环境，我国提出并实施了一系列具体的对外贸易发展战略。我国的出口贸易战略主要包括以质取胜战略、市场多元化战略、出口商品战略、科技兴贸战略等；进口贸易战略则主要是指进口商品战略。

以下将重点探讨我国货物贸易领域里具体的对外贸易发展战略。

第二节　以质取胜战略

以质取胜战略是我国在20世纪90年代初提出并实施的对外贸易发展战略之一，但其从酝酿到提出却经历了改革开放前后数十年的历程。它是我国对外经贸主管部门针对我国出口贸易中长期存在的突出问题，为确保我国对外贸易的可持续发展而提出的一项长期战略。

一、以质取胜战略的提出背景

改革开放后，我国对外贸易长期保持良好发展势头。1978年的对外贸易总额为206.4亿美元，1990年增长至1154亿美元，年均递增14.2%，其中出口由1978年的97.5亿美元增加到1990年的620.9亿美元，年均递增15%，远高于同期国民生产总值8.7%的年均增长率。这些数据表明，改革开放后我国对外贸易尤其是出口贸易发展迅速。但与世界贸易大国相比，我国出口额仅占世界出口贸易份额的3%左右。并且从整体上看，出口贸易增长基本上是依靠出口商品数量递增而非依靠产品质量的提高，还属于“数量扩张”的粗放型出口阶段。这种增长的问题主要体现在以下几个方面。

1. 出口商品量增价跌，效益递减

改革开放以来，我国出口数量的增长大大超过出口值的增长，到20世纪80年代后期，这种情况更加严重。从1981年到1989年，我国出口贸易量年均递增11.6%，而出口贸易值只增长了9.5%，单位出口价格则每年平均递减1.8%（表3-1）。

这种现象的出现，部分原因是由于当时对外贸易体制不合理，导致不平等竞争的加剧，出口收购价格非正常上涨；此外，由于出口商品结构落后，产品质量下降，造成出口售价下跌。为了适应出口创汇总量增长的要求，只能通过增加出口数量，以达到出口创汇总量扩张的目的。[①]

表 3-1　我国出口值、出口量和单位价格（1980～1989 年）

年份	1980	1981	1982	1983	1984	1985	1986	1987	1988	1989
出口值	100	114.3	119.4	121.5	133.6	141.8	147.8	189.9	222.4	237.7
出口量	100	110.9	123.2	140.6	151.3	172.5	203.1	249.5	267.3	266.5
出口单价	100	103.1	96.9	86.4	88.3	82.2	71.7	76.1	83.2	89.2

注：指数以 1980 年为 100

资料来源：《中国对外经济贸易年鉴》，1990 年，第 291 页

2. 出口商品质量问题突出，出口市场秩序混乱

在激烈的国际贸易竞争中，产品质量是竞争的焦点，价格竞争位居次要地位。产品能否在国际竞争中胜出，质量是决定性因素，但在当时我国的出口贸易中，质量问题非常突出。

一是出口商品质量不稳定、包装不规范，国外客商投诉率偏高。在当时，外贸企业一旦收购了生产企业的产品，后者就不再负责产品质量问题，对外索赔、退货等均由外贸企业负责。随着具有外贸经营权的单位越来越多，部分企业片面追求出口指标，通过以次充好，将质量不合格的商品外销出去，从而引起索赔等各类质量纠纷。如我国出口的“两纱两布”[②]，以往在国际市场上被誉为“24K 黄金”，在许多国家是免检信得过商品，但后来却成为外商投诉的重点，由于质量下降，失去了不少市场。以中国香港市场为例，内地棉纱在中国香港的市场占有率 1986 年时为 85.4%，到 1991 年则下降为 54.7%。二是在边地贸易中，一些假冒伪劣商品涌入周边国家市场，且愈演愈烈，从边境贸易向一般贸易蔓延，严重损害了中国出口商品的信誉以及中国人的形象。三是出口贸易中的“重合同、守信用”承诺被严重破坏，导致国外拒收、退货、索赔现象频发。

3. 高技术含量、高附加值、高创汇率的出口商品所占比重较小

我国出口的制成品中，主要是轻工品、纺织品、服装及机电产品等，且大多是劳动密集型产品，低档产品较多，技术含量低，出口附加值不高。例如，我国纺织品和服装的出口发展迅速，1986 年出口收汇 71 亿美元，到 1996 年时已增长到 370 亿美元，10 年增长了 5 倍多，世界普遍认为中国已成为纺织品和服装的出口大国。但在我国的纺织品服装出口中，加工层次低、出口售价低的问题一直没有明显改善。1996 年我国服装的平均出口售价仅为 3.65 美元，与法、意、日等发达国家相比要差十几倍到几十倍。1997 年，我国皮鞋年出口量已达 6.27 亿

---

① 李钢，李俊 . 2006. 迈向贸易强国——中国外经贸战略的深化与升级 . 北京：人民出版社

② 指棉纱、棉涤纶纱、棉坯布、棉涤纶坯布

双，出口收汇为36.37亿美元，平均每双售价仅为5.8美元。在美国市场上，中国皮鞋约占总量的60%，但价值仅占总量的40%，平均售价约为发达国家的1/3～1/5。

4. 出口企业品牌意识薄弱

我国出口贸易虽然连年高速增长，但出口企业忽视开发高质量的名牌商品和维护名牌商标，出口商品多采用加工贸易和贴牌生产方式，没有国际市场知名的品牌。例如，绿茶是我国的出口强项之一，在世界绿茶贸易中占据绝对份额。但长期以来，中国并没有产生国际知名的茶叶品牌。此外，在一些国家和地区还屡屡发生我国驰名品牌被外商抢注的事件。

出口贸易中的质量问题，造成我国一些出口商品的销量明显下降，市场份额不断萎缩，国家经济蒙受了较大损失。在此背景下，1991年国务院提出开展“质量、品种、效益年”活动，以提高全民的质量意识。对外经济贸易部（以下简称外经贸部）从我国外贸出口的长远发展出发，提出了以质取胜战略。

二、以质取胜战略的内涵

以质取胜战略的核心内涵，随着中国对外贸易形势的发展变化而不断调整、升级和演化，在不同时期有着不同的侧重点。具体来说，以质取胜战略提出的最初目的，是规范出口行业秩序，打假扶优，提高出口商品质量；在出口商品质量得到一定提高后，该战略的侧重点又转移到推行国际标准、质量认证、提高出口产品附加值等方面，以改善出口商品结构；当我国出口商品结构成功实现从以轻纺产品为主过渡到以机电产品为主的格局后，以质取胜战略则相应升级到强调出口商品名牌建设工作上来。名牌战略是以质取胜战略的高级阶段，是出口商品在实现质量与结构的优化后，为进一步提高我国出口产品国际竞争力，获取最大限度的国际贸易利益而实施的战略。

在新时期，以质取胜战略主要包括以下三个方面的内容。

1. 提高出口商品的质量和信誉

必须正确认识并处理好质量和数量、效益和速度、内在质量与外观质量、样品质量和批量产品质量，以及质量和档次等方面的关系，把出口商品本身的质量同国际市场的需要有机结合起来。凡出口产品，从研发、设计，到生产制造、装配，以及包装、储藏、运输等所有环节，都必须一丝不苟。通过提高出口商品生产者及外贸企业经营者对商品质量和信誉的认识，加强对生产过程、产品品质及包装储运的质量管理，加大对出口商品质量的监督检查和执法力度，提高我国出口商品的质量和信誉，使出口贸易尽快走上高质量、多品种、多档次和高创汇率的发展道路。

2. 优化出口商品结构

1996 年，国务院发布《质量振兴纲要（1996～2010 年）》，其中提出要“经过 5～15 年的努力，从根本上提高我国主要产业的整体素质和企业的质量管理水平，使我国的产品质量、工程质量和服务质量跃上一个新台阶”，并强调“必须加快两个根本性转变”。实施以质取胜战略，要求我国对外贸易发展从出口劳动密集型商品，向出口资本、知识和技术密集型商品转变；从出口低附加值的产品向出口高附加值的产品转变；从出口初级产品向出口制成品转变；从出口轻纺类资源型产品，向出口机械电子等资本技术密集型产品转变。

3. 创立名牌出口商品

名牌是指知名品牌或强势品牌，它超越了产品的质量，将品质和服务以及与之伴随的企业声誉、企业文化等融为一体。名牌出口商品的多少，反映一个国家的综合实力、经济竞争能力和科技发展水平。创立名牌，也是提高产品附加值的有效途径。实施以质取胜战略，要求加快培育和创立在国际市场上具有影响力和竞争力的系列化名牌出口商品。

三、实施以质取胜战略的主要措施

2007 年党的十七大报告提出，要“加快转变外贸增长方式，立足以质取胜，调整进出口结构”。2011 年 3 月十一届全国人大四次会议的《政府工作报告》指出：“无论是一般贸易还是加工贸易出口，都要继续发挥劳动力资源优势，都要减少能源资源消耗，都要向产业链高端延伸，都要提高质量、档次和附加值。”在新的时期，对外贸易增长方式的转变应当坚持“以质取胜”的政策取向，具体的措施如下。

1. 树立质量第一的观念，增强重视出口质量的意识

对外贸易经营者乃至全社会都应当认识到提高出口商品质量的重大意义。出口商品质量是民族精神的标志，不仅关系到企业利益，而且事关中国产品的国际形象。21 世纪是质量的世纪，质量被认为是企业的“生命”。企业经营者要以客户为中心，站在客户角度重新审视自己产品的质量。实施以质取胜战略，必须牢固树立“质量第一，信誉第一”和“质量是生命”、“质量是效益的核心”的观念。现代的质量含义早已超越以往对于质量的一般理解，不仅指商品本身的品质，还包括其花色品种、外观、包装及售后服务等。当前，质量的范畴又外延到了产品的附加值、加工层次、科技含量及价格档次等方面。“质”应当是质量与效益的统一。我国要以优质的出口商品、合理的出口商品结构、优质的服务和有效的工作效率，取得对外贸易的最佳效益，力争在国际市场竞争中获胜。

为了宣传倡导“质量第一”意识，中央及各级地方政府支持以群众监督和舆论监督方式展开的“中国质量万里行”活动，形成了企业、媒体和政府“三位一体”的质量监督管理体系。同时，为制止出口市场同业竞相压价行为，外经贸部于 1996 年发布了《关于处罚低价出口行为的暂行规定》，指出对于那些低价竞销、不守出口秩序的企业，将给予批评、警告、罚款、取消出口许可证及追究其他经济责任和行政责任，从而有力地规范了外贸行业秩序，也有助于保证出口商品质量，避免低价出口质量低劣的商品。

2010 年 8 月 16 日，商务部决定废止《关于处罚低价出口行为的暂行规定》，该规章于 2010 年 9 月 12 日失效。但中国政府并未停止规制不正当的低价出口行为的步伐，商务部在 2006 年对外公布《不正当低价出口行为调查和处罚规定》的修订草案，并向各界征求意见。

2. 重视出口产品质量管理，完善质量认证体系

推广和使用国际标准是减少国际贸易摩擦、突破国外技术性贸易壁垒、扩大商品出口的根本途径。建立符合国际通行规则的标准化体系，不仅有利于促进我国质量管理向国际水平靠拢，也是保证企业产品质量的有力支撑。

为了贯彻实行以质取胜战略，中国加强了质量监督与控制的立法和执法力度。例如，我国相继出台了《对外贸易法》、《产品质量法》、《进出口商品检验法》等有关法律，保证出口产品质量和维护外贸企业的相关合法权益，并逐年加大对假冒伪劣产品的打击力度，严把许可准入关和质量安全关。

在完善出口市场诚信制度的建设方面，2003 年 9 月，经我国商务部批准，决定由中国外经贸企业协会牵头，组建中国外经贸企业协会信用体系专家评审委员会，成立国商国际资信评估有限公司，启动中国外贸企业信用体系标识，这标志着依法诚信经营的中国外贸企业从此有了自己的统一“名片”。针对低价竞销、合同欺诈、逃废债务、偷税漏税、走私骗汇等出现在外贸企业中的失信行为以及严峻的信用问题，信用体系专家评审委员会会同国商国际资信评估有限公司，开展了行业诚信教育宣传活动和基础性建设工作。

除了法律环境建设外，中国还积极推行与国际标准接轨的质量管理体系，鼓励企业积极开展 ISO 9000 质量管理体系认证。如今，ISO 9000 系列标准已是国际市场公认的质量认证体系。取得该标准认证，就等于是获得了进入发达国家市场的“通行证”，对于中国对外贸易市场的开拓起着重要作用。一些国家和地区的客商在购买企业产品之前，首先要求供方企业建立 ISO 9000 系列标准质量保证体系，并取得相关认证。

不仅如此，随着 20 世纪 80 年代后全球环保意识的崛起，西方发达国家也对进口商品的环保标准提出了越来越高的要求，对达不到标准的商品禁止输入。中国为了跨越绿色壁垒，发展对外贸易，在国内企业中又推行了 ISO 14000 环境管理标准，获得该标准认证的企业产品能够更为便利地进入欧美国家、日本等发达国家的市场。只有努力提高出口商品质量，向国际规范靠拢，中国产品才能顺利挺进国际市场。我国外经贸政府管理部门还专门组织人员收集相关信息，编制了《国外技术贸易壁垒应对指南》，帮助企业开拓国际市场。

3. 培育国家名牌，创名牌出口商品

不断开发新产品，创立优质名牌，是以质取胜的物质基础。名牌产品是企业形象的代表，是拓展国际市场的有力武器。创名牌、保名牌，可以建立我国优质商品和知名企业在国际贸易中的形象和地位，进而提高我国出口商品的国际竞争力和出口获利能力。纵观全球，经济强国无一不把提高产品质量和工艺、创立世界名牌作为一项国际竞争战略。长期以来，我国知名品牌出口商品数量过少，严重影响了出口贸易的发展。

自1999年起，我国政府部门在实施以质取胜、创立名牌的战略中，根据国家产业政策、出口商品的代表性以及名牌效应等情况，确定了“重点支持和发展的名牌出口商品”，对列入“重点支持和发展的名牌出口商品”目录的企业，给予贷款、担保、配额分配等方面的优惠政策。这对于加快培育我国名牌出口商品，发挥了积极作用。2007年，党的十七大报告提出要“加快培育我国的跨国公司和国际知名品牌”。加强自主出口品牌建设、增强培养自主品牌能力，提高品牌竞争力，是实现外贸增长方式根本性转变的现实要求。2005年1月，我国商务部发布了第五批“重点培育和发展的出口名牌”名单，在符合WTO规则的前提下，对入选名单的品牌进行重点培育，给予综合性的扶持政策。同时，对被列为重点培育对象的品牌，实施动态管理、优胜劣汰。

政府还对出口企业开展自主知识产权保护、国际广告宣传、建立境外营销机构和售后服务体系等自主品牌建设活动，给予适当的资金支持，鼓励有条件的企业通过参股、控股等多种方式积极进行跨国经营，通过买断国外品牌或收购分销渠道等方式，有效整合优化产业链上的资源组合，构造整个产业比较优势，形成具备创造能力的经营体系。针对我国出口企业国际营销能力薄弱的现状，商务部还组织了一系列的商务促进活动，如扩大广交会品牌展区规模，在欧美举办名牌产品展览，在重点市场举办重点商品专项推广活动等，以此来提高中国品牌的国际知名度，加快其走向世界的步伐。

四、以质取胜战略实施的成效

自20世纪90年代初提出并实施以质取胜战略以来，在政府部门、行业协会及出口企业的相互配合下，我国在提高出口商品质量、优化出口商品结构、转变外贸增长方式、提高出口贸易经济效益等方面，均取得了有目共睹的成效。然而，在中国由贸易大国向贸易强国的转变中，实施以质取胜战略依然任重道远。

1. 出口商品质量整体大幅提高

1985 年中国产品质量国家监督抽查合格率仅为 66.5%，到 2000 年新的《产品质量法》实施后上升为 78.9%，“十五”计划末期的 2005 年，抽查合格率继续升至 79.9%。2006～2009 年，我国质监部门共对 67 316 家企业 77 689 个批次产品开展了产品质量国家监督抽查，通过政府网站和有关新闻媒体，发布了 607 类产品的国家监督抽查质量公告。4 年来，国家监督抽查产品抽样合格率提高了 10.3 个百分点。一批产品的质量已经接近或达到国际先进水平，一批质量效益型企业成为中国经济发展的领头羊，中国主要行业的重点产品实物质量迈上了一个新台阶。在全国产品质量合格率提高的同时，出口产品的质量合格率同样得到了全面提升。

为进一步深化以质取胜战略的实施，政府部门采取措施，通过开展中国名牌产品评价和“品牌万里行”活动，启动“百家企业争创世界名牌工程”，实行地理产品保护制度，创新进出口商品检验监管工作，积极参与国际标准制定修订，加强质检法制建设等措施，促进了中国产品竞争力的提高。2001～2007 年，共表彰了 1957 个中国名牌产品、10 个中国世界名牌产品。在现有的 346 类中国名牌产品中，鼓励外向型发展、提高国际竞争力的产品有 173 类，占 50%。这些产品中，有 144 类产品的行业规模达到世界第一，名牌产品群体初步显示了较强的国际竞争力。在 2007 年的 856 个中国名牌产品中，68.57%是以自主品牌方式出口的，10 个中国世界名牌产品在国际化程度、市场主导能力、发展和创新能力、质量水平等方面都达到世界领先水平，市场占有率居国际同类产品前五位，成为我国企业进军国际市场、争创世界知名品牌的典范。①

2. 出口商品结构进一步优化

经过多年发展，我国目前已经实现出口商品结构两次大的转变，即 20 世纪 80 年代中期轻纺产品取代初级产品成为主要出口产品，以及 90 年代中期机电产品取代轻纺产品成为主要出口产品。第一次转变发生在以质取胜战略实施以前，而第二次转变的出现与以质取胜战略的实施有着直接的关系。

自 20 世纪 80 年代以来，工业制成品成为我国主要出口商品。实施以质取胜战略以后，我国出口商品结构发生了几个变化。1991 年，工业制成品中的劳动资源密集型轻纺产品占出口总额的比重曾达到 62.2%的最高水平。1992～2003 年，资本和技术密集型的机电与高新技术产品的出口比重从 1990 年的 15%上升至 2003 年的 47.4%。这一时期，出口商品的特点是具有一定程度的附加值与技术含量及精加工和深加工特色。从 2004 年开始，我国出口商品结构又出现一个拐点，即资本技术密集型的机电、高新技术产品的出口首次超过劳动资源密集型

① 国家质检总局网站（http：//www.aqsiq.gov.cn）

产品的出口，占出口总额的比重达到 49.4%，标志着我国顺利完成从劳动资源密集型的低附加值出口商品结构（轻纺产品等），向资本技术密集型（重化工、电子产品等）的高附加值的出口商品结构的转变。

3. 贸易条件得以相对改善

贸易条件是衡量一定时期内一国出口相对于进口的赢利能力和贸易利益的指标，包括商品贸易条件和收入贸易条件。商品贸易条件是指出口商品价格指数与进口商品价格指数（百分率）之比，即 $T_b = P_x/P_m$。其中，T_b 代表商品贸易条件，P_x 代表出口商品价格指数，P_m 代表进口商品价格指数。该指数可以度量一国的国际购买力。收入贸易条件是指出口商品价格指数与进口商品价格指数之比乘以出口量，即商品贸易条件与出口量的乘积：$T_i = (P_x/P_m) \times Q_x = T_b \times Q_x$，其中，$Q_x$ 表示出口量。收入贸易条件衡量的是一国在国际分工中获得的总体贸易利益的多少。一般来说，贸易条件改善意味着本国出口的单位产品相对于进口的单位产品有着更高的价值含量。而以质取胜战略的一个重要目标，就是要提高出口商品的附加值，增强其赢利能力。因此，贸易条件的变化可以从一个侧面反映一国出口产品的相对品质和价值。

20 世纪 90 年代以来，我国商品贸易条件普遍恶化，1995～1999 年期间曾呈逐步改善趋势。但自 2001 年“入世”后，贸易条件又急剧恶化。以 2000 年贸易条件为 100，2008 年我国贸易条件仅为 73.8。然而，收入贸易条件却有较大提高，与 2000 年相比，2008 年收入贸易条件升至 374.1。① 这说明每单位的相对出口收汇减少了，但是出口收汇总额却在增加，中国整体贸易条件还是有所改善的。当然，商品贸易条件和收入贸易条件均得到改善是我国对外贸易追求的目标，这就要求我们继续深化实施以质取胜战略。

4. 实施以质取胜战略仍然任重道远

必须看到，中国出口产品质量形势依然不容乐观。2007 年 3 月以后，宠物食品事件、饺子事件、“三聚氰胺”奶粉事件等重大出口产品质量安全事件频发，反映出我国出口产品质量的深层次问题仍未得到根本解决。中国产品仍居欧美召回问题产品首位。2008 年前 9 个月，美国消费品安全委员会共召回中国产品 181 次，欧盟各国共发布中国产品风险通报 595 项，均高居首位。中国产品质量问题易受国外媒体炒作，负面影响扩散迅速。以奶粉事件为例，截至 2008 年 10 月 29 日，已有 35 个国家和地区禁止或暂停进口中国乳粉、乳制品、含乳食品，41 个国家和地区对上述产品采取下架（或召回、销毁）措施，34 个国家和地区对上述产品加强口岸和市场检查。出口产品质量问题影响深远，一是使相关产品出口

① 张亚斌，车鸣，易先忠. 2010. “合成谬误”与中国商品贸易条件恶化. 世界经济研究，8：33～38

受阻；二是影响国外消费者和进口商对中国产品的信心；三是削弱中国产品的国际竞争力。

近期频发的出口产品质量问题严重影响了我国出口市场的稳定以及“中国制造”的声誉和形象。当前，政府商务主管部门需要做到“五加强”，即加强与质检等部门配合，加快出口产品质量安全标准体系建设；加强公共服务和诚信建设力度；加强监管和政策扶持引导；加强危机应对举措；加强正面宣传力度。各个进出口商会也要做到“四抓好”，即抓好国内外法规标准的汇总和发布；抓好对企业的培训教育；抓好个案应对工作；抓好对内自律和对外联系工作。通过这些举措，逐步形成“企业担当主角、行业全面参与、政府监督引导、软硬实力并重”的出口产品质量促进工作格局，进一步深化实施以质取胜战略，推动我国出口贸易的稳定增长。

第三节　市场多元化战略

市场多元化战略在我国“七五”计划中第一次提出，并于“八五”计划时期正式启动。我国根据当时的国际形势，有重点、有步骤地调整了出口商品市场结构，逐步建立起了合理的出口市场总体格局。自 1991 年提出出口市场多元化战略以来，中国的经贸伙伴已由 1990 年的 173 个发展到目前的 230 多个。市场多元化战略已经成为我国对外贸易发展的一项长期基本战略。

一、市场多元化战略的提出背景

新中国成立以来，我们相继与世界上大多数国家和地区发展了贸易关系，出口贸易地区分布也由 20 世纪 50 年代初的 40 多个国家和地区发展到 90 年代初的 180 个左右，并建立起了以港澳地区为中心市场，日本、美国、加拿大和欧共体为主导市场，广大发展中国家、苏联、东欧地区为辅助市场的出口市场格局。1990 年，我国针对港澳地区、日本、美国和欧共体的出口贸易额占出口总额的 75.2%，对这四个国家（地区）的市场依存度高达 73%。当时这种市场格局存在的问题主要有以下几方面。

1. 以港澳地区为中心的市场已趋于饱和

1990 年我国内地出口到港澳地区的商品占出口总量的 36.4%，1991 年上半年出口该地区的商品总额为 135.4 亿美元，占出口总额的 47.9%，这说明内地出口对港澳地区市场的依赖性较强。但由于该市场规模不大，容量有限，加之当时东南亚经济崛起，内地商品在该市场面临的竞争日益激烈。在 90 年代，内地已不可能继续依靠港澳地区市场来实现出口贸易的大幅度增长。从 1991 年开始，中国内地对港澳地区出口的增长速度放缓。

2. 以发达国家为主导的市场贸易保护加剧

进入 90 年代后，西方发达国家的贸易保护主义盛行，某些发达国家与中国的贸易摩擦也日益增多。在日本市场，一方面由于环太平洋经济区的策划和努力，密切了日本同东南亚各国的往来；另一方面，由于日本国内产业结构的调整，降低了对初级原材料的进口，从而对我国出口产品结构产生较大影响。在北美市场，由于美加自由贸易区的形成和美国对外贸易的巨额赤字，助长了其国内的贸易保护情绪，美国开始对中国出口商品频频实施反倾销调查，严重影响我国对该市场出口贸易的稳定发展。在西欧市场，随着东欧剧变和苏联解体，欧共体的对外经贸开始向中东欧倾斜，并对中国采取了一系列的制裁措施，中国对该市场的出口贸易在很大程度上要受其非关税壁垒的制约。

3. 辅助市场的潜力挖掘不足

对于大多数发展中国家而言，中国当时的机电设备及其他制成品具有比较明显的优势，在该市场具有较强的竞争力。但是，由于我国对这一市场长期重视不够，开发不利，使得产业技术和加工能力的优势都得不到有效发挥。1990 年我国的出口额为 621 亿美元，但对苏联、东欧国家及 100 多个发展中国家的出口比重还不到 25%。

为了摆脱对某些传统市场的过分依赖，减少风险，增强在国际市场上的应变能力，1991 年年初，我国明确提出要实施市场多元化战略，并把实施该战略提到“促进外贸稳定发展”的高度。为确保这一战略的顺利实施，我国自 1991 年以来从多个方面部署和推动这项工作，并制定了一系列的政策措施。

二、市场多元化战略的内容

“七五”时期首次提出的市场多元化战略，是要巩固和发展亚洲太平洋地区市场，开拓西欧共同体市场，恢复和发展同苏联、东欧国家的贸易，拓展中东、拉美市场，发展同亚非拉发展中国家的出口贸易。我国进而又在“九五”计划和“十五”计划中强调：“积极参与和维护全球多边贸易体系，发展双边和多边贸易，相互促进，实现市场多元化。在巩固提高传统市场占有率的基础上，大力开拓新市场，拓展出口渠道。”随着国际分工、合作和竞争的不断深化，国际经济联系进一步加强，双边与多边贸易体系交织在一起。在新的国际背景下，市场多元化战略的内涵已变得更为丰富，涉及市场区域结构的多元化、贸易方式的多元化以及市场进入方式的多元化，应当充分发挥我国的优势，有重点、有步骤地采取巩固、发展、开拓、辐射等多种渐次推进策略，逐步建立起中国出口市场合理、多元化的总体格局。

1. 继续巩固和发展西方发达国家及港澳台地区市场

西方发达国家和港澳台地区是我国的传统市场，经济互补性强，我国产品在这些市场上适销对路。港澳台地区与祖国内地联系日益密切，人文背景一致，消费习惯相似，这为内地产品出口保持稳定增长奠定了基础。加之内地与港澳台地区地域相连，运费省、时间短、市场信息灵，使其对这些地区的出口占有明显的区位优势。同时，发达国家市场有着较为完善的社会与法律环境、先进的科技条件、良好的运输网络，消费水平高，购买力强。它们可为我国经济发展提供资金、技术设备及重要物资，有利于我国产业结构的调整和技术升级。从长远看，维持对这些国家和地区的出口稳定具有重要意义，但必须提高出口产品的技术含量，增加技术、知识密集型产品出口，才能逐步扩大在这些市场的份额比重。

2. 重点开拓亚、非、拉发展中国家和地区市场

我国已与140多个发展中国家和地区建立了经济贸易关系。在发展中国家中，东南亚、拉丁美洲和中东地区应该是我国重点开发的市场。尤其是对于那些经济发展较快、贸易环境相对稳定、市场潜力巨大或具有战略前景的市场，我国可以扩大轻纺、电器、机械、运输设备、建筑机械等产品的出口。一些发达国家及新兴工业化国家和地区对这些市场已展开强大攻势（如韩国对拉美投资、欧盟东扩、墨西哥加入北美自由贸易区等），如果我国不积极参与其中，将可能失去重大的市场机会。

在开拓这些市场时应着眼于东南亚市场。进入20世纪90年代后，东南亚国家经济的快速增长令全球瞩目。虽然亚洲金融危机曾严重破坏这些国家的币值稳定，干扰其国内市场，进而影响了中国对该地区的出口，但从长远看，东南亚市场应是我国首先要争取的重点市场。东南亚国家具有地缘优势，进口商品种类繁多，从初级产品到制成品，从消费品到生产资料尤其是机械和运输设备，都有相当的进口空间。我国许多现有的成套设备和技术，可以在东南亚市场发挥巨大潜力，可以充分利用港澳地区信息灵通和转口快的优势，加强与东南亚国家的经贸联系。

拉美是发展中国家中经济较为发达的地区，也是发展中国家中市场对外开放程度最高的地区之一。拉美地区国家是资源型发展中国家，工业基础相对薄弱，对各类机械、交通工具、通信设备、医药卫生设备等都有较大需求，各种档次的轻工、家电、纺织品都有广阔的市场。而非洲国家人口众多，市场潜力也不可小看。我国出口商品的价格、档次很适合该市场的居民消费水平，特别是我国的普通机电产品，操作技术要求不高，价格合理，与这些发展中国家的产业结构、生产力水平相配套，市场潜力巨大。

需要注意的是，在开拓上述市场时会遇到某些障碍和问题，如许多国家的经济发展水平低，贸易规模不大，外汇短缺；有些市场交通运输不便，气候不利等，这些因素都会制约我国对这一市场出口的扩大。因此，应做好市场调研，针对当地市场需求出口适销对路的产品，并因地制宜，采用灵活的贸易方式。例如，在开发非洲市场时，可以发挥援助、贸易、工程承包与互利合作等的综合效应，利用已在非洲11个国家设立的“中国投资开发贸易中心”的服务功能，通过以上中心媒介开拓当地市场。此外，还应在政策上给予必要的倾斜，如提供优惠贷款、出口信用担保和运输担保等。

3. 积极扩大对转型国家市场的出口

20世纪90年代初的苏联解体与东欧剧变，使得俄罗斯和东欧国家的政治、经济发生了重大变革，形成了转型经济国家。这些国家一般自然资源丰富，科技水平较高，消费需求总量较大。从长远看，该地区国家的经济发展具有巨大潜力。在此类国家中，中国需要特别重视的是俄罗斯。得天独厚的地缘优势使中俄可以成为互利的贸易伙伴。两国的经济结构、产业结构和资源结构等具有很强的互补性，尤其是俄罗斯的能源及其他自然资源十分丰富，正为中国经济发展所急需。同时，俄罗斯在航空、航天、核能、激光、生物工程和新型复合材料等领域实力雄厚，我国未来对俄罗斯的高新技术将有较大需求。而中国的轻工产品、纺织品、家用电器等则在俄罗斯具有市场，开展双边贸易前景光明。

三、实施市场多元化战略的政策措施

1. 财政支持

为了落实市场多元化战略，国家以财政拨款的形式建立了中央外贸发展基金等各种形式的国际市场开拓基金。例如，为解决在与部分国家双边贸易中中方存在大量顺差的问题，减少双边贸易摩擦，国家财政每年安排一定的进口国别政策补贴预算，以弥补企业从有关国家进口商品所发生的亏损，鼓励中方企业扩大进口，减少开拓市场的阻力。

2. 金融支持

政策性的金融支持是落实市场多元化战略的一个主要手段。我国已建立了中小企业开拓国际市场基金、援外合资合作基金、援外优惠贷款、境外加工贸易项目的中长期人民币贷款贴息等优惠利率或贴息方式支持企业开拓国际市场。此外，对一些需要重点开拓的发展中国家市场的机电产品和成套设备提供卖方信贷和买方信贷，并适当延长贷款期限。上述对我国企业开拓国际市场的政策性金融支持，构成了市场多元化战略的主要政策措施体系。

3. 保险支持

与金融支持一样，国家对于开拓国际市场的保险支持也构成市场多元化政策措施体系的主体部分。企业尤其是中小型企业在开拓国际市场过程中难免会遇到市场进入风险，因此，国家提供保险支持以分散和避免开拓国际市场的风险十分必要。我国已陆续建立了出口风险保险制度以及对外承包工程保险风险专项资金等项目，还建立了出口特殊风险保险制度，为外贸企业赴一些高风险地区进行投资和贸易提供特殊的政策性保险服务。

4. 信息技术援助

企业开拓国际市场必然要受到国际市场信息的制约。在我国的全球性、综合性国际企业尚未成为对外贸易的主体力量之前，单个企业要有效开拓国际市场比较困难，需要政府机构或半官方性质的贸易促进组织等收集各种信息，向国内企业提供商情服务，协助其开拓国际市场。为此，我国商务部已建立了“中国商品网”（http：//ccn. mofcom. gov. cn/），免费介绍出口企业及其出口产品情况，并向各类企业免费提供各种政策信息、商务信息、展览信息、世界进口商名录等，通过利用商务部政府网站加大对外传播力度，充分发挥政府网站对扩大出口的促进作用。根据各驻外使领馆经济商务处报回的调研材料，商务部还编辑出版了各国贸易与投资指南，为国内各类企业开拓有关新市场提供参考信息。

5. 举办国际展览

我国商务部积极鼓励有能力的企业到海外举办展览会、展销会，特别是推动企业参加国际知名的专业博览会，以开拓重点市场。为扩大中国商品的影响，推动企业实地考察市场，了解当地市场消费需求，外经贸部还在瑞典、俄罗斯、阿根廷、前南斯拉夫、科威特、肯尼亚和科特迪瓦等国家陆续举办了若干个中国出口商品展览（销）会，对促进中国商品向这些国家的出口发挥了积极作用。

此外，借鉴发达国家政府资助本国企业赴国外参展的经验，对于我国企业赴市场开拓重点国家和地区参加博览会、展览会以及办展活动，在中央外贸发展基金项目下设立非商业性境外投资和贸易办展资助资金给予支持。2001 年是非商业性办展项目实施的第一年，当时 8 个项目的资助资金共 2850 万元人民币，大部分项目均安排在市场多元化重点开拓国家和地区。

6. 各项外经贸业务相互促进、相互结合

各种国际经贸合作方式是相互联系的，如对外投资、对外工程承包、经济技术合作及发展援助都可以带动并扩大我国出口贸易；反过来讲，要进一步打开国外市场，也需要对外投资及发展援助等经贸方式的配合。1994 年以后，有关部门逐步放开了各地方和部门所属经济技术合作公司的进出口经营权，鼓励此类企业利用在发展中国家承包工程、熟悉当地市场和客户的条件开展出口贸易。自 1999 年提出并实施“走出去”战略以来，我国积极组织和推动有实力的大中型自营进出口生产企业，到一些发展中国家和俄罗斯及中东欧国家投资建立境外加工企业，带动国内设备、半成品及零部件的出口。此外，还充分发挥我国对外经济援助的作用，通过与受援国合作、利用援外贴息贷款等措施在当地举办能够带动我国产品出口的合资合作项目。

7. 为企业开拓国际市场提供全方位服务

国际市场的开拓，必须要有一批高素质的复合型外贸人才，而我国企业恰恰缺乏此类人才。因此，国家加强了对既懂外语，又懂贸易政策、熟悉外贸业务的专业性人才的培养。

除此之外，为打开一些发展中国家市场，满足其多品种、小批量的需要，我国在一些经济发展水平较高、当地市场容量较大、便于辐射周边国家且交通便利的地区建立了若干个贸易中心、商品分拨中心和精品店。例如，外经贸部先后在巴塞罗那、布达佩斯和南非等地全资建立了6个贸易中心，并从外贸发展基金中出资帮助有关企业分别在澳大利亚、罗马尼亚、波兰、塞浦路斯、印度、菲律宾、肯尼亚、巴西、委内瑞拉、洪都拉斯、特立尼达和多巴哥等建立了商品分拨中心。自1995年起，根据中央关于加强与非洲国家经贸关系的部署，经国务院批准，在11个非洲国家先后设立了中国投资开发贸易促进中心。

我国对非洲和拉美运输条件的限制，在一定程度上影响了对非洲及拉美市场的开发。为此，政府部门也为改善对非洲、拉美国家的运输条件采取了一些必要措施，如根据贸易发展需要，开辟了若干条直达航线、适当增加了班轮班次，并允许承运单位自行租用外轮挂靠我国港口，以弥补国内运力的不足。

四、市场多元化战略实施的成效

自20世纪90年代初提出并实施市场多元化战略以来，中国出口市场过于集中的状况已经得到较大改善，出口市场多元化的格局已基本形成，战略实施的成效是明显的。

1. 与传统市场的双边贸易稳步增长，对其依赖有所下降

自“九五”计划时期起，市场多元化战略取得了新的进展。一方面，与传统市场的双边贸易额稳步增长。2003～2010年，我国主要贸易伙伴位次略有变化。2003年，日本为我国最大贸易伙伴，美国和欧盟位居第二、第三位；2004～2010年，欧盟成为我国第一大贸易伙伴，美国和日本分别为第二和第三大贸易伙伴，而香港地区已降为第五大贸易伙伴。其中，2010年欧盟成为我国最大的出口市场，日本则是我国最大的进口来源地。

另一方面，我国对传统市场的出口依赖程度正在下降。“八五”期间，我国出口贸易的主要市场为港澳地区、日本、美国和欧盟，对这些国家和地区的出口额占我国出口总额的74.2%，与“七五”计划末期74.8%的份额基本持平。但发生的变化是：我国对港澳地区出口的依存度逐步降低，对美国、欧盟、日本等发达国家和地区出口的比重呈逐年上升之势，特别是对美国的出口比重大幅上升，由“七五”计划末期占出口总额的8.3%上升至1995年的16.6%。这种过于集中的出口市场格局，不仅使我国对外经贸发展的回旋余地受到限制，也潜伏着一定的风险。但至2010年，对上述国家和地区的出口额占我国出口总额的比重已下降为59.32%，这说明我国出口贸易对于传统市场的依赖有所下降。

2. 对新兴市场的开拓取得较大进展

2002年以来，我国广泛参与各类区域性经济合作，实施贸易多元化战略。截至2010年12月，我国已同亚洲、大洋洲、拉丁美洲、欧洲、非洲的30多个国家和地区商谈建立了17个区域性贸易安排。其中，与东盟、智利、巴基斯坦、新西兰、新加坡、秘鲁和哥斯达黎加等国和地区已经签署了自由贸易协定；与海湾6国、南部非洲关税同盟、澳大利亚、冰岛等正在进行自由贸易谈判；与印度、韩国等国家正在开展区域自由贸易可行性研究。

随着一系列区域性贸易安排的实施，我国出口市场多元化格局已初步形成。不仅与美国、欧盟、日本等传统贸易伙伴的双边贸易稳步增长，同印度、东盟等周边国家（地区）的贸易合作蓬勃发展，对南非、巴西、智利等非洲及拉丁美洲国家的进出口也保持良好增势。当前，东盟已是我国第四大贸易伙伴。2009年，我国与东盟的双边贸易额达2130.1亿美元，较2002年增长3.9倍；印度已跻身我国第十大贸易伙伴，中印双边贸易额达386.4亿美元，是2002年的7.8倍，年均增长率为34.2%。此外，2002～2009年，中国与非洲的双边贸易年均增长32.97%，与拉丁美洲年均增长31.3%，均远高于同期我国货物贸易进出口的整体增速。①

3. 市场多元化战略支持了政治多极外交

自20世纪90年代初我国正式确立并实施市场多元化战略以来，其战略内涵不断完善、丰富和拓展，已由当初的贸易领域拓展到了投资与对外经济技术合作等多层次和多领域。我国对外经贸领域的改革、加入世界贸易组织与融入全球多边贸易体制，使市场多元化战略措施更具有市场经济的取向。因此，市场多元化战略与我国开放型经济发展及融入世界经济发展主流呈现出一致性。在市场多元化战略的实施过程中，我国也获取了较大的政治经济利益，支持了我国的政治多极化外交。

市场多元化是我国对外经贸工作的长期战略，是全方位对外开放政策的有机组成部分，同时也是一项涉及各个行业综合发展的战略体系。市场多元化战略的成败，直接关系到我国对外经贸能否持续、健康、稳定地发展，关系到我国经济建设的发展潜力，关系到我国在国际上的政治与经济影响，并最终关系到中国的国际地位，因此，必须从国家长远的政治、经济和安全利益出发，以开放的思路来安排市场多元化战略的实施。

---

① 商务部网站（http：//www.mofcom.gov.cn/）

第四节　出口商品战略

一、出口商品战略的提出

出口商品战略是中国为了达到预定的出口战略目标，根据本国在一定时期内比较优势与竞争优势状况及国际市场的供求情况，对出口商品构成所作出的战略性安排。制定科学、切合实际的出口商品战略并采取相应的战略措施，对于增强我国出口商品的国际竞争力，扩大出口获利能力，提高出口经济效益，有着十分重要的意义。

改革开放以来，从 1980 年到 2005 年，我国经历了从“六五”到“十五”的五个五年计划时期，在不同的五年计划期间，中国制定了不同的出口商品战略。2006 年中国进入“十一五”规划时期，自 2011 年又开始进入“十二五”规划时期。从以往的“计划”到现在的“规划”，体现出我国国民经济管理从微观向宏观、从直接向间接、从项目管理向规划管理的突出转变，我国的出口商品战略也因此被赋予了新的内涵。

二、我国出口商品战略的演变

1. “六五”计划时期的出口商品战略（1981～1985 年）

“六五”计划时期，根据我国刚刚实行改革开放、产业结构与生产技术较为落后的状况，我国制定的出口商品战略是：要根据我国情况和国际市场的需要，发挥我国资源丰富的优势，增加矿产品和农副土特产品出口；发挥我国传统技艺精湛的优势，发展工艺品和传统的轻纺产品出口；发挥我国劳动力众多的优势，发展进料加工；发挥我国现有工业基础的作用，发展各种机电产品和多种有色金属、稀有金属加工品的出口。

根据该战略，在“六五”计划时期，我国主要发展了资源性初级产品、劳动密集型轻纺产品的出口，而机电产品出口所占比重很低。

2. “七五”计划时期的出口商品战略（1986～1990 年）

经过“六五”计划时期的努力，我国出口商品结构得以改善，初级产品出口比重有所下降，制成品出口比重有所上升。但初级产品出口所占比重仍然很大，而制成品出口比重尚不足 50%，且在制成品出口中轻纺等粗加工产品又占绝大比重，而附加值高的精加工制成品的比重则很低。考虑到当时国际贸易中初级产品贸易已趋于萎缩，以及我国现代化建设的需要，国家提出在“七五”计划期间的出口商品战略要实现“两个转变”，即逐步实现由主要出口初级产品向主要出口工业制成品转变，由主要出口粗加工制成品向主要出口精加工制成品转变。

经过“七五”计划时期的努力，我国实现了第一个结构转变目标，即完成了由主要出口初级产品向主要出口工业制成品的转变。到1990年，工业制成品出口已占总出口的70%以上，初级产品出口比重则降到30%以下。

3. “八五”计划时期的出口商品战略（1991～1995年）

进入“八五”计划时期，从国际市场变化看，在各类商品中机电产品贸易增长最快，并成为贸易额最大的一类商品。从国内经济发展看，随着改革开放的不断深入，一大批利用外资和引进技术项目已建成投产并开始创造效益。

据此，在已实现第一个转变的基础上，我国在“八五”计划期间提出的出口商品战略是：逐步实现以粗加工制成品出口为主向以精加工制成品出口为主的转变，努力增加附加值高的机电产品、轻纺产品和高技术产品的出口，鼓励那些在国际市场上有发展前景、竞争能力强的拳头产品出口。根据上述方针，“八五”计划期间国家确立了以机电产品为主导，以轻纺产品为骨干，以高新技术产品为发展方向，同时继续保持某些矿产品和农副产品出口的出口结构目标。

经过“八五”计划时期的努力，我国出口商品结构进一步优化，到“八五”计划时期末，机电产品已取代纺织品服装，成为我国最大宗出口商品。轻纺产品及农副产品、资源性产品在出口中的比重虽然下降，但其绝对额仍持续增长。

4. “九五”计划时期的出口商品战略（1996～2000年）

进入“九五”计划时期，国际贸易中机电产品贸易额仍在迅速增长，尤其是高技术含量、高附加值的高新技术产品贸易额增长更快。从国内因素分析，我国出口商品结构虽然不断优化，但仍以粗加工、低附加值、低技术含量的劳动密集型产品为主，出口商品的总体竞争力较弱。为此，八届人大四次会议通过的《国民经济和社会发展“九五”计划和2010年远景目标纲要》，对我国出口商品战略提出新的设想，即“进一步优化进出口商品结构。着重提高轻纺产品的质量、档次，加快产品升级换代，扩大花色品种，创立名牌，提高产品附加值。进一步扩大机电产品出口，特别是成套设备出口。发展附加值高和综合利用农业资源的创汇农业”。

通过贯彻执行这一战略，在“九五”计划时期，我国各类出口商品的内部结构有了显著改善。机电产品出口年均增长21.9%，其中高新技术产品出口增长迅速，到2000年，高新技术产品出口金额为370亿美元，同比增长50%；轻纺产品出口结构也有明显升级，附加值有了较大提高；在农副产品中，减少了粮食作物的出口，增加了创汇农产品的出口。

5. “十五”计划时期的出口商品战略（2001～2005年）

21世纪是以信息技术为核心的科技进步时代，技术密集型的高科技产业与产品发展迅速。在此大环境下，高技术含量、高附加值的高新技术产品贸易增长强劲，所占比重进一步提高。改革开放近 30 年来，我国产业结构和出口商品结构都有较大提升，特别是高科技产业发展迅速，产品出口快速增长。但是我国出口商品结构总体上尚未实现第二个转变，即由以粗加工制成品出口为主向以精加工制成品出口为主的转变，出口产品中低技术含量、低附加值的产品仍占主导地位。

因此，“十五”计划时期我国的出口商品战略目标，是加快推进对外经贸领域的两个根本性转变，基本实现对外经贸发展从主要依靠规模扩张和数量增长，向主要依靠质量和效益提高的根本性转变，增强我国对外经贸的国际竞争力，努力保持对外经贸的可持续发展。更好地实施以质取胜、市场多元化和科技兴贸战略，为实现上述目标提供必要的保证措施。努力扩大货物和服务出口，力争 2005 年货物进出口总额达到 6800 亿美元。积极开拓新的出口市场，优化出口商品结构，继续扩大大宗传统产品和劳动密集型工业制成品出口，不断提高其技术含量和附加值。增加高新技术产品和高附加值产品出口，力争到 2005 年，机电产品出口达到 1800 亿美元，出口比重提高到 50%左右；高科技产品出口达到 600 亿美元，出口比重提高到 20%左右；传统出口商品的技术含量和附加值有明显提高。这些目标在“十五”计划末期已全部实现。

三、“十一五”规划时期的出口商品战略（2006～2010 年）

2006 年 3 月，十届人大四次会议通过了《国民经济和社会发展第十一个五年规划纲要》，其中提出的出口商品战略是：“按照发挥比较优势、弥补资源不足、扩大发展空间、提高附加价值的要求，积极发展对外贸易，促进对外贸易由数量增加为主向质量提高为主转变。以自有品牌、自主知识产权和自主营销为重点，引导企业增强综合竞争力。支持自主性高技术产品、机电产品和高附加值劳动密集型产品出口。严格执行劳动、安全、环保标准，规范出口成本构成，控制高耗能、高污染和资源性产品出口。”

“十一五”规划期间正值全球多边自由贸易艰难推进时期，而中国一东盟自由贸易区等与我国切身利益紧密相关的区域经济一体化进程却逐步深化并不断提速。同时以跨国公司为主导、以信息技术为代表的世界范围的产业结构调整和转移进程仍在继续，外商直接投资带动中国进出口贸易增长的空间更加广阔。这些均为我国对外贸易发展创造了良好的外部环境和足够的市场需求空间。商务部曾预计我国进出口总额到 2010 年将达到 26 500 亿美元左右。“十一五”时期末的 2010 年，中国进出口总额为 29 727.6 亿美元，实现了预计目标。

“十一五”规划期间，商务部还特别将农产品列为重点支持的出口商品，并于 2006 年 8 月发布了我国首个关于农产品出口的五年规划，即《农产品出口“十一五”发展规划》。该规划提出到 2010 年，农产品出口要达到 380 亿美元，实现年均增长7%的目标。到2010年，我国农产品出口已达488.7亿美元，超额完成规划目标。

四、“十二五”规划时期的出口商品战略（2011～2015年）

2011年3月6日，十一届人大四次会议通过了《国民经济和社会发展第十二个五年规划纲要》，纲要提出的出口商品战略是：“保持现有出口竞争优势，加快培育以技术、品牌、质量、服务为核心竞争力的新优势。提升劳动密集型出口产品质量和档次，扩大机电产品和高新技术产品出口，严格控制高耗能、高污染、资源性产品出口。完善政策措施，促进加工贸易从组装加工向研发、设计、核心元器件制造、物流等环节拓展，延长国内增值链条。”

“十二五”规划纲要的出口商品战略延续了“十一五”规划纲要的重点发展目标。为实现上述目标，我国今后一段时期的产业政策是继续充分发挥传统产品的出口优势，大力调整和优化出口商品结构，积极扶持和培育一批新的出口主导产业。具体措施包括以下几方面。

1. 大力发展机电产品出口

机电工业是我国国民经济的重要支柱产业，担负着推动国家经济发展、改造传统产业和促进其他产业结构调整的战略任务，在国民经济中的地位和作用十分突出。机电产品主要包括发电设备、家用电器、飞机、船舶、汽车、成套设备、机床工具等。在世界商品贸易中，机电产品是增长最快也是最大的一类产品。20世纪90年代以来，由于工业发达国家加速进行产业结构调整，发展中国家加强基础设施建设，各国对机电产品及成套设备的需求显著增加。目前，机电产品贸易占世界货物贸易的40%以上，而发达国家所占比重要达到50%以上。可见，机电产品的世界市场容量巨大，发展潜力极大。

我国机电工业经过近60年的发展，已成为门类比较齐全、具有一定规模、基础较好的国民经济支柱产业。近年来，随着我国机电企业的不断发展壮大，尤其是对外开放以来多次成功进行了大规模技术引进和技术改造，国内机电产品的门类和规格品种不断增多，档次和质量不断提高。一些机电产品和成套设备已达到或接近世界先进水平，如30万千瓦发电机组及部分输变电设备、冶金设备、石化设备、纺织设备、高铁机车等。同时，我国机电产品及成套设备的成本相对较低，在国际竞争中具有明显的比较优势，特别是对于发展中国家建设成套项目和交钥匙工程，我国的技术和设备适用性强，价格极具竞争力。此外，我国质优价廉的家用电器在发达国家市场也具有一定的知名度和竞争力。目前，我国机电产品出口的问题主要在于产品科技含量不高、档次低，企业生产规模小、工艺设备落后，以及企业出口意识不强、对开拓市场缺乏创造力的营销策略、缺乏国际知名品牌等。

今后我国扩大机电产品出口的具体策略包括：

(1) 全方位、多元化与重点市场、重点突破相结合，开拓国外机电产品市场，通过多种贸易方式相结合，避开国外市场的贸易壁垒，拓宽出口渠道。

(2) 积极引进外资发展机电产业，引进技术时注重消化吸收，通过自主创新研制新产品，提高出口机电产品的科技含量。

(3) 逐步调整机电产品出口构成，由简单加工的一般产品向成套设备、发电设备、飞机、船舶、汽车、机车等"高、精、尖"产品转化。

(4) 加强对机电产品和成套设备出口的政策性金融支持。

(5) 完善机电产品出口保障系统。在不断提高机电产品质量、档次的同时，保证稳定供应、按期交货，并在重点市场上建立服务中心，及时提供技术服务、零配件及售后服务。

2. 继续发展纺织品、服装等劳动密集型产品出口

作为劳动密集型产品的纺织品和服装，长期以来都是中国出口的强势项目。20 世纪 80 年代中期以后，国内纺织服装业开始实施"以扩大出口为突破口，面向世界，带动全行业全面振兴"的发展战略，使该行业出口迅速发展。2003 年以来，纺织品服装出口一直保持强劲增长势头，出口额不断攀升，从 2003 年的 790 亿美元增长至 2007 年的 1712 亿美元。2007 年实现顺差 1526.6 亿美元，占当年全国货物贸易总顺差的 58.2%。[①] 据海关总署数据，2010 年中国纺织品服装出口创历史新高，达 2065.3 亿美元，其中纺织品出口 770.5 亿美元，服装及其附件出口 1294.8 亿美元。目前，中国纺织品服装出口数量及金额均居世界第一位。在中国总出口中，纺织品服装出口额仅次于机电产品和高技术产品居第三位，但净出口额则超过机电产品和高技术产品，成为最大净收汇产品。

纺织品服装出口同时也引起中国与其他国家的贸易摩擦和争端。长期以来，由于欧美发达国家实行贸易保护主义政策，全球纺织品贸易一直游离于自由贸易体制之外。根据 1994 年签订的《纺织品与服装协定》(ATC)，自 2005 年 1 月 1 日起，全球纺织品贸易配额体制宣告结束，中国产品应享受自由贸易待遇。但在纺织品贸易一体化进程开始之时，欧美面对大量增加的纺织品进口，迅即采取了贸易限制政策。美国启动特别保障措施，使我国共 10 类产品受到数量限制，13 类产品处在设限调查期。欧盟也采取特别保障行动，对我国 10 类纺织品实施数量限制，同时加大对中国产品实施反倾销、反补贴的力度。

面对国际市场竞争日益激烈、贸易摩擦日趋频繁的形势，中国今后发展纺织品服装等劳动密集型产品出口的策略是：

---

① 中国纺织品进出口商会（http：//www.ccct.org.cn/information/index.jsp）

（1）尽可能避开设限国家，寻找新的替代市场，扩大对非设限国家的出口，主动规避贸易摩擦。例如，可借助中国香港作为将纺织品输入发达国家市场的绿色通道，或鼓励企业“走出去”，选择一些低成本国家作为对外投资设厂的目的地。

（2）发挥群体优势，实现规模效益。我国轻纺企业数量庞大，经营分散，规模效益较差。因此，必须加快轻纺企业的联合、改组、兼并，使经济效益显著的企业扩大规模，提高生产集中度，从而形成一批在国际市场上具有竞争力的出口企业集团。

（3）优化产品结构，加强技术创新，加快产品升级换代，提高其技术含量与附加值，同时注重开发绿色产品，规避发达国家的绿色贸易壁垒。

（4）实施自主品牌战略，支持企业培育品牌。可采取与国际品牌联合或买断、收购国外品牌等方式做大品牌，并鼓励企业积极参加国内外著名展销会，扩大自身品牌影响。

3. 重点发展高技术产品出口

目前，高技术产品成为世界贸易中最具发展空间和潜力的产品。该类产品的贸易状况在一定程度上反映了一个国家的科技发展水平和竞争能力。高技术产品包括计算机与通信技术、生命科学技术、电子技术、计算机集成制造技术、航空航天技术、光电技术、生物技术、材料技术等产品。我国高技术产品出口起步较晚。“八五”计划时期，国家明确提出发展高新技术产品出口，并为此提出了一系列计划与措施，使我国高新技术产品的生产和出口迅速发展。2000 年我国高技术产品出口仅 370 亿美元，占总出口的 14.8%，2009 年已扩大到 3769.3 亿美元，约占总出口的 31.4%。我国高技术产品出口主要集中在计算机与通信技术和电子技术两个领域，2009 年这两个领域的出口比重为 88.5%。其中，计算机与通信技术产品的出口额为 2830.1 亿美元，占高技术产品总出口的 75.1%，是我国高技术产品出口的绝对主体，而计算机类产品占全部高技术产品出口的比重约为 50%。①

我国高技术产品出口虽然增速迅猛，发展成效显著，但其国际竞争力尚显不强，主要问题在于：一方面高技术产品出口仍以外资企业为主体，尤其是外商独资企业拥有较高的贸易顺差，而大部分内资企业的贸易逆差却较高；另一方面，高技术产品出口主要以加工贸易方式为主，2009 年加工贸易方式的出口额高达 2849.6 亿美元，占当年高技术产品出口总额的 75.6%。其中，进料加工贸易又是加工贸易的主要形式，2009 年其出口额占高技术产品加工贸易出口总额的比重高达 95.8%。加工贸易在我国高技术产品出口中的绝对主导地位，表明中国

① 中国科学技术部（http：//www.most.gov.cn/）

出口的大部分高技术产品仅为其他国家的代加工产品。而对于被视为出口拥有自主研发能力的产品的一般贸易方式而言，2009 年该类方式出口的高技术产品占高技术产品出口总额的 24.4%，这说明我国企业对高技术产品自主创新能力的不足以及品牌创造意识的匮乏。

今后为重点发展高技术产品出口，应采取的措施包括：

（1）坚持自主创新与技术引进相结合，积极采用各种方式加强国际技术合作与技术引进，增强企业自主创新和品牌创立意识。

（2）建立科、工、贸联合体，推动高科技产品商品化、产业化和国际化。引导科研机构直接进入国际市场，并推动形成一批具有国际竞争力的骨干高技术企业，以大企业为龙头、中小企业为辅助，大中小高技术企业相互依存、协调发展的格局。

（3）政府提供金融、咨询支持，协助企业以抵押、质押和定金等多种担保方式获得出口信贷，解决流动资金短缺困难。建立和完善高技术产品进出口信息服务体系和中介服务机构，加快建设高技术产品进出口电子商务平台，向高技术企业提供全面、及时和透明的贸易信息服务。

（4）完善知识产权管理与保护。完善相关法律，重点抓好专利申请与保护、信息利用和许可实施等环节的工作，保护具有自主知识产权和市场竞争力的企业的权益不受侵犯。

4. 积极发展创汇农产品出口

中国是农业大国，幅员辽阔，有着多种多样的自然和气候条件，为发展农业、林业、水产业和畜牧业提供了丰富资源。同时，我国劳动力资源丰富、成本低廉，而大部分农产品属于劳动密集型与技术密集型相结合的产品。中国劳动密集型农产品如园艺、畜禽及水海产品等，在国际市场上具有明显的价格优势和竞争优势，加入世界贸易组织后，农产品的国际市场更加自由化、主体更加多元化、产品更加标准化，这为发展创汇农产品提供了较好的外部环境。因此，我国农产品的出口潜力是巨大的。

目前，我国农产品出口品种迅速增加，由 900 多种发展到 1300 多种，许多小商品已成为骨干出口品种。大蒜、花生、烤鳗、蘑菇罐头、苹果汁、香菇、蜂蜜等农产品出口量已位居世界第一，茶叶、番茄酱罐头、肠衣、烟草、玉米等出口量居世界第二。但自 2004 年以来，中国由农产品净出口国变为净进口国。2010 年，中国农产品进出口额为 1219.6 亿美元，贸易逆差为 231.4 亿美元，已连续 7 年呈贸易逆差。并且发达国家及一些发展中国家的技术性贸易壁垒（TBT）不断升级，动植物卫生检疫措施（SPS）越来越严，我国遭遇国外反倾销和其他贸易争端的事件频繁发生。

就我国自身而言，目前出口农产品的质量安全仍有待加强，同时，农产品出口行业性组织发展相对滞后，出口企业缺乏国际竞争力，农产品出口官方支持体系也尚不完备，这些因素制约了我国农产品出口的进一步发展。

我国今后发展农产品出口的具体措施包括：

(1) 强化质量安全管理。要加强对出口农产品生产源头的控制，推进标准化生产，促进传统生产模式的改进，对生产过程进行严格质量控制。强化对农产品出口加工环节的控制，加强对出口食品加工企业的监管和引导，通过树立名牌等扶优扶强政策，引导企业自觉提高食品质量，保证食品安全，鼓励出口企业获得GAP、GMP、HACCP① 等与国际要求相一致的认证。进一步完善和加强出口农产品的检验检测及安全监测体系。

(2) 优化出口商品结构，实施品牌战略。鼓励企业发展深加工农产品出口，提高农产品附加值。支持和引导农产品出口企业培育自主品牌，在国际市场上形成品牌声誉和固定的消费群体。

(3) 加强培训和信息服务。建立权威的农产品贸易信息发布系统和敏感商品出口预警体系。通过信息服务、培训咨询和国际会展，帮助企业提高国际营销能力，建立健康、稳定的出口渠道。

(4) 完善税收等支持政策。对符合信贷条件的农产品出口企业，积极提供信贷支持。参照国外经验，减免出口农产品检验检疫的费用，降低企业出口成本。制订分类监管办法，建立出口企业数据库，对质量好、守信誉的出口企业，简化检验检疫程序，加快农产品特别是鲜活产品出口的通关速度。

5. 严格控制“两高一资”产品出口

为减少能源与资源耗费，延长产业链，提高出口商品的结构层次、技术含量和附加值，培育新的竞争优势，国家发展和改革委员会、商务部等六部委于2005年12月联合发布《关于控制部分高耗能、高污染、资源性产品出口有关措施的通知》，其中规定停止部分高污染、高耗能和资源性产品的加工贸易。2010年7月，我国财税部门再次改变出口退税政策，一步到位地取消了部分“两高一资”产品的出口退税。此外，商务部对于部分可用竭的资源性产品还采取控制出口数量的措施。

“十二五”规划期间，严格控制“两高一资”产品出口仍是一项重要目标。在“低碳经济”大背景下，各国政府均表示要强化节能减排目标责任制，加强节能减排重点工程建设，加快建设资源节约型、环境友好型社会。2009年12月7日，在哥本哈根联合国气候大会上，中国政府向世界作出“到2020年单位GDP

---

① 良好农业规范（good agricultural practices，GAP）主要针对初级农产品生产的种植业和养殖业分别制定和执行各自的操作规范；良好作业规范（good manufacturing practice，GMP）是一种特别注意在生产过程中实施对产品质量与卫生安全的自主性管理制度；危害分析和临界控制点（hazard analysis and critical control point，HACCP）是对国际上共同认可和接受的食品安全保证体系

碳减排40%～45%”的承诺。目前，一些国家以节能减排问题为由，开始实施碳关税技术贸易壁垒。如法国单方面提出将从2010年开始，对那些在环保立法方面不及欧盟严格的国家的进口产品征收碳关税，并要求自2011年7月起，在法国销售的消费品必须具备“碳足迹”标签。从2010年年初开始，欧盟及韩国等地的买家也要求出口商提供其产品“碳足迹”的相关数据。一旦“碳足迹”认证国际标准出台，商品加注碳标签将不可避免，“碳足迹”标签制度势必对国际贸易产生新的影响。

我国控制“两高一资”产品出口的具体措施包括：停止部分高污染、高耗能和资源性产品的加工贸易；取消部分产品的出口退税政策和控制部分产品的出口数量。此外，在全国范围内推动低碳认证技术，帮助企业实现生产、加工和运输过程低碳化，以应对发达国家的绿色壁垒。

第五节　科技兴贸战略

继实施市场多元化战略及以质取胜战略之后，为落实科教兴国战略，顺应经济全球化和知识经济蓬勃兴起的潮流，加快我国由贸易大国向贸易强国的转变，1999年年初，我国外经贸部与科学技术部提出了科技兴贸战略，国家随之将其作为对外经贸的一项重要发展战略予以高度重视，并相应出台了一系列的扶持鼓励措施。迄今，实施科技兴贸战略已初见成效，为实现我国出口商品结构调整与出口贸易增长作出了较大贡献。

一、科技兴贸战略的提出背景

1. 国际高技术产品贸易呈加速发展态势

进入20世纪90年代后，世界高新技术产业和知识经济迅猛发展，使传统的比较优势、国际分工格局以及国际贸易结构发生了重大变化，高新技术产品出口已成为国际贸易中最富生命力的带动力量和各国必争的制高点。国际贸易方式与结构正在发生重大变化，技术密集型机电产品，特别是高附加值的高新技术产品，已成为出口增长最快和发展后劲最足的支柱商品。近十几年来，主要工业化国家高新技术产品出口的增长速度均高于其整体出口增长的速度，高新技术产业已成为推动国际贸易高速发展的主导力量。据统计，20世纪90年代以来，世界高新技术产业出口年增长率在10%以上，比中低技术产业出口年增长速度高出5～6个百分点。

当前，发达国家在世界高新技术产品市场占有绝对优势，全球约90%的高新技术产品贸易是在发达国家或地区（日本、欧盟、美国等）之间进行的。中国作为全球最大的发展中国家，要想在国际竞争中赢得主动，在新的国际分工格局中抢占有利位置，实现成为世界经济与贸易强国的目标，就必须大力发展高新技术产业和高新技术产品出口贸易。

2. 新贸易壁垒的门槛越来越高

在世界贸易组织推动下，国际上关税壁垒及许可证、配额等传统非关税壁垒正在逐步降低或取消。然而，以技术壁垒、绿色壁垒、环境壁垒、社会壁垒及各类“公平贸易”措施为核心的新贸易壁垒的门槛却在日益提高，并成为未来我国对外贸易发展的最大障碍。尤其是近十多年来，中国不断遭遇国外反倾销、反补贴和保障措施等调查，成为世界上最大的受害国之一。只有不断提高产品的科技含量与附加值，提高产品的技术标准，加强认证认可及国际互认，积极应对上述壁垒，才能促进我国出口贸易的持续健康发展。

3. 我国科技创新体系的形成与科教兴国战略的实施

我国科技创新技术及高技术产业的发展大致经历了两个阶段：第一阶段是20世纪50年代中期至80年代初期的萌芽阶段，以发展国防高科技工业为主；第二阶段是从20世纪80年代初至今的产业起步阶段。国家先后于1986年实施“863计划”、1988年实施“火炬计划”以促进我国高新技术的开发及其成果的商品化、产业化和国际化。特别是1995年后，我国提出要实施科教兴国发展战略。1996年的《国民经济和社会发展“九五”计划和2010年远景目标纲要》，确定将科教兴国作为我国的一项基本国策。

在政策实施带动下，我国创新体系及高技术产业获得了较快发展，某些领域已接近或达到国际先进水平，初步形成了科（技）工贸一体化的高新技术产业体系，从而为我国高新技术产品的出口提供了基础保障。

在国际环境影响及国内创新体系的基本保障下，为促进高新技术产品出口，转变对外贸易增长方式，1998年起外经贸部把落实科技兴贸战略作为对外经贸工作的重点，并于1999年联合科学技术部正式出台《科技兴贸行动计划》，标志着科技兴贸战略正式付诸实施。

二、科技兴贸战略的内涵与战略体系的形成

1. 基本内涵

科技兴贸战略的最初内容从商品生产与交换角度看，包括两个方面：一是大力推动高新技术产品出口；二是运用高新技术成果改造传统出口产业，提高传统出口产品的技术含量和附加值。2004年随着国家知识产权局和中国科学院分别加入科技兴贸联合工作机制后，科技兴贸战略的内涵也就相应地有所拓展，即在促进高新技术产品出口、加强技术引进的同时，还包括制定标准、应对国外技术贸易壁垒、培育高技术出口品牌商品、促进自主知识产权产品出口等内容，从而

在更高层次上将科技兴贸战略引向深入。

2. 战略体系的形成

从科技兴贸战略的提出到科技兴贸体系的形成主要经历了三个阶段，其主要标志分别是1999年制定的《科技兴贸行动计划》、2001年制定的《科技兴贸“十五”规划纲要》和2003年国务院转发商务部等部门联合制定的《关于进一步实施科技兴贸战略若干意见》。

1）组织领导体系确立

在领导机构方面，1999年科技兴贸部际联合领导机构仅有外经贸部和科学技术部；2000年扩大到信息产业部和国家经济贸易委员会；2002年9月，财政部、税务总局、海关总署、质检总局加入，联合工作机制由四部委扩大到八部门；2003年3月国务院机构调整后，商务部取代外经贸部，国家发展和改革委员会取代国家经济贸易委员会；2004年3月和2005年1月，国家知识产权局和中国科学院又分别加入，最终形成科技兴贸十部门联合工作机制。

2）出口促进体系形成

《科技兴贸行动计划》提出“确定和培育高技术出口产品”、“培育和建立高技术出口基地”、“确定一批高技术产品出口重点城市”等措施。此后，《科技兴贸“十五”计划纲要》又为科技兴贸战略出口体系的形成提出了具体实施目标，形成了从重点城市到出口基地、重点产业、出口市场、出口主体，再到出口产品的较为完善的出口促进体系。

3）高技术产品出口服务体系建立

最初，《科技兴贸行动计划》中提出“培育和建立国际技术贸易信息中心”、“发展出口市场信息网络”、“发挥我国经贸、科技驻外机构的作用，通过各种形式，向国内外提供国际技术贸易需求信息”等要求，这为建立高技术产品出口信息服务体系指明了方向。2001年的《科技兴贸“十五”计划纲要》进一步明确在原有信息服务的基础上，逐渐扩大到法律法规、技术应用、知识产权保护等领域的服务，进而延伸到服务的主体（中介机构和研究机构等），建立了科技兴贸战略信息网络服务系统，形成了实施科技兴贸战略的服务体系的基本框架。

4）对外宣传、展示体系建立

为推动高技术产业发展，促进高技术产品出口，加强国际间技术贸易和高技术成果的宣传与交流，科技兴贸联合机制决定从1999年起，每年秋季在深圳举办中国国际高新技术成果交易会及举办北京高新技术产业国际周等，并要求外经贸部（商务部）、科学技术部和有关部门结合目标市场的开拓工作，组织企业和科研院所到国外举办大型或专业性的中国高技术产品展销会。其后，又陆续在国内创办了中国国际软件和信息服务交易会、中国苏州电子信息博览会、上海国际工业博览会、中国北京国际科技产业博览会和陕西杨凌农高会，共形成了六个各具特色的高新技术产品交易宣传平台。通过举办境内外国际展览会、交易会及网络交易市场等，拓展对外宣传信息渠道，形成了从国内到国外的宣传体系。

5）政策体系完善

1999年的《科技兴贸行动计划》提出了建立财政、税收、金融、市场等方面的政策体系，后来的《科技兴贸“十五”计划纲要》在此基础上，又将鼓励政策扩大到了海关、质检、保险等领域，进一步完善了科技兴贸战略的政策体系，至此形成了涵盖金融、财税、保险、海关、质检、研发、引进和市场等的完整政策体系，从而为科技兴贸战略的实施创造了良好的政策环境。

6）技术性贸易措施体系形成

《科技兴贸“十五”计划纲要》明确提出，要加强技术性贸易措施的研究与应用；加强对国际技术壁垒的研究，建立我国的技术性贸易措施管理体系；根据我国出口商品市场战略和国外技术壁垒，制定技术标准、检测标准和技术性防范措施。这为我国高新技术产品出口突破国外技术性贸易壁垒提供了有利条件。

至此，科技兴贸战略六大体系已基本形成。

三、科技兴贸战略的实施成效

迄今，我国实施科技兴贸战略已取得了显著成效，主要体现在以下几个方面。

1. 高新技术产品出口拉动了我国出口贸易的增长

自1999年实施科技兴贸战略以来，随着一系列促进高新技术产品出口政策措施的出台，我国高技术产品出口贸易得到了迅速发展。截至2009年，我国高新技术产品已累计出口20918.4亿美元，年均增长约40%，远高于同期出口贸易的年均增速，占出口总额的比重从1999年的12.7%跃升至2009年的31.4%，已提前完成《科技兴贸“十一五”规划纲要》提出的到2010年要达到30%的目标，并且推动中国出口贸易规模从世界第九位上升至第一位。

2. 提高了我国出口产品的竞争力

在高新技术产品出口不断增长的同时，出口商品结构也在持续优化，商品竞争力不断提高，主要表现在：一是高新技术产品在工业制成品出口中的比重不断增加，从2001年的19.4%上升到2009年的33.1%，对促进我国出口商品结构优化发挥了重要作用。二是技术含量和附加值较高的高新技术产品出口增长较快。“十一五”规划期间，笔记本电脑、手机、集成电路、液晶显示器等技术含量与附加值较高的产品出口增长迅速，彩电、打印机、驱动器等大宗产品出口平稳发展，而收录机、录像机、电话等技术含量较低的产品出口比重逐年下降。三是部分高新技术产品的贸易竞争力指数上升。高新技术产品出口商品结构的不断优化，促使我国高新技术产品技术含量和附加值不断提高，贸易竞争力指数持续上升，在国际市场上的竞争力不断增强。

3. 促进了国内产业结构的升级

利用高新技术改造传统产业，是科技兴贸战略的主要内容之一。实施科技兴贸战略的较好成效，促进了我国产业结构调整、产品升级换代和竞争力的提高。我国一方面引进国外先进技术，通过消化吸收，提高了传统产业的技术含量，实现了产业结构的调整与升级；另一方面，积极吸引跨国公司来华生产高新技术产品，通过其技术外溢和为其提供产业配套，促进本土企业的技术进步和国内产业结构的优化。

实施科技兴贸战略以来，我国的技术引进得以快速发展。据商务部统计，1999～2007 年，我国技术引进合同数为 69 951 项，合同总金额超过 1 500 亿美元。先进技术的引进、消化、吸收和再创新，增强了我国的技术创新能力，促进了产业结构优化和产品升级换代，提升了整体产业技术水平，提升了产业国际竞争力。2008 年，以信息产业为主体的高技术产业规模达到 5.7 万亿元，增加值近 14 001 亿元，占 GDP 比重约达 4.5%。显示器、手机、彩电、磁头等产品的出口量在世界名列前茅，高新技术产业已成为中国国民经济的支柱产业。

4. 促进了我国外贸增长方式的转变

2004 年，我国出口工业制成品中的资本密集型产品所占比重，首次超过了劳动密集型产品的比重。其中，高新技术产品出口额为 1655.4 亿美元，在出口总额中的比重达到 27.9%。如今，我国工业制成品出口正在向以资源、资本、技术密集型制成品出口为主的方向转变，并且已在某些高级制成品的贸易中表现出了较强的比较优势。

5. 形成了各具特色的高技术产业集群

实施科技兴贸战略以来，长江三角洲、珠江三角洲和环渤海地区已成为我国高新技术产品贸易的重要基地，并形成了若干个高新技术产业发展群。长江三角洲地区成为现代通信、软件、微电子等领域的外商投资集中地带，在计算机技术、电子技术和计算机集成制造技术领域的产品出口方面具有比较优势；珠江三角洲地区已成为世界知名的电子信息产品加工组装中心和重要的生产基地；环渤海地区则在移动通信、航空航天和集成电路产业方面表现出迅速发展的态势，并在科技创新上处于国内领先地位。

以 2006 年数据为例。从贸易数据来看，三大经济带高新技术产品出口额为 2682.4 亿美元，占全国高新技术产品出口总额的 95.3%。从产业数据来看，三大区域占全国高新技术产业比重为 85.09%，比 1998 年提高了 11.18 个百分点。其中，长江三角洲地区高技术产业产值占全国的比重上升了 8.25 个百分点，珠江三角洲地区上升了 4.85 个百分点，而环渤海地区则下降了 1.92 个百分点。

四、科技兴贸战略的深化：《科技兴贸“十一五”规划》

2006年3月15日，为在“十一五”规划期间深入实施科技兴贸战略，十部门联合工作机制编制并下发了《科技兴贸“十一五”规划》。该规划的实施对于加快转变贸易增长方式、优化进出口商品结构及增强自主创新能力，具有十分重要的意义。

1. 实施《科技兴贸“十一五”规划》的主要目标

（1）扩大高新技术产品出口。到2010年，高新技术产品出口占出口总额的比重提高到35%，软件出口超过100亿美元，医药产品出口超过200亿美元。

（2）完善高新技术产品出口体系。到2010年，在信息、医药、软件、新材料等高新技术领域建设100家出口创新基地；培育100家高新技术产品年出口额在10亿美元以上的大型跨国公司或企业集团；培育1000家高新技术产品年出口额在1亿美元以上的大型企业；同时重点扶持一大批科技型出口骨干企业。

（3）增强企业自主创新能力。到2010年，将具有自主知识产权和自主品牌的高新技术产品占高新技术产品出口总额的比重提高到15%左右；同时，重点培育160个高科技自主出口品牌。

（4）加强技术引进的消化吸收再创新。到2010年，专有技术和专利技术许可合同额占技术引进合同总额的比重提高到50%左右，引进技术的消化吸收配套资金比例有所提高，形成市场导向、政府推动、企业为主的技术引进、消化和吸收体系。

（5）提高出口产品国际竞争力。到2010年，出口产品采用国际标准和国外先进标准的比重大幅提高，重点扶持的出口免检和绿色通道企业达到2500家，构建较为完善的高新技术产品国际市场营销和售后服务网络。

2. 实施《科技兴贸“十一五”规划》的主要任务

（1）实施“出口创新基地”工程。在现有国家高新技术产品出口基地、医药出口基地和软件出口基地基础上，根据各地区的基础条件和发展实际，在电子信息、软件、医药、新材料、航天、精细化工等高新技术领域，分期分批认定和建设一批出口创新基地，力争到2010年出口创新基地总数达到100家，出口创新基地高新技术产品出口占全国高新技术产品出口总额的比重达到70%。

（2）实施“自主知识产权联合行动”工程。自主创新能力是国家和企业核心竞争力的关键组成，拥有自主知识产权是提高我国高新技术产品国际竞争力的重要手段，要在提高企业自主创新能力的同时，鼓励和支持企业拥有自主知识产权，从而增强我国高新技术产品的国际竞争力。同时，加强知识产权兴贸工作，通过知识产权的创造、管理、保护与利用，扩大具有自主知识产权产品的出口，使自主知识产权成为提升出口产品国际竞争力的重要因素。

（3）实施“技术引进消化吸收再创新”工程。要在加大引进国外先进技术的同时，大力促进国内企业提高自主创新能力，引导组织对重大引进技术的消化、吸收和再创新，形成“企业为主、市场导向、政府推动”的技术引进消化吸收再创新促进体系。

（4）实施“出口创新企业”工程。培育具有自主创新能力和国际竞争力的高新技术大型企业集团与骨干企业，是实现高新技术产品进出口持续增长的坚实基础。要通过培育100家跨国集团、1 000家大型企业、10 000家科技型出口骨干企业，促进贸易、产业和企业的有机结合，促进企业提高国际竞争力。

3. 实施《科技兴贸“十一五”规划》的主要措施

（1）扩大高新技术产品出口。促进具有自主知识产权、自主品牌的高新技术产品出口。适时调整和完善《中国高新技术产品出口目录》，积极研究并推动财政、税收信贷、信用保险、国际结算等方面扶持政策的出台，扩大具有自主品牌和自主知识产权产品的出口。

（2）提高企业自主创新能力。加大对企业自主研发的支持力度。增加对企业高新技术出口产品技术开发的专项资金支持，组织企业对重点出口产品的关键技术进行联合开发；建立面向高新技术出口产品的科技成果转移机制，向重点出口企业推介具有国际市场前景的科技成果，特别是国家计划的重点科技成果；国家技术改造资金优先支持面向高新技术产品的科技成果产业化项目；引导组织对重大引进技术的消化吸收与创新；提高传统出口产品的技术含量；建立规范、完善的知识产权保护制度。

（3）培育多元化出口主体。扶持民营和中小企业的出口。在电子信息、软件、生物医药等领域，培育具有较强国际竞争力和自主创新能力的骨干企业，积极推动企业开展国际化经营；鼓励外商投资的高新技术企业发展配套产业，延伸产业链；加大对外商投资设立研发中心的支持力度，鼓励外资研发中心的技术成果在国内进行产业化；鼓励外商投资企业向国有企业和民营企业转让技术。加强出口体系建设。

（4）积极发展国际服务贸易。借鉴发达国家的成功经验，扩大旅游、国际会展、中文教育、医疗服务和国际电信服务、国际运输等服务贸易出口；推动物流现代化；充分利用国家鼓励、限制和禁止的引进技术目录和相关鼓励政策，进一步引导外资投向通信、生物医药、软件等高技术产业；依托国内重大工程项目，采取集中市场资源、捆绑招标谈判、技贸结合等方式，引进更多先进技术，并推动成熟工业化技术出口。

（5）多种方式开拓国际市场。继续贯彻“市场多元化”战略，发挥展会的桥梁和平台作用，加强与“走出去”战略和对外援助的结合，推进国际技术交流与合作。加大政策引导力度，积极支持具备条件的大型企业集团通过跨国合作、企业并购和跨国经营等方式，提升企业在国际分工中的地位和水平。推动和引导企业建立国际化的营销渠道，建立国际服务网络。

（6）进一步优化贸易环境。完善相关配套服务，为企业开拓国际市场创造良好条件与环境。推进技术性贸易措施体系建设，加快高新技术标准化技术基础工作，鼓励我国高新技术出口企业参与国际标准的制定工作；加强高新技术产品的认证认可工作，对高新技术产品生产企业积极开展与推动质量管理体系、环境管理体系、职业健康安全管理体系及其他国际通行的管理体系认证；简化进出口环节审批程序；培育和发展专业化中介服务组织，加强人员培训，帮助企业应对知识产权纠纷和贸易摩擦；要加快公共信息产品的开发，建立科技出口信息服务数据库，为企业提供各类信息，并建立科技兴贸评价指标体系。

（7）切实加强组织领导。进一步完善联合工作机制，建立务实高效的科技兴贸管理干部队伍，为科技兴贸工作的深入开展提供有力的组织保证与干部基础。

第六节　进口商品战略

进口贸易是国民经济的有机组成部分，与出口贸易相互制约、相互渗透、互为条件。进口和出口作为对外贸易发展的两个轮子，在经济发展中同样重要并相互推动，分别发挥和利用他国的长处与本国的优势，其对经济增长的促进作用并不亚于出口贸易。中国作为一个贸易大国，既要重视出口，也应重视进口。在当今国际贸易格局中，扩大进口既是履行中国“入世”承诺的体现，也是扩大出口的前提，进而也是充分发挥出口作用的前提。因此，进口贸易战略同出口贸易战略一样，也是中国对外贸易发展战略的重要组成部分。这里主要阐述中国进口商品战略的有关内容。

所谓进口商品战略，是指以国民经济发展目标为依据，根据国内生产、消费的需要，对一定时期内进口商品的构成所作的战略性规划。

一、中国进口商品战略的演变

长期以来，与出口商品战略一样，我国的进口商品战略是以国民经济发展目标为依据的。在改革开放以来的各个五年计划中，我国都对进口结构进行了规划。自2011年起，我国进入“十二五”规划时期，对2011～2015年的进口商品结构，也相应作出了战略性安排。

1.“六五”计划时期的进口商品战略（1981～1985年）

这一时期进口商品战略的内容包括：引进先进技术和关键设备；确保生产和建设所需的短缺物资的进口；组织好国内市场所需物资和“以进养出”物资的进口；对国内能够制造和供应的设备，特别是日用消费品，不要盲目进口，以保护和促进民族工业的发展。

2. “七五”计划时期的进口商品战略（1986～1990 年）

在“七五”计划期间，对进口商品结构所作的规划是：进口贸易的重点是引进软件、先进技术和关键设备，以及必要的、国内急需的短缺生产资料。严格控制一般的加工设备和耐用消费品的进口。

3. “八五”计划时期的进口商品战略（1991～1995 年）

进入“八五”计划时期，国家对进口商品结构的安排是：把有限的外汇集中用于引进先进技术和关键设备，用于国家重点生产建设所需物资及农用物资的进口；国内能够生产供应的原材料和机电设备，要争取少进口或不进口；严格控制奢侈品、高档消费品和烟、酒、水果等商品的进口；防止盲目引进和不必要的重复引进。

4. “九五”计划时期的进口商品战略（1996～2000 年）

“九五”计划对进口商品结构所作的规划是：积极引进先进技术，适当提高高新技术、设备及原材料产品的进口比例，积极合理有效地利用外资，努力发展技术贸易和服务贸易。

5. “十五”计划时期的进口商品战略（2001～2005 年）

“十五”计划时期，强调增加国内急需的关键技术设备和重要资源的进口，弥补国内资源不足，促进产业结构和技术水平的升级。

总结我国在以上各个五年计划中关于进口商品结构的安排，可知我国进口原则多年来基本上是一致的：①按照有利于技术进步，有利于增加出口创汇能力和有利于节约使用外汇的原则，合理安排进口；②合理调整进口商品结构，坚持把进口重点放在软件、先进技术和关键设备上。

二、“十一五”规划进口商品战略的主要内容

2006 年 3 月制定的我国《国民经济和社会发展第十一个五年规划纲要》关于进口商品战略的表述是：“实行进出口基本平衡的政策，发挥进口在促进我国经济发展中的作用。完善进口税收政策，扩大先进技术、关键设备及零部件和国内短缺的能源、原材料进口，促进资源进口多元化。”该战略基本上延续了“十五”计划关于进口商品结构安排的思路。

三、“十二五”规划进口商品战略的主要内容

2011 年 3 月制定的我国《国民经济和社会发展第十二个五年规划纲要》关于进口商品战略的内容是：“优化进口结构，积极扩大先进技术、关键零部件、国内短缺资源和节能环保产品进口，适度扩大消费品进口，发挥进口对宏观经济

平衡和结构调整的重要作用，优化贸易收支结构。发挥我国巨大市场规模的吸引力和影响力，促进进口来源地多元化。完善重要农产品进出口调控机制，有效利用国际资源。”这一战略又部分继承了“十一五”规划纲要关于进口商品结构安排的政策取向，并重点提出要扩大节能环保产品进口和完善农产品进出口调控机制。根据“十二五”规划纲要的要求，“十二五”规划期间我国进口商品结构的主要安排如下。

1. 积极引进先进技术和关键设备

科技进步和创新是经济社会发展的重要推动力。长期以来，我国一直把引进先进技术和设备作为进口重点。为加速实现产业结构合理化、现代化，围绕国家重点建设和技术改造目标，根据国家产业结构调整部署，中国技术与设备引进的重点包括如下内容：

（1）确保电子信息等先导产业发展所需技术设备的引进。电子、信息、航天、生物工程以及新能源、新材料工业等，是在高新科技领域中跟踪国际先进技术水平，并对我国经济技术发展具有重大意义的先导产业。其中，电子信息技术是科技领域里发展最快的门类之一，其重要作用已得到国内外的广泛重视，并成为维护国家安全、增强综合国力的关键所在。信息产业对于中国来说还是一个幼稚产业，与国外先进水平差距较大，所以“十二五”规划纲要提出，新一代信息技术产业应重点发展新一代移动通信、下一代互联网、三网融合、物联网、云计算、集成电路、新型显示、高端软件、高端服务器和信息服务。限于我国目前的条件，需要积极引进该领域的国外先进技术和设备。

（2）确保能源、交通等基础设施所需技术设备的引进。能源是我国经济建设的战略重点，同时也是薄弱环节。我国不仅能源增长率偏低，而且利用率也低。美国等工业发达国家能源利用系数在50%左右，而我国仅为28%左右。能源工业引进技术设备的要求，一是扩大能源的开发与生产；二是推广能源节约与综合利用技术，合理有效地利用能源以提高能源利用效率；三是将能源对环境的有害影响减至最低。交通运输既是国民经济建设的战略重点，又是我国经济增长的瓶颈之一。我国的铁路、公路通车里程还落后于发达国家，海洋运输、航空运输也相对落后。要改变我国交通运输现状，应重点引进电气化铁路、深水泊位和光缆干线等交通、通信方面的先进技术设备。

（3）确保传统产业技术改造所需技术设备的引进。经过50多年的工业化建设，我国已建立了庞大、门类齐全的工业体系，其中传统产业占有很大比重。按照国家走新型工业化道路的要求，一方面应继续发挥劳动密集型产业的竞争优势，另一方面也要改造传统产业的落后技术和陈旧设备，提升整体技术水平和综合竞争力，促进工业由大变强。因此，应通过进口贸易积极引进精密高效的机床、仪器、仪表等关键设备，加强轻纺、冶金、化工、汽车、建材等传统工业部门的技术改造，使其尽快赶超世界先进水平。

（4）确保农业现代化所需技术设备的引进。为推进农业结构战略性调整，转变农业增长方式，提高农业综合生产能力与增值能力，巩固和加强农业基础地位，必须引进与农业现代化和农业结构优化有关的技术设备，加强高新技术在农业中的应用，如现代生物技术、核农业技术、设施农业技术以及信息技术等。

2. 确保重要能源和资源的进口

长期以来，我国实行粗放型的经济增长方式，依靠大量耗费资源来加快经济发展，使得能源需求急剧上升，国内供给已不能满足需求。自 1993 年起我国就成为石油净进口国，2010 年原油进口高达 2.39 亿吨，原油进口依存度已超过 50%的警戒线。除能源外，在中国制造业快速发展的情况下，许多工业原材料也主要依靠进口，如铁矿石、天然橡胶、棉花、纸浆、化工原料等都是当前需大量进口的重要物资。因此，应充分利用国外资源，寻求更多元化的进口来源地，降低政治风险和分散卖方垄断力量，以保证重点建设的顺利进行。

3. 扩大节能环保产品的进口

“十二五”规划纲要提出，要大力发展节能环保等新兴产业。节能环保产业重点发展高效节能、先进环保、资源循环利用关键技术装备、产品和服务。自哥本哈根气候会议后，各国政府均非常看重对低碳环保技术和设备的进口。并且自 2008 年以来，中国的外贸政策就定义为保持出口稳定增长，同时更加注重扩大进口。西方发达国家在节能环保领域都拥有先进技术，如欧盟在风能、核能、可再生能源和废物处理等方面处于世界领先水平。中国扩大节能环保产品进口，遵循了国家对外开放稳中求进的政策导向，即实现稳出口、促进口的贸易顺差收窄政策目标。此外，扩大节能环保产品进口一方面有助于推进我国绿色消费方式的转型，促进经济社会可持续发展，另一方面可以吸收国外先进的环保节能技术，进行消化再提高。因此，为促进经济结构调整，加强节能减排和生态环境保护，2011 年我国将对 600 多种资源性、基础原材料和关键零部件产品实施较低的年度进口暂定税率。

4. 重视“以进养出”物资的进口

“以进养出”是指通过进口国外原材料及辅助材料和零部件等，利用本国技术、设备和劳动力，在国内加工成制成品或半制成品后再出口的业务，是发展加工贸易、获取外汇收入的重要贸易方式。“以进养出”的范围包括：①进料加工，包括进口全部原材料或主要原材料，加工成品出口；②进口主件或配件，加工装配产品出口；③以国产原材料为主，进口辅助材料，加工成品出口；④进口饲料、肥料、种子、种畜等，养殖、种植农副土特畜产品出口，以及用进口商品调换国内农副土特产品出口。

20世纪90年代后，“以进养出”方式长期占据中国出口贸易的半壁江山，如2001～2004年，以加工贸易方式完成的出口额占中国出口总额的比重均在55%以上。2010年，该比重仍为46.9%。因此，保证加工贸易所需物资的进口，对于中国出口贸易的持续稳定发展有着十分重要的意义。

5. 适度扩大进口生活必需品和一般消费品

在发展生产的基础上，改善和提高人民的物质和文化生活水平，是社会主义基本经济规律的要求，也是我们一切经济活动的根本目的。任何一国都不可能生产所有的产品，因此，必须利用国外市场，进口某些生活必需品和一般消费品，用以调剂和繁荣国内市场，满足人民不同层次的消费需求。进口消费品也可以产生相应的示范效应，通过传导到生产环节，促进我国生产制造的发展。

当前，我国大量进口粮食、食用植物油、棉花、化纤、成品油等。这些物资都是目前我国紧缺的商品，其进口关系国计民生，对于保证社会稳定和经济增长有着重要作用。我国加入世界贸易组织后，随着承诺的市场开放度不断提高和市场准入条件的不断改善，一些国外名牌家电、服饰、工艺品、汽车、游艇、摄像机等高档消费品也进入我国市场。今后，随着中国工业化、城镇化进程的加速推进，将为经济增长释放出一个长期而庞大的内需市场，同时也会给其他国家扩大对华出口带来更多的市场机遇。中国已承诺将进一步提高贸易便利化水平，进口贸易还将持续扩大，一般消费品将会成为进口增速较快的商品。这些商品会满足我国不同层次的消费需求，但同时也会给国内同类产品带来一定的竞争压力。

思 考 题

1. 什么是对外贸易发展战略？

2. 什么是出口商品战略？当前我国的出口商品战略的主要内容是什么？应该重点发展哪些大类商品的出口？

3. 当前我国出口市场多元化战略的主要内容是什么？

4. 以质取胜战略的具体内容是什么？实施以质取胜战略对我国出口贸易发展有何意义？

5. 当前我国科技兴贸战略的主要内容是什么？试析实施科技兴贸战略的必要性。

6. 什么是进口商品战略？当前我国的进口商品战略有哪些侧重点？

第四章　中国对外贸易体制改革

对外贸易体制是对外贸易经营管理体制的简称。具体来说，对外贸易体制是指对外贸易的组织形式、机构设置、管理权限、经营分工及利益分配等方面的制度。对外贸易体制是国民经济体制的一个重要组成部分，与经济体制的其他组成部分，如计划体制、财税体制、金融体制、价格体制、外汇体制、投融资体制等，存在着紧密的联系。

对外贸易体制包括国家宏观管理体制和外贸企业微观经营体制两个方面，同经济体制的其他组成部分一样，属于上层建筑的范畴，是由经济基础决定并为经济基础服务的。因而，随着经济基础的发展变化，应相应地变革对外贸易体制，以使其更好地适应国民经济与对外贸易发展的需要。

新中国成立后，在计划经济体制的背景下，我国建立起了高度集中统一的对外贸易体制。这种对外贸易体制与当时的宏观经济体制相适应，曾经发挥过积极的作用，但随着国内外形势的发展变化，其弊端也越来越明显，必须加以改革。我国实行改革开放以来，在经济体制转轨过程中，对外贸易体制改革也以渐进的模式得以展开和推行，并在实践过程中不断探索、总结经验，逐步得以完善。中国对外贸易 30 余年来所取得的巨大成绩，与对外贸易体制改革的持续推进有着直接的关系。加入世界贸易组织以来，我国根据“入世”承诺，继续深化对外贸易体制改革，目标就是建立既适应社会主义市场经济发展需要又符合国际贸易规范的新型对外贸易体制，只有如此才能使中国对外贸易真正与国际接轨，成为名副其实的经济与贸易强国。

第一节　改革开放前的对外贸易体制

一、中国对外贸易体制的建立与形成

从新中国成立到改革开放前的近 30 年，中国的对外贸易体制基本上是照搬苏联传统的垄断经营外贸体制的框架和模式。这种对外贸易体制的建立与形成主要经历了两个阶段。

第一阶段（1950～1957 年）：国家统制，外贸集中。其特征是国家在接管外国资本和官僚资本的进出口企业的同时，建立了国营的对外贸易公司，对外贸易由分散向集中、由私营向国家统制的方向转变。1957 年，国营对外贸易在整个对外贸易中的比重已上升到 99.9%，基本上形成了对外贸易国家统制的体制。

第二阶段（1958～1978 年）：高度集中，统一经营。该阶段是国家对对外贸易实行统一管理和经营机制的进一步加强与完善阶段。所有对外贸易业务均由对外贸易部所属专业总公司和各口岸对外贸易机构统一经营，财务上实行国家统收统支、统负盈亏，企业所创外汇全部上缴国家。这种高度集中的对外贸易体制一直延续到 1978 年。

二、改革开放前对外贸易体制的主要内容

（1）在对外经营体制方面，实行国家外贸统一经营，即进出口经营权完全授予各对外贸易专业总公司及其所属口岸分公司，由其按经营分工统一负责进出口贸易的对外谈判、签约、履约等业务活动，其他任何机构或企业均无权经营对外贸易业务。据不完全统计，到 1978 年年底，包括各个专业总公司及其所属的各分、支公司在内，全国仅有 130 多家外贸专业公司。

（2）在对内经营体制方面，国家实行严格的出口收购制和进口拨交制。外贸专业公司在对外洽谈出口贸易前，预先向国内供货部门或生产企业以买断方式购买出口商品，后者与出口商品的适销性、价格、盈亏等不发生关系，不承担责任。在进口贸易中，外贸专业公司按政府机构下达的货单完成订货、承付、托运、验收等对外业务后，将进口商品调拨转交给国内用货部门，后者可派人参与对外技术性谈判，但不同外商发生合同关系，不承担进口货物质量与效益的有关责任。显然，这种制度安排人为地阻隔了国际市场与国内市场的经济联系，切断了生产与销售的内在关系。

（3）在管理体制方面，行政命令成为对外贸易管制的主要手段。1957 年 1 月，对外贸易部公布《进出口货物许可证签发办法》，尽量简化申领进出口许可证的手续。1959 年 10 月，又发布了《关于执行进出口货物许可证签发办法的综合指示》，明确规定："各进出口总公司及其分支机构进出口的货物，凭外贸部下达的货单或通知为进出口许可证。"由于外贸专业总公司及其分支机构凭外贸部下达的货单或通知从事进出口业务，因而行政命令成为国家管理与控制对外贸易的主要手段。

（4）在计划体制方面，对外贸易全部由外贸专业公司集中经营后，在全国实行单一的直接计划管理体制，包括外贸收购、调拨、出口、进口、外汇收支及其他各项计划的编制、下达和执行。出口计划的编制实行行政系统与企业系统双轨制，采取自上而下、自下而上的程序进行。进口计划以国家计划委员会为主，外贸部门参与编制。外贸专业公司的进出口业务完全按批准的计划进行。国家对外贸易计划是指令性的，不得随意变动，如需修改须逐级上报，由国务院核批。这种集中的、单一的指令性计划体制是传统对外贸易体制的核心，它既成为调节外贸经营活动的单一杠杆，又成为代行进出口许可证和配额限制等职能的集中管理

的主要手段。

(5) 在财务体制方面，各外贸专业公司负责核算和平衡本公司系统的进出口盈亏，其盈亏上报对外贸易部统一核算和平衡后，再上报中央财政。赢利一律上缴财政部，亏损也由财政部负责解决。外贸专业公司不自负盈亏，生产供货单位和使用进口物资的单位也不负责盈亏。此外，财政部统一核拨外贸专业公司的流动资金。这种高度集中、由外贸部统一核算并由财政部统收统支、统负盈亏的财务体制，构成传统对外贸易体制赖以维持和运转的基本支柱。

(6) 在外汇处理方面，要求外贸专业公司的出口收汇统一上缴国家，所有与进出口有关的外汇业务均由国家指定的外汇专业银行——中国银行统一经营；进出口所需用汇，由各级政府层层上报国家计划委员会平衡后，下达进口用汇计划统一拨付。

三、对改革开放前中国对外贸易体制的评价

对上述高度集中统一的传统对外贸易体制，应作出客观的分析。在当时特定的历史条件下，这种高度集中统一的对外贸易体制，对国民经济的发展曾发挥过积极的作用：

(1) 有利于集中调度资源，扩大出口。在物资供应短缺、产品供不应求普遍存在的情况下，这种贸易体制能从国内消费中“挤”出一部分货源，以满足出口创汇之需，并可集中组织面向国际市场的生产，保证出口创汇。

(2) 有利于统一安排进口，保证重点。在外汇短缺而国内经济建设又急需进口大量技术、设备、原材料的情况下，这种贸易体制有利于统筹安排进口用汇，保证重点建设的需要，使有限的外汇资源发挥更大的效益。

(3) 有利于统一对外，加强与友好国家的经济合作，配合外交斗争，有效应对某些西方国家的封锁禁运，保证国家的政治和经济独立。

当然，作为特定历史时期的产物，这种高度集中的对外贸易体制也逐渐暴露出其弊端，主要包括：

(1) 独家经营，产销脱节。国家通过外贸专业公司统一经营对外贸易，贸易渠道和经营方式单一，人为阻断了各地方、各生产部门和企业与国际市场的联系，造成工贸隔离、产销脱节。

(2) 高度集中，统得过死。国家通过指令性计划和行政干预，对企业限制太多，造成政企职责不分，企业缺乏经营自主权，难以积极主动地参与国际竞争。

(3) 统包盈亏，缺乏利益激励机制。国家统包盈亏，没有兼顾国家、企业、个人三者的利益，不利于调动各方面的积极性，不利于提高对外贸易经济效益。

20世纪70年代末，我国开始进入改革开放的新发展时期，随着对外开放政策的推行和对外贸易的发展，传统贸易体制的弊端日益凸显，对外贸易体制改革

已势在必行。

第二节　对外贸易体制改革的内容与进程

一、经济体制改革与对外贸易体制改革

经济体制是社会经济系统的基本框架与基本运行原则的结合，它包括三个基本要素：所有制关系、经济决策系统和资源配置方式。经济体制是一个内涵丰富的概念，它涵盖了社会基本经济制度（所有制关系）、经济运行机制（经济决策系统、资源配置方式）及两者之间的结合。

社会主义经济体制自诞生之日起，其所有制结构就是以公有制为主体的。这是由社会主义宪法制度所决定的，是其质的规定性。改革开放以来，中国的经济运行机制正经历着从决策集权化、以计划配置资源的模式，向决策分散化、以市场配置资源的模式的转换，这说明社会主义基本经济制度是可以与不同的经济决策系统、资源配置方式相结合的，社会主义经济体制正由社会主义计划经济体制向社会主义市场经济体制转变。

从实践上看，传统计划经济体制向市场经济体制的转轨可以选择不同的方式，一种是大爆炸式的激进式改革，另一种是自上而下的渐进式改革。20 世纪 90 年代，以苏联及东欧国家为代表的国家选择了大爆炸式的激进式改革。西方主流经济学认为，大爆炸式的激进式改革是向市场经济过渡的最佳选择。然而在实践中，这种改革方式产生了一系列经济与社会问题，致使俄罗斯等国的国民经济陷入衰退，社会出现剧烈动荡。据报道，1990～1998 年，俄罗斯的国内生产总值下降 57%，通货膨胀率累计是 2000 倍。20 世纪 90 年代的 10 年成了俄罗斯“失去的 10 年”。

党的十一届三中全会后，我国实行了改革开放政策，逐步在原有的经济体制中引入市场机制。我国的经济体制改革是有秩序、有步骤、循序渐进地进行的，较好地处理了改革、发展与稳定之间的关系，在稳定与发展中积极推进计划经济向市场经济体制的过渡，形成了正确的改革路径。循序渐进是中国改革取得成功的宝贵经验。我国的渐进式改革，在发展速度上表现为有序分步推进，在结构布局上表现为先易后难的局部增量改革。渐进式改革有效分散了风险，减小了阻力，降低了改革成本。持续 30 余年的经济增长、综合国力的大幅提高以及民众生活水平的明显改善，都显示渐进式改革取得了显著成效。这样一种渐进式改革既不是对原来经济体制的细枝末节的修补，也不是对社会主义制度的否定。改革是一场新的革命，是要从根本上改变束缚我国生产力发展的传统经济体制，建立充满生机的社会主义市场经济体制，实现中国经济及社会的现代化和社会主义制度的自我完善。

从改革与开放的关系来看，“改革”是在社会主义制度的基础上、在工业化的背景下进行的市场化改革，是对传统的制约经济发展的经济体制进行变革，以期建立一种既能发挥社会主义制度优越性，又能保持经济活动高效率的经济体制。“开放”则是国家改变闭关锁国的状态，顺应生产力不断发展、国际分工不断深化的客观现实，积极主动地扩大对外经济交往，在更广阔的范围内实现资源配置的优化，加快经济发展。严格地讲，“开放”也是“改革”的组成部分，是“改革”的对外延伸。只有实行改革才能改弦易辙，从而推动对外开放的进行；而对外开放由于是向以市场机制为基础的世界市场开放，又必然会促进国内市场因素的生长，进而推动本国市场化改革的加速进行。党的十一届三中全会后，我国长期实行的是“以改革促开放，以内促外”，而在加入世界贸易组织后，随着经济发展逐步与世界经济全面接轨，又开始走向“以开放促改革，以外促内”，通过以“入世”为主旨的对外开放来“倒逼”改革，促进经济体制改革的进一步深化。

对外贸易本身的特性，导致“改革”与“开放”的合力对中国对外贸易体制的牵引力，可能比对其他领域的牵引力更强一些，对外贸易体制改革成为中国的“改革”与“开放”的交会点。中国的对外贸易体制改革从来不是孤立进行的，它与中国整个经济体制的改革密不可分。经济体制改革的目标取向，决定了对外贸易体制改革的方向、目标、基本原则和内容。对外贸易体制改革作为经济体制改革的一部分，必须置于经济体制改革的总体框架下，而经济体制改革正是通过包括对外贸易体制改革在内的一系列具体部门的变革与相互协调来实现的。没有经济体制的转轨就没有对外贸易体制改革的必要，也就没有对外贸易体制改革的空间。同理，如果没有对外贸易体制的成功变革，也就不可能实现完全意义上的经济体制转轨，二者是整体与局部的关系。中国对外贸易体制改革的实践充分表明，这种体制改革与整个国家的经济体制改革紧密相连、息息相关。

二、对外贸易体制改革的探索

党的十一届三中全会后，在改革开放总方针的指导下，我国开始了经济体制改革的新篇章。1979～1993 年，针对原有体制的弊端，我国进行了一系列的对外贸易体制改革。这一时期，我国对外贸易体制的改革过程可以分为三个阶段。

1. 1979～1987 年的对外贸易体制改革

在党中央和国务院的直接领导和部署下，我国在进行其他领域经济体制改革的同时，也逐步进行了对外贸易体制改革。1979～1987 年，我国对外贸易体制进行了探索性的改革。

1）下放对外贸易经营权，打破独家垄断的局面

这一时期，全国按行业和按地区成立了一批工贸公司和对外贸易公司。国务

院有关部委经批准成立了一批进出口公司（工贸公司），如中国机械设备进出口总公司、中国航空技术进出口公司、中国北方工业公司等，将原来由对外贸易部所属专业进出口公司经营的机械进出口商品，分散到有关部委所属的进出口公司经营；还成立了如中国国际信托投资公司、光大实业公司等一些综合性贸易公司，其经营范围较广，除系统内的进出口业务外，还兼营某些商品和代理国内单位的进出口业务。此外，科技、教育、文化、卫生、体育等部门以及有关学会、协会、团体等，也成立了经营某些类别商品进出口业务的公司和从事对外广告、展览、咨询等服务性业务的公司。

外贸专业总公司也逐步下放经营权，扩大地方的外贸经营权，实行总公司与地方分公司的脱离，陆续批准一些大中型生产企业经营本企业产品的出口业务和生产所需的进口业务。此外，中外合资经营、中外合作经营、外商独资经营的生产企业，也拥有本企业生产产品出口和有关原材料进口的自营进出口经营权，从而打破了对外贸易领域单一公有制的所有制结构。

改革开放前，中国的对外贸易业务基本上集中在十几家专业总公司手里。到了 1987 年，全国已设有各类外贸公司 2200 多家，使我国对外贸易长期高度垄断的局面发生了根本性的改变，行业集中度大大降低（表 4-1）。

表 4-1　十大对外贸易公司在中国进出口贸易中的比重

年份	出口/%	进口/%	年份	出口/%	进口/%
1981	81.3	76.6	1987	64.3	30.3
1982	78.5	71.5	1988	21.8	19.1
1983	77.9	60.6	1989	20.2	17.8
1984	74.0	51.0	1990	19.3	14.7
1985	76.7	42.3	1991	21.6	9.8
1986	65.7	37.6	1992	16.9	10.0

注：十大对外贸易公司为中国机械进出口总公司、中国五金矿产进出口总公司、中国化工进出口总公司、中国技术进出口总公司、中国粮油食品进出口总公司、中国纺织品进出口总公司、中国土产畜产进出口总公司、中国轻工业品进出口总公司、中国工艺品进出口总公司、中国仪器进出口总公司

资料来源：林桂军．1997．人民币汇率问题研究．北京：对外经济贸易大学出版社

2）下放出口商品经营权

为适应对外贸易事业发展的需要，扩大地方经营权，确定对出口商品实行分级管理、分类经营。中央管理的一类出口商品，由外贸部所属各专业外贸公司经营，对各地区、各部门交叉经营；对中国商品进口有配额或限额限制的二类出口商品，在外贸专业总公司的组织协调下分别由各省区市自行对外成交，出口任务归各地区；尚不能自营出口的省区市仍维持原来的调拨办法；地方管理的三类出口商品，凡是有条件的地区，由省区市经营出口。

3）开展工贸结合的试点

针对长期以来工贸隔离、产销脱节造成的一系列问题，我国开展了多种形式的工贸结合试点。工贸结合就是工业企业和外贸企业的结合，由双方共同投资，共同派人，联合组建，共同经营；双方在进出口方面密切配合，互相协作，合理分工，各有侧重，充分发挥工贸双方各自的优势。

外贸公司与工业公司专业对口，实行“四联合、两公开”，即联合办公、联合安排生产、联合对外洽谈、联合派小组出国考察；外贸出口商品价格对工业部门公开、工业生产成本对外贸部门公开。这是工贸结合的初级形式，最初由上海提出。还成立了一批工贸联合公司，其中既有全国性的，如1982年5月成立的中国船舶工业公司等；也有地方性的，如1982年4月成立的青岛纺织品联合进出口公司等。

4）建立海外贸易机构，走出去做生意

为大力组织商品对外销售，国家鼓励外贸专业公司积极走出去做生意，并在国外主要市场设立常驻贸易机构。如在日本东京、英国伦敦等地设立中国进出口公司代表处，在美国纽约、阿联酋迪拜设立贸易中心等。此外，我国还在海外设立了各类贸易公司，主要开展对外推销、进口订货、市场调研、建立与客户的联系等工作。

5）实行政企分开

实行政企分开，其目的是要强化政府部门的宏观管理职能，使政府部门从企业的日常经营活动中脱离出来，着重抓好领导、统筹、协调、服务、监督、制定政策、规划等工作。1982年重新组建的外经贸部，是代表政府统一领导、归口管理全国对外贸易工作和各类外贸企业的主管机关，充分行使国家管理对外贸易工作的职能，做到既发挥各方面的积极性，又联合统一对外，有效地运用行政手段、法律手段和经济手段，促进对外贸易的发展。

实行政企分开后，外经贸部和省、市、自治区对外经济贸易厅（委）专司对外经济贸易的行政管理，并重新设立各口岸的特派员办事处，逐步实现对设立对外贸易企业的管理，重新恢复对部分进出口商品的许可证制度，实行配额管理，对出口商品商标的协调管理，以及进一步加强对海关、商检、外汇的管理。外贸工作实行政企分开后，行政管理的加强，使企业的经营活动更加符合宏观的要求，同时企业的活力也大大增加，更有利于对外贸易的持续稳定发展。

6）简化外贸计划内容

随着对外贸易经营权下放，规定凡经批准经营进出口业务的单位和企业，都要承担国家出口计划任务，改变外贸计划全部由外贸专业总公司承担的局面。自1984年起，部分中心城市的外贸计划单列在国家计划中，视同省一级单位，享有省级对外贸易管理权限。自1985年起，外经贸部不再编制、下达外贸收购计划和调拨计划，缩小指令性计划范围，扩大指导性计划范围，开始注重发挥市场调节的作用。

7）改革外贸财务体制

改革传统的外贸财务体制，使企业在财务上与其主管部门脱钩。国务院批转了财政部关于试行企业基金的规定，把企业提取基金与企业对国家的贡献大小、经营好坏直接挂钩，促进企业提高经济效益。1984～1986年实行了核定出口成本、增盈分成、减盈自理的办法，增盈基金60%用于企业，40%用于职工福利和奖金。自1987年起改为实行出口奖励的办法。出口奖励金的提取，对企业扩大出口、提高经济效益起到了积极的作用。

8）外贸专业公司试行出口承包经营责任制

1987年，外经贸部对所属外贸专业总公司实行出口承包经营责任制。承包内容是对出口总额、出口商品换汇成本、出口盈亏总额等三项指标，实行超亏不补、减亏留用、增盈对半分成，并按三项指标完成情况兑现出口奖励。

上述对外贸易体制的探索性改革，取得了一定的成效，主要包括：改变了对外贸易由外贸部门独家经营的局面，扩大了经营渠道，调动了各地方、各部门发展外贸的积极性；探索了一些工贸结合、产销挂钩的途径，使生产和贸易两方面的优势得以结合，更好地引进技术，促进产品升级换代，提高质量，扩大出口；缩小了外贸指令性计划的范围，扩大了指导计划的范围；改革了外贸财务体制，注重发挥市场调节的作用，从而改变了统得过死的状况，增强了外贸企业自主经营的活力，使其能积极主动地参与国际市场竞争。

然而从整体上看，在经过上述探索性改革后，我国对外贸易体制中一些带有根本性的问题仍未解决，改革还未取得突破性进展，主要表现在：尚未彻底改变实行了几十年的统收统支财务体制；政企形式上虽已分离，但职责还有待厘清；外贸公司尚未真正实行企业化管理，缺乏有效的措施和自我约束机制，造成各类外贸企业间的盲目竞争；宏观管理仍以直接控制为主，经济调控体系还很薄弱；工（农、技）贸结合的问题在体制上也尚未真正得以解决。

2. 1988～1990年的对外贸易体制改革

1988～1990年的对外贸易体制改革是一个整体推进的阶段，其基本内容和主要措施包括以下几个方面。

（1）全面推行对外贸易承包经营责任制。这一阶段的中心任务是全面推行对外贸易承包经营责任制。对外贸易承包经营责任制是指各省、自治区、直辖市、计划单列市的人民政府、各外贸专业总公司、各工贸总公司三个渠道，分别向中央承包出口收汇、上缴外汇额度和经济效益指标，承包指标一定三年不变；各外贸专业总公司和部分工贸总公司的地方分支机构与总公司财务脱钩，同时与地方财政挂钩，把承包落实到外贸经营企业和出口生产企业，盈亏由各承包单位自负；完成承包指标以内的外汇收入，大部分上缴国家，小部分留给地方和企业，其留成比例根据地区不同而有所差别；超过承包指标的外汇收入，一般商品的外汇小部分上缴国家，大部分留给地方和企业，其留成比例基本上等同，以利于外贸企业间的平等竞争，机电产品的外汇则实行全额留成。为落实对外贸易承包经营责任制，使地方和企业有能力承包经济效益指标，国家还推出了一系列的配套措施，包括放宽外汇管制，允许地方、部门和企业按国家规定自主支配和使用分得的留成外汇，建立一批外汇调剂市场；实行彻底的出口退税政策，增强出口产品的竞争能力和企业的赢利能力；中央政府部门下放部分权力，并加强宏观调控机制，为出口企业自主经营创造条件等。

（2）对轻工业品、工艺品、服装行业的外贸企业，实行自负盈亏的试点改革。三个行业的外贸出口收汇，大部分留成给外贸企业、生产企业和地方，小部分上缴国家，外贸企业实行完全的自负盈亏。

（3）深化改革对外贸易机构。外经贸部按照转变职能、下放权力、调整机构、精简人员的原则，对机构进行适当调整，加强宏观管理机构的管理，减少微观管理机构。各外贸专业总公司在各地方的分支公司，大部分与总公司脱钩，下放地方作为独立的经济法人。外贸专业总公司逐步转变职能，由管理型转变为经营型，实行企业化经营，朝着综合型、集团型、多功能、国际化企业的方向发展，集中更多精力开拓国际市场，为扩大进出口贸易服务。

（4）深化改革进口经营体制。对于少数关系国计民生的、大宗的、敏感性的重要进口商品，由国家指定的外贸总公司及其直属的分公司统一经营；对于少数国际市场集中、价格敏感的大宗进口商品，由有该类商品进口经营权的各类外贸公司联合成交；其他绝大部分进口商品，由各类外贸公司放开经营。无论哪一类进口商品，凡实行进口许可证管理的，均按进口许可证管理额度执行。同时，加速推行进口代理制，即由外贸企业提供各种服务，代理订货部门办理进口业务，外贸企业收取手续费，盈亏则由进口商品的用户自负。

（5）深化改革出口经营体制。对于少数关系国计民生的、大宗的、资源性的重要出口商品，实行指令性计划，由国家指定的一家或几家外贸公司统一经营；对于少数国际市场容量有限、有配额限制、市场竞争激烈的比较重要的出口商品，实行指导性计划，由部分有该类商品经营权的各类外贸公司放开经营。无论哪一类出口商品，凡实行出口配额和出口许可证管理的，均按出口配额和出口管理制度执行。同时，进一步加强工贸结合，推行出口代理制，即由外贸企业提供各种服务，代理生产部门办理出口业务，外贸企业收取手续费，盈亏则由出口商品生产企业自负。

（6）深化改革对外贸易管理体制。对外贸易行政管理实行归口管理和分级管理的原则。外经贸部根据国务院授权，行使全国外贸行政归口管理的职能，各地方外经贸厅（委、局）行使本地方的外贸行政归口管理的职能。外经贸部逐步转变职能，在对外贸易管理方面由直接控制为主转向以间接控制为主，综合运用法律手段、经济手段及必要的行政手段，调节市场关系，引导企业行为，以集中更多的精力对对外贸易实行宏观管理。

(7) 设立进出口商品行业协会。从 1988 年起，经外经贸部批准，先后成立了食品土畜、纺织服装、轻工工艺、五矿化工、机电、医疗保健品等六个进出口商会及若干个商品分会，以加强外贸企业间的协调服务工作。

1988～1990 年以外贸承包经营责任制为主要特征的改革，初步改变了责权利三者分离的状况，进一步发挥了各级地方政府与各部门支持并推动对外贸易发展的积极作用，调动了各类外贸企业和出口生产企业扩大出口的积极性，对于促进外贸企业内部机制的改善，增强企业经营活动，扩大进出口贸易特别是促进出口贸易的发展，以及改善进出口商品结构，均发挥了积极的作用。总的来说该阶段的改革是成功的。

然而，外贸承包经营责任制只是一种过渡性制度安排，仍然存在着一些不尽完善甚至缺陷之处。比如，除轻工业品、工艺品、服装三个行业的企业外，外贸企业还没有建立完全的自负盈亏机制；同时，各地、各类外贸企业在不同程度上出现了外贸经营秩序混乱等问题；由于在外汇留成等政策上的差异，特区企业也对内地企业构成了不平等竞争。此外，承包期一定三年不变，承包企业在遇到重大环境变化时，往往难以完成承包任务。这些都要求中国对外贸易体制必须进一步改革。

3. 1991～1993 年的对外贸易体制改革

1990 年 12 月 9 日，国务院发布《国务院关于进一步改革和完善对外贸易体制若干问题的决定》，决定进一步深化外贸体制改革，以加快改革开放的总进程。其中心内容是完善对外贸易承包经营责任制，从实行外贸企业自负盈亏机制入手，在已调整人民币汇率的基础上，使对外贸易逐步走上统一政策、平等竞争、自主经营、自负盈亏、工贸结合、推行代理制的良性发展轨道。该阶段的改革举措主要包括以下几个方面。

(1) 取消出口贸易的财政补贴，建立自负盈亏机制。在改革试点的基础上，全面实行外贸企业出口自负盈亏的改革，取消国家对外贸出口的财政补贴，对出口总额、出口收汇和上缴中央外汇额度仍维持承包制，但改为一年一核承包指标。外贸企业只有在自主经营、自负盈亏的前提下，才能建立和完善自我发展、自我约束的经营机制，才能在激烈的国际市场竞争中，既有改善经营管理的压力，又有增强自我发展的动力和能力。

(2) 改变外汇留成比例，加强出口收汇管理。改变外汇留成办法，将以往按地区实行不同比例留成，改为按大类商品实行统一比例留成，目的在于消除地区间的不平等竞争，推动市场秩序向良性化方向发展。新的外汇留成办法的实行，增加了企业支配、使用的外汇，有利于保持适度的进口增长，为外国商品进入中国市场提供更多的机会。为保证国家收汇和防止逃汇、套汇，外汇管理部门和结汇银行实行跟踪结汇，加强了对出口收汇的管理。

（3）保持政策的连续性和稳定性。在总结和完善外贸承包经营责任制的基础上，推行新一轮承包，保持政策的连续性和稳定性，有利于实现对外贸易体制的长期改革目标。

推行外贸承包经营责任制并非改革的最终目标，但本次改革使我国对外贸易体制更加适应社会主义市场经济发展的要求。外贸企业实行自负盈亏，有利于使出口贸易发展摆脱国家财政状况的制约，企业自主经营有利于出口贸易发展的长远规划，从而更便于参与国际分工和交换，也更加适应国际贸易规范的要求。这对于中国对外贸易的长期稳定发展，有着重要的意义。

三、对外贸易体制改革的深化

1992年10月党的十四大报告，确立了我国经济体制改革的目标是建立社会主义市场经济体制，报告同时指出："深化外贸体制改革，尽快建立适应社会主义市场经济发展的、符合国际贸易规范的新型外贸体制。"这为我国深化外贸体制改革指明了方向，确立了最终目标。"八五"计划期间和"九五"计划期间，我国对外贸易体制改革主要从以下三个方面进行。

1. 深化外贸管理体制改革

转变政府职能，精简机构，进一步改革对外贸易行政管理职能，做到主要运用法律、经济手段，同时辅以必要的行政手段，来调节对外贸易的宏观管理，弱化微观管理。

1）强化经济调控手段

（1）改革汇率制度，取消外贸承包经营责任制。自1994年1月1日起，我国对外汇体制进行了根本性的改革，取消汇率双轨制，实现双重汇率并轨，实行以市场供求为基础的、单一的、有管理的人民币浮动汇率制度，建立银行间外汇市场，改进汇率形成机制，保持合理的、相对稳定的人民币汇率。实行外汇收入结汇制，取消各类外汇留成、出口企业外汇上缴和额度管理制度；实行银行售汇制，实行人民币经常项目下的有条件可兑换（1996年12月1日，我国又宣布接受国际货币基金组织协定第八条款规定的义务，实现人民币经常项目下的完全可兑换）。汇率并轨后，建立在外汇额度基础上的出口自负盈亏承包经营责任制也就不再存在了。此次汇率制度改革，比以往的改革更为彻底和全面，不仅汇率形成机制发生了重大变化，而且实行银行结售汇制，取消外汇留成和上缴，有利于企业间平等竞争，提高竞争力，促进出口发展，同时企业用汇条件也得以改善。

这项改革成为1994年外贸体制改革的突破口，同时也成为1994年金融体制改革乃至整个经济体制改革的重要组成部分。

（2）进一步降低进口关税水平，取消部分进口减免税。为适应加入世界贸易组织的需要，改善中国市场的准入条件，按照世界贸易组织对发展中国家的要求，逐步降低进口关税水平，使关税成为调节对外贸易的主要手段。1996年4月1日，在调低关税水平至23%的同时，取消了五项不平等的进口减免税，以利于地区、行业、企业间的平等竞争。这是中国在调整进口税收体制、使名义关税与实际关税接近方面前进的一大步，有利于中国经济体制与国际通行规则的接轨。

（3）改革所得税制。1994年，我国财税体制实行全面改革，由包干制改为分税制，对国有外贸企业的税制实行统一上缴所得税33%。中央外贸企业上缴的所得税，全部补充国家进出口银行信贷基金。在解决过去应缴税款基础上，地方外贸企业上缴的所得税作为外贸发展基金储备。这项改革同样有助于创造平等竞争条件，有利于对外贸易的发展。

（4）进一步完善出口退税制度。对出口商品实行退税，是国际贸易中的通行做法，也是公平竞争和发展出口贸易的要求。我国自1985年开始实行出口退税政策。1994年实行分税制后，出口退税全部由中央财政承担，以保证全面贯彻出口退税制度，促进出口贸易发展。1995～1999年，中央政府根据财力和发展出口贸易的需要，在实施出口退税政策过程中不断对其进行调整，加以完善。

（5）实行有利于出口的信贷政策。1994年继续执行有利于出口的信贷政策，银行对各类外贸企业贷款优先安排，贷款规模的增长与出口增长保持同步。1994年7月，中国进出口银行正式开业，对出口贸易办理信用保险业务，对资本货物出口提供信贷支持。这不仅有利于企业调整和优化出口商品结构，保持在原有市场的竞争优势，而且在开拓新市场方面也发挥了积极的推动作用。

2）加强立法手段，完善外贸立法

1994年7月1日开始施行的《中华人民共和国对外贸易法》（以下简称《对外贸易法》），结束了中国对外贸易领域长期没有国家对外贸易基本法的历史，标志着中国对外贸易发展开始步入法制化轨道，保证对外贸易在社会主义市场经济体制下有序运行。中国谋求加入世界贸易组织，意味着需要建立在遵守世界贸易组织规则法制基础上的对外贸易管理体制。以《对外贸易法》为核心，出台有关外贸、外资、外经等一系列相应的法律、法规，将在社会主义市场经济体制下建立起一个健全与完善的、并与国际贸易法律制度相适应的对外贸易法律体系。截至2001年年底，我国已基本上完成了国家涉外经济法律、法规、规章的清理和修订工作，并加紧制定《对外贸易法》的配套法规。地方涉外经济法规、规章的清理工作，也相应抓紧进行。

3）改革行政手段

（1）放宽企业经营外贸审批标准。“九五”计划期间，外贸经营管理体制改革步伐加快，对国有大中型生产企业、商业企业与科研院所开始实行进出口经营权登记制。同时，允许非公有制成分进入外贸领域，实现外贸经营主体多元化。1996 年 9 月，外经贸部发布《关于设立中外合资对外贸易公司试点暂行办法》，允许外国企业与中国的公司、企业在上海浦东新区和深圳特区试办中外合资外贸公司。自此，外商不仅在生产领域，而且可在外贸流通领域进行合资、合作经营。1998 年 10 月，外经贸部发布《关于赋予私营生产企业和科研院所自营进出口权的暂行规定》，决定从 1999 年 1 月 1 日起，允许具备条件的民营企业申请获得进出口经营权。

（2）逐步放开商品经营的范围。如两纱两布（棉纱、棉涤纶纱；棉坯布、棉涤纱坯布）、蚕丝、坯绸、茶叶等商品，可由更多企业经营。在放开经营的同时，加强了对大宗和重要敏感商品的出口管理，如大米、玉米、钨产品、石蜡等大宗敏感资源型商品的出口。

（3）改革进出口商品管理体制。对关系国计民生的、属于战略性资源的、国际市场垄断性强的或在国际市场上处于主导地位的特别重要的少数商品，组建联合公司统一或联合经营，其他商品放开经营。对少数实行数量限制的进出口商品的配额与许可证管理，按照效益、公开、公正和公平竞争的原则，实施配额招标、拍卖或规范化分配。

2. 深化外贸经营体制改革

国有企业改革是我国经济体制改革的中心环节，建立现代企业制度是我国国有企业改革的方向。现代企业制度要求“产权清晰、权责明确、政企分开、管理科学”，健全决策、执行和监督体系，使企业成为自主经营、自负盈亏、自我发展、自我约束的法人实体和市场竞争主体。

（1）建立现代企业制度。现代企业制度包含五大基本特征。一是产权关系明晰，企业中的国有资产所有权属于国家，企业拥有由包括国家在内的出资者投资形成的全部法人财产权，成为享有民事权利、承担民事责任的法人实体；二是企业以其全部法人财产，依法自主经营，自负盈亏，照章纳税，对出资者承担资产保值增值的责任；三是出资者按投入企业的资本额享有所有者的权益，即资产收益、重大决策和选择管理者等权利，当企业破产时，出资者仅以投入企业的资本额对企业债务承担有限责任；四是企业按照市场需求组织生产经营，以提高劳动生产率和经济效益为目标，政府不直接干预企业的生产经营活动，企业在市场竞争中优胜劣汰，长期亏损、资不抵债的企业应依法破产；五是建立科学的企业领导体制和组织管理制度，调节所有者、经营者和职工之间的关系，形成激励与约束相结合的经营机制。总之，对外贸易领域内的国有企业，要建立适应市场经济要求，产权清晰、权责明确、政企分开、管理科学的现代企业制度。

(2) 国有外贸企业逐步改组为规范化的公司。具备条件的国有外贸企业，应逐步改组为规范化的有限责任公司或股份有限公司，允许吸收法人股、职工内部少量持股。少数股份公司，经过严格审查批准后可以成为上市的股份有限公司。推动外贸企业、生产企业和科研院所在平等互利的基础上，通过投资、参股、联合开发生产、联合经营等方式，形成一批以外贸企业为龙头，贸工技一体化的类似国际上综合商社式的企业集团，或是以制造业企业为龙头，工贸一体化的类似国际上跨国公司式的企业集团。

(3) 转换国有外贸企业经营机制。国有外贸企业要由国家计划的执行者，转变为进出口贸易的自主经营者；由以出口创汇为主，转变为创汇与经济效益并重；由主要依靠廉价商品扩大市场，向以质取胜、提高商品附加值转变；由过度依赖少数市场，向市场多元化、全球化方向转变；由单一经营，向一业为主、多种经营方向转变；由传统的收购制，向服务型的代理制转变；由比较单一的贸易方式，向灵活多样的贸易方式转变，走实业化、集团化、国际化和规模经营的发展道路。

3. 深化外贸协调体制改革

(1) 充分发挥进出口商会在对外贸易经营活动中的协调、咨询、指导的服务功能。进出口商会是经政府部门批准，同行业企业根据行业发展需要，自己组织起来的自我管理、自我服务的组织。在社会主义市场经济条件下，进出口商会是对外贸易主管部门调控市场的中间层和衔接点，政府部门离开中介组织去直接管理市场主体，必然会回到计划经济的老路上去。同时，进出口商会作为行业中介组织，也必须加强自身改革与建设，及时为会员企业提供信息与咨询服务，充分维护行业经营秩序和会员企业的权益。

(2) 建立健全社会中介服务体系，发挥各研究咨询机构及各学会、协会的信息服务功能，形成全国信息网络。建立与完善对外贸易行业的法律、会计、审计事务所，为外贸企业提供相关专业服务，并对企业的经营活动进行社会监督。

第三节　加入世界贸易组织与对外贸易体制改革

成立于 1995 年 1 月 1 日的世界贸易组织，是独立于联合国的永久性国际组织。作为关税与贸易总协定（GATT，以下简称关贸总协定）的延续，世界贸易组织的实质，是通过多边贸易谈判，逐步减少关税和非关税壁垒，最终实现全球贸易的自由化，加强各国间的经济融合。与关贸总协定相比，世界贸易组织的管辖范围已经延伸到了服务贸易、知识产权和投资等领域，以更好地协调各国间的经贸联系和可能发生的贸易摩擦。但在世界贸易组织的决策体制上及立法活动中，大国操纵现象仍十分严重。世界贸易组织的所有规则，均是多边贸易谈判中主要谈判方协调的结果，其中既包含了长期贸易实践的经验总结，也夹杂了大国利益争夺与妥协的成分。但毋庸置疑，世界贸易组织是对现实国际贸易最具影响力的国际经济组织，中国的对外贸易也不能例外。

从 1986 年 7 月中国政府向关贸总协定提出关于恢复中国缔约国地位的申请起，经过 15 年的漫长谈判历程，中国于 2001 年 12 月 11 日正式成为世界贸易组织的第 143 个成员，实现了“入世”夙愿。使本国的经济贸易体制与世界贸易组织的多边体制相一致，是世界贸易组织成员的一项基本义务。经过 30 余年的改革开放，尤其是在加入世界贸易组织谈判的 15 年间，中国经济体制改革取得了重大突破，特别是市场取向改革目标的确立与逐步推进，已从根本上解决了中国经贸体制与世界贸易组织多边贸易体制的相容性问题。但在某些局部上，中国经贸体制仍存在与其不尽一致或不相适应的地方，需要按照世界贸易组织规则的要求以及我国国情，作进一步的规范和调整。

一、中国加入世界贸易组织的主要承诺

加入世界贸易组织，标志着中国经济体制改革进入新的历史阶段，同时也意味着中国经济体制改革的外部约束条件发生了重大变化。中国既要根据国内情况，又需要考虑世界贸易组织规则和经济全球化的发展态势，来制定与实施正确的改革开放战略。中国要由以往的“政策性”自主开放转变为适应世界贸易组织要求的“制度性”开放，经济体制、运行机制和经济法规要逐步符合世界贸易组织的一般性原则。

根据中国加入世界贸易组织谈判中所坚持的权利与义务平衡的原则，《中华人民共和国加入世界贸易组织议定书》中对中国“入世”后的权利与义务作了规定。中国对义务部分的承诺，成为对外贸易体制进一步改革的主要组成内容。

根据《中华人民共和国加入世界贸易组织议定书》，我国的承诺主要包括以下内容：

（1）遵守非歧视原则。非歧视原则是世界贸易组织的最基本原则，包括最惠国待遇原则和国民待遇原则。在加入世界贸易组织前，我国对与中国签订双边优惠协定的国家实施了双边最惠国待遇，因此，加入世界贸易组织法律文件中有关非歧视原则的问题，主要是指对进口产品的国民待遇问题。国民待遇原则要求进口货物在关税、国内税等方面所享受的待遇不低于国内同类产品。实行国民待遇实际上是要体现平等竞争的原则，这与我国改革开放和建立社会主义市场经济体制的目标是一致的。我国承诺在进口货物、关税、国内税等方面，给予外国产品的待遇不低于本国同类产品，并对仍在实施的与国民待遇原则不符的做法和政策进行必要的修改与调整。

（2）实施统一的贸易政策。中国承诺在整个国家关境内，包括民族自治区域、经济特区、沿海开放城市及经济技术开发区等，实施统一的贸易政策，维护公平、自由的对外贸易秩序。中国政府多次重申法律制度的统一性和严肃性。中国的《宪法》、《立法法》、《行政法规制定程序条例》和《规章制定程序条例》中，均明确规定了中央和地方的立法权限，规定地方性法规不得与宪法、法律和行政法规相抵触，全国人民代表大会常务委员会有权撤销与宪法、法律和行政法规相抵触的地方性法规、条例，国务院有权改变或撤销国务院各部门和地方政府制定、颁布的不适当的规章、决定和命令。中国加入世界贸易组织后，成员方的企业和个人对于中国贸易制度不统一实施的情况，特别是下位法违反上位法以及地方立法违反中央立法的情况，可以提请中国政府注意，有关情况将迅速反映给主管机关。若情况属实，主管机关将对此迅速予以处理，并将处理情况书面通知有关当事人。

（3）保持贸易政策透明度。透明度是世界贸易组织的又一项基本原则。根据该原则，中国承诺公布所有涉及经贸的法律、法规和部门规章，未经公布的不予执行。加入世界贸易组织后将设立"世界贸易组织咨询点"，在对外经贸法律、法规及其他措施实施前，提供草案并允许提出意见。咨询点将应世界贸易组织成员、中外企业及个人的要求，就中国所有有关或影响货物贸易、服务贸易，与贸易有关的知识产权或外汇管制的法律、法规及其他措施的信息提供咨询，答复应当完整，并代表中国政府的权威观点。同时也严格履行世界贸易组织关于透明度的要求和中国所作的承诺。其中，按照有关承诺，中国在颁布新的法律、法规之前，将提供一段合理的时间征求各方的意见，在相关法规正式颁布之后和实施之前，将留一段时间的过渡期，便于有关各界更好地了解和实施。

（4）逐步放开对外贸易经营权。根据议定书的规定，中国承诺在加入世界贸易组织后的三年内，取消对外贸易经营权的审批制，实行备案登记制。所有在中国的企业，经过登记后均可经营除国营贸易产品外的所有产品。这种贸易权仅指货物贸易的进出口权，不包括在中国国内市场销售的权利。不同产品的国内市场销售权的获得，取决于中国在服务贸易领域开放所作出的承诺。

（5）降低关税壁垒。中国承诺继续分步降低关税税率，到 2005 年，中国的关税税率将降到发展中国家的平均水平以下，平均关税税率则降至 10%左右。同时，将全面实施世界贸易组织《海关估价协议》，按照非歧视原则在全关境内实行公平、统一的关税税率。在关税税率逐步降低的基础上，分阶段地调整和清理减免税政策，完善纳税争议的申诉和复议制度，促进海关征税工作的规范、公正、透明、高效。

（6）逐步取消非关税措施。中国承诺按照世界贸易组织的规定，在 2005 年 1 月 1 日前取消对 400 多项产品实施的非关税措施（包括配额、许可证、机电产品特定招标)，并承诺今后除非符合世界贸易组织的规定，将不再增加或实施任何新的非关税措施。

(7) 不再实行出口补贴。中国承诺遵守世界贸易组织《补贴与反补贴措施协议》，取消协定禁止的出口补贴。对于协定允许的其他项目补贴，应通知各成员方，且提供的信息应尽可能详细。

(8) 实施《与贸易有关的投资措施协定》。中国承诺加入世界贸易组织后实施《与贸易有关的投资措施协定》，取消贸易和外汇平衡要求、当地含量要求、技术转让要求等与贸易有关的投资措施，承诺在法律、法规和部门规章中不强制规定出口实绩要求和技术转让要求，具体事项由投资双方通过谈判商定。

(9) 接受过渡性审议机制。中国加入世界贸易组织后 8 年内，世界贸易组织的有关委员会将对中国履行世界贸易组织义务和实施加入世界贸易组织谈判所做承诺的情况进行年度审议，在第 10 年完全终止审议。中方有权就其他成员履行义务的情况向委员会提出质疑，要求其他成员履行承诺。

(10) 接受特殊保障措施。鉴于中国并未被认为是完全的市场经济国家，在"入世"后的 12 年内，中国产品在出口至世界贸易组织其他成员的领土时，若增长的数量或所依据的条件对生产同类产品或直接竞争产品的其他世界贸易组织成员的生产者造成威胁或造成市场扰乱，可以仅对中国的产品采取保障措施（保障措施在正常情况下必须针对所有成员的产品)。受影响成员有权在防止和补救此种市场扰乱所必需的限度内，对该产品撤销减让或限制进口。同时，为防止其他成员滥用此类措施，文件也明确规定了采取此类措施所必须遵守的前提条件和中国可以采取的反措施。在出现问题时，双方应协商解决。在协商中，双方一致认为应采取必要行动时，中国应采取补救行动；若协商未果，该成员仅可在补救市场冲击所必需的范围内，对中国撤销减让或限制进口。

(11) 反倾销反补贴条款。某些世界贸易组织成员针对中国的倾销产品采取特殊的程序，该程序在中国"入世"后维持 15 年。在此 15 年内，在针对反倾销案计算可比价格时，如果中国企业能明确证明该产品是在市场经济条件下生产的，可以该产品的国内价格为依据，否则，将以替代价格作为可比价格。该措施同样适用于反补贴措施。作为世界上滥用反倾销的最大受害国之一，中国坚决反对滥用反倾销，反对实施贸易保护主义，并将积极参与世界贸易组织的新一轮多边贸易谈判，商谈关于世界贸易组织规则中有关反倾销的条款，争取完善反倾销的有关规定。

(12) 关于服务业开放与知识产权保护。服务业市场开放是中国加入世界贸易组织承诺的主要组成部分，中国对开放电信、银行、保险、证券、音像、分销等服务业部门的进程，在议定书中分别作出了具体承诺。中国加入世界贸易组织后，也要遵守世界贸易组织有关知识产权的协议。知识产权扩大保护范围后（如扩大到对化工产品、药品、食品、计算机软件等)，中国有关企业必须支付专利许可证费用，以合法地获得西方发达国家的专利。中国政府也要禁止任何有损国家和企业名誉的侵权行为，依法严肃处理侵犯国外知识产权的行为。

二、中国加入世界贸易组织以来履行承诺情况

加入世界贸易组织以来，中国在实践中成功地走出了一条具有中国特色的“以开放促改革、促发展”的应对之路。积极融入世界的中国，在经过30余年的经济体制改革后，为人们见证了从“改革开放”到“开放改革”的良性循环。在“入世”之前，中国一直坚持了20多年的“改革开放”，在“入世”以后，开始走向“以开放促改革”、“以外促内”的重大转折。中国是一个负责任的大国，一诺千金，有诺必践。在“入世”近9年后的2010年7月，商务部新闻发言人宣布，截至2010年，中国加入世界贸易组织的承诺已经全部履行完毕，建立起符合规则要求的经济贸易体制，成为全球最开放的市场之一。对于“入世”承诺的履行，为中国的开放改革提供了重要动力，经济与社会发展也随之上升到了一个新台阶。

1. 货物贸易——市场开放水平大幅度提高

关税与非关税措施是衡量一个国家市场开放度的主要标志。加入世界贸易组织以来，我国数次对关税进行了大幅度的削减。按照承诺，中国的平均关税水平已由“入世”前的15.3%，降低到了2010年的9.8%，远远低于发展中国家46.6%的平均关税水平①。其中，工业品平均关税从14.8%降到了8.9%；农产品从平均23.2%降到了15.2%。在农产品中，较为典型的如牛肉关税从31.8%降到12%，苹果关税从22%降到10%，土豆关税从24%降到15%。中国农产品关税削减远远高于发达国家或地区平均36%和发展中国家或地区平均24%的水平。目前，中国农产品15.2%的平均关税水平已经远远低于世界农产品平均关税62%的水平，成为世界上农产品关税平均水平最低的国家之一。在工业品中，较为典型的如汽车整车关税从69.2%降到25%，汽车零部件关税从22.9%降到10.4%，纸张关税从17.2%降到6.7%。此外，自2003年起，中国参加了《信息技术协定》，将协定中产品的关税于2005年前全部降至零。对于绝大多数产品而言，到2005年1月1日，中国绝大多数的关税削减承诺已执行完毕。

在非关税壁垒方面，根据“入世”议定书附件3中承诺取消的进口配额、进口许可证和特定招标等424个税号产品的进口非关税措施，已按承诺于2005年1月1日全部取消完毕。2003年9月27日，商务部与国家发展和改革委员会联合

① 携手合作，互利共赢，推动进口持续发展——商务部国际贸易谈判副代表崇泉在2010中国进口论坛上的演讲，商务部网站（http：//www.mofcom.gov.cn)，2010-09-07

发布《农产品进口关税配额管理暂行办法》，对粮、棉、油、糖、羊毛、化肥等大宗商品的进口，建立了公开、透明的关税配额管理体制。2006年，中国部分重点农产品的进口关税配额数量已经达到最高点，如小麦为963.6万吨，玉米为720万吨，食糖为194.5万吨，棉花为89.4万吨（表4-2）。目前，除小麦仍保持90%的国营贸易比例外，其他农产品的国营贸易比例已逐步缩小。2005年，中国取消羊毛和毛条的进口指定经营制度。2006年，取消对植物油的关税配额管理，实行9%的单一关税管理。2006年，中国实行进口许可证管理的商品为三种，全年实行关税配额、进口许可证和国营贸易管理的商品进口额为918.3亿美元，仅占进口贸易总额的11.6%。进入2011年，实行进口许可证管理的货物仅为消耗臭氧层物质和重点旧机电产品这两种。

表4-2　2006年中国部分重点农产品关税配额数量

	配额/万吨	配额内税率/%	国营贸易比例/%	非国营贸易比例/%	配额外税率/%
小麦	963.6	1	90	10	65
玉米	720	1～10	60	40	65
大米	532	1～9	50	50	65
食糖	194.5	15	70	30	50
棉花	89.4	1	33	67	40
羊毛	28.7	1			38

资料来源：陈泰峰.2008.中国对外开放新进展：基于WTO承诺履行的视角分析.国际经济合作，5：37

对外贸易经营权的彻底放开，是我国履行“入世”承诺中极为重要的一步。根据2004年4月修订的《对外贸易法》，中国自2004年7月1日起，取消了已实行半个世纪的外贸经营权审批制，对外贸经营者开始实行备案登记制，这标志着中国提前半年兑现了有关放开外贸经营权的承诺。

2. 服务贸易——按照承诺时间表渐次开放

在加入世界贸易组织时，中国对服务贸易开放作了广泛而深入的承诺。“入世”以来，中国相继颁布了40多个开放服务贸易领域的法规和规章，涵盖金融、分销、物流、旅游、建筑等几十个领域，基本完善了服务贸易对外开放的法律体系。这些法规和规章从政策上拓展了外国服务者进入中国内地的产业领域和地域范围，降低了有关行业的准入门槛。中国还在银行、保险、旅游等领域，提前履行了有关承诺，从而形成了服务业全面开放的格局，为外国服务提供者提供了宽阔的市场准入机会。

2005年2月17日，国家旅游局和商务部联合发布《对〈设立外商控股、外商独资旅行社暂行规定〉的修订》，将外资旅行社注册资本降低为不少于250万元人民币，取消外资旅行社设立的地域限制，提前一年多兑现了允许外资设立控股旅行社的承诺，提前三年兑现了允许外资设立独资旅行社的承诺。2006 年 12 月 11 日，《中华人民共和国外资银行管理条例》正式实施，在履行“入世”承诺的基础上，取消了对外资银行的一切非审慎性市场准入限制，对外资银行实行国民待遇。这在法律上保障了外资银行法人机构在中国设立机构、经营业务充分享有国民待遇，体现了法人导向原则。2007 年 12 月 1 日，新修订的《外商投资产业指导目录》施行，这是中国新时期吸收外商投资的重要导向性政策，是指导外商投资项目核准工作和外商投资企业适用有关政策的主要依据。该目录在内容上进一步扩大和提高了中国服务业对外开放的领域和水平。2008 年 1 月 1 日，新修订的《外资参股证券公司设立规则》正式实施，外资参股国内证券公司条件放宽，参股渠道更加多样，监管机制更为适当。至此，中国证券业已完全履行了加入世界贸易组织的各项承诺。2009 年，商务部又下发通知，将部分服务业外商投资企业审核管理权限下放到省级商务主管部门和国家级经济技术开发区。

目前，在按 WTO 规则分类的 160 多个服务贸易部门中，中国已开放了 100 个，占 62.5%，已接近发达成员平均水平并远高于发展中成员平均水平。中国已承诺将进一步开放 11 个服务贸易部门。2009 年，全国服务业新设立外商投资企业 11 461 家，实际利用外资金额 378.66 亿美元，占同期全国利用外资总量的 42.06%。服务业吸收外资主要集中于分销服务业、运输服务业、计算机应用服务业、电力、煤气及水的生产和供应业、旅游和与旅游相关的服务业等行业。其中分销服务业，电力、煤气及水的生产和供应业在 2008 年大幅增长的基础上，继续保持增长，增长率分别为 28.83% 和 24.53%，在服务业利用外资总量中的比重分别由 2008 年的 9.29%、4.45%，上升至 12.1% 和 5.9%。2009 年，我国房地产业实际利用外资金额为 167.96 亿美元，占服务业利用外资总量的 44.4%。此外，在 2009 年全国批准的 863 个外资并购案中，服务业外资并购案为 555 个，占并购总数的 64.3%，实际利用外资 16.2 亿美元，占并购总额的 75.1%。其中，燃气生产和供应业并购实际利用外资 2.5 亿美元，同比增长 828.6%。作为“商业存在”的外资进入对于促进中国服务业的发展，发挥了积极的作用。

3. 法律体系——政策透明度大大提高

在“入世”前，中国已相应进行了大量的法律、法规的清理与修订工作。2001 年 12 月加入世界贸易组织以来，为建立符合世界贸易组织要求的法律体系，中国累计清理了 3000 多部法律、法规和规章，对贸易体制和政策进行了全面调整，使中国的对外经贸体系与世界贸易组织规则及“入世”承诺相一致，中国的贸易体制和环境更加稳定，更具可预见性。中国按照承诺，设立了“中国政府世界贸易组织通报咨询局”提供有关中国贸易政策的信息，并根据世界贸易组织各个具体协定的要求，履行通报中国贸易政策和措施的义务。至 2010 年，中国已先后3次接受了世界贸易组织的贸易政策审议，回答了60多个成员提出的近3700个问题。此外，公众还可以通过《中国对外经济贸易文告》获悉与贸易有关的法律、法规和规章。

透明度和司法审查等先进的法律理念不仅渗透在对外贸易法律制度建设领域，还逐步融入中国的其他立法实践和执法实践，从而在保障私法权利和制约政府权力的行使方面发挥独特的作用，推动和保障中国完成与世界贸易组织全方位的对接。“入世”以来，我国新制定的《立法法》、《行政法规制定程序条例》等法律法规，使立法公开进一步制度化、规范化，成为立法活动必须遵循的基本原则。2003年制定的《行政许可法》，对政府行为的透明度提出了更严格、更具体的要求。此外，为维护法制统一，保障政令畅通，国务院发布了《关于开展清理限制非公有制经济发展规定工作的通知》。到2006年年底，全国23个省、33个国务院部门共审核地方性法规、规章、规范性文件115.9多万件，已修改384件，废止3154件。2011年1月，在对截至2009年年底现行的691件行政法规进行全面清理的基础上，国务院发布《国务院关于废止和修改部分行政法规的决定》，决定废止行政法规7件，修改行政法规107件中的172个条款，因为其与经济社会发展和改革深化的要求已明显不相适应，或与新制定或修改的法律不尽一致、不够协调。

中国还建立了确保法律制度在全国范围内统一实施的工作机制，任何企业和个人在认为法律、法规、规章和其他政策措施之间存在不统一的情况时，都可以向国务院法制办提出审议的建议。“听证”正在成为中国现代公共生活的关键词，听证制度为社会各界了解乃至参与政府的公共决策，提高公共决策的民主性和科学性，促进政府转变职能，提供了具有可操作性的新平台。2008年5月1日，《政府信息公开条例》开始施行，进一步保证了政府部门遵循公正、公平、便民的原则，推动了政务公开在法制的轨道上开展，彰显了中国建立透明政府和服务型政府的决心。

截至2011年3月，我国已制定现行有效法律236件，行政法规690多件，地方性法规8600多件。以宪法为统帅，以宪法相关法、民法商法等多个法律部门的法律为主干，由法律、行政法规、地方性法规等多个层次的法律规范构成的中国特色社会主义法律体系已经形成，国家经济、政治、文化、社会生活各个方面实现了有法可依。[①] 这是我国社会主义民主法制建设的重要里程碑，也是在加入世界贸易组织背景下积极推进中国法律建设的丰硕成果。

4. 知识产权——执法力度和水平显著提高

知识产权是世界贸易组织众多成员关注的一个焦点。早在“入世”之前，中

---

① 杨维汉，等. 2011. 中国特色社会主义法律体系是怎样形成的. 半月谈，5：53

国就启动了对知识产权立法的全面修改工程，以使相关国内立法符合世界贸易组织的要求。“入世”后，中国按世界贸易组织的要求，全面清理和修订了《专利法》、《商标法》、《著作权法》、《计算机软件保护条例》等与知识产权保护相关的几乎所有法律法规和司法解释，并出台了《集成电路布图设计保护条例》、《著作权集体管理条例》等新法规。截至2010年年底，中国在知识产权领域已制定4部专门法律，颁布了19部行政法规，知识产权国内立法已经符合世界贸易组织和其他知识产权保护国际规则的要求。同时，中国全面履行《与贸易有关的知识产权协定》（TRIPs）等多边条约义务，形成了涵盖专利、商标、版权等各个领域，与国际通行规则相协调，比较完备的知识产权法律法规体系。

中国还建立起了具有鲜明特色的知识产权保护工作体系和协调机制，通过日常监管与专项治理相结合，知识产权保护的执行力度在行政和司法两个方面均大大加强。2004年8月，中国成立了由国务院吴仪副总理为组长的国家保护知识产权工作组，负责统筹协调全国知识产权保护工作，并在全国范围内组织开展保护知识产权的专项行动。2005年1月，又成立了由20多个部门组成的国家知识产权战略制定工作领导小组。自2006年起，为加大知识产权保护力度，坚决查处和打击各种违法侵权行为，国家保护知识产权工作组会同有关部门组织制定了《中国保护知识产权行动计划》。依据该行动计划，中国启动了多项加强知识产权执法的专项行动，并取得了显著的成效。2010年10月至2011年3月，中国政府再次开展了为期半年的打击侵犯知识产权和制售假冒伪劣商品专项行动，这是高度重视知识产权保护的体现，表明了中国保护知识产权坚定不移的决心和信心。

此外，2008年发布的《最高人民法院知识产权年度报告》，首次以年度报告的形式向社会公布经典案例，2009年开始发布的“中国法院知识产权司法保护状况”，也首开以书面形式向社会公众全面介绍法院当年的知识产权司法保护工作情况之先河。2006年开通的“中国知识产权裁判文书网”，是向社会公开裁判文书的网站，截至2010年年底，已上网公开41 696份生效知识产权裁判文书，成为展示我国知识产权司法保护成果的重要窗口。同时，最高法院知识产权庭已在最高法院官方网站上正式开通了“知识产权司法保护子网站”，及时发布法院司法保护知识产权成果的权威信息和资讯。各级法院还通过完善新闻发布会制度、开展法院开放日活动、开展案件网络直播等多种方式推进知识产权司法公开。

中国知识产权保护工作仅用30余年时间就走过了发达国家几百年的历程。作为世界知识产权大国之一，保护知识产权符合中国的长远利益。加入世界贸易组织以来，中国高度重视知识产权保护的宣传普及工作，提高全社会的知识产权保护意识。如从2004年开始，中国将每年4月20～26日确定为“保护知识产权宣传周”，在全社会开展知识产权保护宣传教育活动，增强广大公众的知识产权意识。2005 年，国家知识产权局与全国整顿和规范市场经济秩序领导小组办公室，共同组织数百家中央和地方媒体联合开展了“保护知识产权——我们在行动”大型系列报道活动。2005 年 4 月，国务院新闻办以 7 种语言，对外公布了《中国知识产权保护的新进展》白皮书。

中国政府的知识产权保护工作大大激发了全社会的创新活力，一批创新型企业跻身世界知名企业行列，并吸引越来越多的外国企业和科研机构来华投资。2010 年，中国研发投入总量已进入世界前 5 位，高科技产品出口占全国出口总额的比重已超过 30%，文化和版权相关产业规模超过 2 万亿元人民币，跨国公司在华设立研发中心 1400 多家，较 2005 年翻了一番。加入世界贸易组织以来，在知识产权保护的有力促进下，中国正在成为全球研发投入增长最快、创新活动日益活跃的国家之一。

三、中国对外贸易体制改革的方向

中国加入世界贸易组织，意味着经济体制、运行机制和经济法规要逐步符合世界贸易组织的一般原则。然而，强调中国与世界经济与贸易体系相对接，并非是要原样照搬别国的政策和经济体制模式，仍然需要强调考虑中国国情，从中国的实际情况出发。中国对外贸易体制改革的未来方向，仍应坚持既符合社会主义市场经济体制的内在要求，又符合国际贸易规范的基本原则。中国的发展进步得益于改革开放，中国要实现富强民主文明和谐的现代化目标，仍然要靠改革开放。当前，我国正处于改革的攻坚阶段，必须要以更大的决心加快推进改革，使关系经济社会发展全局的重大体制改革取得突破性进展，而加快行政管理体制改革，是全面深化改革和提高对外开放水平的关键。因此，进一步转变政府职能，构成现阶段中国对外贸易体制改革的最主要内容。同时，还需要继续深化国有外贸企业改革，并加快建设机制完善、协调有效的对外贸易社会化服务体系。

1. 进一步转变政府职能

在世界贸易组织目前的 29 个独立性法律文件中，有 90%以上是针对政府的；在《中华人民共和国加入世界贸易组织议定书》中，有 95%的内容也是约束政府的。“入世”协议是政府间的协议，是以政府的管理活动为调整对象的，主要靠政府来履行。因而，政府是“入世”的主体，也是享受权利和履行义务的承担者和执行者。“入世”首先是政府“入世”，各级政府部门需要进一步加快从管理型政府向服务型政府的转变，依法规范行政，推行依法行政，建设法治政府，改善管理方式、方法和手段，促进我国对外贸易更好更快地发展。

1）我国政府商务机构存在的主要不足

从一定意义上讲，中国对外贸易体制改革的过程同时也是政府外贸机构改革的过程。在我国外贸体制改革中特别是在加入世界贸易组织后，政府的行政管理职能在不断弱化，政策法规的透明度、管理的规范化水平正显著提高。然而，行政干预等问题在不同程度上还有所表现，特别是在地方政府层面，行政干预仍然比较突出。

（1）职能以“管”为主。我国政府商务机构的主要职能仍带有计划经济的痕迹，仍未跟上外贸体制改革发展的需要，以“管”为主，管的手段主要就是审批。一些部门权力过大且过于集中，权力结构不合理，监督制约机制不健全。企业尤其是国有企业仍然只是政府的管理对象，处于被管理和从属的地位，企业监督政府的法理基础仍然缺乏。从我国地方政府商务主管部门的职能看，政府与企业的关系不可避免地带有计划经济的某些特征，即政府对企业的管制和干预仍比较多。

（2）机构分散，组织庞大。我国不少部门和地方政府仍然过多地承担着“管理”对外贸易的多种职能，使组织的规模不断扩张，职业公务员的数量不断膨胀，这既增加了不必要的财政负担，浪费了行政资源；同时，政出多门，有关法规政策不明确，影响了政府部门内部的工作效率和企业的发展。

（3）缺乏服务观念和服务产品。我国政府商务机构的“服务”观念仍较薄弱；由于在职能方面注重的是“管理”和“指导”，企业与政府的关系并不是平等的关系，而是企业对主管部门的从属关系。目前，政府部门提供的公共服务虽然总量在增加，但缺乏应有的完整性、配套性，公共服务存在着资源分割的碎片化、松散化问题，有要素无体系，未能主动地接近企业，提供贴近企业需要的服务。

（4）外向型的职能不强。经济的迅速全球化，要求政府必须更策略地、更符合世界贸易组织游戏规则地实施国家竞争战略，为企业提供更多的支持和便利。但在目前，我国商务主管部门提供的公共产品以宏观管理国内外贸企业和国内的外商投资为主责，指挥和调度国内企业的生产运作，对国外市场的参与还相对较少。

2）转变政府职能的主要措施

党的十七大报告指出，要“推进依法行政”，“加快行政管理体制改革，建设服务型政府。”国务院《全面推进依法行政实施纲要》中规定，我国全面推进依法行政的目标是建设法治政府。进入新阶段，无论是改革的目标选择，还是改革的短期、中期、长期安排，都直接取决于政府转型的进程和实际效果。只有通过政府转型，才能使市场在更大程度上发挥基础性作用。根据中央指示精神，对外贸易领域转变政府职能的措施主要包括以下几点：

(1) 强化宏观管理职能，弱化行政性管理手段。随着对外贸易市场化程度的提高，政府商务部门对外贸的管理主要是宏观方面的管理，主要是运用调控税率、利率和资金供求等宏观经济杠杆的手段，来调控对外贸易。实施手段要更多地采用法律手段，进一步完善企业准入与退出制度、外汇便利化制度、出口退税机制和通关物流体系等。要深化行政审批制度改革，进一步清理、取消妨碍市场开放和公平竞争以及实际上难以发挥作用的审批事项，减少一些部门过于集中的权力。在市场机制失灵的情况下，政府应该有所为。审批、配额等行政性手段，主要是在市场机制失灵的领域和个别情况下采用的。同时，要弱化地方政府的对外贸易行政管理职能，强化其综合服务与促进服务功能。

(2) 依法行政。依法行政是建设服务型政府的前提。所谓依法行政，是指行政机关必须根据法律法规的规定取得、行使行政权力，并对行政行为的后果承担相应责任。依法规范、约束行政权力是其本质。各级政府商务部门都要严格依照宪法和法律规定的权限和程序行使权力、履行职责，善于依法管理对外贸易事务。要以强化政府的经济调节、市场监管和公共服务职能为重点，加强行政立法，提高行政立法水平。要改善行政执法，促进严格执法、公正执法和文明执法，确保公共行政权力的公正、有效运行。应强化政府部门问责制，树立责任政府形象，提高政府的公信力。同时，还要进一步完善政府部门内部机构设置，决策、执行、监督职能要相对分离、相互制约。这也是进一步深化政府机构改革的要求。

(3) 丰富和强化贸易促进的服务职能。按照建设服务型政府的要求，政府部门在其微观职能分离后，可把原来的人力物力用于强化、拓展乃至增加某些职能，特别是制度创新职能、宏观调控职能，创造一个有利于市场机制良性运作和逐渐成熟的体制环境、政策环境以及社会经济环境。例如，通过海外机构为准备出口的企业进行市场开拓，有针对性地为企业作市场调研，协助企业的对外交流，突破语言障碍，协助企业的涉外谈判，帮助企业跟踪海外买方的订货情况，等等。同时，为企业提供对外贸易的宣传与培训。此外，还应结合我国的国情需要，帮助出口企业克服困难，创造好的出口环境，培养和增强我国对外贸易实力，发挥国家的竞争优势。

(4) 建设市场化的优秀公务员队伍。一方面，通过规范、具体、制度化的措施，开辟一条吸收优秀人才进入政府机构的公平竞争的通道。另一方面，政府部门应摒除官僚主义，在组织内营造“顾客导向”的行政文化。为此，有必要把市场经营的理念引入政府管理，把“顾客”满意度纳入明确的组织运行制度中，使企业与政府的对外贸易促进机构达成一致的利益目标，促使组织内的人员为实现其工作目标，全力扶持企业的发展，主动贴近市场、贴近企业。最后，倡导建设学习型组织，培养和造就更多的懂管理、有专业知识、熟悉国家方针和政策、具有全球化意识的高素质公务员。

2. 深化国有外贸企业改革

我国国有企业已经历了30余年的改革历程。从初始阶段的扩大企业自主权、激发企业生产经营积极性，到转换企业经营机制、实行两权分离，建立现代企业制度尤其是现代产权制度，寻找到了改革攻坚的方向和关键，形成正确的改革路径。通过改革，国有企业已从政府部门的附属物基本上转变为自主经营、自负盈亏、自我发展的独立市场竞争主体。目前，国有企业的数目在减少，但经济规模迅速扩大，控制力、影响力均有明显提高，发挥了在国民经济中的主导作用。然而，国有企业面临的形势依然严峻，改革任务仍很繁重。

加入世界贸易组织对我国国有企业产生了重大影响，而处于开放前沿的国有专业外贸企业面临的形势似乎更为严峻：行政干预依然挥之不去，政策方面的优势日益销蚀，垄断利润难以为继，竞争对手日渐增多，历史包袱积重难返，生存和竞争压力与日俱增。少数垄断性中央外贸企业则由于其资源性垄断所带来的问题而广为社会诟病。"入世"在带来挑战的同时，也为国有外贸企业的发展提供了新机遇。关键是要抓住机遇，通过深化改革，创建具有国际竞争力、机制灵活、观念开放、经济效益高的新型外贸公司。

（1）深化外贸企业产权制度改革。推进企业产权制度改革，有利于国有资产的保值增值，有利于激励经营者的积极性，有利于企业的长远发展。在实践中，国有外贸企业产权改革形式可以分为整体改制、分立改制和新设改制三种。采用整体改制，企业的所有资产、所有债务和全部人员均存续于改制后的企业；采用分立改制，企业一般变成一个改制新公司或一个"壳公司"，即包含不良资产、超额债务、富余人员等问题的企业；新设改制，即国有股东和其他股东全部用现金另外设立一家公司，原企业变成"壳公司"。改制需要好的方案设计。整体改制有利于历史遗留问题的解决，但往往难以实现，而分立改制和新设改制都存在着"壳公司"问题。如何妥善解决好"壳公司"问题，是国有外贸企业改制中必须正视的。在制订改制方案时，企业原出资者除要决定采用什么形式改制外，还应对改制后企业的控股权、改制公司的制度设计等作出必要的安排。产权改革是一个长期、动态的复杂过程，需要在探索中不断解决新问题。目前，我国一些国有外贸企业的产权改革已取得较为明显的成效，其经验很值得其他企业借鉴。

（2）实行功能性分工，形成多层次、多元化的对外贸易经营格局。一部分专业外贸公司可以通过横向联合、重组、兼并等方式，向综合商社等形式的国际贸易企业发展；另一部分外贸企业可以通过与生产企业实行纵向联合，向产贸一体化、实业化方向发展；中小型外贸公司则可以通过发展核心业务，形成独特经营风格，专注于某些专业业务领域，从而形成多层次、多元化的外贸经营格局。国有外贸企业在战略性重组的同时，还应对企业分工、产品经营、市场营销、技术及经营管理等方面，实行差异化战略，培育和发展企业的核心能力，提高企业的经济效益。

(3) 累积品牌资产，提升企业品牌竞争力。在全球化中，品牌已成为企业最重要的战略性资产之一，也是企业获取财务回报的主要来源之一。国有外贸企业，特别是那些大中型专业外贸公司经过多年经营，已经在国内外建立了一定的品牌声誉。企业应当培育先进品牌理念，将品牌当做资产来管理和运营，制定品牌经营的长远战略。在品牌管理上，企业既可以吸取国内外企业的成功经验，也可以通过引进高级职业人才或与知名咨询公司合作，使品牌管理能够迅速与国际接轨。产品销售及品牌推广离不开综合性营销手段，包括广告、公共关系、公益活动、展销展览等多种方式及其组合。特别是公益活动，既是企业承担社会责任的基本体现，也是赋予品牌以社会性价值的主要方法。

(4) 完善分配制度，留住和吸引人才。贸易竞争归根结底是人才的竞争，人才是企业生存和发展的最关键因素之一。为防止骨干人才流失和吸引新的人才加盟，国有外贸企业必须改变落后的人事制度和分配制度。对企业贡献不大的、岗位重复的富余人员，应进行有效分流。分配方式应向贡献大、利润收益高的企业骨干人才倾斜，并为其发挥业务才能提供良好的平台和环境。

(5) “独善其身”与“兼济天下”并举。国有企业在我国具有特殊的地位和作用。包括国有专业外贸公司在内的国有企业不仅需要提高竞争力、获取经济效益，还需要在完善宏观调控、推进自主创新、促进社会和谐等方面发挥更大的作用。特别地，国有企业的本质属性就是利润不归个人或少数利益集团所有，而是归全民所有。中国“入世”已满 10 年，社会公众已不仅仅满足于国有企业“独善其身”，更要求其“兼济天下”。对于国有企业而言，“善其身”并不是目的，只有在做大做强的同时“兼济天下”，才是其改革的最终取向，也唯有此才能得到民众与社会的认同与支持。

3. 推进社会化服务体系建设

加入世界贸易组织以来，开放程度日益加深，企业与国际经济事务的联系和来往更加紧密，各种社会服务的需求也越来越多。从产品本身来讲，需要质量认证和有关的技术认证服务；从企业来讲，需要财务、会计、审计和法律事务等服务，将来必然还要增加环境认证和社会责任认证；从企业发展和市场战略来讲，需要各种专业咨询服务。并且，提供上述服务的中介机构，本身也需要在国际竞争中赢得声誉，得到认可才有资质提供这些服务。因此，服务中介机构的发育和成长也要在国际竞争中实现，也是边竞争、边提高的过程。

从保护国内产业所需要的贸易救济来看，其大量事务也不可能完全由政府包揽下来，尤其是贸易救济的调查工作，由中介机构提供服务，既为政府分忧解难，也显得更为公开、公平和公正。此外，企业间的内部关系的协调，政府产业政策的贯彻落实，还需要有行业协会、进出口商会等非政府机构，通过这些机构，去提高企业的组织化程度，保护企业和行业的利益，避免产业遭受损害。因此，政府应该做的一件大事，就是推进社会化服务体系的建设。这主要包括建立健全完善、规范的生活资料市场、生产资料市场、劳务人才市场、资金市场、信息市场、证券市场、技术市场、企业产权市场等市场体系；构造以提供社会福利、社会保险服务为主的社会保障机构和从事会计、审计、律师职业介绍、资产评估、劳动就业培训、信息咨询业务的社会中介服务机构；完善法律规定，扶持建立由企业组成的地方外贸企业行业组织，如进出口同业公会或商会等，开展贸易促进和行业自律。各类对外贸易商会、协会则要通过行业信用建设，一方面提升企业的诚信意识和信用管理水平，另一方面形成上下游企业之间的信用互动，用市场手段和经济手段来惩戒失信行为，形成社会信用约束机制。

思考题

1. 我国传统对外贸易体制主要包含哪些内容，为何必须实施改革？

2. 如何理解经济体制改革与对外贸易体制改革之间的关系？

3. 我国对外贸易体制改革过程可分为哪些阶段，各阶段的主要改革举措是什么？

4. 中国加入世界贸易组织作了哪些承诺，迄今这些承诺的履行状况如何？

5. 加入世界贸易组织后，我国对外贸易体制改革的方向是什么？

6. 为何说“入世”首先是政府“入世”，政府机构进一步转变职能的措施包括哪些？

7. 我国对外贸易领域中的国有企业应如何继续深化改革？

8. 如何认识推进我国对外贸易社会化服务体系建设的意义和措施？

第五章　中国对外贸易管理

对外贸易管理是指以国家的法律、规章和方针政策为依据，从国家的宏观经济利益和对内、对外政策的需要出发，综合运用法律、经济和行政手段，对本国的进出口贸易实施指导、控制和调节。当前，对外贸易管理被世界各国所普遍采用。随着对外贸易体制改革的深化和全面融入经济全球化进程，中国正在逐步建立既符合社会主义市场经济运行机制，又符合国际贸易规范的对外贸易管理体系。

第一节　对外贸易管理的必要性

中国的对外贸易管理，是国家通过制定有关法律、法规，运用经济调控手段并辅以必要的行政手段来进行的。在民族国家依然是全球化中国际经济竞争基本主体的态势下，在建设社会主义市场经济体制的进程中，中国对对外贸易实行管理具有其必要性。

1. 维护国家的经济利益

在全球化竞争中，国家也存在经济利益诉求。国际贸易直接关系到一国的经济利益，世界各国管理对外贸易的根本目的之一就是要维护本国的经济利益。中国实行对外贸易管理，综合运用法律手段、经济手段和必要的行政手段，通过各项具体的管理规定和管理措施，引导企业进行有效经营，合理安排进出口贸易，发展同其他国家与地区的经贸关系，同样也是为了维护国家利益，保证国民经济持续顺利发展，使对外贸易能对国民经济发展发挥更好的促进作用。

2. 促进对外贸易持续稳定发展

我国正处于体制转轨时期，国内市场机制和法律法规正在不断发育健全，难免存在某些不尽完善之处。为使对外贸易有序运行，促进其健康发展，一方面要坚持市场经济的原则，尽可能地减少政府对进出口贸易活动的干预，使市场机制发挥基础性和主要的调节作用；另一方面，也需要建立必要的对外贸易管理体系，将有效的市场机制和必要的宏观管理结合起来，避免出现对外贸易运行严重失衡和进出口经营秩序混乱的局面，以提高对外贸易经济效益，保证对外贸易长期持续稳定发展。

3. 协调和发展国际贸易关系

在当前的世界经济中，贸易全球化是发展主流，但也伴随着形式各异的贸易保护主义的日益加剧。实行对外贸易管理，不仅有助于在严峻的国际经济及政治局势下维护国家的政治独立与经济利益，有效应对国际垄断势力，冲破贸易保护主义及区域化组织排他性的限制，而且可以保证中国对外签订的双边和多边贸易协议的履行，有利于争取到对等公平的贸易条件，也有利于中国通过开展必要的斗争参与或影响国际贸易规则的制定与完善，从而协调和发展国际贸易关系。

4. 合理调节对外贸易商品结构

一国在某一时期的进出口商品结构，是其历史与现实、国内与国外多种因素综合作用的结果。当今世界贸易强国的贸易竞争优势，通过其进出口商品结构得以充分体现。中国现虽已成为世界制造及贸易大国，但进出口商品结构不合理的问题依然突出，需要通过实施贸易发展战略来优化对外贸易商品结构，不断改善在国际分工中的地位，而这一目的的实现需要借助于各种对外贸易管理措施。

第二节　对外贸易立法管理

对外贸易立法管理是指在对外贸易中借助法律规范的作用对进出口活动施加影响的一种手段，具有权威性、统一性、严肃性、规范性的特点，是进行对外贸易管理的基础手段。改革开放后，特别是加入世界贸易组织以来，中国对外贸易法律制度经历了从零散到系统、从简单到复杂的演变过程，已成为世界贸易组织规则和中国“入世”承诺在国内得以实施的主要纽带，为中国对外贸易的健康发展发挥了直接的推动作用。中国对外贸易法律规范体现在对外贸易国内立法及中国正式参加或缔结的双边、多边国际经济贸易公约、条约及协定里。其中，《对外贸易法》是中国对外贸易法律制度的基本法。

一、中国对外贸易法律制度

中国对外贸易法律制度是指国家对对外贸易活动进行管理、控制和服务的所有法律规范的总称，由国内法渊源和国际法渊源两部分构成。

1. 国内法渊源

1）宪法

宪法是国家最高权力机关即全国人民代表大会依据特定立法程序制定的国家根本大法，在中国法律体系中具有最高的法律效力。国家的立法行为和政府的行政管理行为都要遵循宪法的基本原则。中国宪法明确将实行改革开放的基本国策写进了序言，同时还明确规定了国务院相关部门负责管理对外贸易的权力。

2）法律

此处的法律是指全国人民代表大会及其常务委员会制定颁布的法律，包括专门性的法律，如《对外贸易法》、《进出口商品检验法》、《海关法》等；也包括其中包含有对外贸易规定的非专门性法律，如《专利法》、《商标法》、《仲裁法》等。

3）行政法规和部门规章

行政法规是指国家最高行政机关即国务院根据宪法、法律制定颁布的条例、规定、实施细则、办法等，其内容广泛涉及对外贸易管理的各个方面，如工商、海关、商检、外汇、税收、原产地等。部门规章是指国务院各有关部委颁布的处理对外贸易问题的具体规定。在中国改革开放不断深化的过程中，由于对外贸易法律往往较为简单和原则性强，大量的配套行政法规和部门规章的订立增强了法律的可操作性，特别是国务院颁布的大量行政法规构成了中国对外贸易法律制度实施的主要依据。

2. 国际法渊源

国际法渊源主要包括世界贸易组织规则以及中国参加和缔结的国际条约和承认的国际贸易惯例等。

1）《建立世界贸易组织协定》和《中国加入世界贸易组织议定书》

《建立世界贸易组织协定》正文仅是一个框架，规定了一些原则问题。世界贸易组织的具体规则体现在该协定的 4 个附件中。附件 1 包括《1994 年关税与贸易总协定》等 15 个协定，包含了世界贸易组织的实体规则。附件 2 为《关于争端解决规则与程序的谅解》，包含了有关世界贸易组织争端解决机构及其程序的一些规定。附件 3 是《贸易政策审议机制》，包含了对成员的贸易政策进行审议的原则性规定。附件 4 包含 4 个“诸边协定”。加入世界贸易组织，就必须接受《建立世界贸易组织协定》及其前 3 个附件包含的所有协定，即所谓的“一揽子协定”，不得提出保留。中国于 2001 年 12 月加入世界贸易组织，《建立世界贸易组织协定》和《中国加入世界贸易组织议定书》就成为对中国具有法律效力的文件。

2）其他国际条约

条约一般分为两国之间缔结的双边条约和多国之间缔结的多边条约。如果条约的缔结国较多，并且又规定了一般性的国际行为规范，便称为国际公约。

目前，中国已与世界上 230 多个国家和地区建立了经济贸易关系，同其中的 130 多个国家和地区签订了有关贸易关系的双边条约、协定，与 80 多个国家和地区签订了避免双重征税和防止偷漏税协定，并与 130 多个国家签订了双边投资保护协定。

在多边条约方面，目前中国已参加了 100 多个国际条约（组织），其中大部分是国际经济贸易方面的，主要包括各类国际商品协定、货物销售合同、金融组织及条约、海关组织及条约、保护知识产权组织及公约、国际运输公约、国际商事仲裁和司法协助公约等。

3）中国承认的国际贸易惯例

国际贸易惯例是指在国家间的相互贸易往来中，当事人经常引用、用以确定当事人之间权利义务关系的规则。中国适用国际贸易惯例的原则是：具有经济内容并为中国所承认的国际惯例，在有关国际条约和中国经济法律没有规定或允许适用的情况下，可以被适用。长期以来，中国在对外贸易活动及处理对外贸易纠纷方面，对国际贸易中被广泛承认的国际贸易惯例是尊重的。中国承认的国际贸易惯例主要包括《国际贸易术语解释通则》、《华沙—牛津规则》、《联合运输单证统一规则》、《跟单信用证统一惯例》、《托收统一规则》等。

二、中国对外贸易法律制度框架

按照所管辖的领域划分，中国对外贸易法律制度包括货物贸易管理立法、技术贸易管理立法和服务贸易管理立法三部分，涉及国家对货物进出口、技术进出口和国际服务贸易进行管理和控制的一系列法律、法规和其他具有法律效力的规范性文件。

1. 货物贸易管理立法

货物贸易直接影响到整个对外贸易的发展，是中国对外贸易的关键组成部分，也是发展成效最为显著的一部分。中国货物贸易管理的立法，主要由货物进出口管理、进出口流程各环节管理和实施对外贸易救济等法律和法规构成。

1）货物进出口管理立法

《货物进出口管理条例》及其配套规章构成了中国货物进出口管理的主要法律依据。《货物进出口管理条例》自 2002 年 1 月 1 日起施行。作为《对外贸易法》的配套法规，该条例的整体架构和内容基本符合《对外贸易法》的总体框架和相关规定，主要内容包括《货物进出口管理条例》的适用范围、货物进出口管理原则、货物进出口管理办法、进出口监测和临时措施、对外贸易促进、法律责任等几部分。

为了配合该条例的实施，国务院有关部委陆续颁布了与其配套的部门规章，主要涉及进出口许可证管理、进出口配额管理和国营贸易与指定经营管理几方面，如《货物进口许可证管理办法》、《货物出口许可证管理办法》、《货物自动进口许可管理办法》、《出口商品配额招标办法》、《纺织品被动配额管理办法》、《机电产品进出口管理办法》、《原油、成品油、化肥国营贸易进口经营管理试行办法》、《出口收汇核销管理办法》等。

2）货物进出口主要环节管理立法

根据国际通行规则，中国为规范货物进出口各环节管理，也颁布了相应的法律法规，主要包括：

(1) 进出口商品检验管理立法。1989 年颁布、2002 年修订的《进出口商品检验法》是规范进出口商品检验活动的基本法，是进行进出口商品检验最主要的法律依据。该法对其立法宗旨、进出口商品检验体制、商检主体及其行为规范、商检原则、商检分类、商检内容、商检依据、商检监管制度、进口商品检验和出口商品检验管理、商检工作人员的法律责任、违法行为及其处罚等，都作出了明确规定。《进出口商品检验法》的配套法律、法规和规章主要包括《进出口商品检验法实施条例》、《进出境动植物检疫法》、《进出境集装箱检验检疫管理办法》、《出入境检验检疫标志管理办法》、《强制性产品认证管理规定》等。

(2) 海关管理立法。我国于 1987 年颁布、2000 年修订的《海关法》构成海关法律体系的核心，是海关法规、规章的立法依据。《海关法》涉及的主要内容包括海关的性质、任务、基本权力、监管对象，执法相对方的基本义务及权利，海关组织领导体制、职责权限，海关及其工作人员的行为规范，海关对进出境运输工具、货物、物品的监管，海关对关税征收监管，海关统计，海关缉私，海关事务担保，海关行政复议、行政诉讼程序等。除《海关法》外，还有一些时效性及操作性更强的行政法规及规章作为对具体执行办法的补充，如《进出口关税条例》、《知识产权海关保护条例》、《保税区海关监管办法》等。对《海关法》的执行产生影响的法律主要有《刑法》、《刑事诉讼法》、《行政处罚法》、《行政复议法》等，此外，中国政府缔结或参加的国际海关组织及相关条约、协议，也是中国海关立法体系的组成部分。

(3) 外汇管理立法。外汇管理的主要法律依据，是国务院于 1996 年颁布、1997 年修订并于 2008 年再次修订的《外汇管理条例》。该条例作为外汇管理的基本行政法规，主要规定了中国外汇管理的基本原则与制度，涉及的主要内容包括：条例的立法目的、外汇管理机关、外汇管理原则，明确规定国家对经常性国际支付和转移不予限制；经常项目外汇管理规定，如经常项目外汇收入不实行强制结汇、进出口收付汇核销制度、居民个人外汇管理等；资本项目外汇管理规定，如对资本项目外汇收支实行管制的政策，对外商投资、境外投资和外债的管理等；金融机构外汇业务管理规定；人民币汇率和外汇市场管理规定等。此外，针对各种外汇管理目标，中国还陆续颁布了一系列专门规范外汇管理业务的其他法规、规章和规范性文件。

(4) 货物原产地管理立法。海关总署于 1986 年颁布的《海关关于进口货物原产地的暂行规定》，是中国第一个有关原产地的行政法规；国务院于 1992 年颁布的《出口货物原产地规则》，则是中国第一部有关出口货物原产地的行政法规。2004 年，国务院颁布《进出口货物原产地条例》，并于 2005 年 1 月 1 日起施行。该条例颁布后，上述两个法规同时废止，从此统一了中国进出口货物原产地规则，结束了进、出口货物原产地规则“分而治之”的状况，履行了中国的“入世”承诺。《进出口货物原产地条例》共 27 条，分别对立法宗旨、适用范围、原产地确定原则、原产地证书签发以及核查、违反条例的法律责任等问题作了比较明确的规定。海关总署也相应发布了《关于非优惠原产地规则中实质性改变标准的规定》及《海关进出口货物优惠原产地管理规定》等配套文件，分别自 2005 年 1 月 1 日和 2009 年 3 月 1 日起施行。

3）对外贸易救济立法

所谓对外贸易救济，是指一个国家或地区由于发展对外贸易和实行开放政策，在特定条件下可能造成某类本国竞争不占优势的外国产品大量进入本国市场，给国内同类产业造成严重损害或严重损害威胁，进口国政府为了维护国内同类产业的安全，采取必要、适度和有限的限制进口的措施。对外贸易救济的主要手段，就是反倾销措施、反补贴措施和保障措施。贸易救济政策是国际贸易中大多数国家保护国内产业安全的一项基本政策，也是世界贸易组织允许和规范的国际规则。

我国于 2004 年新修订的《对外贸易法》，专门增加了“对外贸易救济”一章，其中明确规定国家根据对外贸易调查结果，可以采取适当的对外贸易救济措施。自 2002 年 1 月 1 日起，我国施行了《反倾销条例》、《反补贴条例》和《保障措施条例》。2004 年 3 月，国务院对这三个条例进行了修订，并于同年 6 月 1 日起施行。为使上述条例进一步明确和细化，增强其可操作性，国务院有关部委还先后颁布施行了一系列配套规章，如《反倾销产业损害调查规定》、《反补贴产业损害调查规定》、《保障措施产业损害调查规定》等。这些法规、规章的出台，使得我国反倾销、反补贴案件的调查和裁决有了具体依据。在出口贸易持续面临一些国家滥用反倾销、反补贴和保障措施的同时，中国也应善于使用这些手段来有效合理地保护本国的民族工业。运用好符合世界贸易组织规则的反倾销、反补贴和保障措施，可以有效制止国外向我国大量低价倾销产品，消除倾销对国内相关产业造成的损害，也可对国际上那些对中国产品滥用这些措施的国家和地区形成威慑，进一步为中国企业营造公平的国内外贸易环境，维护国家的经济利益。

2. 技术贸易管理立法

大力发展对外技术贸易是实现中国由贸易大国向贸易强国跨越的必由之路，也是加快出口商品结构战略性调整、促进国内产业结构优化升级的重大战略选择。必须用法律制度来规范和引导中国技术贸易，促进其健康、有序和可持续发展。中国技术贸易管理立法由技术进出口管理的法律、法规和规章，以及保护知识产权的法律、法规和规章构成。

1）技术进出口管理立法

改革开放后，中国在技术进出口管理方面曾公布过三个行政法规：《技术引进合同管理条例》、《技术引进合同管理条例施行细则》和《技术出口管理暂行条例》。这些法规在规范技术进出口合同管理、维护技术进出口秩序等方面曾发挥过积极作用。但随着技术进出口管理体制改革的不断深化，特别是在中国“入世”之后，上述三个法规已难以适应新形势的需要。因此在 2001 年 12 月 10 日，国务院颁布了我国统一的技术进出口管理法规《技术进出口管理条例》，并从 2002 年 1 月 1 日起施行。

《技术进出口管理条例》的主要内容有：国家对技术进出口实行统一的管理制度；技术进出口的具体形式包括专利权转让、专利申请权转让、专利实施许可、技术秘密转让、技术服务和其他方式的技术转移等；技术进出口管理分禁止进出口技术、限制进出口技术和自由进出口技术三类，并对禁止或限制进出口的技术实行目录管理，对限制进出口的技术实行许可证管理；技术进出口合同的生效之日，限制进出口的技术为其许可证颁发之日，自由进出口的技术则为其合同依法成立之时，不以登记为合同生效的依据。

为配合《技术进出口管理条例》的实施，商务部制定并颁布了《禁止进口、限制进口技术管理办法》、《禁止出口、限制出口技术管理办法》、《技术进出口合同登记管理办法》等部门规章。

2）知识产权保护立法

知识产权构成当今国际技术贸易的主要标的，与知识产权保护有关的法律、法规也是中国技术贸易管理立法的重要组成部分。在技术贸易中，依法对知识产权实行保护，不仅对技术输出方有利，而且有利于技术引进方。

对知识产权的保护，几乎涵盖我国对外技术贸易的所有方面。自 1982 年起，我国陆续颁布实施了一系列法律法规，为开展对外技术贸易提供了法律保障。在知识产权保护方面，我国已经形成了较为完整的法律体系。迄今为止，我国与技术贸易有关的法律主要有《对外贸易法》、《专利法》、《商标法》、《合同法》、《反不正当竞争法》、《著作权法》，以及《中外合资经营企业法》、《中外合作经营企业法》、《外资企业法》等。此外，《民事诉讼法》、《行政诉讼法》、《刑事诉讼法》等程序性法律规定了知识产权权利人维护合法权益的途径和程序。国务院及相关政府部门颁布了大量保护知识产权的行政法规和规章，如《商标法实施条例》、《专利法实施细则》、《著作权法实施条例》、《知识产权海关保护条例》、《计算机软件保护条例》、《集成电路布图设计保护条例》、《植物新品种保护条例》等。最高人民法院、最高人民检察院也发布了若干关于执行知识产权法律的司法解释。随着形势的发展，中国也根据实际需要对相关的法律法规进行了修改。

在不断健全完善国内法律体系的同时，从 20 世纪 80 年代起，中国相继参加了一些主要的知识产权保护国际公约、条约和协定。自 1980 年加入《建立世界知识产权组织公约》起至今，中国先后加入或签署了《保护工业产权巴黎公约》、《商标国际注册马德里协定》、《保护文学艺术作品伯尔尼公约》、世界贸易组织

《与贸易有关的知识产权协定》等知识产权协定和条约。这些协定和条约也是中国技术贸易立法不可缺少的组成部分。中国还正积极参与世界贸易组织、世界知识产权组织、国际植物新品种联盟、亚太经合组织、亚欧会议等国际组织的国际知识产权制度的改革和国际知识产权问题的谈判，并不断加强多边知识产权保护合作。

3. 服务贸易管理立法

在当今经济全球化浪潮中，服务贸易正在成为国际贸易发展的主导力量。中国要实现成为真正的贸易强国的目标，提高对外贸易竞争力，就必须顺应这一世界发展潮流，积极发展对外服务贸易，为此必须建立健全本国的服务贸易法律体系。

自20世纪80年代起，中国就开始着手有关涉外服务贸易管理的国内立法工作，目前已初步形成由法律、行政法规、部门规章共同组成的多层次的服务贸易法律体系。该体系以《对外贸易法》为核心，包括了广泛涉及投资、金融、保险、电信、法律服务、海运及工程承包、咨询等服务领域的各种法律法规。这些法律法规基本上可分成三类。

1）《对外贸易法》

《对外贸易法》第四章中规定了国际服务贸易，确立了国际服务贸易的基本原则，指出国家促进国际服务贸易的逐步发展，确立了国际服务贸易逐步自由化的方针。这是基于我国服务业仍处于幼稚阶段的现状提出来的。《对外贸易法》关于服务贸易的规定虽然是粗线条的，但却是涉及我国服务贸易领域的基本法律原则，是服务贸易立法的基础和核心。

2）外资管理立法中的有关规定

在《服务贸易总协定》(GATS) 确定的国际服务贸易的四种模式中，“商业存在”居于关键地位，涉及国际服务贸易总额的50%左右。所谓“商业存在”，是指外国企业通过在另一国境内设立附属企业或分支机构而在该国提供服务。《对外贸易法》明确规定，国际服务贸易企业和组织的设立及经营活动，应当遵守本法及其他有关法律、行政法规的规定。因此，外资管理立法中关于国际服务贸易企业的规定，也属于我国服务贸易立法的组成部分。外资管理立法主要包括《中外合资经营企业法》、《中外合作经营企业法》、《外资企业法》及有关实施细则，它们对国际服务贸易企业和组织的设立条件、方式、期限及经营活动都作了具体规定。此外，我国还制定出《外商投资产业指导目录》，其中详细规定了中国在服务业中鼓励、限制及禁止的外商投资项目。

3）服务贸易立法的具体部门法规

服务贸易涉及范围广泛、部门众多，故相应的法律、法规及规章的门类也较为繁多，主要包括：①金融服务业立法，主要有《人民银行法》、《商业银行法》

及《外资金融机构管理条例》等；②保险服务业立法，主要有《保险法》等；③运输服务业立法，主要有《海商法》、《国际班轮运输规定》、《国际船舶代理管理规定》、《民用航空法》等；④旅游服务业方面，目前我国没有《旅游法》，只有《旅行社管理条例》及其实施细则等；⑤建筑工程服务业立法，主要有《建筑法》及《在中国承包工程的外国企业的资质管理办法》等；⑥商业服务业方面，目前我国也无相关法律，只有《外商投资产业指导目录》及《关于商业零售领域利用外资问题的批复》等法规；⑦广告服务业方面，目前我国已颁布了《广告法》，另外，还有国务院颁布的《涉外广告代理条例》等；⑧专业服务业方面，这个领域较广，对其调整的法律主要有《律师法》、《注册会计师法》等。

三、《对外贸易法》概述

我国《对外贸易法》于 1994 年 7 月 1 日正式实施。为适应中国加入世界贸易组织后的新形势，我国于 2004 年对该法进行了修订，修订后的《对外贸易法》于 2004 年 7 月 1 日起施行。《对外贸易法》是中国对外贸易法律制度的基本法，是中国整个对外贸易制度的核心。《对外贸易法》的出台为中国对外贸易持续、稳定和健康发展奠定了法律基础，具有重要的现实意义和深远的历史影响。

1.《对外贸易法》的主要内容

现行《对外贸易法》由 11 章 70 条组成。其基本框架和主要内容如下：

第一章“总则”，对《对外贸易法》的立法宗旨，对外贸易制度的基本特征、基本原则及法律适用范围等作了原则规定；

第二章“对外贸易经营者”，对经营者的主体资格及其权利义务进行了规范，指出国家可以对部分货物的进出口实行国营贸易管理；

第三章“货物进出口与技术进出口”及第四章“国际服务贸易”，对对外贸易客体——货物贸易、技术贸易和国际服务贸易的管理进行了规范；

第五章“与贸易有关的知识产权保护”，规定了通过实施贸易措施，防止侵犯知识产权的货物进出口和知识产权权利人滥用权利，以及促进我国知识产权在国外的保护的相关内容。该章为 2004 年修订时新增加的一章；

第六章“对外贸易秩序”，主要从公平竞争角度进一步规范了对外贸易主体与客体之间的法律关系，规定经营者应当依法经营、公平竞争，遵守国家有关管理的规定；

第七章“对外贸易调查”，规定为维护对外贸易秩序，对外贸易主管部门可以依法启动对外贸易调查，并规定了调查的范围、手段和对调查结果的处理；

第八章“对外贸易救济”，指出国家可以根据对外贸易调查结果，采取适当的救济措施。对规避救济措施的行为，可以采取必要的反规避措施；

第九章“对外贸易促进”，规定国家建立和完善对外贸易促进机制，设立对外贸易发展基金、风险基金、使用进出口信贷、出口信用保险、出口退税及其他贸易促进手段，建立公共信息服务体系，扶持和促进中小企业开展对外贸易；

第十章“法律责任”，重点对不同主体的违法行为进行法律追究方面作了明确规定，指出通过刑事处罚、行政处罚和从业禁止等多种手段，对对外贸易违法行为进行处罚；

第十一章“附则”，着重对与特殊物质有关的贸易、特殊对外贸易方式、单独关税区法的不适用性及法的时间效力上作了补充规范。

2.《对外贸易法》的基本原则

《对外贸易法》的基本原则是该法确定的法律规范和法律制度的基础，贯穿于对外贸易立法、执法、守法的过程中，并对立法、执法和守法发挥普遍性的指导意义。

1）国家实行统一的对外贸易制度原则

这一原则是《对外贸易法》的首要原则。实行统一的对外贸易制度，是指由中央政府统一制定、在全国范围内统一实施的制度，包括两方面的内容：一是国家对外贸易法律法规的统一，要求立法部门或授权立法的部门颁布的规章、条例等不能与宪法及《对外贸易法》相抵触；二是国家对外贸易管理制度的统一，不允许在对外贸易领域中各行其是。该原则为中国长期稳定发展对外贸易，开展公平、公正的对外贸易活动，履行国际间双边或多边最惠国待遇及国民待遇奠定了基础。

2）货物与技术自由进出口的原则

《对外贸易法》规定国家准许货物与技术的自由进出口，体现了中国进出口贸易管理的基本原则。但这种自由是国家在保证进出口贸易活动不会对国家各项社会公共利益产生损害的前提下的自由。当出现某些危及国家利益的倾向时，国家则可借鉴国际通行做法，采取世界贸易组织规则所允许的管理措施，对有关货物与技术的进出口实行必要的限制或禁止。

3）发展国际服务贸易的原则

鉴于中国服务业整体发展水平还较低、竞争力还较薄弱的状况，并遵循世界贸易组织《服务贸易总协定》中有关服务贸易逐步自由化的精神，《对外贸易法》确定了依据缔结或参加的国际条约、协定中所作的承诺，逐步发展国际服务贸易的原则。一方面，规定要给予其他缔约方、参加方市场准入和国民待遇；另一方面，还列举了国家限制和禁止国际服务贸易的范围。这表明了中国促进国际服务贸易逐步发展的积极态度和审慎原则。

4）平等互利、互惠对等的原则

根据《对外贸易法》的规定，中国在平等互利的基础上建立与其他国家互惠、对等的贸易关系。其贯彻和实施主要体现在两个方面：一是在对外贸易方面，根据所缔结或参加的国际条约、协定，给予其他缔约方、参加方最惠国待遇、国民待遇等，或者根据互惠、对等原则给予对方最惠国待遇、国民待遇等；二是任何国家或地区在贸易方面对中国采取歧视性的禁止、限制或者其他类似措施时，中国可以根据实际情况对该国或地区采取相应的措施。

5）公平贸易的原则

随着中国对外贸易的发展和国内市场的开放，贸易中的公平竞争成为一个引人关注的问题。根据《对外贸易法》的规定，当外国产品以不公平的方式或价格进入中国市场，给中国同类产业造成实质损害或构成实质损害威胁时，中国可以采用包括反倾销、反补贴和保障措施在内的贸易救济措施保护国内同类产业，消除或减轻这种损害或者损害威胁。另外，当中国产品进入国际市场如果遭遇其他国家或地区的贸易壁垒时，可以对国外的贸易壁垒实行贸易调查制度。

6）贸易促进的原则

目前，世界上许多国家都建有政府对外贸易促进系统，对本国对外贸易特别是出口贸易进行官方扶持。我国《对外贸易法》也相应规定，国家根据对外贸易发展的需要，设立对外贸易发展基金、风险基金，使用进出口信贷、出口信用保险、出口退税及其他的贸易促进手段，建立对外贸易公共信息服务体系，鼓励采取对外投资、对外工程承包、对外劳务合作等形式开拓国际市场，发挥协会、商会、对外贸易促进机构的作用，扶持和促进中小企业、民族自治地方和经济不发达地区发展对外贸易。

第三节　对外贸易经济调控手段

经济调控手段是指国家通过调节经济变量，对微观经济主体的行为施加影响，并使之符合宏观经济发展目标的间接调控方式。在建立社会主义市场经济体制的条件下，中国对外贸易宏观调控也应依靠市场机制的作用，以经济调控手段为主要方式，通过间接调控影响对外贸易经营行为。

在对外贸易宏观调控中，政府部门运用汇率、税收、信贷、价格等经济杠杆，通过市场机制影响利益分配格局，以间接影响各调控对象的经济利益，促使相关主体及时作出反应并实施符合宏观经济发展目标的行为，从而实现调控对外贸易活动和对外经济贸易关系的目的。这种经济调控手段具有非歧视性和非强制性的特点，对于置身于相同宏观环境中的企业来说，面对相同的利率、税率、汇率等经济参数，可以根据自己对市场走势的判断，作出与国家调控目标一致或不一致的选择。

一、对外贸易税收

对外贸易税收按贸易流向可分为进口税和出口税，包括进口关税、进口商品税和出口关税、出口商品税。其中进口关税和出口关税仅对进出口的商品课征，体现出对对外贸易商品和非对外贸易商品在税收上的差别待遇；进口商品税和出口商品税又称国内商品税，是对国内外商品同时课征的税，目的是平衡国内外商品的税负。在中国对外贸易税收管理实践中长期对出口贸易采取鼓励和促进政策，征税主要是通过征收进口关税和进口商品税完成的，对出口则实行出口关税减免和退还出口商品税的政策。2010 年，我国海关共征收关税和进口环节税 12 518.3 亿元，首次突破万亿元大关，同比增长 35.9%。①

1. 进出口关税

关税是指进出口商品在经过一国关境时，由该国政府设置的海关对进出口商品所征收的一种特定税。关税措施是世界贸易组织有关货物贸易规则的主要措施，且被认为是透明度最高的对外贸易调节工具，关税政策也构成各国对外贸易政策的主要内容。

用官方术语表述，关税是“海关税收净入库”，这里的“库”是“国库”之“库”。关税具有税收的一般性质，即强制性、无偿性和预定性，但也有其特殊性质。关税是一种间接税，其征税人是海关，纳税人是进出口商，纳税客体即纳税对象则是进出口的货物。海关根据国家有关法律和政策规定，对各种进出口商品制定不同的税目和税率，课征不同程度的关税。同时，关税还是一国对外贸易政策的重要手段。

1）关税的经济效应

关税对于一国的经济发展既具有积极的促进效应，也具有消极的限制效应。

（1）关税的积极效应。首先，通过对进口商品征收关税，加重其成本负担，可以削弱其在本国市场的竞争能力，达到保护国内市场和国内产业的作用，就此意义讲，以保护国内市场和产业为目的而征收的关税称为保护关税。其次，对进出口商品征收关税可以增加国家的财政收入，这本是关税最初设立的主要目的，以增加财政收入为目的而征收的关税称为财政关税，但目前关税收入占各国财政收入的比重在下降。最后，关税是国家宏观经济调控的重要手段，可以有效调节进出口贸易。如在出口方面，可以通过征收关税来限制本国某些资源性产品和紧缺产品的过度出口，保证国内生产和消费的需要，也可以通过减免税和退税的方法来促进本国某些产品的出口；在进口方面，通过关税的减免或税率的调节，可以控制相关商品的进口数量，实现一定的经济目的。

（2）关税的消极效应。考虑到世界各国的关税政策主要是基于保护国内市场和国内产业的目的，关税的消极效应特别体现在对进口商品的课税上。通过提高关税限制进口会造成国内商品价格上涨，从而损害本国消费者的福利；同时，过

① 张翼．2011-01-20．解读关税增长背后的新信号．光明日报，第 10 版

度的关税保护不仅会招致贸易伙伴的报复，使本国产品的出口受到影响，而且，国内被保护的产业也可能由于缺乏外来竞争而失去发展的活力和动力，长期处于“幼稚产业”的状态。

2）进出口关税税率

根据自 2004 年 1 月 1 日起施行的我国《进出口关税条例》，中国进口关税设有最惠国税率、协定税率、特惠税率、普通税率和关税配额税率；对进口货物在一定期限内可以实行暂定税率。出口关税设置出口税率；对出口货物在一定期限内可以实行暂定税率。

各类进出口关税税率的适用情况如下：

最惠国税率适用于原产于共同适用最惠国待遇条款的世界贸易组织成员的进口货物，或与中国签订含有相互给予最惠国待遇条款的双边协定的国家或地区的进口货物；协定税率适用于原产于与中国签订含有关税优惠条款协定的国家或地区的进口货物；特惠税率适用于原产于与中国签订含有特殊关税优惠条款协定的国家或地区的进口货物。

适用最惠国税率的进口货物有暂定税率的，适用暂定税率；适用协定税率、特惠税率的进口货物有暂定税率的，从低适用税率；适用普通税率的进口货物，不适用暂定税率；适用出口税率的出口货物有暂定税率的，适用暂定税率。

实行关税配额管理的进口货物，关税配额内的货物适用关税配额税率。

3）中国关税政策的演变

在新中国成立后的很长一段时期内，由于受计划经济的影响，中国进口平均关税水平远远高于世界平均水平，严重阻碍了对外贸易的发展。改革开放后的 1985 年，我国进行了关税制度的改革，采用《海关合作理事会税则目录》，制定了《进出口关税条例》，同时还修订了《海关进出口税则》，并于 1985 年 3 月 10 日起实施。《进出口关税条例》明确了中国在关税方面的总政策为“贯彻对外开放，鼓励出口创汇和扩大必需品的进口，保护与促进民族经济的发展”。从 1992 年起，我国实施新的进出口税则，采用国际通行的《商品名称及编码协调制度》（HS），以其商品分类目录作为海关税则、国际贸易统计等方面统一使用的商品目录，适应了进一步改革开放的需要。

1992 年以后，为适应建立社会主义市场经济体制和加入世界贸易组织的需要，中国重新调整了关税政策，并开始逐步降低关税水平，使关税成为调节进出口贸易的主要手段。到 1992 年普遍降低关税前，中国的算术平均关税水平为 47.2%，降税后变为 35.9%。到“入世”前的 2001 年 1 月，中国算术平均税率已降为 15.3%。从 2002 年 1 月 1 日起，为履行“入世”承诺的关税减让义务，关税税率持续降低。2004 年 1 月 1 日，重新修订后的《进出口关税条例》开始施行，中国同年的关税总水平降为 10.4%左右。2005 年的关税总水平继续降低为

9.9%，涉及降税的税目共有900多个。该年是中国为履行“入世”承诺较大幅度降税的最后一年，此后需降税的税目大为减少。2006年关税总水平仍为9.9%，2008年，我国又进一步调整了进出口关税，主要涉及最惠国税率、年度暂定税率、协定税率和特惠税率等方面。调整后的关税总水平为9.8%；其中，农产品平均税率为15.2%，工业品平均税率降至8.9%。

按照加入世界贸易组织的降税承诺，自2009年1月1日起，我国又进一步降低鲜草莓等5个税目商品的进口关税。由于涉及的降税商品范围和税率降幅较小，对关税总水平的影响不大，2009年的关税总水平与2008年相同，仍为9.8%。其中，农产品平均税率仍为15.2%，工业品平均税率仍为8.9%。经过此次降税，除上述鲜草莓等5种商品还有1年的降税实施期外，我国已经基本履行完毕加入世界贸易组织的降税承诺。

自2010年1月1日起，我国继续调整了进出口关税税则，主要涉及最惠国税率、年度暂定税率、协定税率、特惠税率以及税则税目等方面，并相应降低了鲜草莓等几个税目商品的进口关税。经过这次调整，2010年进出口税目总数由上年的7868个增至7923个，关税总水平为9.8%，其中农产品平均税率为15.2%，工业品平均税率为8.9%。此次降税后，中国于2001年加入世界贸易组织时的降税承诺已经全部履行完毕，成为全球最开放的市场之一。

进入2011年后，鉴于“入世”降税承诺已于上年全部履行完毕，中国的最惠国税率维持不变，并依据与有关国家或地区签署的自由贸易协定或关税优惠协定，对原产于东盟国家、智利、巴基斯坦、新西兰、秘鲁、韩国、印度、斯里兰卡、孟加拉国等国家的部分进口产品实施低于最惠国税率的协定税率。在内地与中国香港、中国澳门更紧密经贸关系安排框架下（CEPA），对原产于港澳地区且已制定原产地优惠标准的产品实施零关税。根据海峡两岸经济合作框架协议（ECFA）的货物贸易早期收获计划，对原产于中国台湾的500余项早期收获商品实施协定税率。同时，继续对原产于老挝、苏丹、也门等41个最不发达国家的部分产品实施特惠税率。此外，对600多种资源性、基础原材料和关键零部件产品实施较低的年度进口暂定税率，并继续以暂定税率的形式对煤炭、原油、化肥、有色金属等“两高一资”产品[①]征收出口关税。另外，自2011年1月1日起，将进出口税目总数由上年的7923个增至7977个。

2. 进口商品国内税

进口商品除须缴纳进口关税外，还应按税法规定，缴纳包括增值税及消费税在内的国内税，由进口口岸的海关代税务机关征收。对进口产品征收国内税，其目的是调节国内外产品税收负担的差异，使进口货物与本国货物同等纳税，以平

① 指高耗能、高污染和资源性产品

衡国内外产品的税负，为国内外产品在国内市场竞争创造一个平等的环境，同时也可起到保护国内生产、抑制盲目进口的作用。2010 年，我国进口商品的增值税及消费税合计为 10 487.46 亿元，同比增长 35.7%。[①]

1）进口商品的增值税

增值税是指以企业生产的产品中新增加的价值额或劳务中的增值额为课税对象征收的一种税。目前增值税是我国第一大税种，2010 年国内增值税收入为 21 091.95 亿元，同比增长 14.1%，占全年税收总收入的比重为 29%。根据 2008 年 11 月修订、并于 2009 年 1 月 1 日起施行的中国《增值税暂行条例》，在中国境内销售货物或者提供加工、修理修配劳务，以及进口货物的单位和个人，为增值税的纳税人，应当缴纳增值税。

根据《增值税暂行条例》，进口商品的增值税税率包括低税率和基本税率两档：低税率为 13%，适用于纳税人进口粮食、食用植物油、石油液化气、图书、报纸、杂志、饲料、化肥、农药、农机、农膜等 19 种货物，以及国务院规定的其他货物；其他进口商品的增值税适用 17%的基本税率。税率的调整，由国务院决定。

增值税税额的计算方法是，纳税人进口货物按照组成计税价格和规定税率计算应纳税额，不得抵扣任何税额。其计算公式为

组成计税价格＝关税完税价格＋关税＋消费税

应纳增值税额＝组成计税价格×增值税税率

《增值税暂行条例》规定，以下进口货物免征增值税：一是直接用于科学研究、科学试验和教学的进口仪器、设备；二是外国政府、国际组织无偿援助的进口物资和设备；三是由残疾人的组织直接进口供残疾人专用的物品。

2）进口商品的消费税

消费税是指对中国境内从事生产、委托加工和进口应税消费品的单位或个人，就其销售额或销售数量，在特定环节征收的一种税。简单地说，消费税是对特定的消费品和消费行为所课征的一种税。根据我国《消费税暂行条例》的规定，在中国境内生产、委托加工和进口应税消费品的单位和个人，以及国务院确定的销售应税消费品的其他单位和个人，为消费税的纳税人，应当缴纳消费税。

自 1994 年起，中国实行税制改革，开始征收消费税。消费税收入从 1994 年开征时的 516 亿元，上升到 2010 年的 6017.54 亿元，已是我国一个非常重要的税种。2010 年国内消费税占全年税收总收入的比重为 8.3%，较上年提高了 0.3 个百分点。根据 1994 年 1 月 1 日起施行的《消费税暂行条例》的规定，应征消费税的商品涉及用于生活消费的商品和用于生产消费的商品，具体包括烟、酒及

① 财政部税政司（http：//szs. mof. gov. cn）

酒精、化妆品、护肤护发品、贵重首饰及珠宝玉石、鞭炮及焰火、汽油、柴油、汽车轮胎、摩托车、小汽车等 11 类商品。这些商品的进口者在报关进口时，应当向报关地的海关申报纳税。

2008 年 11 月，我国对《消费税暂行条例》进行了修订，并于 2009 年 1 月 1 日起施行。此次修订将 1994 年以来出台的政策调整内容，更新到了修订后的《消费税暂行条例》中。根据修订后的《消费税暂行条例》，应征消费税的商品包括烟、酒及酒精、化妆品、贵重首饰及珠宝玉石、鞭炮及焰火、成品油、汽车轮胎、摩托车、小汽车、高尔夫球及球具、高档手表、游艇、木制一次性筷子、实木地板等 14 类商品。

修订后的《消费税暂行条例》对不同应税消费品，规定实行从价定率、从量定额，或者从价定率和从量定额复合计税（简称复合计税）三种办法计算应纳税额，并对某些特殊消费品税率适用作出了具体规定。从价定率征税，适用于价格差异较大或计量单位难以规范的应税商品，如小汽车、摩托车、化妆品、贵重首饰及珠宝玉石等；从量定额征税，适用于价格差异较小、计量单位规范的应税商品，如成品油、啤酒、黄酒等；对卷烟和白酒这两类消费品，则实行复合计税方法。

实行从价定率办法的进口货物，其应纳税额的计算公式为

组成计税价格＝（关税完税价格＋关税）÷（1－消费税比例税费）

应纳消费税额＝组成计税价格×消费税比例税率

实行从量定额办法的进口货物，其应纳税额的计算公式为

应纳消费税额＝应税消费品数量×消费税定额税率

实行复合计税办法的进口卷烟和白酒，其应纳税额的计算公式为

组成计税价格＝（关税完税价格＋关税＋进口数量×消费税定额税率）÷（1－消费税比例税率）

应纳消费税额＝组成计税价格×消费税比例税率＋进口数量×消费税定额税率

3. 出口退税

出口退税是指一国对已报关离境的出口货物退还其出口前生产和流通各环节已经缴纳的增值税、消费税等间接税税款的一种税收制度。对出口货物退还增值税是为了使本国产品以不含税价格进入国际市场，增强其国际竞争力，促进本国出口贸易的发展。而对于一国由于财政原因而设立的消费税而言，并没有必要由别国的消费者承担。出口退税制度符合世界贸易组织的一般规则，并被世界各国所普遍采用。

出口退税既是促进对外贸易发展的措施，也是实行对外贸易宏观调控的一种手段。国家通过对出口货物实行符合国际惯例的免税、退税和不予退税的政策，可以体现国家以鼓励、限制等方式进行对外贸易宏观调控的经济政策取向。在实

践中，中国主要是通过调整出口退税率，实现优化出口商品结构、增强出口商品竞争力和推动出口贸易发展的政策效果。自 1994 年实施税制改革起至 2010 年，我国先后 13 次对出口退税政策进行了大的调整，其中在 2008 年下半年至 2009 年上半年期间就曾 7 次调整了出口退税政策，以应对全球金融动荡对中国出口贸易造成的不利影响。

有关中国出口退税政策的详细内容，请参阅本书第六章中国对外贸易促进。

二、汇率和汇率制度

汇率制度是一国宏观经济政策的重要体现，同时汇率也是调控一国进出口总量平衡和优化进出口商品结构的主要经济杠杆。目前，世界各国都把汇率作为调节进出口贸易的重要手段。中国在不同发展时期也对本国的汇率制度进行不断更新和调整，以发挥汇率对对外贸易的调节作用，适应国内外经济形势的变化。

1. 汇率对进出口贸易的经济效应

汇率也称汇价，是指两国货币之间的交换比率或比价，也就是用一国的货币单位来表示另一国货币单位的价格。汇率的标价方法一般有两种：直接标价法和间接标价法。前者是指以 1 个单位或 100 个单位的外国货币为标准，折算成一定数额的本国货币，中国就是采用直接标价法的国家之一。在这种标价法下，外国货币的数额固定不变，本国货币数额随着汇率的变动而改变。后者是指以 1 个单位或 100 个单位的本国货币为标准，折算成一定数量的外国货币。目前，英国和美国是采用间接标价法的国家。

根据经济学一般原理，汇率变动对进出口贸易的影响主要是通过价格机制实现的。若本币升值，表明一定数额的外国货币只能兑换较少的本国货币，必然会使以本国货币表示的进口商品价格降低，从而有利于本国的进口；同时，本币升值会使以本币表示的出口商品成本价格上升，因而不利于本国的出口。反之，若本币贬值，表明一定数额的外国货币能够兑换更多的本国货币，必然会使以外币表示的出口商品价格降低，提高本国商品在国外市场的竞争力，从而有利于扩大出口；同时，本币贬值会使以本币表示的进口商品成本价格上升，相对降低了进口商品的竞争力，因而不利于本国的进口贸易。

由于汇率贬值可以刺激本国出口，缓解国际收支逆差压力，一些国家便通过干预汇率走势，利用汇率贬值扩大本国出口。然而贬值对出口的刺激是有条件的，并不总能起到“奖出限入”的作用。比如，如果一国的出口需求弹性和进口需求弹性较大，汇率贬值会使出口价格下降，出口需求出现较大幅度增长，同时进口商品价格的上升使得进口需求较大幅度下降，最后将促使该国贸易收支状况好转；反之则不然。再如，汇率贬值政策能否奏效，还取决于贸易伙伴是否同样采取贬值措施报复，以及本币对外贬值和对内贬值（即通货膨胀）的关系。若贸易伙伴也实行货币贬值，则会抵消彼此货币贬值的效力。同时，国内通货膨胀也会抵消货币对外贬值的效力。此外，汇率贬值对一国国际收支的改善一般存在一个“时滞”，往往需要经过一段时间，出口增长率才会大于进口增长率，逆差逐渐向顺差局面转变。

对于各国来说，汇率高估不利于本国产品参与国际市场竞争，会带来国际收支困难，而汇率低估又会使需要进口的商品过于昂贵，影响本国的投资和生产。从长远来看，理想的汇率应该能够客观、真实地反映市场供求状况，并能够起到正确引导外汇资金合理配置、保持国际收支持续稳定的作用。

2. 中国汇率制度的演变

一国汇率的确定既与本国货币制度和国内经济状况有着直接的关系，还会因国际货币制度和国际市场外汇供求形势的变化而不断变化。同样，人民币汇率制度也是随着国内经济制度和经济贸易发展的需要而不断调整的，并且受到国际货币制度变动的影响。

1）计划经济时期的汇率制度

新中国成立初期至20世纪70年代末，中国实行的是高度集中、以严格行政管理为主的外汇管理体制，汇率水平长期不变，货币兑换受到限制，汇率高估现象严重。人民币汇率仅在外贸企业中起统计折算工具的作用，汇价与物价相脱节，汇率对进出口贸易的调节功能完全丧失。

2）改革开放初期的汇率制度

实行改革开放后，中国改革了人民币汇率形成机制，采用了官方汇率与外汇调剂市场汇率并存的双重汇率制度，并且开始依据国内经济形势和政策目标，主动对汇率进行调整，逐步恢复汇率对外汇收支及进出口贸易的调控作用。在出口方面，企业出口收汇中上缴国家的外汇，按官方汇率计算，其所得的留成外汇则按市场汇率计算，这样可以使出口企业得到更多的人民币收益，再加上国家在汇率水平上实行了以人民币不断贬值为主导的政策，从而极大地调动了企业出口的积极性。在进口用汇方面，关系国计民生的重要物资和必需品的进口，由国家批准按官方汇率折算，一般商品进口则按市场汇率折算，以限制不必要的进口。双轨汇率制的形成和演化，为当时的对外贸易体制改革创造了条件，缓解了中国既要扩大对外贸易又需稳定国内物价的矛盾，推动了对外贸易特别是出口贸易的发展。

然而，人民币汇率双轨制存在较大的局限性，只能是特定条件下的一种过渡性措施。汇率双轨制下的用汇成本高低不同，不利于对外贸易企业的成本核算和公平竞争，不利于外汇资源的有效配置。同时，双轨制的汇率安排造成对于出口贸易的补贴性和对于进口贸易的歧视性，其成为中国恢复关贸总协定缔约国地位和加入世界贸易组织的一大障碍。因此，人民币双重汇率并轨成为继续深化改革中必须解决的问题。

3）1994 年后的汇率并轨

自 1994 年 1 月 1 日起，中国取消以往的人民币官方汇率和外汇调剂市场汇率并存的汇率制度，实现汇率并轨，开始实行以市场供求为基础的、单一的、有管理的浮动汇率制。中国人民银行每天根据前一营业日银行间外汇市场形成的交易价格，并参照国际金融市场的变动情况，公布人民币对美元等主要货币的汇率。各外汇指定银行以此为依据，在中国人民银行规定的浮动幅度内自行挂牌对客户买卖外汇，外汇买卖允许在一定幅度内浮动。中国人民银行对人民币汇率进行适当的宏观调控和必要的市场干预，以保持汇率的合理和稳定。

为进一步完善汇率制度，自 1996 年 4 月 1 日起，国家取消了若干对经常项目中的非贸易非经营性交易的汇兑限制。1996 年 7 月 1 日起，将外商投资企业外汇买卖纳入银行结售汇体系，外商投资企业的外汇账户区分为用于经常项目的外汇结算账户和用于资本项目的外汇专用账户。1996 年 12 月 1 日，中国正式宣布接受国际货币基金组织协定第八条款规定的义务，实现人民币经常项目下完全可兑换。1997 年亚洲金融危机爆发后，在周边国家和地区货币轮番贬值的情况下，中国承诺人民币不贬值，并主动收窄了人民币汇率浮动区间，使汇率制度从有管理的浮动，改变为实际上盯住美元的汇率制度。但这种汇率制度的灵活性和操作性不是很强，随着美国经济连年走低，人民币升值的压力日益凸显。

1994 年后的汇率并轨，使汇率形成机制发生重大变化，汇率杠杆调节我国对外贸易的作用明显加大。实行银行结售汇制，为各类企业创造了相对平等的竞争环境，有利于企业提高竞争力，促进出口贸易的发展。同时，取消国际收支经常性交易方面的外汇限制，允许人民币经常项目下的自由兑换，也为企业提供了宽松的用汇条件，有利于进口贸易的发展。

4）2005 年后的汇率改革

为充分发挥市场在资源配置中的基础性作用，继续完善以市场供求为基础的、有管理的浮动汇率制度，中国于 2005 年 7 月 21 日开始实行以市场供求为基础、参考一篮子货币进行调节、有管理的浮动汇率制度。

在这种汇率制度安排下，人民币汇率不再盯住单一美元，而是按照中国对外经贸发展的实际情况，选择若干种主要货币，赋予相应的权重，组成一个货币篮子。同时，根据国内外经济金融形势，以市场供求为基础，参考一篮子货币计算人民币多边汇率指数的变化，对人民币汇率进行管理和调节，维护人民币汇率在合理均衡水平上的基本稳定。参考一篮子表明外币之间的汇率变化会影响人民币汇率，但参考一篮子不等于盯住一篮子货币，它还需要将市场供求关系作为另一重要依据，据此形成有管理的浮动汇率。

在人民币汇价管理上，中国人民银行于每个工作日闭市后公布当日银行间外汇市场美元等交易货币对人民币汇率的收盘价，作为下一个工作日该货币对人民币交易的中间价格。银行间外汇市场人民币对美元买卖价在中国人民银行公布的市场交易中间价上下0.3%的幅度内浮动，欧元、日元、港币等非美元货币对人民币交易价浮动幅度为上下3%。外汇指定银行在规定的浮动范围内确定挂牌汇率，对客户买卖外汇。银行对客户美元挂牌汇价实行价差幅度管理，美元现汇卖出价与买入价之差不得超过交易中间价的1%，现钞卖出价与买入价之差不得超过交易中间价的4%。银行可在规定价差幅度内自行调整当日美元挂牌价格，自行制定非美元对人民币价格，并可与客户议定所有挂牌货币的现汇和现钞买卖价格。

此次人民币汇率制度调整，表明中国在人民币汇率形成机制改革上坚持主动性、可控性和渐进性的原则。实行参考一篮子货币的汇率，避免了汇率大起大落的干扰，有利于保持对外贸易部门的竞争力和主要出口市场的平稳。2008年8月5日，我国施行了修订后的《外汇管理条例》，其中明确规定，人民币汇率实行以市场供求为基础的、有管理的浮动汇率制度，外汇管理部门依法监督管理全国的外汇市场，并可根据外汇市场变化和货币政策的要求，依法对外汇市场进行调节。2010年6月，在2005年汇率改革的基础上，我国进一步推进汇率形成机制改革，核心是坚持以市场供求为基础，参考一篮子货币进行调节，继续按照已公布的外汇市场汇率浮动区间，对人民币汇率进行动态管理和调节。汇率形成机制改革以来，人民币汇率弹性逐步增强，汇率形成的市场基础逐步扩大，进出口企业应对汇率波动的能力逐步提高。进入2011年后，人民币呈现出持续升值态势，打破了2005年汇率改革以来兑美元最长的连续升值纪录。预计我国在2011年将进一步增强人民币汇率弹性，以减少经常项目顺差，降低贸易顺差过大造成的国内通货膨胀压力。

三、进出口信贷

信贷杠杆是国家根据国民经济运行状况，通过调整利率和确定不同的贷款方向、贷款数量和贷款成本，以控制和引导资金运用、调整国民经济运行的重要手段。在对外贸易领域，进出口信贷则是一国政府通过银行向进出口商提供贷款以鼓励出口、确保进口的重要措施。尤其是出口信贷，近年来已成为世界各国普遍采用的政策性金融手段。随着全球贸易自由化的发展，许多国家纷纷放弃以往财政补贴的方式，转而通过出口信贷，支持和促进本国产品特别是资本货物的出口。

自加入世界贸易组织以来，中国也在遵循国际贸易通行规则，积极运用政策性金融工具，通过进出口信贷，支持国家鼓励的产业的发展和产品的进出口。从这个意义上讲，进出口信贷不仅是国家进行对外贸易宏观经济调控的一种方式，同样也是对外贸易促进的一项措施。值得强调的是，长期以来，中国进出口信贷杠杆作用主要体现在出口信贷方面（请参阅本书第六章中国对外贸易促进）。自2006年以来，随着国际国内经济形势的变化，中国也开始对重要的进口项目提供进口信贷支持。中国对外贸易领域的政策性银行——中国进出口银行，已经由一个只支持出口的银行，转变为既支持出口又支持进口的新型国际经济合作银行。2007年10月，经我国商务部、财政部、国家发展和改革委员会以及中国银行业监督管理委员会（以下简称银监会）四个部委批准，中国进出口银行成为为国家鼓励的进口商品提供信贷支持的唯一承办行。

第四节　对外贸易行政管理

对外贸易行政管理，是指国家经济管理部门凭借行政组织权力，采取发布命令、制定指令性计划以及实施措施、规定制度程序等形式，按照自上而下的组织系统，对对外贸易活动进行直接调控的一种手段。在社会主义市场经济体制下，国家对于对外贸易的管理采取以法律手段为依据，以经济调控手段为主，同时辅以必要的行政手段的模式。从国际情况看，世界各国也在使用某些为世界贸易组织规则所允许的行政手段来管理本国的对外贸易。随着我国改革开放的深入，客观上要求逐步减少行政手段的使用，要求政府部门依法行政，行政管理要符合国际规范，具有公开性和稳定性。

中国对外贸易行政管理的对象主要包括三部分：对外贸易经营管理、货物进出口管理以及货物进出口配套环节管理。对外贸易经营管理，是指对对外贸易经营者的资格和经营活动范围进行规范而实行的管理。货物进出口管理，是指国家对进出口货物本身的实际管理，主要以进出口许可证、进出口配额作为管理手段。货物进出口配套环节管理，是指对货物进出口过程中所涉及的相关配套环节实行管理，主要包括进出口商品检验管理、原产地规则管理、海关管理、外汇管理等。

一、对外贸易经营管理

1. 对外贸易经营者的资格管理

对外贸易经营者，是指依法办理工商登记或其他执业手续，依照《对外贸易法》和其他有关法律、行政法规的规定，从事对外贸易经营活动的法人、其他组织或个人。根据2004年修订后的《对外贸易法》的规定，从事货物进出口或者技术进出口的对外贸易经营者，应当向国务院对外贸易主管部门或其委托的机构办理备案登记。这标志着中国对外贸易经营权自此告别已实行多年的审批许可制，迎来了备案登记制，提前履行了“入世”承诺，在外贸经营权上实现了与国际规则的接轨。

在改革开放以前，我国对外贸经营资格实行严格限制，只有十几家国营专业外贸公司有权经营对外贸易。其后，随着经济体制改革的深入及与国际经济体系的接轨，我国分阶段放宽了经营限制，逐步使审批制向国际通行的登记制过渡，外贸经营主体日益多元化。1996 年 9 月，外经贸部发布《关于设立中外合资对外贸易公司试点暂行办法》，规定在深圳特区和上海浦东新区开展兴办中外合资外贸公司试点。1997 年年初，外经贸部颁布《经济特区生产企业自营进出口权自动登记暂行办法》，在 5 个经济特区率先实行生产企业自营进出口权登记制。1999 年 1 月，又对全国大型工业企业实行进出口权登记备案制，对国有、集体所有制的科研院所和高新技术企业实行自营进出口权登记制，并允许有条件的私营企业经申请获得进出口经营权。2001 年 7 月，外经贸部发布《关于进出口经营资格管理的有关规定》，大大放宽申请贸易经营权的门槛，对进出口资格实行登记与核准制，对企业的进出口经营资格按登记或核准的经营范围实行管理。2004 年修订后的《对外贸易法》明确规定，外贸经营权由审批制改为备案制，并将外贸经营权扩大到个人。2004 年 6 月 25 日，商务部公布《对外贸易经营者登记备案办法》，并与《对外贸易法》于 2004 年 7 月 1 日同步实施。自此，我国外贸审批制正式退出历史舞台。

修订后的《对外贸易法》对经营资格不再划分外贸流通经营权和生产企业自营进出口权。国内任何企业、组织及个人，在依法办理从业手续，并在商务部及其委托机构办理外贸经营权备案登记后，均可从事对外贸易经营活动。

2. 国营贸易与指定经营管理

根据《1994 年关税与贸易总协定》第 17 条和《服务贸易总协定》第 8 条的规定，允许各缔约方在国际贸易中建立或维持国营贸易（state trading），即对部分领域的货物贸易，可以授权特定的进出口企业经营，具体经营企业可以是国有企业或非国有企业。据此，我国新修订的《对外贸易法》中增加了国家可以对部分货物的进出口实行国营贸易管理的内容。对于某些特别重要的商品的进出口，国家规定其经营权划归国家确定的国有贸易企业，只有被允许的国有贸易企业才可从事这些商品的经营活动，其目的是维护国家正常的贸易秩序。

中国加入世界贸易组织时，保留了对粮食、棉花、植物油、食糖、原油、成品油、化肥、烟草等 8 种大宗产品的进口和对茶、大米、玉米、大豆、钨及钨制品、煤炭、原油、成品油、丝、棉花等产品的出口实行国营贸易管理的权利，只限于政府指定的有限数量的国有贸易公司经营，同时允许个别产品（原油、成品油）一定比例的进口由非国有贸易公司经营。“入世”以后，对于丝绸，已于 2005 年 1 月 1 日完全取消废丝（未梳废丝除外）和非供零售用丝纱线（绢纺纱线除外）的国营贸易。2006 年 1 月 1 日，植物油（豆油、棕榈油和菜籽油）的国营贸易也被取消。2011 年，我国实行国营贸易管理的货物包括小麦、玉米、大米、煤炭、原油、成品油、棉花、锑及锑制品、钨及钨制品、白银等。

基于维护进出口经营秩序的需要，中国可以在一定期限内对部分货物实行指定经营管理。实行指定经营管理的进出口货物目录，由国务院外经贸主管部门制定、调整并公布，指定经营企业名录由国务院外经贸主管部门公布。未列入国营贸易企业名录和指定经营企业名录的企业或其他组织，不得从事实行国营贸易管理、指定经营管理的货物的进出口贸易。

根据中国加入世界贸易组织议定书中有关加入后 3 年内放开指定经营的规定，指定经营制度的 3 年过渡期已经结束，2004 年修订的我国《对外贸易法》中并未提及指定经营。自 2004 年 12 月 11 日起，我国取消了钢材、天然橡胶、羊毛、腈纶及胶合板的进口指定经营，以及绿茶、乌龙茶、定尺碳素钢板（对美国）等产品的出口指定经营，凡符合条件的企业均可经营上述产品的外贸业务。

二、货物进出口管理

1. 进出口货物的分类

根据中国《对外贸易法》对进出口货物管制程度的不同，可将进出口货物分为限制进出口货物、禁止进出口货物、自由进出口货物及特殊进出口货物。

1）限制进出口货物

对于属于下列情形之一的货物及技术，国家可以限制其进口或出口：

（1）为维护国家安全或者社会公共利益，需要限制进口或者出口的；

（2）为保护人的健康或者安全，保护动物、植物的生命或者健康，保护环境，需要限制进口或者出口的；

（3）为实施与黄金或者白银进出口有关的措施，需要限制进口或者出口的；

（4）国内供应短缺或者为有效保护可能用竭的自然资源，需要限制出口的；

（5）输往国家或者地区的市场容量有限，需要限制出口的；

（6）出口经营秩序出现严重混乱，需要限制出口的；

（7）为建立或者加快建立国内特定产业，需要限制进口的；

（8）对任何形式的农业、牧业、渔业产品有必要限制进口的；

（9）为保障国家国际金融地位和国际收支平衡，需要限制进口的；

（10）依照法律、行政法规的规定，其他需要限制进口或者出口的；

（11）根据中华人民共和国所缔结或者参加的国际条约、协定的规定，其他需要限制进口或者出口的。

国家对限制进口或者出口的货物，实行配额、许可证等方式管理。

2）禁止进出口货物

对于属于下列情形之一的货物及技术，国家禁止其进口或者出口：

（1）危害国家安全或者社会公共利益的；

（2）为保护人的生命或者健康，必须禁止进口或者出口的；

（3）破坏生态环境的；

（4）根据中华人民共和国所缔结或者参加的国际条约、协定的规定，需要禁止进口或者出口的。

限制或者禁止进出口货物的目录，由商务部会同国务院有关部门制定、调整并公布。经国务院批准，可临时决定限制或禁止规定目录以外的特定货物的进口或者出口。

3）自由进出口货物

限制与禁止进出口以外的货物为自由进出口货物。具备合法对外贸易经营资格的企业，都可根据其自身需要对外签订此类货物的进出口合同，办理其进口或出口手续，无需获得有关管理部门的审批。

基于监测货物进出口情况的需要，商务部及国务院有关部门，可以对部分属于自由进出口的货物实行自动进出口许可证管理。所谓自动进出口许可证管理，是指国家对部分自由进出口的货物，对外贸易经营者一经向政府部门提出申请，即应当获得批准，并不得附加任何其他限制条件。自动进出口许可证是对自由进出口货物实行有效监测的手段。我国的自动进出口许可证分为自动进口许可证和自动出口许可证两种。

4）特殊进出口货物

属于文物、野生动植物及其产品等货物，其他法律、行政法规有禁止进出口或者限制进出口规定的，依照有关法律、行政法规的规定进出口。

世界贸易组织的基本原则之一，是对货物进出口取消数量限制，实行贸易自由化，但允许其成员在某些情况下对某些商品实施进出口限制。中国对货物进出口实行管理，是符合世界贸易组织的基本原则的。

2. 货物进出口管理的主要手段

进出口配额、进出口许可证管理手段，是中国实施货物进出口管理的最主要手段，也是世界贸易组织其他成员对货物进出口贸易实施管理的通行做法。

1）进出口配额管理

进出口配额管理，是指国家为维护本国的利益，在一定时期内对某些货物的进出口数量或金额加以限制的管理措施。在规定的期限和规定的配额数量以内的货物可以进出口，超过配额的部分则不准进出口。进出口配额管理包括进口配额管理和出口配额管理两部分。在长期的配额管理实践中，我国采用了配额与许可证相结合的做法，即对实施配额管理的商品也同时实行许可证管理。

改革开放以后，中国长期对进口商品实行配额管理，其主要目的是保护国内相关工业的发展，促进产业结构调整和维护国家的外汇收支地位。加入世界贸易组织后，按照“入世”承诺，自 2005 年 3 月起，我国取消了限制进口货物的配额管理，只保留了农产品进口的关税配额管理。所谓关税配额管理，是指不绝对限制商品的进口总量，而是在一定时期内对规定的一定数量的进口商品，给予低税、减税或免税的待遇，对于超过此配额的进口商品，则征收较高的关税或附加税和罚款。我国实行进口关税配额管理的农产品，包括小麦、玉米、豆油、菜籽油、棕榈油、食糖、棉花、羊毛及毛条等。自 2006 年 1 月 1 日起，我国取消了对豆油、棕榈油、菜籽油等植物油产品的关税配额管理，改由关税调节进口，其关税统一降至 9%。

2010 年，我国继续对小麦、玉米、稻谷和大米、食糖、羊毛、毛条、棉花等 7 种农产品及尿素、复合肥、磷酸氢二铵等 3 种化肥实施关税配额管理。进入 2011 年，主要农产品进口关税配额量分别为：小麦 963.6 万吨，玉米 720 万吨，大米 532 万吨，棉花 89.4 万吨。此外，2011 年的粮食、棉花进口关税配额量中的国营贸易额比例分别为：小麦 90%、玉米 60%、大米 50%、棉花 33%。

在出口商品配额管理方面，我国规定对有数量限制的限制出口货物，实行配额管理。实行配额管理的限制出口货物，其目录由商务部会同国务院有关部门制定、调整并公布，由出口配额管理部门根据国务院规定的职责划分进行管理。对实行配额管理的限制出口货物，出口配额管理部门应当在每年 10 月 31 日前公布下一年度出口配额总量。配额可以通过直接分配的方式分配，也可以通过招标等方式分配。在使用招标方式的情况下，出口企业通过自主投标竞价，有偿取得和使用国家确定的出口商品配额。出口商品配额招标遵循“效益、公正、公开、公平竞争”的原则。

根据《出口商品配额招标办法》，确定招标商品的原则包括：①属不可再生的大宗资源性商品；②属在国际市场上占主导地位且价格变化对出口量影响较小的商品；③属供大于求，经营相对分散，易于发生低价竞销，招致国外反倾销诉讼的商品；④属我国与设限国家签订的多、双边协议中规定需要实行出口配额管理的商品。随着中美、中欧双边纺织品谅解备忘录于 2008 年年底到期，自 2009 年 1 月 1 日起，不再实行输美纺织品出口数量及许可证管理和输欧纺织品出口许可证管理。这意味着从该年度起，中国纺织品出口将不再受配额的限制。

根据商务部、海关总署联合发布的 2010 年第 108 号公告，2011 年我国实行出口配额管理的货物包括玉米、大米、小麦、玉米粉、大米粉、小麦粉、棉花、锯材、活牛（对港澳地区）、活猪（对港澳地区）、活鸡（对港澳地区）、煤炭、焦炭、原油、成品油、稀土、锑及锑制品、钨及钨制品、锌矿砂、锡及锡制品、白银、铟及铟制品、钼、磷矿石等。其中，尤为引人关注的是，2011 年我国首批稀土出口配额为 14 446 吨，较上年的首批配额减少了约一成。在全球目前已探明的 1 亿吨稀土储量中，中国仅占 36%，但长期以来却供应着全球 90%以上的稀土市场。减少稀土出口配额既是保护我国生态环境和资源、降低污染损害的需要，也是实现我国稀土资源长期有效利用的必然选择。

2）进出口许可证管理

进出口货物许可证是国家管理货物出入境的法律凭证，包括法律、行政法规规定的各种具有许可进口或出口性质的证明、文件。进出口许可证管理，就是指对外贸易经营者进口或出口国家限制进出口目录项下的商品，必须事先从国家指定的机关领取进口或出口许可证，没有许可证则一律不准进口或出口的管理方式。

从宏观层面看，进出口许可证管理是国家对外经济贸易管理的重要措施，也是海关对进出口货物实施监管的重要依据。它是根据国家法律、政策和国内外市场的需求，对进出口经营权、经营范围、贸易国别、进出口货物品种和数量，以及进出口技术等实行全面管理、有效监测、规范货物进出口许可的制度。

在进出口许可证的管理上，商务部是我国进出口许可证的归口管理部门，负责制定进出口许可证管理的规章制度，发布进出口许可证管理商品目录和分级发证目录，设计、印制有关进出口许可证证书和印章，监督、检查进出口许可证管理办法的执行情况，并负责处罚违规行为。受商务部委托，商务部配额许可证事务局（Quota & Licence Administrative Bureau，简称“许可证局”）具体负责全国许可证发证机构及各种进出口商品许可证件的签发和管理工作并监督检查，是商务部配额许可证管理的窗口单位，许可证局对商务部负责。

在进出口许可证的签发上，实行三级发证制，许可证局及商务部驻各地特派员办事处（简称“特办”）、各省级及商务部授权的其他省会城市商务厅（局）、外经贸委（厅、局）（简称地方发证机构）为进出口许可证发证机构，在许可证局统一管理下，负责授权范围内的发证工作。

自2005年起，进口货物配额管理取消，只保留进口许可证管理，且受进口许可证管理的商品品种越来越少。2011年，实行进口许可证管理的货物为消耗臭氧层物质和重点旧机电产品两类。其中，许可证局负责签发重点旧机电产品的进口许可证，地方发证机构负责签发消耗臭氧层物质的进口许可证。在京中央企业的进口许可证，则统一由许可证局签发。进口许可证有效期为1年，当年有效，需跨年度使用时，最长不得超过次年3月31日。

在出口许可证管理方面，出口许可证包括出口配额许可证和出口许可证。凡实行出口配额许可证管理和出口许可证管理的货物，对外贸易经营者应当在出口前按规定向指定的发证机构申领出口许可证，海关凭出口许可证接受申报和验放。根据商务部2008年第11号令，新修订的《货物出口许可证管理办法》于2008年7月1日起施行。根据该办法，出口许可证的有效期最长不得超过6个月，且有效期截止时间不得超过当年12月31日。出口许可证应当在有效期内使用，逾期自行失效，海关不予放行。出口许可证管理实行“一证一关”制、“一批一证”制和“非一批一证”制。所谓“一证一关”，指出口许可证只能在一个海关报关；“一批一证”则指出口许可证在有效期内一次报关使用。2011 年，实施出口许可证管理的货物为 49 类。其中，玉米、小麦、棉花、煤炭、原油、成品油 6 类货物的出口许可证，由许可证局签发；大米、玉米粉、大米粉、小麦粉、锯材等 32 类货物的出口许可证，由各地“特办”签发；消耗臭氧层物质、石蜡、锌及锌基合金、部分金属及制品、汽车（包括成套散件）及其底盘等 11 类货物的出口许可证，由各地方发证机构签发。在京中央企业的出口许可证则统一由许可证局签发。

三、货物进出口配套环节管理

1. 进出口商品检验管理

进出口商品检验（commodity inspection），是指在国际贸易中对买卖双方达成交易的进出口商品，由法定商检机构依法对其品质、数量、规格、包装、安全、卫生、装运条件等进行检验的活动。进出口商品检验有利于保证进出口商品符合贸易合同的要求，提高出口商品在国际市场上的竞争力，防止低劣或危险性商品的输出（入），维护贸易双方的利益和国家声誉，因此是国际贸易中不可或缺的环节。为规范进出口商品检验行为，维护社会公共利益和有关交易各方的合法权益，促进对外经济贸易关系的发展，中国依据世界贸易组织规则和《进出口商品检验法》等国内法律法规，对进出口商品检验活动实施管理。

1）进出口商品检验体制

进出口商品检验体制，是指国家管理进出口商品检验工作的组织形式及基本制度，包括商检机构的设置、职责范围的确定和管理职权的划分，是国家进出口商品检验法律、法规、方针、政策得以贯彻落实的组织保障和制度保障。根据《进出口商品检验法》的规定，中国进出口商品检验体制由以下三个层次构成。

（1）国家商检部门。国务院设立进出口商品检验部门——国家质量监督检验检疫总局（General Administration of Quality Supervision, Inspection and Quarantine of the People's Republic of China, AQSIQ，简称国家质检总局），负责主管全国进出口商品检验工作。其主要职责包括：组织起草与商检相关的法律和规章；拟定商检工作的方针和政策；组织实施进出口商品法定检验和监督管理；组织办理进出口商品复检；组织进出口商品认证管理；监督管理进出口商品鉴定和外商投资财产价值鉴定；垂直管理出入境检验检疫机构；审批并监督管理从事进出口商品检验鉴定业务的机构；管理国家认证认可监督委员会和国家标准化管理委员会等。

（2）地方商检机构。为履行出入境检验检疫职能，国家质检总局在全国共设有35个直属出入境检验检疫局，在各海陆空口岸和货物集散地设有近300个分支局和200多个办事处，负责管理各所辖地区的进出口商品检验工作。这些地方商检机构的主要职责是：贯彻执行进出口商品检验方面的法律、法规及政策规定；实施进出口商品的法定检验和监督管理；负责进出口商品鉴定管理工作；实施外商投资财产鉴定；办理进出口商品复检；实施进出口商品认证工作；实施对进出口食品及其生产企业的卫生注册登记；实施民用商品入境验证工作；管理进出口商品检验证单、标志及签证、标识、封识等。国家质检总局对地方商检机构实施垂直管理。

(3) 检验机构。经国家商检部门许可的检验机构——从事检验鉴定业务的机构，可以接受对外贸易关系人或国外检验机构的委托，办理进出口商品检验鉴定业务。检验机构是社会中介服务机构，经国家商检部门审核许可后方能具备从事委托的进出口商品检验鉴定业务的资格。检验机构从事进出口商品检验鉴定业务，属于商业性委托检验。

2) 进出口商品检验工作

中国进出口商品检验工作，主要包括法定检验、监督管理和进出口商品鉴定业务这三方面的任务。

(1) 法定检验。进出口商品法定检验是指我国商检部门根据国家法律法规，对规定的进出口商品或有关的检验检疫事项实施强制性检验检疫，未经检验检疫或经检验检疫不符合法律法规规定要求的，不准输入和输出。法定检验的目的，是保证进出口商品、动植物（或产品）及其运输设备的安全、卫生符合国家有关法律法规的规定和国际上的有关规定，防止次劣有害商品、动植物（或产品），以及危害人类和环境的病虫害和传染病源输入或输出，保障生产建设安全和人类健康。国家商检部门对进出口商品实施法定检验的范围主要包括：①我国《进出口商品检验法》规定的商品；②我国《食品卫生法》规定的应实施卫生检验及检疫的食品、食品添加剂、食品容器、包装材料等；③我国《进出境动植物检疫法》规定应实施检疫的动、植物产品；④我国卫生部有关条例规定应实施检验的药品等。

(2) 监督管理。进出口商品检验的监督管理工作，是对进出口商品执行检验把关和对收货、用货单位，生产、经营单位和储运单位，以及对指定或认可的检验机构的进出口商品检验工作进行监督检查的重要方式，是通过行政管理手段，推动和组织有关部门对进出口商品按规定要求进行检验，其目的是保证出口商品质量和防止次劣商品进口。商检部门进行监督检查的内容包括：①对其检验的进出口商品进行抽查检验；②对其检验组织机构、检验人员和设备、检验制度、检验标准、检验方法、检验结果等进行监督检查；③对其他与进出口商品检验有关的工作进行监督检查；④对进出口商品实施质量认证、质量许可制度。此外，加贴检验检疫标志或封识，以及指定、认可、批准检验机构等工作，也属于进出口商品检验的监督管理工作范围。

(3) 进出口商品鉴定业务。进出口商品鉴定业务原来称对外贸易公证鉴定业务。它的范围和内容十分广泛，凡是以第三者的地位、公正科学的态度，运用各种技术手段和工作经验，检验、鉴定各种进出口商品的品质、规格、包装、数量、重量、残损等实际情况与使用价值，以及运载工具、装运技术、装运条件等事实状态，是否符合合同（契约）标准和国际条约的规定、国际惯例的要求，通过独立的检验、鉴定和分析判断，作出正确的、公证的检验、鉴定结果和结论，或提供有关的数据，签发检验、鉴定证书或其他有关的证明的，都属于进出口商品鉴定业务范围。经指定或许可的检验机构根据对外贸易关系人的申请，外国检验机构的委托，仲裁司法机构的指定，办理进出口商品鉴定业务，其他检验机构非经许可不得办理进出口商品鉴定业务。进出口商品鉴定项目包括：进出口商品的质量、包装、数量、重量鉴定，货载衡量，车辆、船舱、集装箱等运输工具的清洁、密固、冷藏效能等装运技术条件检验，积载鉴定，舱口检视，载损鉴定，监视装载与卸载，集装箱货物装箱、拆箱鉴定，油舱空距测量，验残，海损鉴定，签封样品，价值证明及其他鉴定业务。通过检验、鉴定事实状态，出具居间证明和各种鉴定证书，供有关方面作为办理进出口商品交接、结算、计费、理算、通关、计税、索赔、仲裁等的有效凭证，处理有关贸易、运输、保险方面的各种问题，便利对外贸易的顺利进行，维护对外贸易有关各方的合法权益和国家信誉，促进生产和对外贸易的发展。

2. 原产地规则管理

直观地讲，用以确定货物原产国或原产地区的规则就是原产地规则（rules of origin，ROO）。原产地规则具体表现为各国、国家集团或地区为确定货物的原产地而实施的法律、规章及普遍适用的行政命令。货物的原产地被形象地称为商品的“经济国籍”，原产地规则在国际贸易中具有重要的作用。

原产地规则的出现源于国际贸易领域对国别贸易统计的需要。然而，伴随国际贸易中关税壁垒与非关税壁垒的形成与蔓延，原产地规则的应用范围也随之扩展，许多国家都陆续制定了烦琐、苛刻的原产地规则。原产地判定标准往往带有浓厚的保护主义色彩。原产地规则已不仅仅是单纯的海关的技术性（统计）问题，实已发展成为西方各国实施其贸易政策的有力工具，在一定程度上已演变成非关税壁垒的措施之一，因原产地规则而引起的贸易摩擦与纠纷时有发生。为此，世界贸易组织的《原产地规则协议》(*Agreement on Rules of Origin*) 要求成员保证其原产地规则必须是透明的，不会对国际贸易造成限制、扭曲和干扰。在中国，经过改革开放以来的不断修改和完善，目前的原产地制度已实现了与世界贸易组织《原产地规则协议》规则的一致。

1）原产地规则的应用范围

（1）贸易统计。便于联合国、世界贸易组织等国际机构及各国的国别贸易统计和分析，便于区分货物的原产国、转口流通及最终进口消费等。然而，伴随经济全球化和跨国公司的国际化生产活动，因现行的原产地规则统计而得出的贸易差额已出现误导，甚至引起贸易争端。

（2）差别关税的计征。为了政治、经济利益的需要，许多国家都对外实施复式税则的差别关税待遇，如普通税率、最惠国税率、协定税率、普惠制税率等。各国海关依据进口货物的原产地计征不同税率的关税。

（3）区域经济一体化的互惠措施。20 世纪 90 年代以来，国际经济中的区域一体化进程加快，以关税同盟，如欧盟（EU）和自由贸易区，如北美自由贸易区（NAFTA）为主要表现形式。其成员国以互惠互利、“一致对外”原则安排它们之间的经贸关系，成员国之间享受减免关税待遇，并减少非关税壁垒。为了区分货物是否原产于成员国，由此产生了关税同盟与自由贸易区内部通行的原产地规则。

（4）进口配额的管理。根据双边协议（如中美之间）或多边协议的安排，不少国家尤其是发达国家对敏感性产品（如纺织品、服装、汽车、机电产品等）实施进口配额限制，并制定了相应的原产地规则，以确定进口货物的来源。为了进行贸易保护，进口国往往修改原产地规则有关条款。如 1994 年，美国就通过法案，将服装的原产地判定标准由“裁剪地”改为“缝制地”，从而有效地阻止了中国内地制造的服装利用香港地区的尚余配额对美出口。一词之差造成的影响非常之大。

（5）反倾销（反补贴）诉案的审理。所谓“倾销”，是指在不同国家以不同价格销售货物的做法，尤指以低于货物出口原产国国内市场价格在国外销售，从而对进口国生产商造成不公平竞争的做法。如何确定货物的国内市场价格，货物究竟“原产”于何国，则是“反倾销”诉案调查审理的关键，势必要涉及原产地规则的运用，以防止原产国通过第三国向进口国倾销或通过在进口国“就地设厂、就地倾销”等规避行为的发生。

（6）原产地标记的监管。有些国家（如美国）为了维护消费者的权益，规定每件原产于外国的货物及其包装必须附有原产地标记，以利于海关监管和消费者的识别和选购。原产地标记的真实性、合法性则与原产地规则密切相关。

（7）政府采购货物的原产地判定。为了保护本国民族工业，维护国家经济利益，一些国家专门制定了原产地规则，旨在鼓励政府部门采购“国货”，抵制“舶来品”的冲击。

（8）涉及濒危动植物的保护。根据《华盛顿公约》的规定，为了保护濒危动植物，对于某些特定的货物，其使用原料涉及濒危动植物的，作了“原产地”、品种和数量的限制。

2）常见原产地证书的种类

原产地证书是国际贸易中用来证明货物产地来源的证明文书，是货物的来源地“护照”和“国籍”凭证。由于往往被进口国用来作为实行差别关税待遇和实施国别贸易政策管理的重要依据，因此，原产地证书就具有了特定的法律效力和经济效用。常见的原产地证书主要有：

（1）一般原产地证书。出口国根据一定的原产地规则签发的证明货物原产地的证明文书。

（2）普惠制原产地证书。受惠国根据给惠国方案中的原产地规则签发的证明货物原产地为受惠国的，可享受关税优惠待遇的证明文书。

（3）纺织品配额原产地证书。纺织品设置数量限制的国家为进行配额管理而要求出口国出具的产地证书。

（4）区域经济集团成员之间的产地证书。区域范围内（如关税同盟、自由贸易区等）的国家为享受互惠减免关税而出具的产地证明书。

（5）手工制品原产地证书。证明货物的加工和制造是全人工的而非机械生产的一种加工证书。

（6）濒危动植物原产地证书。证明作为货物加工原料的动物或植物来自饲养的而非野生的濒危动植物（或在数量限制以内）的证明书。

3）中国的原产地规则

中国的原产地工作起步于签发出口货物原产地证书的需要，可以追溯到新中国成立初期。进入改革开放阶段后，在很长一段时间内，中国对进口货物和出口货物曾分别实行不同的原产地规则。这两个规则不仅在实践中逐渐暴露出适用范围过窄、判定标准不具体等缺陷，而且其立法层级也不一致。进口货物原产地规则由海关总署发布，属部门规章，出口货物原产地规则由国务院发布，属行政法规。2004 年 9 月，国务院颁布了我国《进出口货物原产地条例》（以下简称《原产地条例》），并于 2005 年 1 月 1 日起开始施行。这是中国第一部进出口货物完全统一的、与国际规则接轨的货物原产地认定行政法规。

中国《原产地条例》不仅限于进出口货物税率适用、贸易统计等方面，还广泛适用于最惠国待遇、反倾销和反补贴、保障措施、原产地标记管理、国别数量限制和关税配额等非优惠性贸易措施的实施，以及政府采购时对进出口货物原产地的规定。非优惠性原产地只赋予货物一个“经济国籍”，而不会使货物由此获得优惠或利益。需要强调的是，《原产地条例》仅适用于非优惠条件下进出口货物的原产地确定。有关优惠性贸易措施的进出口货物原产地的确定方法，将依照中国缔结或参与的国际条约、协定的有关规定另行制定。

《原产地条例》将完全获得标准和实质性改变标准作为判定进出口货物原产

地的共同标准。所谓“完全获得”（wholly obtained），是指只有一个国家或地区参与了货物的整个生产过程，即使其中使用了很微小的非当地原产的材料，都可能使货物不符合完全获得的定义。完全获得的货物主要是指自然生成的货物。所谓“实质性改变”（substantial transformation），是指所获得的产品与加工过程中使用的非原产材料相比是新的，并且具有自己独有的名称、特征、形态、用途，或者附加的价值有了实质性的增长。当有两个或两个以上国家或地区参与了货物的生产、制造时，以货物最后发生实质性改变的国家或地区作为其原产地；对于在生产过程中使用的其他材料，若已经取得原产地资格，则无须满足具体货物的实质性改变标准。

按照《原产地条例》的规定，实质性改变的确定标准以税则归类改变为基本标准，若税则归类改变不能反映实质性改变，则以从价百分比标准和制造加工工序标准等为补充标准。税则归类改变标准是指进口原料经出口国或地区加工生产后，若制成品的税目分类发生了变化，则对货物实施加工生产的国家或地区被认定为原产地。在实践中，我国根据 1988 年实施的海关合作理事会《商品名称及编码协调制度》（HS）来判断货物原产地。若加工后获得的产品在协调税则中的税目归类不同于在产品生产中使用的所有非原产材料的税目归类，就可以认为产品发生了实质性改变。从价百分比标准是指在出口产品价格构成中，非原产原料、零部件不能超过一定的百分比，或生产国当地的原料、零部件和生产费用之和必须超过一定的百分比。仅在满足规定的百分比的条件下，制成品的加工生产国或地区才能被认为是该产品的原产地。制造加工工序标准是指在生产过程中，只有在某国或地区经过特定工序加工后，进口国方认可该产品的原产地为特定工序加工国。为达到实质性改变的要求，对生产过程中使用的非原产材料必须完成这些规定的加工工序后，才能取得原产地证书。

《原产地条例》规定，中国的出口货物原产地签证机构为国家质检总局所属的各地出入境检验检疫机构，以及中国国际贸易促进委员会（以下简称贸促会）及其地方分会。出口货物发货人申领出口货物原产地证书，应当在签证机构办理注册登记手续，按规定如实申报出口货物的原产地，并向签证机构提供签发出口货物原产地证书所需的资料。签证机构对申请人提供的资料或信息负有保密责任。

近几年来，中国的自由贸易区战略步伐加快。2006 年，商务部提出将自由贸易区提升为国家战略的构想，以中国—东盟自由贸易区（CAFTA）为依托，加快建立周边的自由贸易区平台，同时选择一些重点国家，向拉美、非洲、欧洲扩散，逐步形成中国的全球自由贸易区网络。2007 年，自由贸易区战略被正式写入党的十七大报告。目前，除 CEPA（即内地与中国香港、中国澳门关于建立更紧密经贸关系的安排）、ECFA（即中国内地与中国台湾的经济合作框架协议）

及已于2010年建成的中国—东盟自由贸易区外，中国还陆续与智利、巴基斯坦、新西兰、新加坡、哥斯达黎加、秘鲁等国家签署了双边自由贸易协定。为配合自由贸易区战略的推行，正确判定自由贸易协定项下的货物原产地，中国分别与有关国家或地区签署了相应的优惠原产地规则，用于确定可享受优惠关税减让的产品的原产地。同时，为正确确定优惠贸易协定项下进出口货物的原产地，规范海关对优惠贸易协定项下进出口货物原产地的管理，海关总署发布了《中华人民共和国海关进出口货物优惠原产地管理规定》，并自2009年3月1日起施行。

3. 海关管理

海关（customs）是国家进出关境的监督管理机关，其基本职能包括进出关境监管，征收关税和其他税、费，查缉走私，编制海关统计，办理其他海关业务等。海关通过上述职能的履行，达到实施国家法律、维护进出关境秩序、保证国家税收、遏制走私行为、保障国家利益的目的。因此，海关也是中国货物进出口管理环节中的一个重要组成部分。

中国实行集中统一的、垂直的海关管理体制。国务院设立海关的最高管理机关——海关总署（General Administration of China Customs，GACC），负责统一管理全国海关。各地海关依法独立行使职权，对海关总署负责。这样的管理体制能够保证海关工作的对内、对外的统一性及海关监管职能的充分发挥，适应了海关代表国家行使主权、维护国家整体利益的需要。根据我国《海关法》，国家在各对外开放口岸设立海关，并在海关监管业务集中的地点设立海关。海关设置分为直属海关和隶属海关两个层级，直属海关由海关总署直接领导，隶属海关则由相关直属海关领导。目前，中国海关共设有41个直属海关，600个隶属海关和办事处，通关监管点近4000个。

根据《海关法》的规定，中国海关的职能主要包括海关监管、海关征税、查缉走私和编制海关统计四个方面。

1）海关监管

海关监管是指海关运用国家赋予的权力，通过一系列管理制度与管理程序，对进出关境的货物、物品及运输工具等行使报关登记、审核单证、查验放行、后续管理及查处违法行为等行政监管职能，其目的在于保证一切进出境活动符合国家政策和法律的规范，维护国家主权和利益，保证关税的征收，杜绝走私违法，同时也为统计业务提供可靠依据。

根据监管对象的不同，海关监管分为货物监管、物品监管和运输工具监管三大体系，且每个体系都有一整套规范的管理程序与方法。在海关的各类监管活动中，对货物的监管数量最多，涉及面最宽，情况也最为复杂。海关对进出境货物的监管依据，是进出境货物的收、发货人或者他们的代理人填写的《进（出）口货物报关单》及对外经贸主管部门签发的进出口货物许可证或有关主管部门的批准文件。对于少数统一经营或专营的进出口货物，海关要监督这些货物必须是由国家指定的企业经营；对于放开经营但实行进出口许可证管理的货物，必须由海关查验国家授权机关签发的许可证后方予放行。对于需要实施法定检验的商品，必须由海关查验法定检验证书后才能放行。对于保税货物、特定减免税货物等，除在进出境环节予以监管外，还要进行后续管理。

海关对货物的监管程序，一般可分为申报、查验、征税和放行四个环节。从海关角度看，对一般进出口货物的监管业务程序为接受申报、查验货物、征收税费、结关放行；对于进出境货物的收、发货人，其相应业务程序为提出申报、接受查验、缴纳税费、凭单取货或装船出运。海关对进出境运输工具的监管程序为如实申报、交验单证、接受监督检查。对于特殊的监管对象还有一些特定的监管程序，如对保税货物的监管等，则是依法施行。

为更好地发挥海关的监管职能，《海关法》还按照海关业务制度的分类，确立了对各类进出口货物在不同时间和空间适用的海关监管制度，如报关制度、保税制度、海关事务担保制度、许可证制度、外汇管理制度、进出口商品检验制度、原产地规则制度、知识产权海关保护制度、固体废料污染环境防止制度、文物进出境管理制度、机电设备进出境管理制度，以及麻醉品、精神药物、濒危物种、金银及其制品进出境管理制度等，从而在政治、经济、文化道德、公众健康等方面维护国家的利益。

2）海关征税

《海关法》明确规定由海关代表国家行使征收关税的职能。关税是国家财政收入的重要来源，是宏观经济调控的重要工具，也是世界贸易组织允许各缔约方保护其境内经济的一种手段。海关依据国家规定对进出口货物、进出境物品征收关税，可以起到保护国内工农业生产、调整产业结构、增加财政收入和调节进出口贸易活动等作用。

中国海关对进出口货物，依据我国《海关进出口关税条例》的规定和《海关进出口税则》规定的税率，分别征收进口税和出口税，其中主要是进口税。为便利纳税人，对于进口货物应当缴纳的其他税费，也由海关在货物进口环节同时代为征收。根据不同的货物品种，这些税费主要包括进口环节的增值税及有关进口产品的消费税等。

海关征税的依据是货物的“完税价格”。在通常情况下，进口货物的CIF价、出口货物的FOB价即可作为海关征税的依据价格①。《海关法》规定，进出口货物的完税价格，由海关以该货物的成交价格为基础审查确定。成交价格不能确定

① CIF与FOB是国际贸易业务中常用的贸易术语。CIF即成本加保险费加运费，俗称“到岸价”。FOB即船上交货，俗称“离岸价”

时，完税价格由海关依法估定。该规定使完税价格的计算有了法律依据，不仅维护了国家的利益，同时也保护了纳税人的合法权益。如果企业认为海关审定的进口货物的完税价格过高，可要求“具保跟踪审价”，即按海关暂时审定的完税价格交纳相当于税款（关税＋增值税、消费税）的保证金后，提取货物。由海关再对货物价格进行跟踪核查，一般在3个月内结案，届时海关按核实的完税价格计征税款，将已收取的保证金多退少补，转为税款入库。

3）查缉走私

查缉走私是《海关法》规定的海关的基本职责，也是维护国家主权和利益、保障改革开放和经济建设健康发展的重要手段。走私是逃避海关监管，进行非法进出境活动，非法牟取暴利，扰乱、破坏社会经济秩序的违法犯罪行为。为有效打击走私活动，国家在海关总署设立专门侦察走私犯罪案件的公安机构，配备专职缉私警察，负责对其管辖的走私犯罪案件的侦察、扣留、执行逮捕、预审。同时，国家也实行联合缉私、统一管理、综合治理的缉私体制。在缉私工作中，海关负责具体组织、协调和管理。上述这些措施为有效打击走私行为提供了必要的制度保障。

4）编制海关统计

中国海关统计是对进出口实际货物及其他相关指标的统计，是国家制定对外经贸方针、政策，检查、监督其执行情况，并进行宏观调控的重要依据，是研究中国对外贸易发展和国际经贸关系的重要资料。国家公布的中国对外贸易官方统计数据，即来自于海关统计。编制海关统计，是海关的基本职能之一。海关按照“准确及时、科学完整、国际可比、服务监督”的要求从事海关统计工作。

海关统计的基本任务是：对进出关境的货物，以及有关的贸易事项进行统计调查和统计分析，科学、准确地反映国家对外贸易的运行态势；提供统计资料和统计咨询服务；实行统计监督；开展国际贸易统计的交流与合作，为系统研究与比较中国对外贸易和国际经济贸易关系提供资料，促进对外经济贸易的健康发展。

4. 外汇管理

外汇管理是指一国政府授权国家货币金融管理当局或其他国家机关，对外汇收支、买卖、借贷、转移，以及国际间的结算、外汇汇率和外汇市场等实行的管制措施。外汇管理的目的在于维持国际收支平衡，保持汇率稳定，维护国家经济安全，促进本国经济持续稳定发展。中国的外汇管理机构为由中国人民银行管理的国家外汇管理局（State Administration of Foreign Exchange，SAFE）。

外汇管理的内容十分广泛，不仅包括对国际收支的管理，也涉及对外汇市场的管理，具体可分为经常项目管理、资本项目管理、储备项目管理、汇率管理、外汇市场管理等。其中，经常项目外汇管理又包括贸易外汇管理和非贸易外汇管理。由于本部分内容所涉及的是货物进出口配套环节的管理，因此这里仅关注与之相关的贸易外汇管理。

1）贸易外汇管理原则

1996年12月，中国正式接受国际货币基金组织协定第八条款，实现了人民币经常项目下完全可兑换。为区分经常项目和资本项目交易，防止无交易背景的逃骗汇及洗钱等违法犯罪行为，目前我国经常项目外汇管理仍然实行真实性审核（包括指导性限额管理），即要求经常项目外汇收支应当具有真实、合法的交易基础。根据国际惯例，这并不构成对经常项目可兑换的限制。具体到贸易外汇管理，主要遵循以下原则：一是经常项目外汇收入实行限额结汇制度，除国家另有规定外，经常项目下的外汇收入都须及时调回境内；二是境内机构经常项目用汇，除个别项目须经外汇局进行真实性审核外，可以直接按照市场汇率凭相应的有效凭证用人民币向外汇指定银行购汇或从其外汇账户上对外支付；三是实行进出口收付汇核销制度，货物出口后，由外汇局对相应的出口收汇进行核销，进口货款支付后，由外汇局对相应的到货进行核销。

2008年8月5日，我国公布并施行了修订后的《外汇管理条例》。新《外汇管理条例》的重要变化之一，就是取消了企业经常项目外汇收入强制结汇的要求。我国从1994年开始施行强制结售汇制度。按照要求，境内机构的经常项目外汇收入必须及时调回境内，按市场汇率卖给外汇指定银行，或者经批准在外汇指定银行开立外汇账户，存入国家规定准许保留的外汇。强制结汇制度虽然有助于外汇储备连续大幅度增加，但央行在购入外汇的同时被迫投放大量基础货币，由于缺乏充分的冲销手段，给货币调控带来了很大困难，使得央行在集中外汇储备的同时，也集中了外汇变动风险，无法将风险向微观主体分散。并且，对于企业来说，强制性结售汇制使企业收汇需要按银行买入价格结汇，付汇时则要按银行卖出价格买入外汇。企业承担的0.3％～1％（对美元0.3％，对其他货币1％）的外汇买卖差价，就属于强制性结售汇制所带来的额外经营成本，这不利于我国企业参与国际市场竞争。

截至2011年3月底，中国外汇储备规模已超过3万亿美元。保持足够规模的外汇储备是抵御国际金融风险、应对国际投机资本冲击的有力支撑，对于稳定人民币汇率乃至稳定整个宏观经济都有积极作用。但高额外汇储备也意味着一种外汇资源的闲置，使我国的外汇政策尤其是货币政策的灵活性受到极大限制，增加了宏观调控的难度。通过取消经常项目外汇收入强制结汇要求，可以减少外汇占款的增加，避免对我国控制通货膨胀造成压力，同时也是针对我国外汇管理出现的新情况，作出的适应性、针对性的政策修订，不仅有助于减轻国家外汇储备的压力，也为央行的货币政策扩大了运作空间。但央行在把部分管理外汇的权利下放到企业手上的同时，也转嫁了相应的风险，对企业管理外汇的能力提出了更高的要求。

为提高企业资金使用效率，进一步促进贸易便利化，支持企业“走出去”，自 2011 年 1 月 1 日起，国家外汇管理局在全国范围内开始实施《货物贸易出口收入存放境外管理暂行办法》及其操作规程。主要内容包括：一是对境内企业出口收入存放境外实行开户登记制度；二是对境内企业出口收入存放境外实行规模管理；三是简化出口核销、联网核查等业务操作，实行企业事后报告制度；四是对境内企业境外账户收支实施非现场监测，对异常情况实施现场核查。

2）贸易外汇管理制度

我国的贸易外汇管理具体表现为实行银行结汇制度、银行售付汇制度、出口收汇核销制度、进口付汇核销制度等管理制度。

（1）银行结汇制度。结汇是指外汇收入所有者将其外汇收入出售给外汇指定银行，后者按一定汇率付出等值的本币的行为。结汇有强制结汇、意愿结汇及限额结汇等多种形式。强制结汇是指所有外汇收入必须卖给外汇指定银行，不允许保留外汇；意愿结汇是指外汇收入可以卖给外汇指定银行，也可以开立外汇账户保留，结汇与否由外汇收入所有者自己决定；限额结汇是指外汇收入在国家核定的数额内可不结汇，超过限额的必须卖给外汇指定银行。目前，我国规定经常项目外汇收入实行限额结汇制度。除国家另有规定外，经常项目下的外汇收入都须及时调回境内。凡经国家外汇管理局及其分支局批准开立经常项目外汇账户的境内机构（包括外商投资企业），可在核定的最高金额内保留经常项目外汇收入，超过限额部分须按市场汇率卖给外汇指定银行，超过核定金额部分最长可保留 90 天。

（2）银行售付汇制度。售汇是指外汇指定银行将外汇卖给外汇使用者，并根据交易行为发生之日的人民币汇率收取等值人民币的行为。从用汇单位角度讲，售汇又称为购汇。我国企业在经常项目下产生的外汇需求，可以凭相应的有效凭证，直接按照市场汇率用人民币向外汇指定银行购汇。付汇是指经批准经营外汇业务的金融机构，根据有关售汇及付汇的管理规定，审核用汇单位提供的规定的有效凭证和商业票据后，从其外汇账户中或将其购买的外汇向境外支付的行为。若从其外汇账户中对外支付，除要提交规定的有效凭证及商业单据外，还必须符合外汇账户的收支范围。

（3）出口收汇核销制度。出口收汇核销制度是指货物出口后，由外汇管理部门对相应的出口收汇进行核销。这是一种以出口货物价值为标准核对是否有相应的外汇收回国内的事后管理措施。通过出口收汇核销监管，可以加快收汇速度，提高出口收汇率，防止外汇流失。我国外汇管理部门以出口收汇率为主要考核指标，对出口企业收汇情况分等级进行评定，根据等级采取相应的奖惩措施，扶优限劣，并督促企业足额、及时地收汇。目前，我国已建立了逐笔核销、批量核销和总量核销三种监管模式，尝试出口核销分类管理，并正在设计、开发和推广使用“出口收汇核报系统”。

（4）进口付汇核销制度。进口付汇核销制度是指进口货款支付后，由外汇管理部门对相应的到货进行核销。这是一种以付汇金额为标准核对是否有相应的货物进口到国内或有其他证明抵冲付汇的一种事后管理措施，可以监督企业进口在付汇后及时、足额地收到货物，做到真正意义上的“款物对流”，防止外汇投机，避免资本项目下外汇支出混入经常项目，减少外汇流失和节约使用外汇，保证银行售付汇制度的顺利实施。目前，国家外汇管理局已在全国范围内推广实施进口核销改革，基本思路是实现进口付汇管理由逐笔核销向总量核查、由现场核销向非现场核查、由行为审核向主体监管的转变。自2010年12月1日起，《货物贸易进口付汇管理暂行办法》及其实施细则开始施行，进口单位应按之办理进口付汇业务，银行应按之为进口单位办理进口付汇业务。

思考题

1. 对外贸易管理的必要性体现在哪些方面？
2. 中国对外贸易法律制度的法律渊源包括哪些内容？
3. 中国《对外贸易法》的基本原则有哪些？
4. 如何认识关税的经济作用？
5. 何谓汇率并轨？中国现在实行的是什么样的汇率制度？
6. 什么是国营贸易？为什么要实行国营贸易制度？
7. 何谓进出口配额管理和许可证管理？中国配额和许可证管理的现状如何？
8. 什么是进出口商品检验？中国进出口商品检验工作的主要任务有哪些？
9. 如何认识原产地规则在对外贸易中的重要性？
10. 什么是海关？中国海关的主要职能有哪些？
11. 中国的银行结售汇制度包括哪些内容？

第六章　中国对外贸易促进

在当今经济全球化潮流中，对外贸易对于各国经济增长都具有非常重要的意义。为推动对外贸易发展，维护本国的经济利益，许多国家特别是发达国家灵活运用世界贸易组织规则，建立起了符合本国国情的政府对外贸易促进服务系统，通过加强政府职能，制定科学的贸易政策，改善对外贸易环境，以及建立和加强对外贸易促进的组织机构与行业协会等措施，推动本国对外贸易的发展。

近些年来，国际贸易保护主义有所加强，世界贸易组织框架下的贸易摩擦不断升级。在新形势下，我国也需要建立与完善既符合世界贸易组织规则、又符合中国国情的贸易促进体系，以推动对外贸易持续稳定发展。2004 年 4 月 6 日修订的《中华人民共和国对外贸易法》的第九章“对外贸易促进”，明确规定了中国对外贸易的促进措施。我国对外贸易促进迄今基本上体现为对出口贸易的促进，主要包括：采用出口退税、出口信贷、出口信用保险、设立对外贸易发展基金及促进出口的其他保障措施；建立对进出口贸易进行协调和促进的协会、商会等。本章将阐述中国对外贸易促进的有关政策和措施。

第一节　出口退税政策

一、出口退税的含义

出口货物退（免）税，简称出口退税（export tax rebate），是指在国际贸易中，一个国家对本国已报关离境的出口货物，由税务机关根据本国税法规定，将其在出口前生产和流通各环节已缴纳的国内增值税、消费税等间接税税款，退还给出口企业的一种税收制度。其目的是使本国出口产品以不含税价格进入国际市场，与其他国家产品在同等条件下展开竞争。出口货物退税制度，是一个国家税收制度的重要组成部分。

以税负能否转嫁为标准，税收可划分为直接税和间接税。凡是税负能够转嫁的税种，归属于间接税，凡是税负不能转嫁的税种，归属于直接税。一般认为，所得税和财产税等属于直接税，而营业税、增值税、产品税、消费税和进口关税等属于间接税。在中国的经济实践中，间接税主要包括增值税和消费税。这些税的征收不管是在最终产品环节还是在中间产品环节，在产品出口时应予以退还。

出口退税政策由法国在 1854 年最先实施，后被其他国家和地区广泛采用，并发挥了积极的作用。出口退税政策是世界贸易组织规则所允许使用的促进出口贸易发展的手段。与其他税收制度相比，出口退税不应被视为补贴行为。一般而言，如所得税之类的直接税，是直接计入出口商的成本的。对直接税实施减免，等同于政府财政补贴了出口成本，这虽可以提高出口产品的竞争力，但却有悖于世界贸易组织维护自由市场经济、鼓励公平竞争的原则，而包括增值税在内的间接税，在产品出口后就被转嫁到了外国消费者身上。因此，在产品出口时退还企业已缴纳的间接税，不应被看成是违反世界贸易组织有关出口补贴纪律的行为。

二、出口退税的原则

（1）零税率的原则。零税率是指企业生产的出口货物所应缴纳的间接税为零。零税率原则也就是“征多少税，退多少税”。根据零税率原则，通过出口退税，将在国内生产和流通环节中已征收的间接税税款全额退还给出口企业，使出口货物以不含税的价格在国际市场上公平竞争，客观上可以起到鼓励和促进本国出口贸易发展的作用。

（2）公平税负原则。由于各国的税收制度存在差异，使得同一产品在不同国家的税收负担高低不等。这种国家间的税负差异，必然造成各国产品在国际市场上难以做到公平竞争。要消除这种不利影响，就必须使出口货物以不含税的价格进入国际市场，而出口退税正是依据出口产品零税率原则，使出口产品以不含税价格进入国际市场的有效手段。

（3）属地管理原则。各个独立的主权国家，在税收上拥有完全独立的自主权，包括课税权和减、免、退税权。各国制定的税收政策，只适用于在本国生产和消费的货物，对已经出口离境的货物则不适用。对在中国境内消费的货物，包括从国外进口的货物，我国有权对之课税；而对于出口到国外的货物，在不损害他国利益的前提下，我国退还或免征其在国内已缴或应缴的间接税，货物输入国再按自己的税收制度规定对之办理税收。这样可以保证消费者购买的货物的间接税含税量彼此相同，体现公平竞争的原则。

（4）宏观调控原则。国家制定的出口退税政策，既符合国际惯例，同时也体现出了国家实施宏观经济调控的政策取向。比如，在一定时期内，对于国家鼓励出口的货物，可以免税或多退税；而对于国家限制出口的货物，可以少退税乃至不予退税。因而，国家通过对出口货物实行符合国际惯例的免税、退税和不予退税的政策，可以体现出国家以鼓励、限制等方式进行宏观调控的经济政策取向。

三、中国出口退税制度的演变

中国实施出口退税政策始于1950年，后随国内外经济形势变化曾屡经调整。党的十一届三中全会后，随着经济体制改革的不断深入，我国对税收制度进行了重大改革。为提高出口商品的竞争力，1985年3月，国务院正式颁发了《关于批转财政部〈关于对进出口产品征、退产品税或增值税的规定〉的通知》，规定从 1985 年 4 月 1 日起实行对出口产品的退税政策。该文件的出台，标志着中国现行出口退税制度的建立。

1985～1993 年，中国出口退税的范围不大，退税额不高，9 年间的累计退税额仅为 1388 亿元，较 2006 年一年的退税额还要少得多。1994 年中国进行财税体制改革、实行分税制后，出口退税制度也相应发生了较大变化。顺应取消工商统一税、实行以增值税为核心的流转税制度，我国建立了以新的增值税、消费税制度为基础的出口货物退税制度，退税率按照征税率执行，使中国出口退税政策开始真正与国际通行做法接轨，出口退税额也随之有了较大提升。尽管确立了“征多少、退多少”、“未征不退”和“彻底退税”的零税率原则，但在出口退税实践中，我国执行的是相机抉择的宏观调控原则，出口退税率经常被作为出口贸易的调控工具加以使用。

自 1994 年税制改革以来，我国根据经济形势变化对出口退税政策前后进行了十三次大的调整：

（1）第一次调整。1994 年实行新税制时，增值税税率为 17%。《增值税暂行条例》规定，对出口产品实行零税率，也就是按照产品适用的增值税税率实行全额退税。实际调整后的平均退税率为 16.63%。这一政策的实施，极大地调动了企业出口的积极性，出口增长突飞猛进。但由于受到税收管理水平和财政承受能力的限制，该项政策只执行了一年多，在 1995 年和 1996 年降低了出口退税率，调整为 3%、6%和 9%三档（即按不同产品退税，最高退税率 9%，最低退税率 3%），平均退税率降至 8.29%。

（2）第二次调整。大幅降低出口退税率，其实违背了出口零税率的原则，但这是政府为缓解财政压力的权宜之计。退税率的降低严重影响了企业出口的积极性，1997 年爆发的亚洲金融危机，更使中国出口形势变得非常严峻。为应对亚洲金融危机所带来的各种不利影响，促进出口贸易增长，1998 年以后，我国又提高了部分产品的出口退税率，变为 5%、13%、15%及 17%四档，平均退税率提高到 15%。

（3）第三次调整。由于出口退税率提高，再加上出口贸易连续三年大幅度、超计划增长，1999 年开始出现拖欠出口退税的情况，到 2002 年，累计出口退税欠款为 2477 亿元，到 2003 年年底又增加到约 3640 亿元。为减轻中央财政压力，解决大量拖欠出口退税的问题，国务院决定自 2004 年 1 月 1 日起改革出口退税机制，同时降低出口退税率。调整以后，出口退税率变为 5%、8%、11%、13%和 17%五档，平均退税率下调到 12%左右。对截至 2003 年年底的累计欠退税，全部由中央财政负担。从 2004 年起，以 2003 年全国出口退税实退指标 1789 亿元为基数，地方按 2000～2003 年应退税额占全国的比重计算确定各地的基数，对超出基数部分的应退税额，由中央和地方按 75∶25 的比例共同负担。

（4）第四次调整。从 2005 年开始，为进一步控制“两高一资”（高耗能、高污染、资源性）产品出口，优化出口商品结构，同时鼓励高科技产品和高附加值产品的出口，国家又分期分批调低和取消了部分“两高一资”产品的出口退税率，适当降低了纺织品等容易引起贸易摩擦的产品的出口退税率，同时提高了重大技术装备、IT 产品、生物医药产品的出口退税率。2005 年的调整对负担比例进行了重新划分，将中央与地方出口退税分担比例由 75∶25 调整为 92.5∶7.5，地方财政负担比例下调了 17.5 个百分点。

（5）第五次调整。从 2007 年 7 月 1 日开始，调整部分产品的出口退税政策。此次政策调整共涉及 2831 项产品，约占海关税则中全部商品总数的 37%，调控目标主要是缓解贸易顺差过大引起的各种矛盾，同时优化出口产品结构，促进经济结构调整。经过这次调整后，出口退税率变成 5%、9%、11%、13%和 17%五档。553 项“两高一资”产品的出口退税被取消，涉及矿产品、化工产品、简单有色金属加工产品及分段船舶和非机动船舶等产品。同时，进一步降低 2268 项容易引起贸易摩擦的商品的出口退税率，涉及服装、鞋帽、箱包、玩具、植物油、塑料和橡胶及其制品、部分钢铁制品等产品。

（6）第六次调整。进入 2008 年，由于国内各类要素成本上升，加之国外消费市场环境迅速恶化，制造业出口企业普遍遭遇经营困难，出口增速连续下降。为促进出口贸易和扶持劳动密集型产业，维护社会稳定，出口退税又进入上调区间。财政部、国家税务总局决定从 2008 年 8 月 1 日起，部分纺织品、服装的出口退税率由 11%提高到 13%，部分竹制品的出口退税率提高到 11%。

（7）第七次调整。从 2008 年 11 月 1 日开始，适当调高部分劳动密集型产品和高技术含量、高附加值产品的出口退税率。此次调整涉及 3486 项商品，约占海关税则中全部商品总数的 25.8%。在调整内容上具体包括：将部分纺织品、服装、玩具的出口退税率提高到 14%；将日用及艺术陶瓷的出口退税率提高到 11%；将部分塑料制品的出口退税率提高到 9%；将部分家具的出口退税率分别提高到 11%、13%；将艾滋病药物、基因重组人胰岛素冻干粉、黄胶原、钢化安全玻璃、电容器用钽丝、船用锚链、缝纫机、风扇、数控机床硬质合金刀等商品的出口退税率分别提高到 9%、11%、13%。经过此次调整后，出口退税率分为 5%、9%、11%、13%、14%和 17%六档。

（8）第八次调整。自 2008 年 12 月 1 日起，进一步提高部分劳动密集型产品、机电产品和其他受全球金融动荡影响较大产品的出口退税率。这是 2008 年下半年第三次调高出口退税率，其覆盖面与力度都超过了前两次。此次调整共涉及 3770 项产品，约占中国全部出口产品的 27.9%。调整内容主要包括：将轮胎等部分橡胶制品、主体或全部以人工速生材为原料的部分林产品的退税率由 5%

提高到9%；将金属挤压用模等部分模具、玻璃器皿的退税率由5%提高到11%；将冻对虾仁、冻蟹等部分水产品的退税率由5%提高到13%。此外，箱包、鞋、帽、伞、家具、寝具、灯具、钟表等商品的退税率由11%提高到13%；将牙膏等部分化工产品、石材、铝板带等有色金属加工材等商品的退税率分别由5%、9%提高到11%、13%；将农用泵、摩托车、自行车、家用电器等部分机电产品的退税率分别由9%提高到11%，由11%提高到13%，由13%提高到14%。

（9）第九次调整。自2009年1月1日起，提高部分技术含量和附加值高的机电产品出口退税率，具体包括：一是将航空惯性导航仪、陀螺仪、离子射线检测仪、核反应堆、工业机器人等产品的出口退税率由13%、14%提高到17%；二是将摩托车、缝纫机、电导体等产品的出口退税率由11%、13%提高到14%。

（10）第十次调整。自2009年2月1日起执行了第十次出口退税调整的政策，将纺织品、服装出口退税率提高到15%。

（11）第十一次调整。自2009年4月1日起，将CRT彩电、部分电视机零件、光缆、不间断供电电源（UPS）、有衬背的精炼铜制印刷电路用覆铜板等商品的出口退税率提高到17%；将纺织品、服装的出口退税率提高到16%；将六氟铝酸钠等化工制品、香水等香化洗涤、聚氯乙烯等塑料、部分橡胶及其制品、毛皮衣服等皮革制品、信封等纸制品、日用陶瓷、显像管玻壳等玻璃制品、精密焊钢管等钢材、单晶硅片、直径大于等于30cm的单晶硅棒、铝型材等有色金属材、部分凿岩工具、金属家具等商品的出口退税率提高到13%；将甲醇、部分塑料及其制品、木制相框等木制品、车辆后视镜等玻璃制品等商品的出口退税率提高到11%；将碳酸钠等化工制品、建筑陶瓷、卫生陶瓷、锁具等小五金、铜板带材、部分搪瓷制品、部分钢铁制品、仿真首饰等商品的出口退税率提高到9%；将商品次氯酸钙及其他钙的次氯酸盐、硫酸锌的出口退税率提高到5%。

（12）第十二次调整。自2009年6月1日起，提高部分商品的出口退税率。其中，缝纫机商品的出口退税率提高到17%；罐头或果汁等农业深加工产品、箱包、鞋帽、伞、毛发制品、玩具，家具等商品的出口退税率提高到15%；部分塑料、陶瓷、玻璃制品等商品的出口退税率提高到13%；剪刀等商品的出口退税率提高到9%；玉米淀粉、酒精的出口退税率提高到5%。

（13）第十三次调整。自2010年7月15日起，取消下列商品的出口退税：部分钢材；部分有色金属加工材；银粉；酒精、玉米淀粉；部分农药、医药、化工产品；部分塑料及制品、橡胶及制品、玻璃及制品。此次调整共涉及406个税号的产品。

2010年7月的这次出口退税政策调整意义重大，它是自2008年8月开始连续7次上调出口退税率后，我国财税部门首次改变出口退税政策。这次取消部分产品出口退税政策力度大、范围广，不仅一步到位地取消了部分“两高一资”产品的出口退税，更将范围扩大到农产品、医药和化工产品等。此次调整的目的主要是限制“两高一资”产品出口，支持“十一五”节能减排任务的完成。但下调出口退税率并不意味着我国外贸政策的收紧，保持贸易政策的稳定依然是我国当前的首选。

四、中国出口退税制度的进一步完善①

中国对外贸易的发展实践表明，出口退税对于促进出口贸易的增长具有明显的效应。中国运用出口退税工具来调节出口贸易，并依此来调节整个经济的发展方向，有助于促进国民经济持续、健康、稳定发展。然而，近些年来频繁的出口退税政策变动在及时调控经济活动的同时，也给企业决策带来困难，增加了其开展出口贸易的不确定性。因此在未来，我国还需要根据形势的发展，进一步改革和完善现行出口退税制度。

1. 提高出口退税制度的立法层次，稳定出口退税制度

自 1985 年现行出口退税制度建立以来，已经经历了数次较大规模的变化。这种变化一方面作为国家调控政策的组成部分及时调节了当时的国民经济，另一方面，政策的不稳定性也给出口企业的经营决策带来了困难。出口退税的不稳定性与其法律层次较低是具有相关性的。由于出口退税制度的立法层次低，国家财政、税务部门在调整出口退税制度上拥有巨大的权力。因此，增强出口退税制度稳定性的根本，在于提高出口退税制度的法律级次，增强其法律约束力。需要尽快按照国际标准和国际惯例制定出口退税政策法规，并增强政策的透明度。

2. 零税率是我国出口退税制度改革的最终方向

从出口退税政策演变的一般规律不难看出，随着市场经济体制的逐步完善，我国的出口退税政策也必然会向市场经济发达国家普遍采用的零税率方向发展。零税率将改变从国库直接退税的方式，将出口退税纳入增值税常规管理，建立起一种约束机制，使中央与地方之间形成利益共同体，从而有利于提高税务部门的责任感和地方政府加强管理的积极性，也有利于企业资金的周转和使用。要实行出口零税率，需要具备以下条件：①必须有一个较为完善的增值税制度。首先，要坚持增值税由消费者负担这一基本点；其次，在征管上要严格规范化，只按照增值税专用发票进行抵扣，没有增值税专用发票坚决不予抵扣；最后，要逐步扩大增值税的税基。②必须进行计算机联网。计算机联网是完善增值税的重要手段，它有利于对增值税进行逻辑分析，判断增值税发票的真伪，是加强增值税管理不可或缺的条件。

---

① 董元斌，牛倩．2007-10-16．新出口退税政策的效应分析及进一步改革设想．中国财经报

3. 出口退税改革与增值税转型应协同进行

规范的增值税制度是搞好出口退税的基础。市场经济发达国家的增值税比较规范，一般不存在对增值税的减免，也没有先征后退的情况，增值税收入基本都能按规定缴纳入库。这样，它们的出口退税率与法定征税率便可保持一致，以确保本国产品不含税出口。另外，实施规范的增值税制度也为退税单证的简化创造了条件，使退税操作简便、易行。而我国目前的生产型增值税与国际上标准的增值税制存在较大差距，对固定资产存在重复征税问题一方面不利于资本有机构成的提高和经济增长方式的转变，另一方面也使我国的出口退税不可能实现真正的零税率。因此，我国应逐步实现生产型增值税向消费型增值税的转变。此外，应缩小税收优惠的政策范围，以消除少征多退的现象。通过两项改革相互配合及信息的相互交流，加快建立跨地区及全国的计算机联网，进一步推广“金税工程”和“电子口岸”，促进两项改革措施逐步完善。

4. 合并征退机构，逐步实现征退一体化

我国出口退税机构是“征归征、退归退、征退不见面”的传统设置，这种设置是导致长期以来我国出口骗税案件频发的一个重要根源。条件成熟时，可以参考市场经济发达国家的出口退税体系，把出口退税工作纳入增值税的常规管理，不另设专职的退税机构，负责税收征管的机构“既管征、又管退、征退一体化”。征退一体化能够克服征税、退税脱节导致的管理效能打折扣的矛盾。对于出口退税纳入增值税常规管理后影响地方收入的部分，可以实行“收支两条线”办法，即中央可以通过纵向、横向财政转移支付的方式进行调节。

第二节　出口信贷、出口信用保险及外贸发展基金

一、出口信贷

1. 出口信贷的概念与特征

出口信贷（export credit）是随着国际贸易的发展而产生的一种国际信贷方式。它是指出口国为了支持本国产品的出口，增强其国际竞争力，在政府支持下，由本国专业银行或商业银行向本国出口商或外国进口商（或银行）提供利率上较为优惠的贷款，以满足买方支付进口商品货款的需要。出口信贷名称的由来就是因为这种贷款是由出口方提供的，并且是以促进出口贸易为目的的。

第二次世界大战结束以后，出口信贷发展迅速，为越来越多的国家所采用。在当今国际贸易中，成套设备、船舶、飞机及其他一些产品的交易往往金额巨大，从订货到产品交付所需时间较长。对于进口商而言，可能一时难以筹措到所需的巨额货款；而对于出口商来讲，垫支巨额款项固然可以促成交易，但不利于

资金周转，同时还要承担相关风险。在这种情况下，出口信贷作为出口国的一种政策性金融手段，可以发挥支持和促进本国产品特别是资本货物出口的作用。

出口信贷一般具有以下主要特征：

(1) 属于优惠性贷款。出口信贷的性质介于政府贷款与商业贷款之间，其利率低于相同条件资金贷放的市场利率，利差由政府补贴，并往往与政府支持的信用担保相结合，不仅融资条件优惠，而且有规避风险的预期保证。出口信贷的期限一般较长，根据项目的不同，贷款期限最长可达 10 年。通常将 1～5 年期限的出口信贷列为中期，而将 5 年以上者列为长期。

(2) 属于限制性贷款即是一种指定用途的信用贷款，贷款必须用于购买出口国的资本货物，且第三国制造的部分一般不能超过货物价值的 10%～15%。

(3) 出口信贷的支持对象，主要是大型成套设备等资本货物的出口。此类货物的出口价值巨大、收汇风险很高，商业金融机构一般无力或不愿提供出口融资。因而官方背景的出口信贷的支持对象，一般主要是大型成套设备等资本性货物的出口。

(4) 国家设立专门的出口信贷机构。为有效促进本国商品出口，很多发达国家及发展中国家，都设立了本国专门的出口信贷机构，开展官方出口信贷业务，并在该领域寻求与其他国家的合作与协调。

2. 出口信贷的分类

按照借贷对象的不同，出口信贷可分为卖方信贷和买方信贷两类。这两类信贷方式虽都以促进本国出口为目的，但也存在许多不同之处。

1) 卖方信贷

卖方信贷（supplier's credit）是指出口商所在国的银行对出口商（即卖方）提供融资支持，以使得外国进口商可以在交易中采用延期付款的方式。出口商一般将贷款利息等资金成本费用计入出口货价中，从而将贷款成本转嫁给进口商。在一个国家出口信贷发展的初期，卖方信贷往往居于主要地位，其原因在于提供信贷的银行和申请信贷的出口商均处于同一国家，贷款业务操作较为便利。

2) 买方信贷

买方信贷（buyer's credit）是指出口国政府支持本国银行直接向外国进口商（即买方）或进口商的银行提供信贷支持，以供进口商购买设备并支付有关费用。买方信贷一般由出口国出口信用保险机构提供出口买方信贷保险。买方信贷主要有两种形式：一是出口国银行将贷款发放给进口商银行，再由进口商银行转贷给进口商；二是由出口国银行直接贷款给进口商。

3) 卖方信贷与买方信贷的比较

这两种出口信贷都有着相同的目的，即都是由银行提供信贷支持，为国外进口商提供融资便利，从而有助于提高出口国商品的竞争力，有效开拓国际市场。

但这两种方式涉及不同的借款人，在业务程序、融资成本、融资风险管理乃至贷款币种等方面都存在着差异。一般而言，在一个国家出口信贷发展的起步阶段，卖方信贷是出口信贷的基本方式。但随着该国出口信贷业务的发展，买方信贷又会逐步占据主要地位，原因在于这种信贷方式对有关各方均有明显的好处。

（1）对出口商而言，若其使用卖方信贷，则除要筹措资金、组织生产外，还会增加其资产负债表中的应收账款项目，从而对其资信产生不利影响。而在使用买方信贷的情况下，出口商能从进口商处以现汇形式收得货款，既不会影响其资金周转，同时也不会因资产负债表中的结构变化而影响其资信。因而买方信贷较卖方信贷对出口商更为有利。

（2）对进口商而言，在使用卖方信贷的情况下，出口商会将贷款利息、管理费及保险费等相关费用计入货价转嫁给进口商，从而会影响进口商对货物本身真实价格的判断。而使用买方信贷，进口商以现汇方式支付货款，货价不涉及信贷。

（3）对银行而言，在使用卖方信贷的情况下，是将贷款直接贷给本国出口商，而在使用买方信贷的情况下，则是将贷款贷给对方国家的有关银行，即使是直接贷给对方国家的进口商，通常也要有相关信用保险机构提供的担保。在一般情况下，银行的资信要高于企业的资信，因而银行使用买方信贷方式的安全性通常要高于使用卖方信贷方式的安全性。

3. 中国的出口信贷

中国实行改革开放政策后，为改善出口商品结构，促进机电仪器类产品的出口，中国银行于 1980 年开办了出口卖方信贷业务，并在 1983 年曾试办过出口买方信贷业务。1994 年，中国成立了新的政策性银行——中国进出口银行(Export-Import Bank of China，EXIMBANK)，将原由中国银行承办的政策性出口信贷业务交由该行办理。自开业以来，中国进出口银行的出口信贷业务稳步发展，到目前，已在国内设有 10 余家营业性分支机构和代表处，在境外设有东南非、巴黎及圣彼得堡代表处，并与 500 多家银行建立了代理行关系。

中国进出口银行的国际信用评级与国家主权评级相一致。作为直属于国务院领导、政府全资拥有的国家政策性银行，中国进出口银行的主要职责是贯彻执行国家产业政策、外经贸政策、金融政策和外交政策，为扩大我国机电产品、成套设备和高新技术产品进出口，推动有比较优势的企业开展对外承包工程和境外投资，促进对外关系发展和国际经贸合作，提供政策性金融支持。值得指出的是，目前，中国进出口银行已从成立之初的单一官方出口信用机构，发展成为既支持出口又支持进口、既提供发展援助又支持对外投资的新型国际经济合作银行，成为中外交流与合作的重要桥梁。2007 年 10 月，经我国商务部、财政部、国家发展和改革委员会以及银监会四个部委批准，该行成为为国家鼓励的进口商品提供信贷支持的唯一承办行。这不仅拓宽了中国进出口银行的政策性业务领域，也有利于进一步加快转变对外贸易增长方式，优化进口商品结构，促进对外贸易平衡发展。

2010年，中国进出口银行如期完成“十一五”规划目标任务。为促进进出口贸易实现较快恢复性增长和经济结构调整，推动全方位外交工作的开展，该行全年共批准表内各类贷款4364亿元，发放贷款3500亿元；新签转贷协议43份，协议金额7.7亿美元。年末资产总额突破1万亿元，达到10 570亿元。全年共支持了1153亿美元的机电产品和高新技术产品出口、对外承包工程和境外投资项目，以及531亿美元的产品进口，为我国机电产品出口全面恢复到金融危机前水平，实现对外贸易在逆境中再创历史新高，发挥了积极作用。下面主要介绍中国进出口银行经营的出口卖方信贷业务和出口买方信贷业务。

1）出口卖方信贷业务

出口卖方信贷是指中国进出口银行为出口商制造或采购出口机电产品、成套设备和高新技术产品提供的信贷，主要解决出口商制造或采购出口产品或提供相关劳务的资金需求。此类信贷具有官方性质，不以营利为目的。这表现在：贷款人的资本金由国家财政全额提供；贯彻国家产业政策、外经贸政策、金融政策和财政政策，体现政府强有力的支持。

目前，中国进出口银行出口卖方信贷的类别，包括设备出口卖方信贷、高新技术产品（含软件产品）出口卖方信贷、一般机电产品出口卖方信贷、对外承包工程贷款、境外投资贷款、农产品出口卖方信贷以及文化产品和服务（含动漫）出口信贷等。该类贷款的特点包括以下几点：是为出口商提供的贷款；金额大、期限长、利率优惠；具有官方性质，体现国家意志。贷款作用主要体现在：支持本国产品出口，提高国际市场竞争力；为国家出口创汇，平衡外汇收支；增加国内就业，促进本国经济发展。

2）出口买方信贷业务

中国进出口银行办理的出口买方信贷，是向境外借款人发放的中长期信贷，用于进口商（业主）即期支付中国出口商（承包商）商务合同款，促进中国产品、技术和服务的出口。出口买方信贷的贷款期长，利率优惠。该项业务的业务流程，如图6-1所示。

（1）贷款范围：出口买方信贷主要用于支持中国产品、技术和服务的出口及能带动中国设备、施工机具、材料、工程施工、技术、管理出口和劳务输出的对外工程承包项目。

（2）贷款申请条件：出口买方信贷的借款人应为中国进出口银行认可的进口商（业主）、金融机构、进口国财政部或进口国政府授权的机构。出口商（承包商）为独立的企业法人，具有中国政府授权机构认定的实施出口项目的资格，并

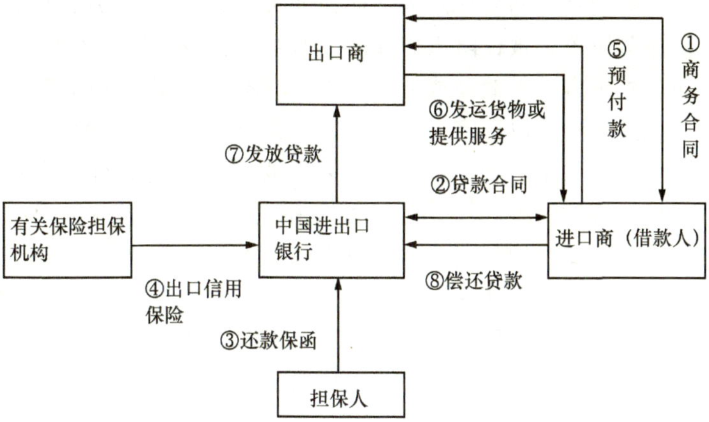

图 6-1　中国进出口银行出口买方信贷业务流程图

资料来源：中国进出口银行网站（www.eximbank.gov.cn）

具备履行商务合同的能力。申请出口买方信贷应具备以下主要条件：一是借款人所在国经济、政治状况相对稳定；二是借款人资信状况良好，具备偿还贷款本息能力；三是商务合同金额在 200 万美元以上，出口项目符合出口买方信贷的支持范围；四是出口产品的中国成分一般不低于合同金额的 50%，对外工程承包项目带动中国设备、施工机具、材料、工程施工、技术、管理出口和劳务输出一般不低于合同金额的 15%；五是借款人提供中国进出口银行认可的还款担保；六是必要时需投保出口信用险。

（3）信贷条件：①贷款币种：贷款货币一般为美元或中国进出口银行认可的其他外币，中国进出口银行也可按照有关规定提供人民币出口买方信贷；②贷款金额：对出口船舶提供的贷款一般不超过合同金额的 80%，对其他出口项目和工程承包项目提供的贷款一般不超过合同金额的 85%；③贷款期限：贷款期限根据项目现金流核定，从首次提款之日起至贷款协议规定的最后还款日止，原则上不超过 15 年。还款期内借款人原则上每半年等额还款一次，特殊情况下也可采取非等额还款方式；④贷款利率：外币贷款利率按照中国进出口银行有关规定执行，可采取浮动利率或固定利率，人民币贷款利率按有关规定执行；⑤贷款费用：中国进出口银行有权收取与贷款相关的管理费、承担费和其他费用。对于未投保或未足额投保出口信用险的项目，中国进出口银行有权就未覆盖部分收取风险费。具体费率标准按照中国进出口银行有关规定执行。

二、出口信用保险

1. 出口信用保险的概念

出口信用保险是指在出口贸易或其他相关对外经济活动中，保险人（经营出口信用保险业务的公司）同被保险人（向国外买方提供信用的出口商）签订保险协议，根据该保险协议，被保险人向保险人缴纳保险费，保险人赔偿保险协议项下被保险人向国外买方提供商品或劳务后因对方不付款而引起的经济损失。

出口信用保险是各国以国家财力为后盾，为企业在出口贸易、对外投资及对外工程承包等经济活动中的合法权益提供风险保障的一种特殊政策性支持措施。它是政府对市场经济的一种间接调控手段和补充。它通过官方的出口信用机构，承保企业在对外经济交往中的商业信用风险和政治风险，补偿企业收汇损失，保障企业经营的稳定性，使企业能以更灵活的贸易手段参与国际竞争，不断开发新客户、开拓新市场。出口信用保险是世界贸易组织《补贴与反补贴措施协议》原则下允许的各国政府运用和实施的官方支持的出口信用。

出口信用保险作为对外贸易促进措施，在欧美发达国家已有上百年的历史。近些年来，由于世界贸易组织严格限制政府对出口贸易实施补贴政策，包括限制出口优惠政策和贷款政策性贴息扶持等，因此，作为符合国际规则的间接支持出口和对外投资的信用保险制度，出口信用保险已成为许多发达国家和发展中国家竞相发展的一个新兴行业。目前，世界贸易额的12%～15%是在出口信用保险的支持下实现的。

2. 出口信用保险的作用

（1）有利于出口企业降低收汇风险。出口信用保险弥补了货物运输保险所不能涵盖的买方商业信用风险和国家政治风险的空白，保证了出口商的安全收汇，使其能够避免坏账，保持良好的财务纪录。

（2）有利于出口企业采用灵活贸易方式吸引客户，提高产品出口竞争力。目前，灵活多样的支付方式和富有弹性的非信用证支付条件，如付款交单（D/P）、承兑交单（D/A）、赊销（OA）等，已为许多国家在出口贸易中所广泛采用。在此态势下，若出口商仍坚持采用信用证方式，显然不能适应日益激烈的国际竞争需要，不利于企业扩大市场份额，开拓新市场。而采用投保出口信用保险，出口商便可通过缴纳少量保险费，将承担的收汇风险转嫁给出口信用保险机构，从而能以非信用证方式开拓国际市场，提高业务竞争力。

（3）有利于获得银行的融资。在当今国际贸易中，各国出口商常常会面临资金周转的压力，而金融机构出于对风险控制的考量，有时不愿意为其提供信贷。有了信用保险机构承保风险的保证，由于安全收汇存在保障，银行也会更愿意为出口企业提供融资支持，有助于其克服因资金不足而带来的困难。

（4）出口企业可以得到信息咨询服务。出口商由于自身实力等原因，一般无力对买方的经营状况、财务状况和资信等进行调查，更不可能对买方国家的市场行情及国家状况作深入的了解，即使企业有能力这样做，所需投入也是巨大的。而通过投保出口信用保险，出口信用保险机构就可利用其健全的资信组织、追偿网络及庞大的信息库，对进口方的情况进行全面调查，为出口企业提供更多的信息，提高其业务活动的可预见性。

3. 中国出口信用保险的发展

改革开放以后，随着对外贸易的迅速发展，中国也开始考虑设立出口信用保险业务。1988 年 10 月，中国人民保险公司成立出口信用保险部，以经营短期险为主。1994 年，中国进出口银行成立，同时开办政策性出口信用保险业务，由此出现由这两家机构同时经营出口信用保险的局面。1996 年，经国务院批准，中国保险集团代表中国加入“伯尔尼协会”，标志着中国的出口信用保险制度向国际化发展迈出了新的一步。

2001 年 12 月 18 日，中国首家专营出口信用保险的机构——中国出口信用保险公司（China Export & Credit Insurance Corporation，SINOSURE）（以下简称中国信保）挂牌运营。原由中国人民保险公司和中国进出口银行承办的有关出口信用保险业务，全部转由中国信保经营。中国信保的成立，是在加入世界贸易组织的背景下，中国政府参照国际惯例，深化金融保险和对外贸易体制改革，加大对出口贸易政策性扶持力度的重大举措，标志着中国出口信用保险业进入一个新的发展时期。

自中国信保成立以来，出口信用保险对我国对外经贸事业的支持作用日益显现。尤其是在 2008 年开始的国际金融危机期间，出口信用保险充分发挥了稳定外需、促进出口成交的杠杆功能，帮助数千家企业破解了“有单不敢接”、“有单无力接”的难题，在“抢订单、保市场”方面发挥了重要作用。截至 2010 年年底，中国信保累计支持的国内外贸易和投资的规模约 3274 亿美元，为上万家出口企业提供了出口信用保险服务，为数百个中长期项目提供了保险支持，包括高科技出口项目、大型机电产品和成套设备出口项目、大型对外工程承包项目等。同时，中国信保还带动 117 家银行为出口企业融资超过 6000 亿元人民币。目前，中国信保可提供保障的出口国家（地区）为 210 个左右，基本覆盖全球贸易市场。

4. 中国出口信用保险公司的保险业务

中国出口信用保险公司的主要职责，是积极配合国家外交、外贸、产业、财政和金融等政策，通过政策性出口信用保险手段，支持货物、技术和服务等出口，特别是高科技、附加值大的机电产品等资本性货物出口，支持中国企业向海外投资，为企业开拓海外市场提供收汇风险保障，并在出口融资、信息咨询和应收账款管理等方面，为企业提供快捷、便利的服务。目前，中国信保已形成由总公司营业部、18 个分公司、6 个营业管理部组成的覆盖全国的服务网络，并在英国伦敦设有代表处。其资本来源为出口信用保险风险基金，由国家财政预算安排。

中国信保的主要产品，包括短期出口信用保险、中长期出口信用保险、投资保险、国内贸易信用保险、担保业务；主要服务有商账追收、资信评估及保险融资等。这里主要介绍中国信保的短期出口信用保险和中长期出口信用保险业务。

1）短期出口信用保险业务

一般情况下，短期出口信用保险保障信用期限在1年以内的出口收汇风险，适用于出口企业从事以信用证（L/C）、付款交单（D/P）、承兑交单（D/A）、赊销（OA）结算方式自中国出口或转口的贸易。承保的风险涵盖商业风险和政治风险。前者包括买方破产或无力偿付债务；买方拖欠货款；买方拒绝接受货物；开证行破产、停业或被接管；单证相符、单单相符时开证行拖欠或在远期信用项下拒绝承兑。后者包括买方或开证行所在国家、地区禁止或限制买方或开证行向被保险人支付货款或信用证款项；禁止买方购买的货物进口或撤销已颁布发给买方的进口许可证；发生战争、内战或者暴动，导致买方无法履行合同或开证行不能履行信用证项下的付款义务；买方支付货款须经过的第三国颁布延期付款令。

在损失赔偿的比例方面，由政治风险造成损失的，以及由破产、无力偿付债务、拖欠等其他商业风险造成损失的最高赔偿比例均为90%，由买方拒收货物所造成损失的最高赔偿比例为80%。

2）中长期出口信用保险业务

中长期出口信用保险旨在鼓励我国出口企业积极参与国际竞争，特别是高科技、高附加值的机电产品和成套设备等资本性货物的出口及海外工程承包项目，支持银行等金融机构为出口贸易提供信贷融资。中长期出口信用保险通过承担保单列明的商业风险和政治风险，使被保险人得以有效规避以下风险：一是出口企业收回延期付款的风险；二是融资机构收回贷款本金和利息的风险。中长期出口信用保险的特点有两个，首先是以保本经营为原则，不以盈利为目的；其次是作为一项政策性业务，受到国家财政支持。

三、对外贸易发展基金

1996年，国家决定将出口商品配额招标收入用于设立中央对外贸易发展基金（以下简称中央外贸发展基金）。中央外贸发展基金是中央政府设立的在全国范围内用于调节和促进对外贸易发展的专项资金。基金纳入中央财政预算，由财政实行专项专户、列收列支管理，并实行有偿使用和无偿使用相结合。此外，为鼓励机电产品出口，每年在中央外贸发展基金中安排一定比例，作为机电产品出口发展基金，专门用于支持扩大机电产品出口。

中央外贸发展基金由上缴中央财政的出口商品配额招标收入和利息，以及基金使用回收的本金、使用费、滞期费等构成。其有偿使用期限，根据项目的建设期和经济效益情况确定，一般不超过3年。为监督、检查中央外贸发展基金的管理情况，凡使用中央外贸发展基金的企业，均必须按一定程序向有关银行提交年度使用报告，主要反映投资项目执行情况和中央外贸发展基金的使用效益与偿还情况，由各指定银行汇总报我国财政部和商务部，并接受有关部门的监督、检查。

经国务院批准，2008 年中央外贸发展基金主要用于支持优化机电和高新技术产品进出口结构、服务外包、农产品贸易促进、中小企业开拓国际市场、万村千乡市场工程、双百市场工程、东桑西移工程、公共商务信息服务、人才强商、境外经济贸易合作区、外经贸区域协调发展等。2010 年，中央外贸发展基金收入预算数为 3 亿元，较上年执行数减少 3.05 亿元，下降 50.4%。这主要是因为根据国际协议，我国出口配额商品招标收入逐年递减，相应减少了基金收入。

第三节　进出口商会和贸易促进机构

一、进出口商会

在现代社会，商会是联系政府与企业、企业与企业及企业与社会关系的重要纽带。随着对外贸易体制改革的深化，中国在 1988 年后陆续成立了各类商品的进出口商会，其主要职能，是依照《对外贸易法》及政府的有关规定和商会章程，对会员的对外贸易经营活动进行协调与指导，为会员及其他组织提供咨询服务；维护正常的对外贸易秩序，保护公平竞争，依法提出有关对外贸易救济措施的申请，维护国家利益和会员的合法权益，促进进出口贸易健康发展；在政府宏观管理和企业微观经营之间发挥沟通与联系作用，向政府部门反映会员有关对外贸易的建议，并开展对外贸易促进活动。

中国当前的对外贸易领域有食品土畜、轻工工艺、五矿化工、机械电子、纺织品及医药保健品 6 个全国性进出口商会，它们的基本情况如下。

1. 中国食品土畜进出口商会

中国食品土畜进出口商会（China Chamber of Commerce of Import & Export of Foodstuffs，Native Products & Animal By-products，CFNA）成立于 1988 年 9 月，设有 43 个专业商品分会，每个分会均为全国性的行业组织。目前共有 5000 多家会员企业，遍布全国各地，集中了本行业经营规模最大和最具代表性的企业，以及大批中小企业。会员企业经营范围覆盖了粮食谷物、油脂油料、干鲜蔬菜水果、畜禽肉食、水海产品、酒、饮料、罐头、糖果等加工食品、林产及林化产品、香精香料、茶叶、蜂产品、食药用菌及制品、花卉、蜡烛、烟花、羽绒羽毛及制品、羊绒兔毛及制品、猪鬃肠衣、裘革皮及制品、地毯等各类农林食品土畜产品。会员企业包括国有企业、外商投资企业和民营企业，另外还有部分国际会员企业。

2. 中国轻工工艺品进出口商会

中国轻工工艺品进出口商会（China Chamber of Commerce for Import & Export of Light Industrial Products and Arts-Crafts，CCCLA）成立于1988年，是由从事轻工业品、工艺品进出口贸易的各类企业依法成立的行业自律性组织。截至2010年年底，会员总数为10 000余家。商会最高权力机构为会员代表大会，下设理事会及常务理事会。另设有8个职能部门及18个商品分会（协调组）负责日常工作，如鞋类分会、陶瓷分会、玻璃分会、箱包分会、家具分会、玩具分会，以及帽类商品协调组、发制品商品协调组、玻璃器皿商品协调组、编织品商品协调组、保温瓶商品协调组、帐篷商品协调组、伞类商品协调组、眼镜商品协调组、笔类商品协调组、纸制品商品协调组、乐器商品协调组等。

3. 中国五矿化工进出口商会

中国五矿化工进出口商会（China Chamber of Commerce of Metals, Minerals & Chemicals Importers & Exporters，CCCMC）于1988年9月成立，是由从事五金制品、矿产品、建材产品、化工品进出口贸易的企业依法成立的行使行业协调、为企业服务的自律性组织。截至2010年12月，该商会共有4200余家会员，包括专业外贸公司、工贸公司、外商投资企业、民营企业及科研院所等各类企业。商会集中了本行业经营规模最大和最具代表性的企业，经营范围涵盖黑色金属、有色金属、非金属矿产及制品、煤炭及制品、建材制品、五金制品、石油及制品、化工原料、塑料及制品、精细化工品、农用化工品和橡胶及制品等五矿化工商品。会员企业的年进出口总额在本行业中占据约30%的比重，代表了我国五矿化工进出口行业的整体实力和水平。

4. 中国机电产品进出口商会

中国机电产品进出口商会（China Chamber of Commerce for Import & Export of Machinery and Electronic Products，CCCME）成立于1988年7月，是由在中国境内依法注册、从事机电产品进出口贸易及相关活动的各种经济类型组织自愿联合成立的自律性、全国性行业组织。商会下设仪器仪表分会、家用电器分会、工程农机分会、日用机械分会、船舶分会等25个分会。现有会员7000多家，集中了本行业经营规模最大和最具代表性的企业。会员的经营范围覆盖了从飞机、汽车、船舶、计算机、通信设备、音频视频设备、家用电器、仪器仪表、电工产品、机床、工程机械、农业机械，到自行车、轴承、电动工具、电子元器件等各类机械电子商品。

5. 中国纺织品进出口商会

中国纺织品进出口商会（China Chamber of Commerce for Import & Export

of Textiles，CCCT）成立于1988年10月，是中国纺织服装进出口行业最大的全国性中介组织。商会下设花色漂布分会、两纱两布分会、丝绸分会、梭织服装分会、针棉织品分会等5个分会。截至2009年3月，共有会员企业11 000余家，遍及全国31个省区市，从事各种纺织纤维、纱线、面料、服装、家用纺织品、产业纺织品及辅料的生产和进出口业务。该商会会员涵盖了全国大多数纺织服装进出口企业、生产企业和外商投资企业，进出口额占中国纺织服装进出口总额的70%左右。

6. 中国医药保健品进出口商会

中国医药保健品进出口商会（China Chamber of Commerce for Import & Export of Medicines & Health Products，CCCMHPIE）是于1989年5月组织成立的，现有会员企业1600多家，遍布全国各地，国内大部分有影响的医药保健品生产和进出口贸易企业都已加入该商会。商会的业务协调范围涵盖中药、西药原料和制剂、医疗器械、保健器材、医用敷料、生物药、保健品、功能性化妆品等行业的企业和产品。

二、对外贸易促进机构

1952年5月成立的中国国际贸易促进委员会（China Council for the Promotion of International Trade，CCPIT）（简称中国贸促会），是中国主要的对外贸易促进机构。中国贸促会是由中国经济贸易界有代表性的人士、企业和团体组成的全国民间对外经贸组织，其宗旨是：遵循中国的法律和政府的政策，开展促进对外贸易、利用外资、引进国外先进技术及各种形式的中外经济技术合作等活动，促进中国同世界各国、各地区之间的贸易和经济关系的发展，增进中国同世界各国人民及经贸界之间的了解与友谊。经中国政府批准，中国贸促会于1988年6月组建了中国国际商会（China Chamber of International Commerce，CCOIC）。

目前，中国贸促会、中国国际商会已同世界上200多个国家和地区的工商企业界建立了广泛的经贸联系，与300多个对口组织签订了合作协议，并同一些国家的商会建立了联合商会；同时，中国贸促会还在16个国家和地区设有驻外代表处。在国内，中国贸促会、中国国际商会在各省、自治区、直辖市建立了50个地方分会、600多个支会和县级国际商会，还在机械、电子、轻工、纺织、农业、汽车、石化、商业、冶金、航空、航天、化工、建材、通用产业、供销合作、建设、粮食、矿业、煤炭、物流等部门建立了20个行业分会，并对中国对外服务工作行业协会予以指导，全国会员企业近7万家。此外，中国贸促会、中国国际商会及其所属业务部门还加入了多家国际组织，如世界知识产权组织、国际保护工业产权协会、国际许可证贸易工作者协会、国际海事委员会、国际博览会联盟、国际商事仲裁机构联合会、太平洋盆地经济理事会、国际商会等。

中国贸促会的主要职责与任务包括：

(1) 开展同世界各国、各地区经济贸易界、商协会和其他经贸团体及有关国际组织的联络工作，邀请和接待外国经济贸易界人士和代表团组来访，组织中国经济贸易、技术代表团、企业家代表团出国访问和考察，参加有关国际组织和它们的活动；负责与外国对口组织在华设立的代表机构及外国在华成立的商会进行联络；向国外派遣常驻代表或设立代表处；组织、参加或与外国相应机构联合召开有关经济贸易技术合作和法律方面的国际会议。

(2) 代表国家参加国际展览会的活动，主办、参加世界博览会，赴国外主办中国贸易展览会和参加国际贸易博览会；负责全国赴国外举办经济贸易展览会或参加国际博览会的归口协调及相关的管理、监督工作。

(3) 安排和接待国外来华举办的经济贸易或技术展览会，主办国际专业性或综合性展览会，组织并主办国际博览会；协调国内有关方面接待外国来华经济贸易与技术展览会。

(4) 办理国际经济贸易和海事仲裁事务；出具中国出口商品原产地证明书；受理共同海损和单独海损理算案件；出具人力不可抗拒证明，签发和认证对外贸易和海上货运业务的文件和单证；为到国外从事临时出口活动的公司、企业或个人出具有关单证册，并对其提供担保。

(5) 代理中国企业在国外或外国公司和个人在中国的商标注册和专利申请，办理有关工业产权和知识产权的咨询、争议及技术贸易等业务。

(6) 开展国内外经济调查研究和经济贸易信息的搜集、整理、传递和发布工作，向国内外有关企业和机构提供经济技术合作和贸易方面的信息和咨询服务及国内外公司、企业的资信调查服务；联系、组织中外经贸界的技术交流活动；编辑出版、发行对外经济贸易报刊及其他出版物；组织对外经济贸易洽谈；承办中外经济技术合作项目的评估和可行性研究及法律咨询、法律顾问工作。

(7) 指导、协调中国贸促会各地方分会、行业分会、支会和各级国际商会的工作；负责对各分支机构及会员的服务及培训工作。

(8) 负责国际商会中国国家委员会的日常工作，协调国际商会的对华业务和国际商会中国国家委员会会员与国际商会交往的有关事宜。

(9) 办理其他促进对外经济贸易活动的有关事宜。

第四节　促进贸易的特殊区域

除了《对外贸易法》中规定的贸易促进措施外，改革开放以来，中国还陆续设立了各类特殊经济区域，这些区域的基本职能之一，就是利用政策优势大力发展对外贸易，特别是扩大出口贸易。这里主要介绍与贸易促进关系更为直接的保税区和出口加工区。

一、保税区

1. 中国保税区概况

作为继经济特区、经济技术开发区、国家高新技术产业开发区之后经国务院批准设立的新的经济性区域，保税区（bonded area）是中国借鉴国际上通行的自由贸易区的做法，并结合中国国情所形成的开放区域，其功能定位为“保税仓储、出口加工、转口贸易”。所谓“保税”，是指外商的转口货物进入该区域时可以暂时不缴纳关税，可以储存、分类、包装、简单加工，然后再出口。货物若从保税区进入国内市场，则必须办理海关手续，交纳进口税。因而，保税区是设立在本国国境以内、关境以外，实行封闭式隔离管理的一类特殊对外开放区域。目前，保税区是中国对外开放程度最高、运作机制最便捷、政策最为优惠的经济区域之一。

1990 年 6 月，上海外高桥保税区在上海浦东新区设立，这是中国第一个保税区。其后，经国务院批准，天津港保税区、深圳沙头角保税区、深圳福田保税区、大连保税区、宁波保税区、张家港保税区、广州保税区、福州保税区、厦门象屿保税区、青岛保税区、汕头保税区、海口保税区、深圳盐田港保税区及珠海保税区陆续设立。截至 2010 年 12 月，中国共设有 15 个保税区，其隔离设施已全部经海关总署验收合格，正式投入运营。经过多年的探索和实践，全国各地的保税区已根据保税区的特殊功能并结合地方实际情况，逐步发展成为当地经济的重要组成部分，成为新的经济增长点。2009 年，我国保税区实现增加值 2352.69 亿元，工业总产值 3346.90 亿元，实际利用外资 34.04 亿美元。[①] 各保税区进出口累计为 1144.3 亿美元，其中出口 371.4 亿美元，进口 772.9 亿美元。

由于保税区按国际惯例运作，实行比其他开放地区更为灵活优惠的政策，它已成为中国与国际市场接轨的“桥头堡”。因此，保税区在发展建设伊始即成为国内外客商关注的焦点。在中国加入世界贸易组织后，全国保税区已逐步形成区域性格局，南有以广州、深圳、珠海为主的珠江三角洲区域，中有以上海、张家港、宁波为主的长江三角洲区域，北有以天津、大连、青岛为主的渤海湾区域，三个区域的保税区成为中国与国际市场进行交流的重要口岸，并形成独特的物流运作模式。

保税区享有“免证、免税、保税”政策，实行“境内关外”运作方式，其主要功能包括：①保税仓储、商品展示等贸易服务功能；②国际转口贸易功能，争取将保税区发展成为与周边国家和地区进行商品贸易的集散与分拨中心；③出口加工功

---

① 祁欣，张莉.2010. 我国经济园区最新发展及前景分析. 国际贸易，(12)：8

能，保税区内企业加工生产的产品以境外销售为主。除国家禁止和限制出口的商品外，鼓励保税区企业根据国内、国际市场的变化，在区内储备关系国计民生和工农业生产急需的产品，并允许按照国家规定供应非保税区。随着各保税区基础设施与投资环境的完善及外商投资的增加，保税区的上述功能将得以进一步发挥。

2. 保税区的主要优惠政策

1）关税优惠政策

（1）区内生产性的基础设施建设项目所需的机械、设备和其他基建物资，予以免税。

（2）区内企业自用的生产、管理设备和自用合理数量的办公用品及其所需的维修配件，生产用燃料，建设生产厂房、仓储设施所需的物资、设备，予以免税。

（3）保税区行政管理机构自用合理数量的管理设备和办公用品及其所需的维修零配件，予以免税。

（4）区内企业为加工出口产品所需的原材料、零部件、元器件、包装物件，予以免税。

（5）转口货物和在保税区储存的货物按照保税货物管理。

2）进出口管理政策

（1）经批准成立的保税区内企业，均具有在保税区内开展国际贸易的经营权，可以自由地与国外企业和国内外贸企业开展国际贸易和转口贸易。

（2）对保税区与境外之间进出的货物，除实行出口被动配额管理的以外，不实行进出口配额、许可证管理。

（3）国内非保税区进入保税区的货物，在办结海关手续后，视同出口。企业可办理除出口之外的结汇、外汇核销、加工贸易核销等手续。

3）功能性政策

（1）保税区内可以设立外商独资、中外合资或内资企业的贸易公司，享有与境外直接开展国际贸易和与国内外贸企业开展贸易的经营权。同时，也可在保税区内开展仓储、展示、商业性简单加工等经营活动。

（2）区内加工企业开展加工贸易，生产除国家禁止进出口和需被动配额及特别敏感和有污染环境、危害国家安全或损害社会公共利益的产品外，原则上不受加工品种和范围及产品和产业导向的限制。

（3）保税区内开展加工贸易，实施全额保税的办法，可以不按内外销比例征税，不实行银行保证金台账制度，不收保证金，加工时间不受限制。

（4）鼓励区内企业开展以出口为导向的加工贸易，同时也允许区内企业加工成品后销往国内市场。

（5）允许加工企业开展工序性的外发加工。

（6）区内保税仓库可以储存除国家禁止进出口外的所有产品。

(7) 区内转口货物可以在区内仓库及其他场所进行分级、挑选、刷贴标志、改换包装等形式的简单加工。

二、出口加工区

1. 中国出口加工区概况

出口加工区（export processing zone）是经国家批准设立，并由海关监管的特殊封闭区域。出口加工区必须设立符合海关监管要求的隔离设施及有效的监管系统，海关在加工区设立专门的监管机构，并依照有关法律对加工区的货物及相关场所实施全天监管制度。一般认为，出口加工区是自由贸易区与工业区的综合体，兼具贸易与工业生产两种功能，即出口加工区既提供自由贸易区的某些优惠条件以发展出口贸易和转口贸易，又提供发展工业生产制造所需要的基础设施。

中国设立出口加工区的初衷，主要是为了改革加工贸易的监管模式，遏制屡禁不绝的加工贸易走私现象，由原来开放式的无担保管理模式向特定区域的封闭式管理模式转变。自 2000 年 4 月国务院批准首批出口加工区试点起，截至 2010 年 12 月，中国共批准设立了昆山、无锡、苏州（高新）、南京、南京（南区）、镇江、常州、扬州、南通、连云港、吴江、常熟、淮安、松江、青浦、漕河泾、闵行、金桥、青岛、济南、烟台、烟台（B 区）、威海、潍坊、青岛西海岸、厦门、福清、福州、泉州、杭州、宁波、慈溪、嘉兴、深圳、广州、广州南沙、九江、南昌、赣州、大连、沈阳、沈阳张士、成都、绵阳、重庆、西安、西安（B 区）、秦皇岛、廊坊、昆明、郴州、芜湖、武汉、乌鲁木齐、呼和浩特、北海、天津、天竺、郑州、珲春等 62 个出口加工区。2009 年，我国出口加工区实现增加值 569.60 亿元，工业总产值 7327.97 亿元，实际利用外资 12.94 亿美元。[①] 各出口加工区进出口累计为 1445.3 亿美元，同比上升 0.1%；其中出口 974.5 亿美元，同比上升 0.7%；进口 470.8 亿美元，同比下降 1.2%。在国际金融危机肆虐的背景下，这些成绩的取得殊为不易。

事实表明，出口加工区在扩大中国对外开放程度、提高对外开放水平、规范加工贸易管理及促进经济发展等方面，都发挥了特殊的作用，已成为与国际经济运行惯例接轨的重要平台和发展对外经济贸易的重要载体。出口加工区为中国加工贸易的健康、有序发展注入了新的活力，正显示出勃勃生机。

2. 出口加工区的主要优惠政策

1）税收政策

(1) 国家对区内加工产品不征收增值税。

(2) 出口加工区内企业从境外进口至加工区的货物，其进口关税和进口环节

① 祁欣，张莉．2010．我国经济园区最新发展及前景分析．国际贸易，(12)：8

税，除法律、法规另有规定外，按照以下规定办理：①区内生产性的基础设施建设项目所需的机器、设备和建设生产厂房、仓储设施所需的基建物资，予以免税；②区内企业生产所需机器、设备、模具及其维修用零配件，予以免税；③区内企业为加工出口产品所需的原材料、零部件、元器件、包装物料及消耗性材料，予以保税；④区内企业和行政管理机构自用合理数量的办公用品，予以免税。

(3) 区内企业加工的制成品及其在加工生产过程中产生的边角料、余料、残次品、废品等销往境外的，除法律、法规另有规定外，免征出口关税。

(4) 从出口加工区外进入加工区内供企业使用的国产机器、设备、原材料、零部件、元器件、包装材料及建造基础设施、加工企业和行政管理部门生产、办公用房所需合理数量的基建物资等，海关按照对出口货物的有关规定办理报关手续，并签发出口退税报关单。区外企业凭报关单出口退税联向税务部门申请办理出口退（免）税手续。

2) 加工贸易管理

(1) 区内企业开展加工贸易业务不实行加工贸易银行保证金台账制度，海关不实行《加工贸易登记手册》管理。

(2) 除国家明确禁止进出口和禁止在出口加工区内进行加工贸易的项目以外，出口加工区企业均可以开展加工贸易。

(3) 出口加工区内企业产品在生产过程中，确有需要时，经海关批准，可将有关模具、半成品等运往区外进行加工。

(4) 出口加工区之间，出口加工区与保税区之间、区内企业与区外企业之间可以开展深加工结转业务。

3) 进出口管理

(1) 加工区与境外之间进出的货物，除实行出口被动配额管理的以外，不实行进出口配额、许可证管理。

(2) 海关对出口加工区与境外之间进出的货物，按照直通式或转关运输的办法进行监管。

(3) 海关对进出出口加工区与其他特殊监管区域之间货物的往来，应由收、发货物双方联名向转出区主管海关提出申请。经海关核准后，按照转关运输的有关规定办理。

三、出口加工区与保税区的主要区别

出口加工区与保税区虽都是中国促进贸易的特殊区域，但国家关于两者的政策却不尽相同。

(1) 国内原材料、物料等进入加工区视同出口，税务部门给予办理出口退

(免）税手续。而进入保税区的国内货物，则必须等货物实际离境后，才能办理出口退税手续。

(2）国家对加工区内加工出口的产品和应税劳务免征增值税、消费税。而在保税区内，国家对应税劳务没有免税优惠。

(3）加工区内企业销往境内区外的货物，按制成品征税。而保税区内企业销往境内区外的货物，只有当内销成品完全由进口料件组成时，才按成品征税。

(4）海关对出口加工区采取全封闭、卡口式管理，在围网及卡口设置闭路电视监控系统，并实行24小时工作制度。对于保税区，海关实行围网管理，并实行8小时工作制度。

(5）出口加工区货物进出口采用“一次申报，一次审单，一次查验”的新通关模式。而保税区货物进出口采取异地报关或转关运输的方式，手续较为繁杂。

思考题

1. 中国为何要对出口商品实行出口退（免）税政策？
2. 中国出口卖方信贷和出口买方信贷各具有什么特点？
3. 出口信用保险可以发挥什么样的作用？
4. 中国现有哪些全国性的进出口商会，它们的基本情况如何？
5. 中国贸促会主要具有哪些职能？
6. 中国现有哪些保税区和出口加工区，其地区分布情况如何？
7. 中国保税区和出口加工区存在哪些主要区别？

第七章　中国技术贸易

在当今社会经济发展中，科学技术的地位日益显著，整个世界已经进入知识经济时代。科技进步与创新已成为先进生产力发展及经济增长与国力增强的关键因素，技术贸易已随之成为一国扩大对外经济合作与交流的基本内容。许多国家经济发展的实践表明，引进国外先进技术并使之本国化，是提高本国技术水平、缩短与世界先进水平差距和发展本国国民经济的有效途径。如今，国际技术贸易已发展成为国际贸易的一个重要组成部分，且正呈现出迅猛发展之势。在我国，随着改革开放政策的推行，对外技术贸易得到迅速发展，已成为中国对外经济贸易的一项关键内容，在经济发展中占据着越来越重要的地位。

第一节　技术贸易概述

一、技术的含义和分类

1. 技术的含义

technology（技术）一词，源于希腊文“techne”及“logos”。1977年世界知识产权组织出版的《供发展中国家使用的许可贸易手册》一书中，对技术作出了较为全面和恰当的定义，即技术是指制造一种产品，应用一种工艺，或提供一项服务的系统知识，不论这种知识是否反映在一项发明、一项外形设计、一项实用形式，或者一种植物新品种，或者反映在技术情报或技能中，或者反映在专家为设计、安装、开办或维修一个工厂或为管理一家工商业企业活动而提供的服务或协助等方面。

2. 技术的分类

按技术的法律地位，可将其分为三类：

（1）公有技术，又称普通技术，指向全社会公开的科学理论和实践知识，如一般的科学技术原理、报纸杂志刊载的学术论文、在各种学术会议上宣读的学术报告等。公有技术可以不受任何限制地自由传播和运用。

（2）工业产权技术，又称半公开技术，指经申请得到批准后受到国家法律保护，且具有法定专有权的专利权技术和商标权。工业产权技术的内容向社会公开，但所有者在一定时期内对其拥有独占权，任何机构或个人未经允许不得随意使用。

(3) 专有技术，又称秘密技术，指未通过法律程序申请批准、不受法律直接保护、主要靠发明人自己的保密手段加以保护的技术知识。

二、国际技术贸易的有关概念

国际技术转让（international technology transfer）是指技术从一国转让到另一国的行为。它包括两种方式：一种是非商业性技术转让（technology transfer without pay），如政府或多边机构从事技术援助、交换技术情报、进行学术交流等，这些都是无偿的。另一种是商业性技术转让（technology transfer with pay），也称有偿技术转让。这种技术转让是要按商业条件收取报酬的，即人们常说的国际技术贸易，它包括技术引进和技术出口两个方面。我国于2002年实施的《技术进出口合同管理条例》第二条中，明确规定了国际技术贸易的定义和内容：本条例所称技术进出口，是指从中华人民共和国境外向中华人民共和国境内，或者从中华人民共和国境内向中华人民共和国境外，通过贸易、投资或者经济技术合作的方式转移技术的行为。该行为包括专利权转让、专利申请权转让、专利实施许可、技术秘密转让、技术服务和其他方式的技术转移。在当前的国际技术转让中，商业性的技术转让是主流形式。

三、中国开展国际技术贸易的主要形式

长期以来，中国主要采取以下六种方式来开展对外技术贸易工作。

1. 许可贸易

许可贸易又称许可证贸易（licensing），是指专利权人、商标权所有人或专有技术所有人作为技术许可方（出让方），将某项技术的使用权通过签订许可合同转让给被许可方（受让方），允许被许可方在一定条件下使用该项技术，制造和销售该项技术的产品，并向许可方支付一定金额的报酬。

许可贸易是国际技术贸易中最主要、最常用的方式，近年来发展很快，这是由于使用这种方式可以相当迅速地从先进国家获得技术。我国许多大中型企业的技术引进，就是采用此种贸易方式。在许可贸易中，交易双方需要签订许可合同，以规定各自的权利和义务。

许可贸易具体可分为普通许可（simple license）、排他许可（sole license）、独占许可（exclusive license）、分许可（sub-license）和交叉许可（cross license）五种形式。

2. 技术咨询

技术咨询（technical consulting），是指咨询公司（咨询方或服务方）对委托方所提出的技术课题提供建议和解决方案。技术咨询的内容很广泛，包括项目的可行性研究、效益分析、工程设计、设备订购等。一些技术较为落后的国家，由

于科技力量不足或对解决某些技术课题缺乏经验，通过聘请外国工程咨询公司提供咨询服务，可以避免走弯路或浪费资金。因为咨询公司凭借其丰富的知识、经验和技术情报，可以帮助委托方选择先进适用的技术，找到理想的技术出让方，或以合理的价格采购机器设备等。因此，委托方虽然要支付咨询费，但通过咨询而节约的资金要远超支付的咨询费，总体上看仍然是有利的。

3. 工程承包

工程承包亦称交钥匙项目（turnkey project），是指工程承包人接受工程所有人的委托，承诺按规定条件包干完成某项工程任务，完工后将工程交付工程所有人。

工程承包的内容非常广泛复杂，包括工程设计、土建施工、设备采购与安装、提供原材料、提供技术、培训人员、投产试车、质量管理等过程。工程的建设时间较长，少则几个月至一两年，多则五六年，甚至十多年。承包工程内容广泛复杂，工程建设周期长，往往可能受到经济、政治、自然条件变化的影响，因此双方承担的风险较大。工程承包是一种综合性的国际经济合作方式，其中往往包含大量的技术转让内容，因此成为国际技术贸易的一种形式。

4. 合作生产

合作生产是指不同国家的企业之间签订合同，在某项或某几项产品的生产方面进行合作。合作生产的主要形式有：①根据合同分工生产零部件，然后组装成成品销售；②一方提供关键部件和技术资料，由另一方组装成产品销售；③一方提供生产技术或设备，双方按各自专业分工生产零部件或生产某种产品，然后销售到第三国。例如，中国企业与外国企业签订合作生产合同，通常由外国企业提供生产图纸和技术指导，再由中国企业按图纸生产合同规定的部件，以后逐步提高我国企业生产部件的比例，最后实现全部由中国企业生产。合作生产一般是双方在生产领域内的合作，有时也包括在流通领域和科研领域的合作。合作生产中双方合作关系维系的时间较长，仅在个别情况下合作关系是短期或一次性的。

5. 技术服务与协助

技术服务与协助是指一方受另一方委托，运用自己掌握的技术知识和经验，协助另一方完成某项经济技术任务。一般而言，技术转让不仅包括转让公开的技术知识，通常也包括转让秘密的技术知识和经验。但这些技术知识和经验，很多情况下难以用书面资料表达出来，必须用言传、示范等传授方式来实现。因此，技术服务与协助常常成为技术转让中必不可少的环节，可以包括在技术转让合同中，也可以作为特定项目，签订单独的技术服务合同。技术服务与协助的方式主要有两种：一种是技术输入方派出技术人员和工人到技术输出方的企业接受培训实习；另一种是技术输出方派遣专家或技术人员到技术输入方企业传授技术知识和经验，现场指导生产。

6. 利用外资引进技术

通过利用外资引进技术是技术引进的一种有效方式。许多国家的法律允许在设立合资企业时，不同国家的投资方可将工业产权等技术作为股本投资。例如，我国《中外合资经营企业法》第五条第一款规定："合营企业各方可以现金、实物、工业产权等进行投资。"这样合资双方不仅是合资经营关系，也是技术合作关系。我国已经通过合资方式引进了不少国外先进技术。

通过补偿贸易的方式也可以实现引进技术的目的。补偿贸易是指技术引进方向国外的技术供方购买设备和技术，并约定在一定期限内，用生产的产品或双方商定的其他商品或劳务，一次或分期偿还引进技术和设备货款的一种国际技术贸易形式。在我国技术引进实践中，有相当部分是通过补偿贸易方式开展的。

利用外资引进技术的方式还有一种是 BOT（build-operate-transfer），即建设-经营-移交。它是指国外建设方承担东道国某一工业项目或基础设施的建设，然后在一定期限内（一般为 15～20 年）运营该设施以收回项目的投资并取得合理的利润，期满后再将该项目无偿移交给东道国政府。我国一些地区的火电厂、水厂等基础设施项目就是靠这种方式建成的。

第二节　中国技术引进

技术引进又称技术进口，是指一个国家或地区通过一定渠道从外部获取先进技术的活动。它不是单纯的技术经济活动，而往往是一种融科技、经济、政治、文化等于一体的活动。技术引进是一个国家节省科研试制的投资和时间，有效推进本国科技进步和振兴经济的捷径，世界上很多国家都在其经济发展过程中开展技术引进活动。

一、中国技术引进的发展阶段

自新中国成立初期至今，中国的技术引进已经走过了 60 多年的历程，其间几度沉浮。我国本着以自力更生为主，以引进外援为辅的方针，不断总结和汲取国内外技术引进的经验教训，积极引进国外先进技术，博采众长，为我所用，调整我国产业结构，提高产品的科技含量和附加值，逐步适应国内外市场的需求。特别是在实行改革开放政策后，我国的技术引进工作成效显著。就新中国成立后中国技术引进工作的过程看，大致可分为两个阶段。

1. 第一阶段（1950～1978 年）：尝试探索阶段

在第一阶段，我国以技术许可、咨询、技术设备引进、合作生产和成套设备或关键设备进口等方式，共签订技术引进合同 845 项，合同金额为 119.7 亿美元。在这一时期，我国的技术引进工作处于摸索尝试的阶段，过程较为曲折。该阶段具体又可细分为以下不同的发展时期。

1）国民经济恢复时期（1950～1959年）

20世纪50年代是中国国民经济经过三年恢复和第一个五年计划完成的时期。新中国成立初期，由于西方国家的封锁禁运，我国只能从苏联和东欧国家引进技术和进口设备。这一时期，我国引进项目共计450个，总金额约37亿美元。技术引进涉及煤炭、电力、石油、冶金、化工、机电、汽车、轻工、纺织等行业，填补了这些部门的诸多技术空白，提高了国内的技术工艺水平和设备制造能力。其中，较为知名的引进项目有长春第一汽车厂、哈尔滨量具刃具厂、沈阳第一机床厂、太原制药厂等。在引进技术的同时，各行业还聘请了大批苏联技术专家。他们将苏联的科研、教育制度和管理制度带进中国，为我国培养了许多科研和教育人才，为我国工业的发展提供了人才基础。

2）局势动荡时期（1960～1969年）

这一时期，我国经历了三个重大历史事件：苏联单方撕毁合同并撤走专家、“三年困难时期”和“文化大革命”。不利的政治经济环境严重影响了技术引进工作，致使引进工作出现滞缓。尽管如此，这一时期仍产生少量成果。这期间，我国将引进技术和进口成套设备的来源转向日、英、法、德等西方国家，通过民间渠道，共成交84个项目，用汇14.5亿美元。由于“三年困难”，技术引进的产业结构焦点从以往重视重工业发展，转移到解决民众的“吃、穿、用”问题上来，开始侧重于石油化工、冶金、矿山、电子、精密机械和纺织机械等方面的关键性技术和设备，提高了我国合成纤维、化工基本原料、合成塑料、合成橡胶、半导体等方面的生产能力。此时的著名项目有北京维尼纶厂、兰州化学工业公司有机合成厂、太原钢铁公司等。

3）对外关系改善时期（1970～1979年）

1972年后，随着中国在联合国合法席位的恢复，国内外的政治经济环境开始逐步改善，使一度中断的技术引进工作又重新提上工作日程。进入国民经济“四五”计划时期、“五五”计划时期，我国先后从美国、日本等10多个国家引进技术和设备405项，成交金额82.85亿美元。这段时期的技术引进规模大，引进项目主要以石油化工和合成材料为主，其目的是解决当时国民经济发展的急需问题，如民众的“吃、穿、用”问题和工业现代化问题。代表性项目有陕西咸阳彩色显像管厂、贵州电解铝厂、上海宝山钢铁厂等。

这个时期的技术引进工作出现一些变化：一是引进方式从引进成套设备开始向引进软件技术转变，有的企业还采取了“合作生产与开发”方式；二是支付手段开始灵活多样，如利用出口信贷延期付款、以产品净销售额提成方式支付专有技术费用等。

根据以上所述，在第一阶段，中国技术引进的主要特点包括：

(1) 技术引进项目主要为基础工业项目，成套设备、单项设备和单项技术引进占主导地位。引进项目集中在煤炭、电力、石油、冶金、化工、机电、汽车、轻工、纺织等领域，弥补了一些工业领域内的技术不足，改造了部分传统产业的落后技术，建立了一批在全国颇具影响的大型企业，为国家工业化奠定了一定基础。

(2) 外汇渠道主要是中央外汇和政府间的记账贸易。

(3) 引进项目的组织实施靠国家高度集中的计划管理，主要是由中央各部委负责，其他部门的权限很小。各企业、部门的技术引进工作都必须委托对外贸易部的专营公司——中国技术进出口总公司来办理，由其负责对外谈判、签约和执行合同。

2. 第二阶段（1979 年至今）：稳步发展阶段

进入改革开放新时期后，从 1979 年开始，中国的技术引进发生了本质性的变化。改革开放以后中国经济建设速度不断加快，对技术进口的需求也在不断加大，技术引进的战略也相应进行了较大调整。我国总结了以往盲目大规模进口成套设备的教训，从国情出发，调整了技术引进工作的重点，强调从进口大型成套设备转向引进单项技术，并鼓励以灵活多样的方式进口国外先进技术。中国的技术引进工作开始稳步前进，并扩大发展。据统计，1979～2007 年，我国共对外签订技术引进合同 5784 项，成交金额为 539.8 亿美元。这一阶段又可划分为以下三个时期。

1) 改革开放初期（1979～1990 年）

1978 年 12 月举行的党的十一届三中全会，提出了具有深远影响的“改革开放”方针，并指出“在自力更生的基础上积极发展同世界各国平等互利的经济合作，努力采用世界先进技术和先进设备。”在以后的十多年里，经过“六五”、“七五”时期，随着国内外经济、社会环境的变化和科学技术的发展，我国技术引进的规模和领域不断扩大。技术引进由以往单一的生产领域，转向生产领域与生活领域并举。除了从国外引进经济建设所需的技术装备外，还大量引进了消费品（如电视、冰箱、洗衣机等）的生产技术和生产线，技术来源也开始向多元化转变。我国与世界上越来越多的国家建立了经济合作和技术合作关系，能够根据自身需求，有选择地引进所需技术与装备，引进技术内容也由单一的成套装备引进，转向技术与装备引进相结合；在引进国民经济建设所需设备的同时，还引进了设计、制造和工艺技术，引进主体也由政府逐步转向政府与企业相结合。

值得指出的是，我国在这一时期加强了技术引进的法制化管理工作。1985 年和 1987 年，国务院先后颁布了我国《技术引进合同管理条例》和《技术引进合同管理条例实施细则》。这两个法规的颁布，在技术的引进、消化、吸收、考核、验收等方面形成了严格的程序，建立了技术引进合同审批生效制度，从而成为我国技术引进工作法制化建设的一块重要基石。

据统计，1980～1990 年，我国共签订 4000 多项技术引进合同，对外签约总金额约 300 亿美元。这一时期，以引进软件技术为特征的许可贸易等与 70 年代相比有了明显增加。1980～1989 年，许可贸易、顾问咨询、技术服务、合作生产等软件引进合同的金额，约占全部引进合同金额的 21%，比重扩大了 13 倍。

2）“八五”计划与“九五”计划时期（1991～2000 年）

1991 年的“八五”计划中要求“按照有利于技术进步、有利于增加出口创汇能力和有利于节约使用外汇的原则，合理安排进口。积极引进先进技术，并加强消化、吸收和创新”，并且“要逐步增加技术引进的投入，并提高进口软件在技术引进中的比重”。1996 年的“九五”计划中又进一步规定，要“改革进口体制，建立有利于改善进口结构、促进技术引进、消化、创新的机制”。1999 年以后，国家开始实施科技兴贸战略。在一系列政策的指导下，我国技术引进规模逐步上升，跨上了一个新的台阶。这一时期共引进技术约 37 770 项，合同金额共计 1159.95 亿美元。在技术引进中，我国除增加自有外汇投入外，还积极争取和利用国际金融组织及外国政府贷款，贷款项目涉及国民经济各个领域，技术来源包括欧洲、美国、日本等 50 多个国家和地区。其中的主要项目有上海地铁一、二、三期工程，三峡工程，广州地铁，黄河小浪底水利枢纽，天津石化公司聚酯工程等。

这一时期技术引进的主要特点包括：

（1）技术引进方式日趋合理，成套设备和关键设备引进比例稳步下降，技术许可、技术服务、技术咨询等已成为主要的引进方式。据统计，1998 年成套设备的进口比例为 33.16%。到了 2000 年，该比例下降到 19.18%。技术许可引进比例则由 1998 年的 9.81%上升到 2000 年的 18.68%。

（2）技术引进主体实现多元化。不仅仅局限于国有大中型企业，外商投资企业和民营企业也逐渐加入到技术引进行列中来。

（3）引进规模逐渐扩大。到了“九五”计划时期，技术引进规模每年都在 150 亿美元左右。

3）“十五”计划与“十一五”规划时期（2001～2010 年）

自 2001 年 12 月加入世界贸易组织后，中国技术引进发展迅速，引进规模频频创历史新高。这一时期的技术引进主要有以下几个特点：

（1）在技术引进合同数量明显增长的同时，引进金额稳步提高。技术引进合同数量从 2001 年的 3900 项增加到 2007 年的 9773 项，合同金额从 2001 年的 90.9 亿美元增加到 2007 年的 254.15 亿美元。2007 年技术引进前 10 位行业，分别是电力、蒸汽、热水的生产和供应业、电子及通信设备制造业、交通运输设备制造业、化学原料及化学制品制造业、黑色金属冶炼及压延加工业、专用设备制造业、计算机应用服务业、普通机械制造业、电气机械及器材制造业、石油和天然气开采业。2010 年，全国共登记技术引进合同 11 253 份，合同金额 256.4 亿美元，同比增长 18.8%。其中，通信设备、计算机及其他电子设备制造业是技术引进金额最大的行业，共引进技术 1061 项，合同金额 58.4 亿美元，占全国技术引进合同总金额的 22.8%；交通运输设备制造业技术引进金额 38.4 亿美元，金额占比为 14.97%；电力、热力的生产和供应业技术引进金额 22.7 亿美元，金额占比为 8.87%。上述两行业分列第二、三位。[①]

（2）引进主体以国有企业和外资企业为主，各类企业技术引进金额均有所上升。中国加入世界贸易组织后，外资企业技术引进项目逐年增加，技术引进合同金额位居各类企业首位。2002 年，外资企业技术引进合同金额占全国技术引进合同金额的比重为 71.39%，2003 年后，该比重虽有所下降，但仍保持在 50%左右。2010 年，外资企业引进技术金额为 153.7 亿美元，占全国技术引进总金额的六成；国有企业技术引进总额 62.7 亿美元，金额占比为 24.5%；民营企业技术引进金额为 21.4 亿美元，金额占比为 8.3%。

（3）欧盟、美国和日本等发达国家和地区是中国技术引进的主要来源地。2006 年至今，欧盟一直是中国技术引进的最大来源地。2008 年上半年，由于汽车、电子等相关技术的引进，我国自韩国的技术引进增长迅速，引进金额达 21.2 亿美元，占技术引进总金额的 16.8%。韩国超越美国，在我国技术引进来源地中居第三位，而日本和美国分列第二、第四位。2010 年，我国技术引进的来源国家和地区达 71 个。其中，与欧盟签订技术引进合同 3058 份，合同金额 78.2 亿美元，占技术引进合同总金额的 30.5%；自美国和日本技术引进金额分别为 57.5 亿美元和 45.6 亿美元，金额占比为 22.4%和 17.8%，分列第二、第三位；自韩国技术引进金额 21 亿美元，列第四位。

（4）技术引进质量明显提高。传统的以关键设备、成套设备为主的技术引进格局已经被打破，取而代之的是专有技术许可或转让、技术咨询、技术服务等多种技术引进方式相互交织的新局面。2010 年，专有技术许可合同成交额 94.1 亿美元，占技术引进总金额的 36.7%，是我国技术引进的最主要方式；技术咨询、技术服务合同金额 74.7 亿美元，占合同总金额的 29.2%，列第二位。上述两项技术引进金额占技术引进总金额的六成。值得关注的是，计算机软件进口金额占比也呈稳定增长之势，从 2007 年的 3.4%，增长到 2010 年的 9%。这表明软技术已经占据中国技术引进的主导地位，引进技术质量有了明显改善（表 7-1）。

---

① 商务部服务贸易司 . 2011-03-10. 2010 年全国技术进口简报 . http：//fwmys. mofcom. gov. cn/

表 7-1　2010 年技术引进按引进方式统计表

技术引进方式	合同数量/项	金额/万美元	技术费/万美元	金额占比/%	金额同比/%
总计	11 253	2 563 556.63	2 184 667.32	100	18.84
专利技术	494	190 128.3	189 586.4	7.4	4.4
专有技术	2 639	941 133.9	913 897.8	36.7	−1.6
技术咨询、技术服务	6 809	747 461.1	633 845.8	29.2	13.2
计算机软件	745	229 583.0	227 647.5	9.0	111.0
商标许可	100	42 225.2	42 225.2	1.7	196.8
合资生产、合作生产	135	82 229.8	81 908.9	3.2	32.9
成套设备、关键设备、生产线	140	271 622.7	39 923.5	10.6	81.0
其他方式	191	59 172.7	55 632.3	2.3	151.2

资料来源：商务部服务贸易司（http：//fwmys. mofcom. gov. cn/）

(5) 技术引进主要集中在东部发达地区。2007 年，上海、北京、天津、江苏、广东、浙江等沿海省市居技术引进的主体地位，中部地区的湖南、河北、湖北等省市的技术引进合同金额占比不足 1%，山西、内蒙古、宁夏和新疆等则不足 0.1%。2008 年上半年，合同金额排在前 5 位的省市仍为上海、北京、广东、天津和江苏。上述省市登记的合同金额占所有地方管理部门登记合同金额的 72.6%。河南、山西、湖南等地的技术引进尽管在全国所占比重不高，但呈现出较快的增长势头。

二、中国技术引进的成效

20 世纪 90 年代以来，由技术进步引发的产业革命正深刻地改变着各国的社会经济和生活面貌，技术创新对经济增长的贡献日益突出，科学技术成为国际竞争的关键因素。一国实现技术进步主要有两条途径，一是自主创新，二是引进国外的先进技术。由于现代技术创新的投入大、风险高，发展中国家完全依靠自主研发实现技术进步的成本很高，甚至不现实。经验表明，通过直接引进和学习模仿以缩小与发达国家的技术差距，甚至实现赶超，是发展中国家的现实选择。中国各阶段技术引进的成效充分证明了这一点。

1. 第一阶段（1950～1978 年）技术引进的成效

20 世纪 50 年代的技术引进，使中国从无到有地建立起了重型机床、电器、汽车、飞机、船舶、机车车辆等机械工业部门，逐步形成了门类较为齐全的工业体系。中国的技术水平也从 1949 年以前落后于工业发达国家半个多世纪，迅速提高到发达国家 40 年代的水平。在 20 世纪 60 年代和 70 年代，许多技术引进项目填补了国内的技术空白，甚至达到当时的世界先进水平，将我国的工业化水平提高到一个新的阶段。

总的来说，第一阶段虽以硬件设备引进为主，规模也不大，但对于促进中国相关产业的发展，对于建立与西方发达国家的经贸合作关系，以及对于以后的技术贸易战略调整，都起了承前启后的作用。

2. 第二阶段（1979 年至今）技术引进的成效

进入 20 世纪 80 年代以来，通过大量引进国外先进技术，并对其进行消化吸收，中国逐渐掌握了一批关键技术，加快了交通、能源、原材料等国民经济领域及国防领域的建设，提高了人民的生活水平，增强了国内企业的国际竞争能力。具体而言，该阶段技术引进的成效主要体现在以下几个方面。

1）推进中国产业结构升级换代，形成了一批新型产业

20 世纪 80 年代以前，我国产业结构不甚合理。轻工业发展极为落后，难以满足人民生活需要；重工业也处在自我循环阶段，自身水平十分低下，难以为轻工业提供高技术水平的装备；新兴产业则根本未成为真正的产业。20 世纪 80 年代后，通过大规模引进国外技术和设备，机械、电子、化工、轻工、能源、交通、邮电等行业都发生了实质性变化。一方面，加工工业在国民生产总值中的比重迅速提高；另一方面，加工工业内部结构也逐步形成了上游产业—中游产业—下游产业的基本合理配置。与此同时，一大批新型产业也迅速崛起，电子工业、光纤通信、生物工程等已开始逐步形成产业规模。

2）缩小了与世界先进技术水平的差距

对于技术进口方而言，引进技术既可以节省研发费用，还可以缩短掌握先进技术的时间。从国外引进国内没有的技术，就等于提高了科技研究的起跑线，可以跳过某些传统技术的初级阶段，直接开发和利用新一代技术，进而缩短与国外先进水平的差距。第二次世界大战结束后的日本，科技水平落后欧美国家二三十年，通过积极引进和吸收国外先进技术，提高本国的技术创新能力，经过 20 多年的努力，即成为仅次于美国的世界第二大经济强国。

改革开放以前，中国造船技术水平落后于造船业先进国家 20 多年。1978～1985 年，中国共签订各类技术进口合同 200 多项，包括船舶、船用柴油机、传动装置的设计、制造技术等。据中国国防科工委统计，2007 年中国造船产量出现惊人增长，成为具有重要影响力的世界造船大国。中国船舶已出口到包括希腊、挪威、德国、美国、英国等世界航运大国在内的 60 多个国家和地区，“中国制造”船舶产品得到世界市场的广泛认可。

3）促进企业技术改造，提高了企业的现代化管理水平

技术引进为企业竞争力的提高提供了一条有效途径。一方面，现代化技术的引进提高了产品的技术含量与附加值，增强了产品竞争力；另一方面，在引进技

术的同时，往往也顺带引进了管理经验和人才。20 世纪 80 年代以来，许多企业通过引进设备、技术或是培训人才等渠道，提高了自身的管理和技术水平，使产品质量得以较大提高。其产品，如彩电、冰箱、洗衣机等家用电器，不仅在国内市场上占据主导地位，而且提高了出口能力。

4）提高了中国产品的国际竞争力，优化了出口商品结构

例如，1983～1985 年，我国纺织工业在纺纱、织布、印染、后处理等各工艺环节陆续引进了一批国际先进技术和关键设备，经过消化吸收，迅速提高了产品的质量和档次，增加了新的花色品种，使纺织品在 1986 年取代石油成为中国第一大类出口商品。再如，经过 20 世纪 80 年代的技术引进，我国机械工业 20 世纪五六十年代水平的部分老产品，约有 1/5 的品种一举跃升到 20 世纪 70 年代末、80 年代初的国际水平，缩短了近 20 年的技术差距。“八五”计划期间我国机械工业在引进基础上开发的新产品，90％以上达到了国际 20 世纪 70 年代末、80 年代初的技术水平，50％以上达到 20 世纪 80 年代中末期的水平。1995 年，机电产品又超越纺织服装成为中国最大类出口商品，作为资本和技术密集型产品，机电类产品成为中国出口商品结构中的一个新支柱。进入 21 世纪后，我国高新技术产品出口越来越显示出活跃的生命力，正成为推动中国出口贸易发展的新亮点。我国出口商品结构的不断优化，与技术引进取得的成效有着密切的关系。

三、技术引进中存在的问题

技术引进虽为中国的经济发展作出了巨大贡献，但在其实施过程中也出现了一些问题，需要引起重视并及时加以解决。

1. 重“引进”轻“消化”，对外技术依赖不断加深

技术引进不是最终目的，只是学习与模仿国外先进技术的手段，是消化吸收和再创新的起点。只强调引进技术和设备而忽视消化吸收，并不能提升落后国家的技术开发能力，反而会加重其对先进国家技术和设备的依赖。在国外的技术引进中，通常是引进 1 美元的技术，需要花 2～5 美元的投资来从事消化吸收。长期以来，我国技术引进与技术消化的投入不合理，用于技术消化吸收的投入过低，严重制约了引进技术的实际效果。2002 年，中国引进技术费用与消化吸收费用之比为 12.7∶1，而日本、韩国分别为 1∶5 和 1∶8。消化吸收投入比例低必然导致对引进技术消化不良，消化不良又必然加剧重复引进，重复引进又进一步加剧消化不良。

在技术引进方式上，新中国成立后就一直以成套设备、关键设备和生产线作为主要引进对象，使企业陷入“引进—落后—再引进—再落后”的怪圈。例如，汽车制造设备从 20 世纪 50 年代就开始引进，集成电路生产线从 20 世纪 60 年代

就开始引进，到了20世纪70～90年代，国内企业还在引进汽车制造设备，引进集成电路生产线。

目前，我国不包括专利使用费的技术对外依存度高达50%，而日本不到5%，美国不到10%。一个国家对外技术依存度过高，仅仅依靠引进或跟在别人后面模仿，势必会影响核心竞争力的构筑，最终很有可能会沦为发达国家的经济附庸。

2. 技术引进存在盲目性，重复引进现象十分严重

我国以往的技术引进中存在很大盲目性。有些企业在技术引进中，并未充分考虑自身技术条件，引进的技术超过了企业能接受的水平，被迫对设备进行改造，降低了设备的效能。还有一些企业在技术引进前未进行充分论证，没有掌握充分的信息，引进的并非关键技术设备，被迫不断地引进后续相关设备，从而受制于人。由于信息不对称等原因，先进技术和高新技术引进较少，引进技术总体而言较为落后，有的专利已过期，有的是已被淘汰技术，有的技术难以满足环保要求，白白搭上大量外汇，造成不应有的损失。

例如，在1978年，我国机械制造部门已掌握年产52万吨尿素的大型成套设备的制造技术，国产化率达到80%左右，并在镇海、乌鲁木齐和银川三个大型化肥工程中得到成功应用。1986～1989年，又重复引进了四套年产52万吨尿素的成套设备。又如，我国彩电、电冰箱、洗衣机、钢铁和汽车行业的重复引进一度相当严重，几乎每个省份和地区都有这些行业的企业。

3. 重数量、轻质量引发技术引进水平较低

长期以来，我国在引进技术时重数量而轻质量。实践表明，引进的技术多为成熟或标准化技术，核心技术和创新技术寥寥可数。以汽车工业为例，引进技术达到国际20世纪80年代水平的占30%；开发的换代产品达到20世纪80年代技术水平的占30%；技术落后的产品占40%。如轿车的关键生产技术始终控制在外方手中，本国汽车企业只能占据部分附加值较低的中低档市场，附加值较高的中高档轿车市场皆被国外品牌轿车所占有。我国采取以“市场换技术”的外资引进思路，引来多家跨国公司在汽车行业提供技术援助和信息服务，外资在我国汽车工业领域也确实存在一定的技术溢出效应，但实际效果却并不太理想。

4. 技术引进法律管制不足

我国对技术引进的管制无论是在宏观上的引导管理，还是在微观上的规范控制，都或多或少地存在问题，不同程度上阻碍了技术引进工作的开展。例如，技术引进管制一般以审查方式为主，着重于技术引进协议的订立和审批，而忽视了对引进技术的吸收、消化、创新等重要的有利于引进技术国产化的后续管理和规范。

此外，对限制性商业条款的规定也过于严格而灵活性不足，且在适用上存在冲突，有碍对引进技术进行事前审查。对限制性商业条款的管制，《技术进出口管理条例》中用列举方式明确了禁止的七种行为，包括对技术引进的方式、原材料与机器设备的购买、产品的生产与销售及对技术的转让和研发等，但列举的方式未为其他现存或将来可能出现的限制性条款留下余地，而且过于严格的规定也不利于引进那些我国急需但附有一定限制条件、从长远看引进使用的收益大于限制所带来的代价的先进技术，也不能较好地适应多变的国际经济环境和国际技术交流活动。

第三节　中国技术出口

作为一个科学技术水平相对落后的发展中国家，中国的精力曾主要集中于技术引进方面。但在改革开放以后，随着国家经济实力的增强和科技水平的较快提高，中国的技术出口也开始初具规模，成为中国出口贸易中增长较快的一部分。

一、中国技术出口的发展阶段

在20世纪70年代以前，中国的技术输出主要是通过对外经济技术援助，向第三世界国家提供技术和成套设备，而很少通过贸易途径出口技术。改革开放以后，随着经济发展和政府在科研方面投入力度的加大及相关法律制度的建立，中国的专利申请数量逐渐增多，专利跨国转让等技术出口也逐年扩大。进入20世纪80年代，我国开始转向以商业贸易方式出口技术及成套设备。据统计，从1980年至2001年年底，我国企业共对外签订技术出口合同11 000项，合同总金额近500亿美元。2002年以后，我国技术出口的侧重点转向高技术产品出口。

改革开放以来，我国的技术出口大致经历了以下四个发展阶段。

1. 第一阶段（1980～1985年）：探索阶段

这一时期的技术出口缺乏国家宏观管理，没有明确的国家归口管理部门，也不存在技术出口的管理法规及相应的鼓励、扶植政策。该阶段的技术出口纯属企业自发行为，出口项目多为新技术、新工艺等软件技术，出口对象则是工业发达国家。例如，中国种子公司向美国西方石油公司出口水稻杂交技术，首都钢铁公司向卢森堡、英国、美国分别出口高炉喷煤粉技术和顶燃热风炉技术等。整体而言，该阶段技术出口的规模很小，每年的合同成交总额在1000万美元左右。

2. 第二阶段（1986～1989年）：起步阶段

1986年，国务院确定外经贸部和国家科学技术委员会为技术出口归口管理部门。两部委随后联合制定了一系列的技术出口政策，包括出口审批权限和程序及鼓励技术出口的优惠政策，批准了一批具有技术出口经营权的公司，并组织了开拓国外技术市场的一系列活动，如“香港中国工业技术出口交易会”、“北美技术交易会”、“亚洲技术交易会”等。这些举措推动了中国技术出口的起步，标志着技术出口工作开始由国家宏观管理，有章可循。在行政力量推动下，该阶段的技术出口金额逐年增加，1986～1989 年各年间，我国技术出口额分别为 2042 万美元、1 亿美元、1.8 亿美元和 8.9 亿美元，呈逐年增长态势。出口技术的方式及内容不断增加，出口市场也扩大到了发展中国家。

3. 第三阶段（1990～1997 年）：初级阶段

在这一阶段，我国企业共对外签订技术出口合同 6269 项，合同总金额 203 亿美元，与起步阶段相比，合同成交总金额提高 17 倍之多，这标志着中国技术出口开始呈现稳步上升的势头。这一阶段的中国技术出口出现了一些标志性的变化：

（1）出口由单一的行政管理转变为法制化管理。1990 年，国务院批准由外经贸部和国家科学技术委员会联合制定的《技术出口管理暂行办法》，标志着中国技术出口和成套设备出口工作走上了法制化轨道。该法规的实施也对我国技术出口产生了积极影响，技术出口金额由 1991 年的 12.8 亿美元提高到 1994 年的 16 亿美元。

（2）出口增长速度首次超过一般贸易。该阶段的技术出口速度明显加快。1995 年，我国技术和成套设备出口的增长幅度首次超过一般贸易出口的增长幅度，增幅为 57.7%，超过一般贸易出口 34.8 个百分点。此后两年，中国技术出口以年均 43.5%的速度递增，远远高于同期全国外贸出口 20%的增幅。

（3）出口市场由面向发达国家转向发展中国家。在对东南亚、西亚、中国香港地区等重点市场的出口稳步发展的同时，对欧美发达国家的出口也有较大增长。到 1997 年，我国技术出口国别和地区已增至 110 个，技术出口呈现市场多元化趋势。1990 年，我国向发展中国家出口技术金额达 8.87 亿美元，占出口技术总金额的 89.7%，在随后 7 年中，该比例维持在 70%～80%。典型技术出口项目包括泰国炼油厂罐区工程、斯里兰卡日产 2000 吨水泥厂、巴基斯坦 30 万千瓦核电站项目等。面向发达国家出口的技术所占比例有所下降，说明中国技术出口的目标市场开始集中于发展中国家。

（4）出口技术以成套设备为主，技术含量不断提高。在这一时期，随着引进技术的消化吸收和中国机电工业整体水平的提高，成套设备出口在技术出口中的比重不断增加，并由中小型成套设备逐步向大型成套设备发展，由集中在少数专业领域向多专业领域扩大。1997 年，大型成套设备出口占技术出口总额的比重为 55%。我国过去曾以出口小水电、小化肥、小水泥设备为主，随着成套设备出口向大型化发展，已能出口 15 万吨级船舶、32 万千瓦的大型火电站、年产 130 万吨水泥和 30 万吨合成氨的设备等。1997 年，我国技术出口总额为 55 亿美元，分别占当年外贸出口总额和机电产品出口总额的3%和9.2%，标志着中国技术出口已初具规模。

(5) 民营科工贸企业开始涉足技术出口。进入这一阶段，技术出口的主体已不再局限于国有科工贸企业，民营企业也开始涉足技术出口领域。自1992年开始，民营科工贸企业就有少量技术出口。据不完全统计，到1994年，民营企业已实现技术出口18.6亿美元。1997年，民营企业的技术出口比1996年增长了32.4%，占技术出口的比重为16.8%。诸如联想集团、四通集团、北大方正集团有限公司、华为技术有限公司、上海复星高科技（集团）有限公司等高科技民营企业，在技术出口贸易中为国家和民族争得了荣誉。

4. 第四阶段（1998年至今）：发展阶段

自1998年开始，中国技术出口开始步入发展阶段。1999年年初，外经贸部提出"科技兴贸"战略，并与科学技术部、信息产业部等部门建立了联合工作机制，制订了《科技兴贸行动计划》。随着对外贸易体制改革，越来越多的国内科研院所也获得了技术出口经营权。国家还制定了一系列鼓励技术出口的优惠政策，如给予信贷、税收等政策优惠或给予一定的补贴，以及鼓励企业到境外注册商标或出国参展等。2001年12月，中国成功加入世界贸易组织。上述这些因素为我国的技术出口增强了后劲，提供了更大的发展空间。

该阶段的中国技术出口主要有以下几个特点：

(1) 高技术产品成为技术出口增长的重要力量。"十五"计划期间，我国高技术产品出口即表现出前所未有的增长势头。2000年，高技术产品出口额为370.43亿美元，比1999年增长50.0%，在此后的4年时间里，其年均增长幅度大致在44%左右。"十一五"规划时期，中国高技术产品出口增势更是明显，出口额连续5年保持世界第一。2010年，我国高技术产品出口一扫2009年的低迷，出口额强劲增长到4924.1亿美元，较"十五"计划末的2005年翻了一番多(表7-2)。

表7-2 2001～2010年中国高技术产品出口情况

项目	2001年	2002年	2003年	2004年	2005年	2006年	2007年	2008年	2009年	2010年
高技术产品出口额/亿美元	464.5	678.6	1103.2	1653.6	2182.5	2814.9	3478.3	4156.06	3769.3	4924.1
占出口总额比重/%	17.5	20.8	25.2	27.9	28.6	29.0	28.6	29.1	31.4	31.2

资料来源：科学技术部（http://www.most.gov.cn/）；2010年的数据来自中国海关统计（http://www.customs.gov.cn）

(2) 企业是技术的最主要输出方。据统计，包括国内外市场在内，2006年企业共签订技术合同130 125项，输出技术交易额1 528.0亿元，较上年增长

66.3%，占技术合同成交总金额的 84.0%；科研机构输出技术项目 44 079 项，输出技术交易额 141.0 亿元；高等院校输出技术项目 18 401 项，输出技术交易额 65.0 亿元。继 2006 年企业输出技术交易额首次超过吸纳技术交易额后，2007 年企业输出技术交易额又创新高。2007 年，企业输出技术合同项目 135 922 项，输出技术交易额 1 923 亿元，较 2006 年增长 25.9%，占全国成交总金额的比例较 2006 年进一步增长，达到 86.4%。

(3) 技术出口市场多元化。随着市场多元化战略的实施，中国技术出口的国别、地区呈多元化趋势，既包括发展中国家，也包括发达国家。东南亚、西亚、中国香港地区是技术出口稳固发展的重点市场，对非洲及欧美发达国家的出口也有较大增长。从高新技术产品出口来看，自 1996 年以来，中国香港、欧盟和美国一直是我国高技术产品出口市场前三位，对这三个市场的高技术产品出口占我国高技术产品出口总额的比重一直保持在 50%以上，2009 年该比重超过 60%。

(4) 技术出口领域广泛。目前，我国技术出口涉及计算机、通信、软件、机械、汽车、化工、冶金、农业、医药等诸多领域，如中铝国际工程有限责任公司对印度、伊朗、越南、俄罗斯、沙特、卡塔尔等国的多家铝公司进行技术转让，标志着我国已成为重大铝技术的输出国。中国中医研究院西苑医院则以知识产权形式，向日本输出了中药技术。2009 年，计算机与通信技术、电子技术、光电技术和生命科学技术成为我国高技术产品出口最多的 4 个技术领域，这 4 类技术领域的出口总额占高技术产品出口总额的比重高达 96.97%。

二、技术出口中存在的问题

近些年来，中国技术出口发展势头良好，成交金额逐年上升，对于优化出口商品结构、提高出口产品的科技含量和附加值都发挥了积极作用。然而在我国的技术出口中，仍存在着一些突出问题。及时而妥当地解决这些问题，将有助于中国技术出口更好更快地发展。

(1) 出口规模偏小。相比于西方发达国家和一些发展中国家，中国技术出口规模仍比较小。以近年来迅速崛起的软件出口为例，1999 年我国软件出口为 2.5 亿美元，2004 年达到 28 亿美元，增长了 10 倍。虽然增长速度很快，但仍与美国、印度、爱尔兰、以色列等国家存在明显差距。2004 年，印度的软件出口为 120 亿美元，是中国的 3 倍多。在全球 1000 多亿美元的外包市场上，中国 20 亿美元的出口额也仅占到 2%。我国软件出口 60%左右是针对日本市场的，然而即使是在日本市场，中国企业的声音仍显微弱——日本外包市场规模是全球的 10%，即 100 亿美元左右，而中国企业在这个市场的份额还不到 12%。

(2) 自主创新不足。根据瑞士洛桑管理学院于 2007 年 5 月发布的《世界竞争力年鉴 2007》，2006 年中国登记在册的科技人员有 413.2 万人。从科研人数上讲，中国目前已位居世界第一。但在科学研究发展和科技成果转化方面，中国一直排在美国、日本等国之后。2008年国内专利的申请和授权总量分别为71.7万件和35.2万件。国内发明专利的申请量为19.5万件，较2007年增长27.1%，远高于国外3.4%的增长率。国内发明专利的授权量为4.7万件，较2007年增长45.8%。尽管数量增长显著，尤其是国内专利授权量仅比国外少526件，但从专利类型的分布看，国内发明专利的申请量和授权量所占比重仍然最低，分别为27.1%和13.2%。特别是国内发明专利的授权，在三类专利中比重偏低的状况多年来没有根本性改变。相比之下，2008年国外发明专利的申请量和授权量占其申请和授权总量的比重分别为85.7%和79.1%。这反映出我国的整体科技实力和自主创新水平仍有待加强。并且，外资企业是中国高技术产品出口的主体，而国有企业和国有单位（科研机构和大学等）仍不是中国高技术生产与出口的主体。

（3）知识产权的保护力度不够。按照基础设施竞争力评价排名，中国知识产权的保护力度排名世界第31位，而科学研究的立法支持也仅排名第23位，只处于中等水平。全国假冒伪劣盗版现象屡禁不止，极大地阻碍了企业技术创新的步伐。2008年国内有效发明专利为12.8万件，在三类专利中的比重仅为13.8%。相比之下，国外的有效发明为21.0万件，且占国外有效专利总量的比重高达77.2%。这说明国内不仅在发明专利的授权上与国外有差距，而且在专利的维持方面与国外的差距更大。发明专利的低维持比例在一定程度上反映出，我国国内知识产权整体上保护意识仍较薄弱，其结果不仅是降低了专利申请的意义，而且在一定程度上是对科技资源投入的浪费，从长远看也不利于我国自主创新能力的培养和增强。①

（4）人均科研经费投入不足。2007年，我国研发经费支出总额为488亿美元，较上年增加111亿美元，超过英国和法国而跃居世界第四位。美国、日本和德国分别以3437亿美元、1485亿美元和738亿美元的研发经费支出额居世界前三位；法国和英国分别以475亿美元、427亿美元排在我国之后，分列世界第五和第六位。但是，2007年我国研发经费支出总额中用于基础研究的经费为22.9亿美元，占全国研发经费支出总额的比重为4.7%。而发达国家这一比重大多在20%左右，相对较低的日本也在10%以上；俄罗斯接近15%。从历史发展来看，我国这一比重长期稳定在5%左右的局面没有改变。②

① 科学技术部发展计划司．2007-09-11．2006年我国专利统计分析结果．http：//www.sts.org.cn/tjbg/cgylw/documents/2007/200710244.htm

② 科学技术部网站（http：//www.most.gov.cn/kjtj/tjbg/）

第四节　中国技术进出口管理

为了维护国家安全和社会公共利益，促进技术进出口健康发展，规范技术进出口经营行为，中国技术进出口管理实行有管理的自由进出口原则。2001 年 12 月 10 日，国务院发布的《技术进出口管理条例》规定，中国的技术进出口应当符合国家的产业政策、科技政策和社会发展政策，有利于促进国家科技进步和对外经济技术合作的发展，有利于维护国家经济技术权益。国家准许技术自由进出口，但是法律、行政法规另有规定的除外。此后，经过修订并在 2004 年 7 月 1 日实施的《对外贸易法》中又重申了这一原则。据此可知，中国对技术进出口工作的管理分为两个层面，即法制管理和行政管理。

一、中国对技术引进的管理

1. 法制管理

为了积极支持技术引进，同时确保国家安全和公共利益，我国制定了一系列相关法律法规。

1）《对外贸易法》

我国《对外贸易法》第三章明确了我国管理技术进出口的基本原则，即进出口属于自由进出口的技术，应当向国务院对外贸易主管部门或者其委托的机构办理合同备案登记。国家基于某些原因，可以限制或者禁止有关技术的进口或者出口。例如，为维护国家安全、社会公共利益或者公共道德，需要限制或者禁止进出口的；为保护人的健康或者安全，保护动物、植物的生命或者健康，保护环境，需要限制或者禁止进出口的；为建立或者加快建立国内特定产业，需要限制进口的，等等。对于限制进口的技术，国家实行许可证管理。

2）《技术进出口管理条例》

我国《技术进出口管理条例》是管理技术进出口的专门法规。该法规第七条规定，“国家鼓励先进、适用的技术进口”。该项规定的意义在于，在进口技术时，企业和对外贸易经营者应将技术的先进性与适用性有机结合起来，避免盲目引进和重复引进。如果技术引进企业脱离现有条件，片面追求引进技术的先进性而忽视其适用性，会导致技术引进的“水土不服”。如果强调了引进技术的适用性而忽视其先进性，会落入“引进—落后—再引进—再落后”的泥淖中。这两种情形均不利于企业发展，会造成人力、物力和外汇资金的浪费。

3）《技术进出口合同登记管理办法》

为规范自由进出口技术合同管理，建立技术进出口信息管理制度，促进我国技术进出口的发展，根据《技术进出口管理条例》的规定，2001 年外经贸部制定了《技术进出口合同登记管理办法》，并于 2002 年 1 月 1 日起施行。2009 年 2 月 1 日，商务部公布新修订的《技术进出口合同登记管理办法》，并于当年 3 月起实施，2002 年实施的《技术进出口合同登记管理办法》同时废止。

4)《禁止进口限制进口技术管理办法》和《中国禁止进口限制进口技术目录》

根据我国《对外贸易法》和《技术进出口管理条例》的原则，商务部于 2009 年 2 月 1 日公布了修订后的《禁止进口限制进口技术管理办法》，并自公布之日起 30 日后施行。根据该管理办法，国家对禁止进口限制进口技术的管理形式有两种，即禁止进口管理、许可证管理。凡列入《中国禁止进口限制进口技术目录》中禁止进口的技术，不得进口。凡列入《中国禁止进口限制进口技术目录》中限制进口的技术，应按上述管理办法履行进口许可手续。该目录对禁止、限制进口的技术的参考原则作了详细规定，主要涉及危害我国国家安全或者社会公共道德的技术，严重影响人的健康或者安全、严重影响动植物的生命或者健康或者破坏我国生态环境的技术，淘汰的生产工艺技术，不符合产业政策的技术和国际公约、国际协定规定需要禁止、限制进口的技术等。2008 年 9 月 16 日，商务部公布了新修订的《中国禁止进口限制进口技术目录》，并于 2008 年 11 月 11 日起施行。

5)《中国鼓励引进技术目录》

为贯彻落实《国务院关于实施〈国家中长期科学和技术发展规划纲要(2006～2020年)〉若干配套政策的通知》，鼓励企业引进国外先进适用技术，2006 年 12 月 18 日，商务部和国家税务总局联合制定了《中国鼓励引进技术目录》，供各部门、各地区及有关机构在开展技术引进工作时参考使用，其中明确规定："如果技术先进并条件优惠的，在引进时可按程序申请享受外国企业所得税免征优惠。"

2. 行政管理

我国采取的行政手段主要是从技术进口主体、进口对象及进口合同三个方面进行管理。

1) 对技术进口主体实行登记管理

我国《对外贸易法》第九条规定："从事货物进出口或者技术进出口的对外贸易经营者，应当向国务院对外贸易主管部门或者其委托的机构办理备案登记；但是，法律、行政法规和国务院对外贸易主管部门规定不需要备案登记的除外。"同时规定，"对外贸易经营者未按照规定办理备案登记的，海关不予办理进出口货物的报关验放手续"。这里，对外贸易经营者是指依法办理工商登记或者其他执业手续，依照《对外贸易法》及有关法律、行政法规的规定，从事对外贸易经营活动的法人、其他组织或者个人。

全国对外贸易经营者备案登记工作的主管部门是商务部。对外贸易经营者备案登记工作实行全国联网和属地化管理。商务部委托符合条件的地方对外贸易主管部门负责办理本地区对外贸易经营者备案登记手续，受委托的备案登记机关不得自行委托其他机构进行备案登记。对外贸易经营者在本地区备案登记机关办理备案登记。

2）对技术进口项目实行分类管理

我国技术进口项目分为禁止进口的技术、限制进口的技术和自由进口的技术三类。为此，国家有关主管部门制定并于 2008 年修订了《中国禁止进口限制进口技术目录》，对列入该目录的技术实行贸易审查和技术审查。

贸易审查的内容包括：①是否符合我国对外贸易政策，有利于对外经济技术合作的发展；②是否符合我国对外承诺的义务。技术审查的内容主要包括：①是否危及国家安全或社会公共利益；②是否危害人的生命或健康；③是否破坏生态环境；④是否符合国家产业政策和经济社会发展战略，有利于促进我国技术进步和产业升级，有利于维护我国经济技术权益。

3）对技术进口合同实行许可证和登记管理

对外经济贸易主管部门对技术进口合同的真实性进行审查，对审查合格者，限制进口的技术，颁发技术进口许可证；对自由进口的技术，实行合同登记管理，经审查合格者，颁发技术进口合同登记证。管理的具体程序如下：

（1）自由进口的技术。对于属于自由进口的技术，实行网上合同登记管理。商务部负责对重大项目的技术进口合同进行登记管理。所谓重大项目是指项目资金来源中含有国家财政预算内资金、外国政府贷款、国际金融组织贷款的项目和国务院立项批准的项目。合同签订后，技术进口经营者应持《技术进口许可意向书》、合同副本及其附件、签约双方法律地位证明文件，到国家主管部门履行登记手续。商务部在收到上述文件起 3 个工作日内，对合同登记内容进行核对。经审查合格，向技术进口经营者颁发《技术进口合同登记证》。合同自依法成立时生效，不以登记为合同生效条件。《技术进口合同登记证》是技术进口经营者向海关、外汇、保险、税务等部门办理有关手续的重要凭证。对于重大项目以外的自由进口技术合同，由各省、自治区、直辖市和计划单列市商务厅（局）负责。中央管理企业的自由进出口技术合同，按属地原则到地方外经贸主管部门办理登记。各省、自治区、直辖市和计划单列市商务厅（局）可授权下一级外经贸主管部门对自由进出口技术合同进行登记管理。

国家对自由进出口技术合同号实行标准代码管理。编制技术进出口合同号应符合下述规则：①合同号总长度为 17 位；②前 9 位为固定号，其中第 1～2 位表示制合同的年份（年代后 2 位）、第 3～4 位表示进口或出口国别地区（国标 2 位代码）、第 5～6 位表示进出口企业所在地区（国标 2 位代码）、第 7 位表示技术进出口合同标识（进口 Y，出口 E）、第 8～9 位表示进出口技术的行业分类（国标 2 位代码）。后 8 位为企业自定义。比如，一个完整的技术进出口合同号为 01USBJE01CNTIA001。

（2）限制进口的技术。凡进口列入《中国禁止进口限制进口技术目录》中限制进口技术的，国家实行许可证管理。引进方首先须填写《中国限制进口技术申请书》，报送商务部履行进口许可手续。商务部自收到以上申请书之日起 30 个工作日内，会分别对技术进口项目进行贸易审查和技术审查，并决定是否准予进口。技术进口申请经审查获得批准后，商务部将颁发统一印制和编号的《中华人民共和国技术进口许可意向书》，技术进口经营者只有在取得意向书后，方可对外签订技术进口合同。引进方在签订技术进口合同后，持《技术进口许可意向书》、合同副本及其附件、签约双方法律地位证明文件到国家主管部门申请《技术进口许可证》。商务部在收到文件之日起 10 个工作日内，对技术进口合同的真实性进行审查，并决定是否准予许可。一旦审查合格，即向进口经营者颁发《技术进口许可证》，技术进口合同则自《技术进口许可证》颁发之日起生效。随后，引进方到商务部领取《技术进口许可证》，并上网登录商务部“技术进出口信息管理系统”（http：//jsjckgl. mofcom. gov. cn），按程序录入合同内容。最后，技术进口经营者凭《技术进口许可证》，办理外汇、银行、税务、海关等相关手续。

二、中国对技术出口的管理

1. 法制管理

为了保证技术出口的健康发展，我国制定了一系列法律、法规，主要包括：

（1）《对外贸易法》、《技术进出口管理条例》和《技术进出口合同登记管理办法》。这三部法律法规同样适用于管理我国的技术出口，是最基本的法律、法规。此外，我国对外经贸主管部门还制定了一些具体的管理办法。

（2）《禁止出口限制出口技术管理办法》。《禁止出口限制出口技术管理办法》，是根据《对外贸易法》和《技术进出口管理条例》，由外经贸部、科学技术部于 2001 年发布，并于 2002 年 1 月 1 日起施行。该管理办法具体规定了限制出口技术和禁止出口技术的审查标准和具体管理程序。上述管理办法的实施是为了加强政府部门对技术出口的调控权，增加管理透明度，进一步促进技术自由出口，其主要内容包括立法依据和目的、适用范围、管理机关、规范技术出口经营者和管理者的行为、明确对限制出口的技术实行许可证管理，以及国家保密技术出口规定等。2009 年，商务部和科学技术部公布新修订的《禁止出口限制出口技术管理办法》，并于 2009 年 5 月 20 日起施行，2001 年颁布的《禁止出口限制出口技术管理办法》同时废止。

（3）《国家秘密技术出口审查规定》。为加强对国家秘密技术出口的管理，

1998 年 10 月 30 日，科学技术部、国家保密局和外经贸部联合发布《国家秘密技术出口审查规定》。其中第六条规定："国家秘密技术出口时，申请单位必须依照本规定先行办理保密审查手续，获批准后，按有关规定履行技术出口许可手续，方可与外方进行实质性洽谈。"

（4）《中国禁止出口限制出口技术目录》。外经贸部、科学技术部于 2001 年 12 月 12 日联合发布《中国禁止出口限制出口技术目录》，并于 2002 年 1 月 1 日起施行。其中包括 48 类 183 个技术名称的近 600 条禁止出口和限制出口的技术。2008 年 9 月，商务部、科学技术部联合发布修订后的《中国禁止出口限制出口技术目录》，并于 2008 年 11 月 1 日起施行，2001 年颁布的《中国禁止出口限制出口技术目录》同时废止。

2. 行政管理

我国对技术出口主体采取与上述对技术进口经营者相同的管理办法，实行登记管理。我国技术出口项目亦同样实行分类管理，分为禁止出口的技术、限制出口的技术和自由出口的技术三类。

按照《中国禁止出口限制出口技术目录》，对列入该目录的技术实行贸易审查和技术审查。贸易审查的内容主要包括：是否符合我国对外贸易政策，并有利于促进对外贸易出口；是否符合我国产业出口政策，并有利于促进国民经济发展；是否符合我国对外承诺的义务。而技术审查的内容则包括：①是否危及国家安全。②是否符合我国科技发展政策，并有利于科技进步。③出口成熟的产业化技术是否符合我国的产业政策，并能带动大型和成套设备、高新技术产品的生产和经济技术合作。对于实验室技术，鼓励首先在国内开发，转变为产业化技术之后再出口。国内暂不具备条件转化应用的，则应在国家利益不受损害并取得知识产权有效保护的前提下方可出口。④出口的技术是否成熟可靠并经过验收或鉴定。未经验收或鉴定但已经生产实践证明的，应由采用单位出具证明。

外经贸主管部门对技术出口合同的真实性进行审查，对审查合格者，限制出口的技术，颁发技术出口许可证；对自由出口的技术，实行合同登记管理，经审查合格者，颁发技术出口合同登记证。管理的具体程序如下：

（1）自由出口的技术。对外贸易经营者出口自由出口的技术时，应当向国务院外经贸主管部门办理登记，并提交技术出口合同登记申请书、技术出口合同副本及签约双方法律地位的证明文件。主管部门自收到上述文件之日起的 3 个工作日内，对技术出口合同进行登记，颁发技术出口合同登记证。申请人凭技术出口合同登记证办理外汇、银行、税务、海关等相关手续。

（2）限制出口的技术。凡出口国家限制出口技术及相关产品的，国家实行许可证管理。技术出口经营者首先填写《中国限制出口技术申请书》，报送国务院外经贸主管部门，该部门自收到上述申请书之日起 30 个工作日内，会同科学技术部分别对技术出口项目进行贸易审查和技术审查。审查批准后，主管部门颁发《技术出口许可意向书》，其有效期为1～3年。技术出口经营者在申请出口信贷、保险意向承诺时，必须出具该意向书。技术出口经营者签订技术出口合同后，持《技术出口许可意向书》、合同副本、技术资料出口清单（文件、资料、图纸、其他）、设备出口清单和相关产品出口清单、签约双方法律地位证明文件到商务部申请技术出口许可证。商务部对技术出口合同的真实性进行审查，并自收到上述文件之日起15个工作日内，对技术出口作出是否许可的决定，对许可出口的技术颁发由我国商务部统一印制和编号的《技术出口许可证》。最后，技术出口经营者到商务部领取《技术出口许可证》时，需登录商务部“技术进出口信息管理系统”，按程序录入合同内容。合同则自颁发《技术出口许可证》之日起生效。

思考题

1. 试阐述技术、国际技术转让和国际技术贸易的含义。
2. 中国开展国际技术贸易的主要方式有哪些？并简述其概念。
3. 如何完善我国的技术引进工作？
4. 试述发展我国技术出口的必要性。
5. 中国技术出口的原则及应注意的问题各是什么？
6. 简述中国技术出口的现状。

第八章　中国服务贸易

第二次世界大战后，特别是20世纪90年代以来，随着各国服务业的迅速发展，服务贸易在世界贸易中的比重日益上升，发展服务贸易已经成为衡量一个国家现代化水平的重要标志。因此，各国都竞相参与服务贸易的世界合作与竞争。对中国而言，自改革开放特别是加入世界贸易组织以来，服务贸易有了较快发展，其年均增长率高于同期国民经济的增长率，也高于同期国内服务业的增长速度，对于推动国内服务业的发展发挥了重要作用。

第一节　服务贸易概述

服务贸易（trade in services）一词，最早出现在1972年9月经济合作与发展组织（OECD）提交的《高级专家对贸易和有关问题的报告》中。1974年，美国在其《贸易法》第301条款中首次使用“世界服务贸易”这一概念。随着世界经济结构的调整及服务业的兴起和发展，作为国际贸易的重要组成部分，服务贸易在经济活动中占据着越来越重要的地位。

一、服务贸易的基本概念

1. 服务贸易的定义

相对于产品而言，服务是指以提供活劳动（脑力或体力）的形式来满足他人需要并取得报酬的活动。服务与普通商品一样具有使用价值，但服务的使用价值不是表现为物，而是表现为活动。因此，服务贸易与商品贸易的显著区别是：商品贸易交换的是物化为产品的劳动，而服务贸易所交换的则是服务者所提供的劳动本身。

严格地讲，服务贸易应分为国内服务贸易和国际服务贸易，但为表述方便，本章所说的服务贸易，除非特别说明，均指国际服务贸易。简单地说，国际服务贸易是指跨国界的服务交换活动。1994年4月，关税与贸易总协定主持下的乌拉圭回合谈判签订的《服务贸易总协定》（*General Agreement on Trade in Services*，GATS）对服务贸易所下的定义，涉及跨境交付、境外消费、商业存在和自然人流动四种形式，具有一定的权威性和指导性，并为各国普遍接受。

（1）跨境交付（cross-border supply），又称跨境提供，是指服务的提供者在本国国境内向另一国的消费者提供服务。其中的“跨境”是指“服务”的过境，通过电信、计算机联网等手段实现。例如，国际金融中的电子清算与支付、国际电信服务、信息咨询服务、卫星影视服务等。

(2) 境外消费 (consumption abroad)，是指服务的提供者在本国国境内，向来自他国的消费者提供服务。例如，到国外旅游、接受教育、就医等均属于此类。

(3) 商业存在 (commercial presence)，是指服务的提供者通过在他国境内设立商业实体提供服务。它是这四种服务提供方式中最主要的形式，往往涉及市场准入和直接投资，即允许一成员方的服务提供商在另一成员方境内投资设立机构并提供服务，包括设立合资、合作和独资企业，该机构的服务人员既可来自提供商母国，也可从东道国雇佣。例如，外国企业到中国开办酒店、零售商店、律师事务所、旅行社等。

(4) 自然人流动 (movement of personnel)，是指服务提供者以自然人的身份进入其他国家并向当地消费者提供服务。例如，外国的教师、工程师或医生等来本国境内从事个体服务。

2. 服务贸易的特征

与货物贸易相比，服务贸易具有以下主要特征：

(1) 服务贸易的标的大多具有无形性，服务贸易提供的服务大多是无形的，如金融、保险、运输、广告等服务。

(2) 服务贸易所提供的服务往往是生产、销售与消费同时进行，因此具有同时性、不可储存性和不可运输性等特点。服务的生产与出口过程，往往也是服务的进口与消费过程。

(3) 服务贸易往往涉及生产要素的跨国界转移。服务是一个过程，因此服务贸易更多地依赖于生产要素的国际移动和服务机构的跨国设置。国际间的服务交换无论采取何种形式，都与资本、劳动力和信息等生产要素的跨国界转移相关。

(4) 服务贸易的标的是一种无形商品，买卖双方当事人关系复杂，其交易活动不是通过海关，而是通过国内相关立法来监督，而且涉及的法律也很复杂，服务的进出口不像货物那样都需要经过海关出入。

二、服务贸易的分类

国际服务贸易的多样性和复杂性，导致目前尚未形成一个统一的分类标准。许多经济学家和国际经济组织为了分析方便和研究的需要，从各自选择的角度对国际服务贸易进行划分。鉴于世界贸易组织的影响，这里重点介绍其对服务贸易的分类。

乌拉圭回合服务贸易谈判小组在乌拉圭回合中期审评会议后，加快了服务贸易谈判进程，并在对以商品为中心的服务贸易分类的基础上，结合服务贸易统计和服务贸易部门开放的要求，在征求各谈判方的提案和意见的基础上，提出了以部门为中心的服务贸易分类方法，将服务贸易分为12大类：

（1）商业性服务，指在商业活动中涉及的服务交换活动，服务贸易谈判小组列出6类此种服务，其中既包括个人消费的服务，也包括企业和政府消费的服务。①专业性（包括咨询）服务。专业性服务涉及的范围包括法律服务；工程设计服务；旅游机构提供服务；城市规划与环保服务；公共关系服务等；专业性服务中包括涉及上述服务项目的有关咨询服务活动；安装及装配工程服务（不包括建筑工程服务），如设备的安装、装配服务；设备的维修服务，指除固定建筑物以外的一切设备的维修服务，如成套设备的定期维修、机车的检修、汽车等运输设备的维修等。②计算机及相关服务。这类服务包括计算机硬件安装的咨询服务、软件开发与执行服务、数据处理服务、数据库服务及其他。③研究与开发服务。这类服务包括自然科学、社会科学及人类学中的研究与开发服务、在纪律约束下的研究与开发服务。④不动产服务，指不动产范围内的服务交换，但不包含土地的租赁服务。⑤设备租赁服务，主要包括交通运输设备，如汽车、卡车、飞机、船舶等；非交通运输设备，如计算机、娱乐设备等的租赁服务。但不包括其中有可能涉及的操作人员的雇用或所需人员的培训服务。⑥其他服务，指生物工艺学服务；翻译服务；展览管理服务；广告服务；市场研究及公众观点调查服务；管理咨询服务；与人类相关的咨询服务；技术检测及分析服务；与农、林、牧、采掘业、制造业相关的服务；与能源分销相关的服务；人员的安置与提供服务；调查与保安服务；与科技相关的服务；建筑物清洁服务；摄影服务；包装服务；印刷、出版服务；会议服务；其他方面的服务等。

（2）通信服务。通信服务主要指所有有关信息产品、操作、储存设备和软件功能等服务。通信服务由公共通信部门、信息服务部门、关系密切的企业集团和私人企业间进行信息转接和服务提供，主要包括邮电服务；信使服务；电信服务，其中包含电话、电报、数据传输、电传、传真；视听服务，包括收音机及电视广播服务；其他电信服务。

（3）建筑服务。建筑服务主要指工程建筑从设计、选址到施工的整个服务过程。具体包括：选址服务，涉及建筑物的选址；国内工程建筑项目，如桥梁，港口、公路等的地址选择等；建筑物的安装及装配工程；工程项目施工建筑；固定建筑物的维修服务；其他服务。

（4）销售服务，指产品销售过程中的服务交换，主要包括：商业销售，主要指批发业务；零售服务；与销售有关的代理费用及佣金等；特许经营服务；其他销售服务。

（5）教育服务，指各国间在高等教育、中等教育、初等教育、学前教育、继续教育、特殊教育和其他教育中的服务交往，如互派留学生、访问学者等。

（6）环境服务，指污水处理服务、废弃物处理服务、卫生及相似服务等。

（7）金融服务，主要指银行和保险业及相关的金融服务活动，包括以下两种：①银行及相关的服务；银行存款服务；与金融市场运行管理有关的服务；贷款服务；其他贷款服务；与债券市场有关的服务，主要涉及经纪业、股票发行和注册管理、有价证券管理等；附属于金融中介的其他服务，如贷款经纪、金融咨询、外汇兑换服务等。②保险服务；货物运输保险，其中含海运、航空运输及陆路运输中的货物运输保险等；非货物运输保险，具体包括人寿保险、养老金或年金保险、伤残及医疗费用保险、财产保险服务、债务保险服务；附属于保险的服务，如保险经纪业、保险类别咨询、保险统计和数据服务；再保险服务。

（8）健康及社会服务，主要指医疗服务、其他与人类健康相关的服务；社会服务等。

（9）旅游及相关服务，指旅馆、饭店提供的住宿、餐饮服务、膳食服务及相关的服务；旅行社及导游服务。

（10）文化、娱乐及体育服务，指不包括广播、电影、电视在内的一切文化、娱乐、新闻、图书馆、体育服务，如文化交流、文艺演出等。

（11）交通运输服务，主要包括货物运输服务，如航空运输、海洋运输、铁路运输、管道运输、内河和沿海运输、公路运输服务，也包括航天发射及运输服务，如卫星发射等；客运服务；船舶服务（包括船员雇用）；附属于交通运输的服务，主要指报关行、货物装卸、仓储、港口服务、起航前查验服务等。

（12）其他服务。

三、世界服务贸易的发展

自20世纪70年代以来，世界服务贸易迅速增长，在国际贸易中的地位日益提高。服务业和服务贸易的重要性，不仅在于其已逐渐成为促进国民经济效率提高和经济总量增长的主导力量，而且也成为未来国际市场竞争的核心。

1. 世界服务贸易迅速发展的动因

随着经济全球化进程的加快、科学技术日新月异、知识经济的兴起，以及资本和劳动力从物质生产部门向服务领域的加速转移，使得社会分工更加深化，服务贸易得以迅速发展。

1）现代科技的发展和应用

随着现代科学技术的进步，特别是信息技术革命的兴起，服务的不可存储性等传统特性发生了改变，把服务输出到任何国家和地区成为可能，如银行、保险、商品零售等可以通过计算机网络在全球范围内开展业务，为跨国服务创造了条件；高新技术被广泛应用于服务产业，提高了服务的可贸易性；生产专业化迅速发展，使得世界服务贸易的种类增加、范围扩大，从传统的运输、工程等领域向知识、技术和数据处理等新兴领域拓展。

科技革命还加快了劳动力和科技人员的世界流动，特别是促进了专业科技人员和高级管理人员的跨国流动，使服务贸易的方式增加，服务质量出现了质的飞跃。尤其是随着科技进步，产品生产和服务生产中的知识、信息投入比重不断提高，从而推动服务贸易结构的升级，以劳动密集型为特征的传统服务贸易地位逐步下降，以资本密集、技术密集和知识密集为特征的新兴服务贸易迅速崛起。

2）各国产业结构调整

随着科技进步与生产力水平的提高，各国在产业结构调整中大力发展服务业，使服务业产值在国民经济中的比重大幅提升，从而对世界服务贸易的发展起到了重要的推动作用。20 世纪 60 年代，主要发达国家已基本上完成了工业化进程，其国内经济开始进入后工业化时期，经济重心向服务业倾斜。统计资料表明，发达国家服务业在其国民经济中的比重一般占 45%～65%，发展中国家也占到 30%～45%。例如，美国服务业的就业人口和产值在其国民经济中的比例都已超过 2/3。在各国国民经济重心日益转向服务业的趋势下，世界服务贸易也获得迅速发展。

3）世界货物贸易量的增加

在科学技术日新月异的背景下，货物贸易和服务贸易的关系日益紧密，主要体现在以下三个方面：首先，货物贸易的急剧扩大是服务业产生和发展的重要前提条件，因为货物贸易需要服务业的参与才能完成，像货物进出口就离不开运输、通信、保险等服务；其次，服务业已成为许多制成品生产和销售过程中不可分割的一部分，能向制造业提供从工程设计到数据处理等多种必要的投入，并能以售后服务的方式促进产品销售；最后，服务已成为提高货物贸易竞争力的主要手段和重要基础。第二次世界大战后，非价格竞争逐步取代价格竞争而成为世界市场的主要竞争手段，服务业为货物贸易的非价格竞争力提升提供了重要保障。货物贸易的发展反过来也会大力促进服务贸易的增长，并使服务贸易成为生产国际化的一个重要环节。

4）各类组织对服务贸易的推动

作为多边国际机构的世界贸易组织及各国政府对服务贸易自由化的支持与推动，以及作为服务贸易的微观组织同时也是主要实体的跨国公司在第二次世界大战后的迅速发展，都对世界服务贸易的发展起到了促进作用。

2. 世界服务贸易的发展特征

第二次世界大战结束以来，世界服务贸易发展迅速，在规模、速度、结构和自由化等方面，都体现了新的发展特征。

1）发展迅速，速度和总量均持续增长

20 世纪 70 年代以来，世界服务贸易迅速发展，不但体现在速度上，而且总量增加也很可观。据世界贸易组织统计，1985～2009年，全球服务贸易出口年均增速超过同期货物贸易出口增速约0.6个百分点。1985年，全球服务贸易额仅为3816亿美元，2008年则达到37 750亿美元，增长了近8.9倍（2009年受全球金融危机的影响，服务贸易额下降较为明显，但货物贸易额也是明显下降）。其结果是服务贸易在世界贸易中的比例不断攀升，从1985年的16.3%上升至2008年的19.2%。在今后的20～30年，服务贸易在整个世界贸易中的比重大约每年提高一个百分点，预计自21世纪30年代起，服务贸易比重将赶上甚至超过货物贸易的比重，服务贸易将成为世界贸易的主要内容。表8-1显示，自世界贸易组织成立以来，世界服务贸易的发展速度和总量都在持续增长。

表8-1　1995～2009年世界服务贸易情况统计

年　份	服务出口额及增长率		服务进口额/亿美元
	出口额/亿美元	增长率/%	
1995	11 849	14.7	12 015
1996	12 710	7.3	12 697
1997	13 203	3.9	13 056
1998	13 503	2.3	13 350
1999	14 056	4.1	13 883
2000	14 922	6.2	14 796
2001	14 945	0.2	14 941
2002	16 014	7.2	15 793
2003	18 340	14.5	18 023
2004	21 795	18.8	21 328
2005	24 147	10.8	23 613
2006	27 108	12.3	26 196
2007	32 572	20.2	30 591
2008	37 750	15.9	34 900
2009	33 500	−12.3	31 450

资料来源：根据世界贸易组织贸易统计资料整理

2）新兴服务贸易比重上升

第二次世界大战以前，服务贸易项目主要是劳务输出，运输服务、金融服务、旅游服务和电信服务虽已出现，但发展缓慢，所占比重很低。第二次世界大战后，随着第三次科技革命和产业革命的出现，金融、电信、信息、商贸等领域的服务贸易迅速发展，在整个服务贸易中的比重逐步上升，而传统服务贸易项目（如运输、旅游、劳务输出）所占比重逐渐下降。据统计，在1970年，国际运输服务贸易占38.5%，国际旅游服务贸易占28.2%，其他服务贸易占33.3%；到2008年，运输服务贸易仅占23.6%，旅游服务贸易仅占25.2%，而其他服务贸易达51.2%。这里的其他服务主要包括通信、建筑、计算机和信息、保险、金融，专有权使用费和特许费，其他商业服务，个人、文化和休闲服务等部门的服务。这些新兴服务贸易增长速度很快，在世界服务贸易中比重不断上升。表8-2对比了不同年份的运输、旅游和其他服务占世界服务贸易出口的比重。

表8-2 世界服务贸易出口部门构成

项 目	出口额/亿美元	比重/%		
	2008年	1990年	2000年	2008年
全球服务出口总额	37 750	100.0	100.0	100.0
运输服务	8 900	28.5	23.0	23.6
旅游服务	9 500	33.9	32.4	25.2
其他服务	19 350	37.6	44.6	51.2

资料来源：根据世界贸易组织贸易统计资料整理

3）世界服务贸易发展不平衡

世界经济发展的不平衡性决定了服务贸易的不平衡发展，发达国家在世界服务贸易中一直居于绝对优势地位。这种优势不仅反映在世界服务贸易的排名中，而且还体现在贸易平衡和贸易结构上。从世界服务贸易额排名来看，2008年居前10位的除中国外，其他均为发达国家，其服务贸易额占世界服务贸易总额的五成左右；从贸易平衡看，发达国家在服务贸易中是长期顺差，而大部分发展中国家长期为逆差；从服务贸易结构看，发达国家主要输出技术、知识和资本密集型服务，而发展中国家则主要输出劳动密集型服务。

就具体国家而言，美国无疑是当今世界服务贸易的超级大国，其2008年出口额占世界服务出口总额的14%，进口额占世界服务进口总额的10.5%。欧盟中的英国、德国、法国、西班牙、意大利等，亚洲的日本等，也是服务贸易重要的进出口大国。南北方国家在科技水平等方面的巨大差距，以及服务贸易的高度信息化和知识化趋势，必将加剧这种不平衡状态。

4）服务贸易自由化和保护主义并存

《服务贸易总协定》的签署在很大程度上推进了世界服务贸易的自由化进程。世界贸易组织成立后通过的《金融服务协议》、《基础电信协议》、《信息技术协议》等，更促进了各成员在金融、电信等领域的开放。总体上看，各成员方遵守市场开放的具体承诺，保证各项贸易措施具有透明度、公正性和统一性，从而有力地推动了世界服务贸易不断向自由化方向发展。

与此同时，由于服务业和服务贸易发展的不平衡性，发达国家具有比发展中国家更为明显的优势，同时服务市场的开放又涉及国家主权与安全、政治与文化等敏感问题，因此，世界服务贸易市场的自由化程度远不及世界货物贸易。无论是发展中国家还是发达国家，都以种种理由和方法，对服务贸易实行不同程度的贸易保护主义政策与措施。

四、服务贸易壁垒与服务贸易自由化

服务贸易自由化，是指世界各国减少乃至消除妨碍服务贸易自由、公平进行的法律法规，扩大本国服务市场的准入程度，最终使服务业在各国或地区间自由流动。世界服务贸易的发展，取决于服务贸易自由化实现的程度，而自由化实现的程度则取决于各个成员方服务贸易壁垒的逐步消除，以及对国际服务贸易规则的遵守程度。

1. 服务贸易壁垒

服务贸易壁垒是指一国政府对国外生产的服务的销售所设置的具有阻碍作用的政策措施，以增加国外服务生产者的成本进而达到限制外国服务进入的目的。这是服务贸易政策中贸易保护主义措施的体现。

随着服务贸易在各国经济发展中的作用日益增强，加之服务业的特殊性、敏感性及其难以估量的市场前景，无论是发达国家还是发展中国家，都很重视对国家服务贸易壁垒的研究及设置。据统计，世界上现行的服务贸易壁垒措施多达2000多种，用于保护本国的金融、电信、运输、旅游、劳务输出等服务部门。并且随着世界服务贸易的不断发展，服务贸易壁垒形式也在不断变化。

1）服务贸易壁垒的特点

服务贸易壁垒在形式和内容上，均比货物贸易壁垒复杂得多，主要体现在以下几个方面：

（1）主要通过国内法律法规加以限制。服务贸易基本上属于无形贸易，服务的跨国流动不需海关登记，而且海关难以评估，无法用关税的形式对其进行限制。国际服务贸易领域中广泛使用的是非关税壁垒，其主要内容就是国内的法律法规。

（2）以对自然人或法人的资格和活动的限制为主。对服务贸易的限制主要分为两类：一类是市场进入的限制，指政府对外国服务的进入设置障碍；另一类是对外国服务提供者在该国境内从事服务活动的阻碍。这两类限制针对的都是自然人或法人的资格与活动。

（3）强调国家安全与主权利益。金融、电信、运输大多属于关系国计民生的敏感、特殊行业，因此各国在设置贸易壁垒时，除了传统的商业利益考虑外，更多的是出于对国家安全和主权利益的考量。

（4）灵活性及选择性强。世界上现行的2000多种服务贸易壁垒中，技术标准、认证制度是最主要的壁垒。而且随着国际服务贸易的不断发展，服务贸易壁垒的形式也在不断推陈出新。在世界服务贸易中，发达国家比发展中国家更多地运用这些贸易壁垒，使其对服务业和服务贸易的保护手段选择性更强，更加灵活隐蔽，更符合贸易规则而不易被察觉，从而也保护得更加有效。

2）服务贸易壁垒的形式

服务贸易壁垒主要有以下两种分类方法：

第一种，按照乌拉圭回合谈判采纳的方案分类，主要是市场准入壁垒和国民待遇壁垒。①市场准入壁垒，指通过禁止或限制外国服务提供者进入本国市场从而抑制市场竞争的措施，主要有六种形式：对服务提供者数量的限制；对服务交易或总资产的限制；对服务业务总数或服务产出总量的限制；对特定服务部门或服务提供者可以雇佣的人数的限制；限制或要求通过特定类型的法律实体或合营企业形式才能提供服务的措施；对外国资本参与的比例限制，或对外国资本总额的限制等。②国民待遇壁垒，指在法律、规章和管理等方面有利于本国企业但歧视外国企业的措施，包括为国内生产者提供成本优势，或增加外国生产者进入本国市场的成本。例如，日本要求外国货运者通过一系列仓库转运其货物，但日本航空公司承运的货物只要通过一个仓库即可。

第二种，将服务贸易方式与服务提供、消费的壁垒结合起来，主要分为服务产品移动壁垒、信息移动壁垒、人员流动壁垒、资本流动壁垒和开业权壁垒等五种形式的壁垒：

（1）服务产品移动壁垒，是指影响服务产品移动和消费者购买的措施，包括数量限制、当地成分要求、补贴、政府采购、实行技术标准、税收制度和落后的知识产权保护体系等。比如，有些国家规定禁止在本国应用国外处理的数据，限制外国数据通信的进口；限制外国服务载体在本国的流通，增加外国服务在本国的经营成本及本国货物和服务在外国服务中的含量，从而达到阻碍外国服务在本国的销售、保护本国服务业的目的。

（2）信息移动壁垒，是指由于信息传递模式涉及国家主权、垄断经营和国家公用电信网、私人秘密等敏感性问题，各国普遍存在的各种限制措施。例如，在技术标准，网络进入，数据处理、复制、储存、使用和传递，补贴、税收与外汇控制和政府产业控制政策等方面的限制或歧视性措施。这些措施不仅阻碍信息服务贸易的发展，由于信息流动又是金融、旅游、运输、仓储、建筑、会计、审计、法律等领域的服务者提供服务的先决条件，所以还同时制约着其他服务贸易的进行。

（3）人员流动壁垒，是指通过各种措施对外国劳动力进入本国工作或就业进行限制，包括各种移民限制和烦琐的出入境手续等。例如，规定有一定的投资额和股权额，才可移民或暂时入境提供服务；要求雇佣东道国工作人员，暂时入境只能是高层管理人员；外国服务者须熟悉东道国语言和法律，专业人员要接受东道国教育和培训并取得其考试机构的资格证书，等等。

(4) 资本流动壁垒，是指东道国禁止或限制外国企业资本自由流动方面的措施，主要形式有外汇管制、浮动汇率及汇出投资收益等方面的限制。外汇管制是指政府对外汇在本国境内的持有、流通和兑换及外汇的出入境采取的各种控制措施，可以限制外国服务提供者在本国所设企业的收入来源、外汇的兑换和汇出。通过汇率，增加经营者的经营成本，或者削弱消费者的购买力，使外国服务成本不再具有竞争性。对投资者收益汇回母国的限制，如限制外国服务提供者将利润、版税、管理费等汇回其母国，或限制外国资本抽出调回其本国，或限制汇回利润的额度等措施，也在相当程度上限制了服务贸易的发展。

(5) 开业权壁垒，是指禁止或限制外国服务提供者以商业存在的形式进入本国的服务市场，包括禁止和限制外商进入的部门、企业形态、使用雇员和投资的比例等措施。例如，不允许外国服务提供者在特定服务领域设立经营机构；限制外国服务提供者在本国设立的企业形态；限制外国服务提供者在企业中的股份、权益和投票权；对外国企业的活动进行限制等。

2. 服务贸易自由化

服务贸易自由化的要求，主要体现在世界贸易组织于 1995 年正式运作的《服务贸易总协定》，以及 1997 年通过的《基础电信协议》、《金融服务协议》和《信息技术协议》。

《服务贸易总协定》是管理全球服务贸易的、具有法律约束力的多边协议。其宗旨是为服务贸易建立一个多边框架，在透明度和贸易逐步自由化的条件下扩大服务贸易，促进所有贸易伙伴和发展中国家的经济增长和发展。

1)《服务贸易总协定》的框架和主要内容

《服务贸易总协定》由正文、附件和市场准入承诺表三部分组成。

(1) 正文分 6 个部分，由 29 个条款组成，主要规定了服务贸易自由化的原则和规则。具体包括协定的宗旨、适用范围，服务贸易的一般义务和纪律、具体承诺的义务，逐步自由化原则，组织机构设置，争端解决机制及最后条款。

(2) 附件是根据第 29 条的规定成为该协定的有机组成部分，其目的是对一些较特殊的服务部门作出更有针对性的规定，以使框架协议的基本原则和规定更好地适用这些部门。该附件具体有最惠国待遇例外附件、自然人流动附件、航空运输服务附件、金融服务附件、海运服务谈判附件、电信服务附件、基础电信谈判附件等 8 个方面。

(3) 市场准入承诺表是根据第 20 条的规定，成为该协议的重要组成部分。它明确了各参加方在双边谈判的基础上承担的关于国民待遇和市场准入的义务。

2)《服务贸易总协定》的主要原则

为实现其宗旨，《服务贸易总协定》为各成员方确定了下列 12 个主要原则：

（1）最惠国待遇原则。世界贸易组织最惠国待遇的含义是指在货物、服务和知识产权领域，一个世界贸易组织成员给予任何其他国家或地区（不论其是否为世界贸易组织成员）的优惠待遇，应立即和无条件地给予其他成员方。在《服务贸易总协定》法律框架下的最惠国待遇，是指每一缔约方给予任何缔约方的服务或服务提供者的待遇，应立即和无条件地给予其他任何成员的相同服务或服务提供者。同时，由于服务贸易的特殊性使得服务与服务的提供者不可分离，《服务贸易总协定》也规定了最惠国待遇责任的若干例外与免除，也就是说，世界贸易组织成员在特定情况下，经世界贸易组织允许可以对最惠国待遇实行暂时的例外，即在某些特定的服务领域，成员间可以暂时不履行最惠国待遇的义务。服务贸易领域的最惠国待遇原则有其独到之处。它允许各成员方在进行最初承诺的谈判中，将不符合最惠国待遇的措施列入最惠国待遇例外清单，附在各自的承诺表之后。比如，在基础电信、金融服务和海运服务方面，在其他成员方市场遇到市场关闭的情况下，已经放宽市场准入的成员方可以提出最惠国待遇的登记免除。

（2）透明度原则。透明度原则是指任何成员除非在紧急情况下应立即并最迟在其生效前，公布所有有关或影响《服务贸易总协定》执行的相关措施。《服务贸易总协定》成员也应公布其签署参加的有关或影响《服务贸易总协定》的国际协议。透明度义务要求各成员方应至少一年一度地对本国新法规或现存法规的修改作出说明介绍，并对其他成员方的询问作出迅速答复。任何成员方如认为某些成员采取的措施影响了《服务贸易总协定》的实施，可通知服务贸易理事会。按照规定，各国政府必须公布所有与服务贸易有关的法律和规定，并且必须在世界贸易组织成立后的两年内，在政府机构中建立咨询点。这样，外国企业和政府便可利用这些咨询点，获得有关任何服务部门的法律法规信息。透明度的一个例外附则是，对于任何一参加方的那些一旦公布即会妨碍其法律的实施，或对公共利益不利或将损害具体企业的正当商业利益的机密资料，可以不予公布。

（3）国民待遇原则。《服务贸易总协定》对国民待遇（national treatment）的要求，是作为具体承诺列入特定义务的承诺表中的，而不像关贸总协定那样作为一般义务，这主要是考虑到发展中国家的利益。《服务贸易总协定》第 17 条规定，各成员方在其提交的具体承诺的部门内，应依照承诺表中的条件和资格，给予其他成员方相应的待遇，而且应与给予本国的待遇相同，否则即认为是对其他成员方不利。这一待遇不仅包括设立商业存在时的同等待遇，也包括设立之后商业存在所享受的待遇。

（4）市场准入原则。市场准入（market access）指成员方以其承诺清单中所列举的服务部门及其准入条件和限制为准，对其他成员方开放其本国的服务市场。每一成员给予其他成员的服务和服务提供者的待遇，不应低于其承担义务计划安排中所承诺的期限、限制和条件。市场准入是一种经过谈判而承担的义务，实施对象既包括服务也包括服务的提供者。市场准入是《服务贸易总协定》中的关键性条款，而其中的承诺表是各国在谈判的基础上达成开放市场的承诺。《服务贸易总协定》法律框架下的市场准入的实施与最惠国待遇的实施是不同的，市场准入是具体的承诺义务，是通过谈判，适用于各成员在承诺表具体承诺范围的服务部门，而最惠国待遇是一种普遍的义务，适用于所有服务部门。市场准入是作为《服务贸易总协定》的具体承诺而出现的，要求每一成员方给予其他成员的服务和服务提供者的待遇，应不低于提交的承诺表中所同意的规定期限、限制和条件。除非在承诺表中明确规定，各成员不得采用数量配额、垄断和专营服务提供者的方式，或要求测试经济需求的方式，限制服务提供者的数量。

(5) 发展中国家更多参与原则。通过协商承担义务使发展中国家能更多地参与，包括促进其商业技术获取、销售渠道和信息网络改善，以及采用有利于发展出口贸易的方式。发达国家应为发展中国家企业获得有关市场资料提供方便，包括商业和技术服务，登记、认可和提供服务的条件，获得服务技术的可能性等。

(6) 国内管制原则。成员方的有关措施应合理、客观和公正，应有相应的司法、仲裁、行政手段和程序，对有关行政决定及时审议和补救。有关资格条件和程序、技术标准与许可证要求，不应构成贸易障碍。

(7) 承认原则。成员方之间可以通过多边协议或其他安排，相互认可对方服务提供者的教育水平、经验、符合资格条件的经营许可证和其他证明，不应实施歧视。认可应尽可能地基于国际上认同的标准。

(8) 垄断及专营服务提供者原则。垄断服务提供者不应滥用其垄断地位从事与其承担义务不相一致的行动。成员方也不应只批准或建立少量的服务提供者，或阻止服务提供者进行竞争。

(9) 政府采购原则。最惠国待遇、市场准入和国民待遇条款，不适用于约束政府机构采购服务的法律、法规及要求。

(10) 一般例外和安全例外原则。在不构成不公正的歧视或对贸易变相限制的条件下，成员方可以采取措施，来维持公共道德和公共秩序，保护个人资料，保证国家安全利益。不得要求成员方提供与其国家安全有关的资料，不得阻止成员方直接或间接地为军事机构提供服务，以及战时或国际关系紧急等情况下采取的行动。

(11) 补贴原则。《服务贸易总协定》要求应举行谈判来制定反补贴程序，同时应确认补贴在发展中国家发展计划中的作用，以考虑发展中国家在该领域的灵活性需要。成员方应交换其提供给本国服务提供者补贴的所有资料。为维护非歧视、自由、透明和公平竞争的多边贸易秩序，协议从性质、目标和数量上是否具有贸易扭曲效应出发，将政府补贴分为被禁止的补贴、可起诉的补贴和不可起诉的补贴三大类，仿照交通规则的原理，三类条款分别被称为“红灯条款”、“黄灯条款”和“绿灯条款”。

(12) 承担义务的谈判原则。成员方应本着平等互利、权利和义务平衡的原则，定期举行谈判，以减少或消除贸易障碍。对发展中国家逐步开放市场给予适当的灵活性，对其已开放的市场，应把重点放在发展中国家更多参与条款的目标上。

第二节 中国服务贸易的发展

改革开放以来，随着中国服务业的不断发展，服务贸易的增长速度加快，贸易领域不断拓宽，贸易结构也发生了很大变化。加入世界贸易组织后，中国一如既往地履行服务业市场开放的承诺，稳健地促进中国服务贸易自由化。2011 年 3 月发布的国家“十二五”规划纲要指出：“促进服务出口，扩大服务业对外开放，提高服务贸易在对外贸易中的比重。在稳定和拓展旅游、运输、劳务等传统服务出口同时，努力扩大文化、中医药、软件和信息服务、商贸流通、金融保险等新兴服务出口。大力发展服务外包，建设若干服务外包基地。扩大金融、物流等服务业对外开放，稳步开放教育、医疗、体育等领域，引进优质资源，提高服务业国际化水平。”

一、中国发展服务贸易的意义

当前，世界经济正在向服务型经济转型，服务贸易成为世界经济发展的制高点，也是新形势下各国经济竞争的焦点。加快发展服务贸易，是中国从贸易大国走向贸易强国、从制造经济转向服务经济的战略抉择，在新时期具有重大的战略意义。

1. 促进对外贸易增长方式转变，推动中国从贸易大国向贸易强国迈进

发展服务贸易，能够减少资源和能源消耗，获得产业高端附加值的服务品。从整体上看，世界服务贸易规模在不断扩大。1980～2009 年，世界服务贸易出口额增长了约 8 倍，占世界贸易出口的比重从 1/7 增长到近 1/5。这预示在全球经济转向服务经济的过程中，服务贸易的发达程度，标志着一国对外贸易增长的协调性和可持续性，也标志着一国贸易增长方式的科学性和合理性。

随着世界新一轮产业结构调整和贸易自由化的推进，服务贸易在各国贸易中的比重还将持续上升，成为各国在国际贸易中获得实际利益多寡的标志。因此，加快发展服务贸易、增强服务贸易竞争力已成为各国关注的焦点。世界各国纷纷制定加快发展本国服务贸易的战略，在世界贸易组织新一轮谈判及区域性经济合作的谈判中，服务贸易都是主要议题之一。

改革开放 30 余年来，中国积极扩大制造业领域的对外开放，抓住第三次国际制造业跨国转移的重大机遇，大力发展货物贸易，成为一个名副其实的货物贸易大国。但在此过程中，也过度支付了能源、原材料消耗成本，过度支付了生态与环境代价和过度压低了劳动者福利，还频繁引发国际贸易摩擦。中国对外贸易的增长，总体上看仍是规模的扩张、速度的扩张、外延的扩张和数量的扩张，属于粗放型的增长方式，这种方式难以支撑中国对外贸易的持续发展。加快发展服务贸易，调整和优化对外贸易结构，不仅是提高中国参与国际分工和竞争能力的新举措，也是转变对外贸易增长方式、推动中国从贸易大国向贸易强国迈进的重要内容。

2. 抓住新一轮服务业跨国转移重大机遇，提高承接国际服务外包能力和竞争力

从 20 世纪 70 年代起，服务外包以其有效降低成本、增强企业核心竞争力等特性，成为越来越多的企业采取的一项重要商业措施。由外国直接投资产生并通过境外商业存在形式即服务外包形式实现的国际服务贸易规模迅速扩大，在一些发达国家已经超过了跨境方式的服务贸易。

随着竞争战略的调整，以及系统、网络、存储信息技术的迅猛发展，很多跨国公司不断扩大其服务外包业务范围，由业务流程外包（BPO）和信息技术外包（ITO）组成的服务外包，正逐步成为服务贸易的重要形式。联合国贸易和发展会议（UNCTAD）预测，未来几年服务外包将继续保持 30％～40％的增长速度。可见，全球服务外包市场潜力巨大。

在全球外包支出中，美国约占 2/3，欧盟和日本占近 1/3，世界发达国家和地区是主要服务外包输出地。发展中国家是服务外包业务的主要承接地，亚洲是承接服务外包最多的地区，约占全球服务外包业务的 45％。印度是亚洲的服务外包中心，墨西哥是北美的服务外包中心，东欧和爱尔兰是欧洲的服务外包中心，中国、菲律宾、俄罗斯等正在成为承接外包较多的国家。根据国际知名咨询机构麦肯锡（McKinsey）的调查，印度是迄今为止最受离岸外包业务青睐的地区，目前是 IT 离岸外包市场的中心，据称至少 80％的全球外包业务去了印度。

从中国目前的承接能力看，与印度等国相比还有相当大的差距。据分析，服务外包对国内增加值的贡献是来料加工的 20 倍。印度 500 亿美元软件的出口额，给其国内创造的增加值相当于中国制造业 1 万亿美元创造的价值。两种贸易形态，创造了完全不同的价值量，且服务外包的资源、能源和生态环境的代价很小。在上一轮全球制造业转移中，中国是最大受益国之一。因此，必须充分认识到承接服务业国际转移的重要性，抓住全球兴起的离岸服务外包的历史机遇，采取综合、配套的措施提高承接服务业国际转移的能力，以赢得这一场新的国际竞争。

3. 加快推进工业化进程，提升制造业在国际产业分工和价值链中的地位

一个国家的贸易结构、贸易方式和贸易政策，是该国经济发展水平、产业水平和比较优势在贸易上的真实反映。改革开放至今，中国贸易结构之所以以获得附加值较少的加工贸易为主，就是因为工业化程度低、产业化程度低、组织化程度低和现代化程度低，制造业发展主要是采用加工组装型、生产主导型、模仿型和粗放型的模式。由于缺乏资本、技术、人才、管理经验和产业运营模式，不得不走这样的道路。从某种意义上讲，模仿也是进步，但到了一定阶段，只靠模仿就一定无法进步。中国现在主要是世界“加工厂”和世界“组装车间”，未来应成为世界的现代化大工业制造基地，应该是世界“办公室”和世界“创造基地”，成为资本密集、技术密集和人才密集的区域。中国制造业长期在国际产业链和价值链中处于低端，今后应主要是向高端发展。

提升中国制造业发展水平，应特别注重生产性服务贸易的发展，促进现代制造业与现代服务业高度融合，细化深化专业分工，把生产过程中的服务流程部分分离出去，通过服务流程的再造，提高制造业的资源整合和利用水平。生产性服务贸易在服务贸易中的比重，直接反映了一个国家制造业的工业化程度和现代化程度。中国服务贸易不发达，主要原因在于制造业中的高端服务环节尚未形成，高端服务无法分离出来成为可贸易的服务产品，如中国的工业设计服务能力很低，难以创造出具有自主知识产权的专利、品牌等价值量高的服务品。

据国家统计局和世界知识产权组织发布的数据，目前在中国制造技术领域，发明专利数量只有美国、日本的1/30，韩国的1/10。中国高新技术产业用于技术引进与消化吸收的收支比仅为1∶0.1，作为计算机制造IT核心企业，只有1∶0.01。据中国国际名牌协会资料，目前仅有不足20%的国内企业拥有自主品牌，自主品牌产品出口额占总出口额的比例仅在10%左右。

中国制造业的发展到了一个重要的转型时期，到了需要进行设计研发创造、品牌价值创造和营销渠道创造等高端服务环节创造利润、创造附加值的阶段。服务贸易的发展对提升中国的产业层次和地位具有重要作用。必须抓住国际资本向服务业和高技术产业转移的契机，积极吸引优质高效的跨国公司，形成跨国公司在中国的先进服务业基地、先进制造业基地、研发中心和地区总部，通过服务外包的“溢出效应”，促进中国进入全球产业链的高端环节，在利润创造、效率提高和创新方面赶上世界水平。制造业流程管理和生产性服务业的专业化、精细化、系列化经营，使制造业中的服务环节可以像制造环节一样离岸经营，可以将服务环节在全球外包布局并高效配置资源，可以把制造业中的工业设计服务、现场安装服务、技术支持、生产流程控制咨询、物流服务等原先隶属于制造业的辅助业务，从制造业中剥离出来并形成专业化的服务机构。

4. 提升中国现代服务业发展水平，开辟崭新的财富创造方式

世界各国产业结构变动的一般规律，是农业在国民经济中所占份额持续下降，工业份额在工业化阶段迅速增长，服务业份额在工业化中后期持续上升，劳动力从农业先转移到制造业，进而转移到服务业，最终形成服务业在国民经济增长中占据主要份额的局面。一个国家向国际市场提供服务的能力，直接受其国内服务业发展水平的影响。20 世纪 70 年代后，发达国家服务业加速发展，制造业随着在全球配置资源而在其本国市场比重相对降低，日益兴起的现代服务业，在发达国家经济增长中成为新动力。服务业发展水平成为衡量一个国家现代化程度和社会经济发达程度的重要标志，也成为发展服务贸易的基础和支撑。

当前中国服务业的发展规模，大致相当于韩国等在经济起飞阶段的规模，并且还在不断扩大，发展潜力巨大。中国服务业正面临与当初制造业发展相类似的机遇，大力发展服务贸易，成为发挥现代流通对经济运行先导性作用的高端和前端，也成为通过服务贸易带动和提升现代服务能力，形成在国际市场交易和交换、创造增值价值的财富实现方式。尽快使服务业成为国民经济的主导产业，是提高中国服务贸易水平的根本措施，是推进经济结构调整、加快经济增长方式转变的必由之路，是有效缓解能源资源短缺瓶颈制约、提高资源利用效率的迫切需要，是适应对外开放新形势、实现综合国力整体跃升的有效途径。

5. 解决大量高素质人才的就业问题

服务贸易特别是离岸外包转移的工作岗位，主要集中在知识密集型和服务技术密集型行业。发展服务贸易，关键是把高端劳动力变为有竞争力的人才。越来越多的精通外语、掌握世界前沿科技、与海外市场联系广泛的人才脱颖而出，将为中国发展高端服务贸易奠定重要基础。

联合国贸易和发展会议所做的一项调查显示，2005～2006 年，在参与调查的世界主要大公司中，有 61.8%希望扩大在中国的研发活动，在世界排名第一。许多跨国公司向中国转移服务环节，已不单满足于从一般劳动者身上获取剩余价值，它们更看好的，是能够创造更多价值的高素质人才，是中国能源源不断地提供它们现在和将来所需要的人力资本。中国要素价格的比较优势明显，特别是劳动力价格，不仅普通产业工人的劳动力价格具有明显优势，高级设计师和高端人才的劳动力价格同样具有比较优势。

承接外包服务可以拓展更多的现代服务业发展，创造更多的高端人才就业岗位，把中国的高端劳动力造就为可以创造更多财富的人力资本，同时缓解目前的就业压力，解决高素质人才的就业问题。自 2003 年开始，中国成为世界上应届毕业大学生最多的国家。当今高素质人才就业难的关键原因不仅仅是教育问题，更重要的是没有适当的产业来吸纳他们，发挥其智力优势。服务外包提供的就业规模巨大，不亚于当年制造业向中国转移所创造的机会。对中国而言，“世界工厂”的头衔还不可丢弃，但也不能忽视由服务外包所带来的世界“办公室”这一历史机遇。当出现世界服务从人力成本高的地区向成本低的地区转移，大量服务性、知识性的白领岗位重新布局的潮流时，主动予以承接和吸纳，就为本国高素质人才就业找到了新出路。

通过大力发展服务贸易，转变经济增长方式和对外贸易增长方式，提升制造业和现代服务业发展水平，改善在国际分工中的地位，提高承接离岸服务外包的能力，以新的方式引进服务业外商投资，增加服务业对外投资，发挥高端人才的比较优势，发展出口导向型服务业，这是中国在新时期应作出的战略抉择。

二、中国服务贸易发展的特点

1. 增长速度快，占全球比重上升

改革开放以来，中国服务贸易规模不断扩大，占全球比重持续上升。服务贸易进出口总额从 1982 年的 55.39 亿美元，增长到 2008 年的 3060.36 亿美元，增长了 54.3 倍。其中，服务贸易出口增长近 42.9 倍，是同期世界服务贸易平均出口增速的 2 倍。2009 年，受全球金融危机影响，中国服务贸易总额下降到 2884 亿美元，降幅约为 5.8%，而同期全球服务贸易总额降幅达 12%。1982 年，中国服务贸易出口仅为 33.48 亿美元，占全球服务贸易出口总额的 0.9%；2009 年，中国服务贸易出口总额达 1295 亿美元，占全球服务贸易出口总额的比重达 3.9%，提高了 3 个百分点。中国服务贸易出口在全球的排名从 1982 年的第 28 位上升到 2009 的第 5 位，进口排名也从第 40 位上升到第 4 位。

2. 出口额占贸易出口额比重偏低

从全球贸易的发展态势来看，服务贸易出口额与货物贸易出口额的比例稳中有升，从 1982 年的不足 20%提高到 2009 年的 24%左右。1982～2009 年，中国服务贸易出口额对货物贸易出口额的比例一直在 10%左右，1982 年为 9.4%，2009 年也只有 10.8%，仅为全球平均水平的一半左右。这也说明中国服务贸易的出口长期滞后于货物贸易的出口。

3. 以传统服务贸易为主体，新兴服务贸易部门增速较快

20 世纪 80 年代，中国服务贸易所涉及的领域逐步扩大，国际旅游、银行及保险、对外工程承包和劳务合作、技术贸易等取得了较快的发展，其中国际旅游收入和银行收入在整个服务贸易出口额中所占比重最大。20 世纪 90 年代后，新型服务的贸易额在上升，但传统服务贸易依旧占据主导地位。进入 21 世纪以来，服务贸易的主要项目既有运输、旅游、建筑服务等传统出口项目，通信、保险、信息等新型服务项目也在快速增长。中国服务贸易的优势部门主要集中在传统项目上，对货物贸易的依赖性较强，同货物贸易直接关联的传统服务贸易发展较快，运输及旅游服务贸易的出口占中国服务贸易出口的一半以上。而在全球服务贸易量较大的金融、保险、咨询、计算机信息服务等技术密集和知识密集型的高附加值服务行业，中国仍处于初级发展阶段，国际竞争力还不高。

4. 服务贸易长期逆差

1992 年中国服务贸易出现逆差，其后除 1994 年略有顺差外，贸易逆差规模逐年扩大。1995～2009 年，中国服务贸易一直处于逆差状态，2008 年逆差为 118.12 亿美元，首次超过 100 亿美元，2009 年更达到创纪录的 294 亿美元。贸易逆差主要由运输、保险、专利权使用费和特许费等项目引起；服务贸易顺差项目主要是旅游、建筑和其他商业服务（表 8-3）。

表 8-3　1997～2009 年中国服务贸易各项目差额　　单位：亿美元

项目	1997 年	1998 年	1999 年	2000 年	2001 年	2002 年	2003 年	2004 年	2005 年	2006 年	2007 年	2008 年	2009 年
总额	-57	-49	-53	-56	-59	-68	-86	-97	-95	-88	-79	-118	-294
运输服务	-73	-66	-55	-67	-67	-79	-103	-125	-130	-134	-120	-119	-230
旅游服务	19	34	32	31	39	50	22	66	75	96	75	47	-40
通信服务	0	6	4	11	-1	1	2	0	-1	0	1	1	0
建筑服务	-6	-5	-6	-4	0	3	1	1	10	7	25	60	36
保险服务	-9	-14	-17	-24	-25	-30	-43	-57	-67	-83	-98	-114	-97
金融服务	-3	-1	-1	0	0	-1	-1	0	0	-8	-3	-3	-3
计算机、信息	-2	-2	1	1	1	-5	1	4	2	12	21	31	33
专利特许费	-5	-4	-7	-12	-18	-30	-34	-43	-52	-64	-79	-98	-106
咨询服务	-1	-2	-2	-3	-6	-13	-16	-16	-9	-6	7	46	52
广告宣传	0	-1	0	0	0	0	0	2	4	5	6	3	4
电影音像	0	0	0	0	0	-1	0	-1	0	0	2	2	-2
其他商业服务	24	8	3	10	15	38	86	74	75	84	87	29	59

资料来源：国家外汇管理局，《国际收支平衡表》（1997～2009 年）

5. 贸易伙伴主要集中在发达国家和地区

中国服务贸易的对象主要是发达国家和地区。以 2008 年为例，中国香港、美国、欧盟、日本和东盟为中国的前五大服务贸易伙伴，中国与它们的服务贸易额为 2082.5 亿美元，占中国对外服务贸易总额的 68.4%。其中，中国香港位居第一，占 22.4%，美国、欧盟、日本和东盟的比重分别为 15.2%、14.7%、8.2%和 7.7%。从出口来看，2008 年中国内地对香港地区服务贸易出口 419 亿美元，占中国服务贸易出口总额的 28.6%，香港地区是中国内地服务贸易最大的出口市场。美国、欧盟、日本和东盟占中国服务贸易出口总额的比重分别为 15.6%、14.6%、7.4%和 7.1%。从进口来看，中国香港、欧盟、美国、日本和东盟为中国服务贸易前五大进口来源地。2008 年中国内地从中国香港、欧盟、美国三地的服务贸易进口金额均超 200 亿美元，占中国服务贸易进口总额的比重分别为16.6%、14.9%和14.9%。

6. 服务贸易地区发展不均衡

服务贸易的特殊性，使中国服务贸易主要集中在沿海发达地区，各地区发展极不均衡。沿海发达地区由于具备优越的地理条件和较发达的现代服务业，在运输、保险、计算机和信息、咨询及广告服务等领域较中西部地区具有明显的优势，是目前中国服务贸易主要的出口地区。其中，北京、上海、广东、浙江和天津位居全国服务贸易出口的前列。

第三节　中国服务贸易的发展策略

改革开放以来，中国服务业取得了长足发展，服务贸易也增长迅速，占世界服务贸易的比重和位次均有很大提升。然而与当今世界服务贸易强国相比，中国服务贸易的差距还相当明显，实现成为服务贸易强国的目标依然任重道远。

一、中国服务贸易竞争力分析

一般来说，分析一国服务贸易竞争力的主要指标有三大类，即竞争力指数、比较优势指数和国际竞争力指标。以下通过这些指标分析中国服务贸易的竞争力状况。

1. 竞争力指数分析

贸易竞争力指数（trade competitive power index），即TC指数，是分析一国（地区）服务贸易国际竞争力时较常使用的测度指标之一，它表示一国进出口贸易的差额占其进出口贸易总额的比重，常用于测定一国某一产业的国际竞争力。该指标作为一个与贸易总额的相对值，剔除了经济膨胀、通货膨胀等宏观因素波动的影响，即无论进出口绝对量是多少，指数值均在±1之间。指数值越接近0表示竞争力越接近于平均水平；指数值越接近1则表示竞争力越大，等于1时表示该产业只出口不进口；指数值越接近－1表示竞争力越薄弱，等于－1时表示该产业只进口不出口。

由表8-4可以看出，整体而言，中国服务贸易竞争力较为薄弱。中国服务贸易竞争力指数长期为负数，最近几年为0，表明中国服务贸易整体上仍处于比较劣势，服务贸易的国际竞争力较弱。但随着近年来各相关部门对服务贸易发展的重视，2004年以来竞争力指数略有提升，表明中国服务贸易国际竞争力在不断提高。而同期欧盟的TC指数一直保持在0.8左右，表明其服务贸易具有较强的竞争力。美国的TC指数自20世纪80年代以来一直保持上升态势，具有竞争力。

表 8-4　1997～2009 年中国服务贸易行业竞争力指数

行业	1997 年	1998 年	1999 年	2000 年	2001 年	2002 年	2003 年	2004 年	2005 年	2006 年	2007 年	2008 年	2009 年
总体	−0.10	−0.09	−0.09	−0.08	−0.08	−0.08	−0.04	−0.07	−0.06	0	0	0	0
运输服务	−0.55	−0.57	−0.53	−0.48	−0.42	−0.41	−0.40	−0.34	−0.30	0	0	0	0
旅游服务	0.09	0.16	0.13	0.11	0.12	0.14	0.07	0.15	0.15	0	0	0	0
通信服务	−0.03	0.60	0.51	0.70	−0.17	0.08	0.20	−0.03	−0.11	0	0	0	0
建筑服务	−0.34	−0.31	−0.22	−0.25	−0.01	0.13	0.04	0.05	0.23	0	0	0	0
保险服务	−0.71	−0.64	−0.81	−0.92	−0.85	−0.88	−0.87	−0.88	−0.92	−0.15	0	−0.01	0
金融服务	−0.84	−0.72	−0.20	−0.11	0.12	−0.28	−0.21	−0.19	−0.05	−0.05	0	0	0
计算机及信息服务	−0.47	−0.43	0.09	0.15	0.14	−0.30	0.03	0.13	0.06	0.01	0	0	−0.01
专利费和特许费	−0.82	−0.74	−0.83	−0.88	−0.89	−0.92	−0.94	−0.90	−0.94	−0.31	0	−0.01	0
咨询服务	−0.15	−0.19	−0.30	−0.29	−0.26	−0.34	−0.22	−0.20	−0.07	0	0	0	0
广告宣传	−0.01	−0.11	0.004	0.05	0.04	−0.03	0.03	0.10	0.20	0	0	0	0
电影音像	−0.63	−0.44	−0.67	−0.34	−0.21	−0.53	−0.35	−0.62	−0.07	0	0	0	−0.01
其他商业服务	0.19	0.07	0.02	0.07	0.12	0.28	0.40	0.31	0.29	0.01	0	0	0

资料来源：根据 1997～2009 年《中国国际收支平衡表》整理计算

1997～2009 年，从各具体行业上看，中国服务贸易进出口结构不平衡。只有旅游和其他商业服务的贸易竞争力指数一直保持在正数状态，具有一定的竞争力。近年来旅游业的竞争力呈现出越来越强的态势，成为中国服务贸易的支柱行业。而一向被认为属于劳动密集型的运输服务的贸易竞争力指数却长期呈负数，这是因为，自 20 世纪 80 年代以来，随着远洋集装箱运输的盛行，运输服务日益向资本、技术密集型服务方式转变，而中国在资本、技术两方面的基础一向较薄弱，越来越显现出相对的比较劣势。建筑服务的贸易竞争力指数近年来有所改善，这主要是由于中国建筑行业劳动力资源丰富且劳动力成本低，使其具有了一定的比较优势。通信服务、计算机和信息服务大多时间内呈现出正数状态，其优势获得主要是依靠国家政策性垄断和服务外包的发展。在目前的市场机制下，如何将原有的垄断优势转换为竞争优势以提高其整体服务水平，是电信业面临的最大问题。在保险、金融、专利权使用费和特许费、咨询和电影音像等高附加值的服务贸易领域，贸易竞争力指数基本上为负数，反映出中国资本和技术密集型服务贸易的国际竞争力水平比较低，特别是专利权使用费和特许费在 13 年间的 TC 指数平均值为－0.63，表明该行业对进口的依赖很大。

2. 比较优势指数分析

1）显性比较优势指数

显性比较优势指数（revealed comparative advantage index），即 RCA 指数，是美国经济学家贝拉·巴拉萨（Bela Balassa）于 1965 年测算部分国际贸易比较优势时采用的一种方法，可以反映一个国家（地区）某一产业贸易的比较优势。它通过该产业在该国出口中所占的份额与世界贸易中该产业占世界贸易总额的份额之比来表示，剔除了国家总量波动和世界总量波动的影响，可以较好地反映一个国家某一产业的出口与世界平均出口水平比较来看的相对优势。如果一国 RCA 指数大于 2.5，表明该国该产业具有极强的国际竞争力；RCA 介于 2.5 与 1.25 之间，表明该国该产业具有很强的国际竞争力；RCA 介于 1.25 与 0.8 之间，则认为该国该产业具有较强的国际竞争力；RCA 小于 0.8，则表明该国该产业的国际竞争力较弱。由表 8-5 可见，中国服务贸易的 RCA 指数一直小于 0.8，说明中国服务贸易缺乏比较优势。

表 8-5 1997～2009 年中国服务贸易相关指数

年份	显性比较优势（RCA）指数	显性竞争优势（CA）指数	净出口显性比较优势（NRCA）指数
1997	0.6705	－0.4095	－0.077
1998	0.6398	－0.3829	－0.074
1999	0.6674	－0.3009	－0.057

续表

年份	显性比较优势（RCA）指数	显性竞争优势（CA）指数	净出口显性比较优势（NRCA）指数
2000	0.6079	－0.2052	－0.035
2001	0.6182	－0.2002	－0.036
2002	0.5947	－0.1950	－0.036
2003	0.4694	－0.1207	－0.027
2004	0.4826	－0.1300	－0.025
2005	0.4700	－0.1560	－0.037
2006	0.4640	－0.1750	－0.033
2007	0.4970	－0.1740	－0.036
2008	—	—	－0.037
2009	—	—	－0.047

资料来源：相关年份的《中国统计年鉴》；国家外汇管理局，《国际收支平衡表》；世界贸易组织，《世界贸易发展报告》

2）显性竞争比较优势指数

显性竞争比较优势指数，即CA指数，由沃尔拉斯（Thomas Vollrath）等于1988年提出，即从出口的比较优势中减去该产业进口的比较优势，从而得到该国该产业的真正竞争优势。因为，一个产业内可能既有出口又有进口，而RCA指数只考虑了一个产业出口所占的相对比例，并未考虑该产业进口的影响。若一国CA指数大于0，说明该国服务贸易具有比较优势；若CA指数小于0，则说明该国服务贸易不具有比较优势。该指数越高，表示该国服务贸易国际竞争力越强；反之，说明该国服务贸易国际竞争力越弱。

1997～2007年，中国服务贸易CA指数基本呈现上升趋势，由1997年的－0.4095上升至2007年的－0.1740，但数值一直小于0。因而从总体上说，中国服务贸易不具有竞争优势。此外，由于RCA指数只考虑了服务贸易出口所占的相对比例，并未考虑到服务贸易进口的影响，而CA指数是从出口的比较优势中减去该产业进口的比较优势，得到该产业真正的比较优势，因而可知中国服务贸易的比较优势受服务业进口的影响比较小，主要是受服务贸易出口状况的影响。

3）净出口显性比较优势指数

净出口显性比较优势指数，即NRCA指数。为反映进口对出口竞争力的影响，1989年，贝拉·巴拉萨又提出一个改进的显性比较优势指数，用一国某一产业出口在总出口中的比例与该国该产业进口在总进口中的比例之差来表示该产业的贸易竞争优势，这一指数称为“净出口显性比较优势指数”。指数值大于0

表示存在竞争优势，小于 0 表示存在竞争劣势，等于 0 表示贸易自我平衡。净出口显性比较优势指数剔除了产业内贸易或分工的影响，反映了进口和出口两个方面的影响，因此用该指数判断产业国际竞争力要比其他指数更能真实反映进出口情况。该指数值越高，表示国际竞争力越强；该指数值越低，说明国际竞争力越弱。但若考虑贸易壁垒的影响，这种比较优势与真实的比较优势之间可能存在一定差距。

1997～2009 年，中国 NRCA 指数在－0.047～－0.025 内波动，说明中国服务贸易处于比较劣势，在国际市场上的竞争力较弱。

3. 国际市场占有率指标

国际市场占有率指标是指一国出口总额占世界出口总额的比例，反映一国出口的整体竞争力。一国特定产业的出口总额与世界同类产业的出口总额之比，可以反映该国该产业的出口在世界市场上所占的比例，比例提高说明出口竞争力增强。出口市场占有率的变动可以反映一国某一产业国际竞争力或竞争地位的变化。

一国某一产业进口总额与本国总进口额之比，称为该产业的进口份额，这一指标反映该产业在本国进口中的重要性，其份额增加表示对该产业进口需求的增加；一国某一产业出口总额与本国总出口额之比，称为该产业的出口贡献率，该指标值越大说明该产业的贡献就越大；一国某一产业的出口增长率与本国总的贸易增长率之比，称为该产业出口增长优势指数，这一指数反映了该产业出口优势的变化情况，指数越大说明该产业的出口增长越快。

由表 8-6 可以看出，1997 以来中国服务业出口的市场占有率基本上逐年提高，至 2009 年提升约 2 个百分点。尽管如此，与美国、英国等发达国家相比，差距仍较为明显。

表 8-6　中国服务贸易市场占有率相关指标

年份	服务业出口市场占有率/%	服务贸易进口份额/%	服务贸易出口贡献率/%	服务贸易出口增长优势指数
1997	1.85	21.12	13.41	1.57
1998	1.79	20.52	13.09	4.85
1999	1.89	19.37	13.65	0.94
2000	2.06	15.46	11.92	0.37
2001	2.26	16.12	12.53	1.63
2002	2.53	15.76	12.21	0.88
2003	2.70	13.40	10.66	0.47
2004	2.79	11.41	8.91	0.98
2005	3.08	11.28	8.23	0.81

续表

年份	服务业出口市场占有率/%	服务贸易进口份额/%	服务贸易出口贡献率/%	服务贸易出口增长优势指数
2006	3.39	11.82	8.67	0.92
2007	3.75	12.57	9.10	1.31
2008	3.90	12.89	9.30	1.20
2009	3.87	14.27	9.71	0.43

资料来源：世界贸易组织，《世界贸易发展年度报告》；相关年份的《中国统计年鉴》；国家外汇管理局，《中国国际收支平衡表》

通过以上分析可知，中国服务贸易在劳动密集型服务部门具有较强的国际竞争力，而资本技术密集型服务部门的出口竞争力极弱。中国应抓住当前全球产业革命和国际产业结构梯度转移的机遇，积极推动服务业“走出去”，大力发展服务贸易。

二、提升中国服务贸易竞争力的策略

提升中国服务贸易竞争力，不是一件可以一蹴而就的事情。服务贸易的发展比货物贸易的发展的涉及面更广，政策、策略等因素更为复杂，必须采取综合措施全方位推进。

1. 加速发展国内服务业

一国服务业的发展程度直接决定着该国服务贸易的发展程度，如果没有发达的服务业，服务贸易就不可能具有较强的国际竞争力。近年来，中国服务业尽管发展较快，但其产值占国内生产总值的比重仍明显偏低，仅为40%左右，而西方主要发达国家服务业产值占其国内生产总值的比例已达70%以上。因此，只有加快发展现代服务业，提高服务业在国民经济中的比重，才能为提升中国服务贸易竞争力打下坚实的产业基础。

2. 优化服务产业结构，促进服务业产业升级

随着科技进步的日新月异，世界服务业的发展逐步由劳动密集型向资本密集型、技术和知识密集型转变。产业性质决定贸易性质，资本、技术、知识密集型的服务项目在贸易中的份额不断扩大。基于国情和经济发展水平的现实，中国服务业的产业内部结构仍以劳动密集型服务业为主。然而，要想使服务出口有较大发展，必须优化现有出口结构，跟上世界服务产业和服务市场变化的步伐。

当前，中国应大力发展现代服务业，为服务贸易发展提供基础条件。在借鉴国际成功经验的基础上，以承接国际服务离岸外包为切入点，以国内制造业业务流程再造、分离辅助业务和服务环节为突破口，积极发展基础性服务业和现代服务业，提高服务业的开放程度，积极参与服务业全球化进程，为中国发展服务贸易创造社会基础和经济基础。因此，要在充分发挥劳动密集型服务业竞争优势的同时，分阶段、有重点地发展高层次的技术、知识密集型服务产业，优化服务业内部结构，不断提升服务贸易的技术档次，使服务业发展真正建立在提高劳动生产率的基础之上。

3. 发挥比较优势，创造新的竞争优势

在优化中国服务出口结构、促进服务产业升级的过程中，要注意处理好发挥比较优势与培养竞争优势的关系。中国服务贸易方面的比较优势集中于旅游、对外工程承包等劳动密集型领域，在扩大开放的情况下，应进一步发挥好这些领域的优势，扩大出口。与此同时，要以国际市场为向导，大力发展信息、科技、咨询、金融等对中国总体服务贸易国际竞争力有较大影响的战略性行业，创造新的竞争优势。积极发展新兴服务业，如物业管理、社区服务、教育培训等服务，以尽快缩短与发达国家的差距。

4. 多方式、多层次地发展服务出口

长期以来，中国服务出口主要表现为劳务输出和消费者移动，而对于跨境交付和商业存在方式则运用得不多。因此，应从发展服务业的角度，突破狭隘传统的服务贸易范畴，利用多种方式发展服务出口贸易。

此外，还应多层次发展服务出口贸易。除了投资传统的维修、保养、售后服务等业务外，还可以投资设立一些高附加值的综合型服务企业，如国际咨询、综合型的技术服务公司、工程设计服务公司等专业性强的服务性企业。

5. 增强服务业企业的国际竞争力

服务业的发展与服务出口的扩大，最终都取决于企业的国际竞争力。中国应鼓励非国有经济在更广泛的领域参与服务行业的竞争，加快国有企业改革步伐，建立起规范的现代企业制度。要加快企业兼并重组，尽快培育具有中国特色的跨国企业集团，通过开展专业化、集约化、规模化的生产经营，增强竞争实力、经营活力和规避风险的能力。与此同时，鼓励中小型服务企业进军国际市场，促进其积极参与国际竞争。

6. 加大教育力度，大力开发人力资源

国际服务贸易的开展离不开了解并能熟练从事国际商法、国际运输、国际金融、国际商务代理、国际旅游、国际展览、国际通信网络等方面业务的人才。鉴于人力资本在服务业和服务贸易中的巨大作用，各国在发展服务贸易的同时，都会重点关注本国人力资本要素的提升。当前，中国服务贸易的人才匮乏，特别是一些新兴服务业和知识型服务业所需的外向型高层次、复合型人才。因此，有必要制定人力资源开发和素质提高计划，有步骤地开发、培训人力资源，通过多种渠道，培育出一大批既懂外语、掌握专业技能，又具有现代管理理念、新的思维模式和开拓创新精神的高级管理人才，以满足服务贸易快速发展的需要。在开发人力资源的同时，必须建立有效的激励机制，使企业培养的人才能够继续为企业服务。

7. 加强政府对服务企业的扶持

波特的国家竞争优势理论认为，要素条件、需求条件、相关及支撑产业，以及企业的战略、结构和竞争这四个基本要素，加上机遇和政府这两个辅助要素，会决定一国某一产业的国际竞争力。虽然该理论是以发达国家的市场经济为研究基础的，但对中国这样的经济转型国家同样具有指导意义。就中国服务贸易的国际竞争力来说，政府可采取多种手段，选择一批有潜在优势的新兴服务业、知识型服务企业进行重点扶持。例如，可采取鼓励性税收政策，对这些企业实行减免税。政府在采购方面可实行倾斜，对于能满足其需要的服务，优先考虑这些企业。政府还应重点考虑这些企业的人才配置和培训，帮助其尽快获得更多、更准确的国际服务贸易信息等。

当前，中国政府有关部门为促进服务贸易的发展将出台相关政策。例如，2011 年商务部将积极争取出台《服务贸易促进条例》，为服务贸易的管理和促进工作提供法制保障，其重点在于制定和完善支持服务贸易发展的财政税收、金融扶持政策，制定研究设立服务贸易专项基金，加强对服务贸易出口的资金支持。同时，商务部要求完善与服务贸易特点相适应的口岸通关管理模式，促进服务贸易便利化。地方政府也应结合本地实际，研究出台服务贸易发展扶持政策和配套措施。[①]

8. 建立和完善服务贸易统计体系，建立与国际接轨的服务贸易指标体系

为了建立符合国际规范的服务贸易统计体系，科学、有效地开展服务贸易统计工作，并为国家制定服务贸易政策提供数据信息服务，根据我国《对外贸易法》和《统计法》及其实施细则，我国制定了《国际服务贸易统计制度》，并于 2008 年 1 月 1 日颁布实施。其后，为完善服务贸易统计体系，促进服务贸易健康发展，商务部、国家统计局遵循国际服务贸易统计的最新标准，借鉴世界发达国家的服务贸易统计方法，并结合近年来我国服务贸易发展的实际情况和特点，对上述《国际服务贸易统计制度》作了修订，新的《国际服务贸易统计制度》自 2010 年 8 月 1 日起正式施行。

9. 确定服务贸易发展的重点区域

在区域布局上，应先从制造业和服务业发展水平较高的长江三角洲、珠江三

---

① 商务部网站（www.mofcom.gov.cn）

角洲和环渤海经济圈开始，实现服务贸易对部分货物贸易的替代。当前，上述地区的货物贸易由于受到劳动力成本上升、环境保护等因素的影响，所受压力加大。而服务贸易的特点，决定了上述地区通过大力发展服务贸易，可实现对部分货物贸易的替代。这种安排一方面可以摆脱一部分货物贸易的压力，另一方面又可以实现宏观产业结构的调整和优化升级。

思　考　题

1. 试说明服务贸易的含义及特征。
2. 简述世界服务贸易迅速发展的原因及特征。
3. 服务贸易壁垒的特点是什么？服务贸易壁垒是如何分类的？
4. 《服务贸易总协定》的主要原则有哪些？
5. 试论述中国发展服务贸易的主要意义。
6. 简述中国服务贸易发展的特点。为提升中国服务贸易的竞争力，应重点从哪些方面着手？

第九章　中国对外贸易关系

改革开放后特别是加入世界贸易组织以来，中国对外贸易对国民经济增长的贡献率长期保持在较高水平。中国与主要国家、地区和区域集团间的双边贸易关系及多边贸易关系近年来在摩擦中日益密切。积极发展我国同世界各国和地区的经贸关系，正确制定和贯彻中国对外经贸的国别、地区政策，保证我国对外经贸事业的健康发展，无论在经济上和政治上，都具有十分重要的意义。

第一节　中国对外贸易关系概述

一、中国对外贸易关系的发展历程

自1949年新中国成立以来，中国对外贸易关系的发展大致经历了以下几个阶段。

1. 改革开放前的对外贸易关系

从新中国成立到1978年，中国对外贸易在起伏中前进，为国民经济的恢复和发展作出了一定的贡献，其间对外贸易关系也经历了较大变化。

1) 20世纪50年代的贸易关系

新中国成立初期，我国对外贸易政策采取“一边倒”，主要的国际市场是苏联和东欧社会主义国家。贸易方式主要是从苏联引进先进技术、设备，向其出口粮食、茶叶等农副土特产品。1951年，中国同社会主义国家的贸易额占对外贸易总额的52.9％，从1952年至50年代末，每年比重都在70％以上，其中对苏联一国的贸易额就占到对外贸易总额的50％～60％。

在这一时期，为了与以美国为首的主要西方资本主义国家的封锁禁运相抗争，中国还开展了同一些亚非拉国家的经贸合作，发展内地同港澳地区的贸易，打开了同一些西方国家的贸易渠道。中国同亚非国家贸易关系的发展，增进了双方的友谊，促进了亚非国家民族经济的发展。内地保证对港澳地区的供应，积极扩大对港澳地区的出口及经港澳地区的转口贸易，开辟了反封锁、反禁运的新战线。继1950年同瑞典、丹麦等欧洲国家建立外交和贸易关系后，我国又利用各种机会和途径，争取和团结其他西方国家工商界及开明人士，以民促官，推动了中国同日本、西欧等国家和地区的民间贸易以至官方贸易。这一时期，同我国有贸易往来的国家和地区由1950年的46个，增加到1960年的118个。

2）20 世纪 60 年代的贸易关系

进入 20 世纪 60 年代后，苏联终止了与我国的经贸合作，东欧一些国家也尾随其后，疏远同中国的关系，我国对外贸易遭遇严重挫折。在这一形势下，中国对外贸易的主要对象开始转向资本主义国家和地区。在坚持内地对港澳地区长期稳定供应，积极发展同亚非拉民族独立国家贸易关系的同时，中国进一步打开对西方国家贸易的渠道。经过努力，中国同日本和西欧的贸易取得了成效。中日贸易由 20 世纪 50 年代的民间贸易，转入 20 世纪 60 年代的友好贸易和备忘录贸易。1963 年，中国同日本签订了第一个采用延期付款方式进口维尼纶成套设备的合同，打开了西方国家从技术上封锁中国的缺口。1964 年，中国与法国建交，中法两国间贸易关系迅速升温，并带动西欧国家掀起开展对华贸易的热潮。到 1965 年，中国对西方国家的贸易额占对外贸易总额的比重，由 1957 年的 17.9％上升到 52.8％。至 1970 年，同中国有经济贸易关系的国家和地区发展到 130 个。

3）20 世纪 70 年代的贸易关系

20 世纪 70 年代初，我国外交形势出现重大转机。1971 年 10 月，联合国通过决议，恢复中国在联合国的合法席位。1972 年 2 月，美国总统尼克松访华，中美发表联合公报，冻结 22 年的中美贸易开始恢复。同年 4 月，日本首相田中角荣访华，中日实现邦交正常化。1979 年 1 月，中美两国正式建立外交关系，同年 7 月双方又签订了中美贸易协定，相互提供贸易优惠待遇。所有这些，极大地推动了我国对外经济贸易国别（地区）关系的发展。到 1980 年，同中国有经济贸易联系的国家和地区发展到了 174 个。

2. 实行改革开放到“入世”前的对外贸易关系

中国对外贸易真正得到全面恢复和持续、迅速发展，还是在 1978 年实行对外开放政策之后。在改革开放方针的指引下，国民经济的迅速发展、经济体制的渐进改革，都推动我国对外贸易迈上了一个新的台阶。1978 年我国的进出口贸易额仅为 206.4 亿美元，到了“九五”计划末的 2000 年，进出口总额已增至 4743 亿美元。

进入 20 世纪 80 年代，全方位协调发展的国别（地区）政策，拓展和加深了中国同世界各国和地区的贸易关系，整个对外贸易格局也发生了明显变化，进出口市场分布逐渐呈现多元化局面。一方面，我国继续维持与港澳地区、日本、美国等主要贸易伙伴的关系；另一方面，进一步开拓欧盟各国市场，全面恢复和发展与俄罗斯及东欧等国的经贸关系，同发展中国家的经贸往来也蓬勃开展起来。更令人欣慰的是，以往由于政治原因而未能与之建立贸易关系的国家和地区（如韩国、以色列、南非、中国台湾等）也随之解禁，双边贸易从无到有，发展迅速。此外，中国还参加了包括世界银行、国际货币基金组织、亚太经济合作组织等在内的多个多边国际经济组织。这些都为我国后来成功加入世界贸易组织奠定了基础。

3. 中国“入世”以来的对外贸易关系

2001年我国正式加入世界贸易组织后，对外贸易呈跨越式飞速发展。2001年的进出口贸易额达5097.7亿美元，此后进出口总额连续6年增长20%以上，2010年进出口总额已达到29 727.6亿美元。对外贸易的持续增长，尤其是出口贸易的高速增长，使中国在世界贸易中的位次不断提升。到2009年，我国货物进出口额已跃居世界第二位，出口贸易也在该年度上升至世界首位。

随着对外关系的拓展，目前，中国已与全球230多个国家和地区建立了经济贸易关系。加入世界贸易组织后，我国仍以美国、日本、欧盟和中国香港地区为贸易中心地带，同时加强开拓其他新兴市场，如东盟、韩国、中国台湾、拉美、非洲、大洋洲、中东及俄罗斯和东欧地区等。

进入20世纪90年代末以后，鉴于世界贸易组织并不总能有效地解决各国间的贸易争端，以及不同经济发展水平国家间合作的障碍、更深层次的文化和意识形态障碍等原因，区域经济一体化明显成为一股潮流。根据世界贸易组织统计，截至2010年7月，向关贸总协定及世界贸易组织通报的区域贸易安排的总数已达474个，其中已生效的有283个。现有的大多数自由贸易协定，都是1995年世界贸易组织成立特别是进入21世纪后缔结的。

为了适应区域经济一体化发展的新形势，中国的自由贸易区战略步伐加快。2007年，自由贸易区战略被正式写入党的十七大报告。目前，除CEPA（即内地与港、澳地区关于建立更紧密经贸关系的安排）、ECFA（即中国内地与中国台湾的经济合作框架协议）及中国—东盟自由贸易区外，中国还陆续与智利、巴基斯坦、新西兰、新加坡等国签署了双边自由贸易协定，并把签订自由贸易协定的目标扩大到东北亚、拉美、中东、大洋洲等地区的国家。与加入世界贸易组织前相比，现阶段中国的对外贸易关系格局更趋于合理和多元化。

二、中国对外贸易关系的基本政策

对外贸易作为中国与世界经济联系的纽带，也为政治联系提供保障。由于各国间实力的差异及彼此利益的不同，在国际经济贸易关系中仍然充满着矛盾与竞争。因而在发展我国同世界各国及地区的经贸关系过程中，必须正确制定和贯彻对外经贸政策。

早在新中国诞生之初，毛泽东主席就阐明了新中国发展对外经贸关系的基本政策：“中国人民愿意同世界各国人民实行友好合作，恢复和发展国际间的通商事业，以利发展生产和繁荣经济。”这一政策在恢复和发展我国国民经济中取得了一定成效。然而，在相当长的一段时间里，由于国内外主客观条件的限制，此项政策在推行中遇到了种种障碍。

进入20世纪80年代后，从国际形势看，世界经济在不稳定中发展，各国之间的经济联系日益密切，经济生活越来越趋向全球化。从国内形势看，随着工作重点转移到社会主义现代化建设上来，中国制定了对外开放的基本国策。与此相适应，中国提出的对外经济贸易工作的基本方针是：独立自主、自力更生、平等互利、扬长补短，通过各种方式积极开展对外经济技术交流与合作，充分利用国际上一切有利条件，促进我国社会主义建设事业的迅速发展。这一基本方针是中国制定对外贸易国别地区政策所遵循的主要原则和根本依据。

在当前中国经济日益融入全球化的背景下，我国对外经济贸易的基本政策是：在改革开放总方针指引下，实行全方位协调发展的政策，即坚持平等互利原则，致力于同世界上所有国家和地区发展多种形式的多边、双边经贸关系。该政策的实施将为我国积极参与国际交换和国际竞争，扩大国内经济与世界经济的联系，使国内经济与国际经济实现互接互补，促进国民经济发展创造良好的条件。

三、中国对外贸易关系的主要原则

中国在贯彻对外经济贸易政策，积极发展同世界各国和地区经贸关系的过程中，遵循以下主要原则。

1. 独立自主原则

独立自主是我国长期坚持的建国方针，也是发展对外经贸关系必须遵循的主要原则之一。其基本含义是：一国可以自主地解决和处理本国事务而不受别国的控制和干涉。

历史和实践表明，没有政治上的独立，就谈不上经济上的独立；而没有经济上的独立，政治上的独立也是不完全、不稳固的。只有自力更生地发展经济，赢得经济上的独立，政治上的独立才能得到巩固。我国作为一个发展中的社会主义国家，还没有完全摆脱技术上、经济上的落后状态，因此必须在独立自主的基础上，自力更生地发展我国经济。但这绝不是说我们拒绝对外开放和国际经济合作，排斥国外市场、资源、先进技术和经验，闭关自守。独立自主、自力更生与对外开放的关系是辩证统一的。在经济全球化背景下，中国不可能孤立于世界之外。我们要在独立自主、自力更生的前提下，积极发展同世界各国和地区的经贸关系，互通有无、互相学习、取长补短，充分利用国外的资源和技术，发展民族经济，使中国早日成为世界经济与贸易强国。

2. 平等互利原则

平等互利的基本含义是：所谓平等，即国家不分大小，不分贫富和强弱，无论政治制度和经济发展水平如何，在相互经贸关系中都应当尊重对方的主权和愿望，不应当要求任何特权；所谓互利，即在相互的经济贸易中，要根据对方的需要和可能，互通有无，以促进彼此经济的发展，反对把对外经济贸易作为控制和掠夺别国的工具。我国《对外贸易法》第五条明确规定："中华人民共和国根据平等互利的原则，促进和发展同其他国家和地区的贸易关系，缔结或者参加关税同盟协定、自由贸易区协定等区域经济贸易协定，参加区域经济组织。"

3. 互惠、对等原则

互惠、对等原则是世界贸易组织的基本原则之一。互惠，是指利益或特权的相互或相应让与，它是两国之间建立和发展经贸关系的基础。在国际经济贸易中，国家之间相互给予最惠国待遇、国民待遇通常都是以互惠为前提的；对等，是指经贸双方相互给予对方同等待遇，一是对等地给予同样的优惠待遇，二是对等地就对方给予自己的不平等或者歧视待遇，采取相应的报复措施。

根据我国《对外贸易法》的规定，中国在平等互利的基础上建立与其他国家之间互惠、对等的经贸关系，即在国际经贸关系中坚持并维护互惠、对等原则。其贯彻与实施主要体现在以下两方面：一是我国在对外经济贸易方面根据所缔结或参加的国际条约、协定，给予其他缔约方、参加方或者根据互惠、对等原则给予对方最惠国待遇、国民待遇；二是任何国家或地区在贸易方面对中国采取歧视性的禁止、限制或者其他类似的措施时，中国可以根据实际情况，对对方采取相应的措施。这表明，中国同其他国家的贸易关系是建立在互惠、对等的基础上的，而不是建立在差别待遇甚至歧视待遇的基础上的。

4. 外贸与外交相互配合的原则

外贸与外交归根结底是经济与政治的关系，这两者是相互影响、相互作用的。根据马克思主义的基本观点，经济和政治是相互影响、相互作用的，但终究还是经济决定政治。对外贸易属于一国与他国之间的商品交换活动，属于经济基础的一部分。外交负责解决处理一国与他国之间的政治问题，属于上层建筑。依据上述观点，对外贸易是外交工作的基础之一，对外交活动发挥着相当大的影响，外交为外贸服务是理所当然的。但政治是经济的集中表现，外贸又不能代表整个经济基础，为了整个国家的政治利益，外贸又要为外交服务。因此，两者是相互影响、相互作用又相互配合的。

第二节　中国的双边贸易关系

在中国目前的对外大国关系中，最重要的双边关系是中美关系、中欧关系和中日关系。美国、日本均是世界一流发达国家，欧盟则是目前全球最为发达同时也是一体化程度最高的区域性组织。中国同美国、欧盟和日本的双边经贸关系，在中国对外贸易发展中占据着主导地位。2010 年，若不考虑中国香港地区及东盟，欧盟、美国和日本共同构成了中国的前三位出口市场。这里分别介绍中国同美国、欧盟和日本的双边贸易关系。

一、中美贸易关系

美国是当今世界上经济最发达的国家，也是全球经济的中心，在科技与创新领域长期保持全球领先地位。中国是世界上人口最多、最大的发展中国家，同时是全球最大的、潜在的消费市场，但资金短缺，科技和管理水平相对落后。中美两国自建交以来，特别是在中国实行改革开放政策后，经贸关系发展十分迅速。尽管中美贸易摩擦频频发生，时而会诱发两国间经济与政治的对抗和较量，但双方仍从彼此经贸合作中获得了巨大的利益，并建立起了经贸互补、互利和共赢的格局。经贸纽带成为两国政治关系的“内在稳定器”，推动两国关系在曲折中发展。

1. 中美贸易的发展历史

新中国成立以来，中国与美国的贸易发展总是和政治关系交织在一起。受此影响，可以将两国间贸易发展过程分为四个阶段。

1）僵局时期（1949～1971 年）

新中国成立后，中国本着独立自主、平等通商的原则，与美国仍保持小规模贸易往来。1950 年中美贸易额仅维持在 2.38 亿美元。朝鲜战争爆发后，美国政府宣布对中国实行全面封锁、禁运。1951 年，美国更是操纵联合国大会通过对中国实行“禁运”的决议。1952 年，美国又在“巴黎统筹委员会”中特设“中国委员会”，对中国禁运 400 多个项目。中美贸易随即中止，这种僵局一直持续到 20 世纪 70 年代初。

2）恢复时期（1972～1978 年）

1972 年 2 月，尼克松总统访华，双方发表《中美联合公报》，宣告中美长达 20 余年的相互隔绝结束，也为中美贸易关系的恢复和发展拉开了帷幕。《中美联合公报》首次明确指出，中美双方把双边贸易看做另一个可以带来互利的领域，一致认为平等互利的经贸关系是符合两国人民利益的，并同意为逐步发展相互贸易提供便利。之后，中美经贸关系虽然有一定发展，但由于双边关系尚未正常化，发展经贸关系还存在许多障碍，加之中国正值“文化大革命”时期，因此贸易额一直较小，1972 年仅为 1288 万美元，1978 年也尚不足 10 亿美元。

3）快速发展时期（1979～1989 年）

1979 年 1 月，两国正式建立外交关系。随着《中美贸易关系协定》、《中美工业技术合作协议》、《中美纺织品协定》、《中美避免双重征税和防止偷税漏税协定》等文件的相继签署，两国双边贸易和经济技术合作活动广泛开展起来。特别是《中美贸易关系协定》的签订和正式生效，中美相互给予对方最惠国待遇，是两国关系史上的大事，为双方经济贸易关系的进一步发展开辟了道路。1979 年两国双边贸易额为 24.5 亿美元，1989 年已增至 122.5 亿美元，年均增长率为

25.7%。但1989年6月中国出现“政治风波”后，美国带头对中国实行经济制裁，使两国经贸关系进入一个困难时期。

4）加速发展时期（1990年至今）

进入20世纪90年代以来，随着邓小平南方讲话，以及中共十四大确立建设社会主义市场经济体制，中国的对外开放进入逐步实现本国经济与世界经济接轨的阶段。同时，美国经济也进入持续增长时期，中美贸易关系进一步迅猛发展。

据中国海关统计，中国“入世”以前，中美双边贸易额从1992年的174.9亿美元，增加到2001年的804.8亿美元，年均增长18.5%。值得指出的是，在这一阶段发生一个关键变化，即自1993年以来，中国对美国贸易从原来的逆差转为顺差，且差额逐年上升。1993年中国对美贸易顺差为62.8亿美元，2001年已扩大到280.8亿美元。

自2001年12月中国正式成为世界贸易组织成员后，中国对外贸易增长迅速，中美经贸关系继续呈现快速发展的良好势头。到2003年，中国已经上升为美国第三大贸易伙伴，仅次于加拿大和墨西哥。虽然美国对华贸易逆差仍在上升，但美国对华出口同样迅速增长，中国是美国出口增长最快的市场。2003年12月温家宝总理访美时，向布什总统提出处理中美经贸争端的五项原则，即互利共赢，把发展放在首位，发挥双边经贸协调机制的作用，平等协商，不把经贸问题政治化。这些观点均得到美方赞同。双方还同意将中美商贸联委会升格，在2004年4月举行的中美第15届商贸联委会也是升格后的第一次联委会上，双方互作让步，达成多项共识，签署了8项协议，这些措施无疑推动了中美贸易的进一步发展。根据中国海关统计，2010年中美双边贸易已达3853.4亿美元，同比增长29.2%，上升势头明显。

2. 中美贸易的状况和特点

1）中美经贸相互依存度逐步提高

在两国领导人高度关注和双方共同努力下，中美双边经贸合作增长迅猛，合作领域不断拓展，从早期单一贸易领域逐渐发展到各个方面。到2010年，美国已是中国第二大贸易伙伴，第二大出口市场，第六大进口来源地和重要的外资来源地。美国市场在中国出口贸易中一直占据着非常重要的地位。

中国对美国的贸易依存度大致体现在两个方面：一是中国部分产业和产品对美国市场的依赖度较高，如服装、鞋类、家电等劳动密集型产品；二是美国经济波动会直接影响中国的进出口及经济增长速度。在中国对美国贸易依存度大幅度提高的同时，美国对中国的贸易依存度也在不断上升，从1980年的0.18%上升到2010年的14.3%。然而，中国对美国的贸易依存度远远高于美国对中国的贸易依存度。中美之间这种不对等的贸易依存关系，加重了中国在双边经济相互依存中的脆弱性和依附性，同时也是限制中美经贸关系平等对话的关键因素。

2）中国对美国出口商品结构不断优化

中美贸易在迅速增长的同时，中国对美国出口商品结构的层次也不断提高。中国劳动力资源丰富，在纺织品、服装、玩具、鞋类、箱包等劳动密集型产品的加工出口方面具有较大的竞争优势，因而长期以来，中国出口至美国的商品主要是鞋类、服装、玩具、纺织品等劳动密集型产品。但自2004年以来，在中国对美国出口的商品中，科技含量较高的产品的出口比重迅速上升，如自动数据处理设备、机械设备、电器电子产品等，并开始占据主导地位。

近几年来，中国高技术产品对美出口保持快速增长态势，所占比重上升较快。出口额从2001年的不足100亿美元，上升到2006年的727.09亿美元。2009年，中国内地对美国出口高技术产品占高技术产品出口总额的20.03%，并且对美国高技术产品的贸易顺差加大。2010年第二季度，中国对美国的高技术产品出口额为239.3亿美元，进口额为70.4亿美元，实现贸易顺差168.9亿美元，同比增长43.7%，环比增长33.5%。这一顺差额主要来自以加工贸易为主导的计算机与通信技术领域。

3）中美双边投资稳定健康发展

在双边贸易关系快速发展的同时，中美双向投资交流扩大。一方面，美国仍是中国最大的外资来源地之一。2004年以后，美国对华直接投资增量虽略有下降，但累计新增投资仍高达166亿美元。其中，研发投资增长强劲，据在华美国商会调查，2005年近一半的美国在华企业计划增加研发投入。2010年，美国对华投资新设立企业1576家，同比下降0.76%，实际投入外资金额40.52亿美元，同比增长13.31%。另一方面，随着国际化程度的提高，越来越多的中国企业开始赴美国投资。2004～2009年，中国企业在美直接投资共计21.2亿美元，主要分布在制造业、金融业、科学研究、技术服务和地质勘查业、批发和零售业及商务服务业等行业。双边投资的增长给中美双方都带来了实惠。

4）中国对美国服务贸易逆差加大

在中美两国贸易中，服务贸易的重要性日益增加。美国在服务领域占有明显优势，其金融、保险、航运、商业等服务业已进入中国市场。据美国商务部资料显示，2000年美对华服务贸易顺差是19.48亿美元；2005年，美对华的服务出口为90.70亿美元，进口为66.29亿美元，贸易顺差为24.41亿美元。另据美国经济分析局测算，2008年中美双边服务贸易（含政府服务）额达260亿美元，其中美国对华服务出口160.9亿美元，进口99.2亿美元，美国对华服务贸易顺差为61.7亿美元。美对华服务贸易顺差预计还将进一步扩大。

3. 中美贸易存在的问题

中美两国都是具有广泛世界影响的大国，都有着维护各自确认的意识形态标准和社会制度模式的意志。但由于两国经济发展水平悬殊，历史和文化、社会制度各异，而且各自追求的政治经济利益也不尽相同，这就注定双边贸易关系的发展不可能是一帆风顺的，必然会面临一系列的问题和干扰。

1）贸易失衡问题

在中美贸易中，中方顺差、美方逆差一直是困扰中美关系的一个问题。自20世纪90年代以来，美国对华逆差现象不断加剧。深层分析，中美贸易失衡是经济全球化发展的必然结果。国内外学者究其原因曾提出不同看法，主要包括汇率论、贸易壁垒论、统计论、储蓄论及三角贸易论等观点。在两国贸易中，中国的转口贸易和加工贸易占很大比重，凡是中国内地经第三方（主要是中国香港地区）到美国的部分商品，美国均统计在由中国进口之内；而美国经第三方到中国的部分商品，却不统计在对中国出口之中。由此一来，美国统计的数字远超中方的统计，而且美方统计出口时使用离岸价，没有包括装运和保险费，统计进口时却使用到岸价。

同时，美国借助直接投资扩大了“隐性”出口。在中国对美的出口商品中，有很大一部分来自美国在华投资企业，这些企业将产品返销回美国，加大了中国的出口额。而美国企业通过其海外分支机构对中国出口的部分产品，却未统计在美国对华出口之中。可见，中美贸易失衡的最大制造者是跨国公司。此外，美对华采取出口管制，严格限制某些高新技术产品出口中国，使其在中国的电子、电信等基础设施建设中失去了巨额贸易机会。再就是服务贸易也未计入在内，美国对中国的服务贸易年年顺差，如果计算在内，贸易差额将会缩小。因此，中美都需要从“总体平衡”视角看待不平衡问题，并从各自宏观政策入手，循序渐进纠正贸易失衡。

2）反倾销问题

自1980年美国对中国的薄荷醇进行首次反倾销调查开始，迄今已对中国产品实施了100多项反倾销措施，是世界上对华反倾销起诉最多的国家。1980～1989年,美国对华共发起18起反倾销调查，年均1.8起；1990～1999年共发起54起，年均5.4起；2000年至2010年7月共发起78起，年均7.1起。2010年10月1日至15日半个月时间内，美国商务部对华贸易救济和相关案件竟多达24起，其中12至15日四天内就达9起，实属空前。

在中国“入世”后，美国频繁使用“非市场经济条款”对中国企业提起反倾销诉讼。按照美国的市场经济标准，美国拒绝给予中国市场经济国家的地位。在美国对华发起反倾销调查起诉时，美国商务部往往采用“替代国”制度来认定来自中国产品的倾销幅度。由于反倾销的频繁使用，中国很多出口“拳头产品”被迫退出美国市场，而且很难再进入。

面对美国对华反倾销调查指控越来越多的状况，中方也开始利用世界贸易组织的有关条款反击美国的不公正做法。一方面，在美国对华反倾销调查时积极应诉，并取得了积极成效；另一方面，中国开始对美国的苯酚产品、铜版纸等商品实施反倾销立案调查并征收反倾销税。相互展开反倾销调查已经成为中美经贸摩擦的新现象，对未来双边经贸关系的走势将产生重要影响。

3）人民币汇率问题

人民币汇率问题不仅与贸易不平衡问题有关联，而且影响到其对中国市场经济地位的认同。从 1994 年起，中国实行人民币盯住美元的汇率制度，在一定时期内降低了人民币汇率风险，确保了我国金融市场与宏观经济安全。但随着美国对华贸易逆差不断加大，美国一些出口商、劳工组织和国会议员开始指责人民币盯住美元的政策，认为中国通过这种固定汇率制人为低估了人民币的价值，使中国出口美国的商品变得便宜，而使美国输出中国的货物变得昂贵，从而削弱了美国商品的竞争力，增大了美国对华贸易逆差，使得“美国物质财富不正常地向中国转移”，并导致美国丢失制造业的就业岗位。

2005 年 7 月 21 日，中国开始实行以市场供求为基础、参考一篮子货币进行调节、有管理的浮动汇率制度。人民币汇率不再盯住单一美元，形成更富弹性的人民币汇率机制。然而，美国对中国实施的汇率改革仍不满意，一再要求人民币再次升值，美国国会甚至以征收特别关税相威胁。实际上，人民币汇率与中美贸易失衡关系不大。自 2005 年中国实行汇率制度改革以来，截至 2010 年 12 月 30 日，人民币对美元已升值 19.98%，但美国对华贸易赤字依然高企。可以预料，围绕人民币汇率问题双方的较量将会持续下去。

4）知识产权保护问题

中国是美国知识产权的最大引进国，对美国知识产权的保护程度直接影响到美方的利益。美国一直认为中国在商标、版权、专利权等方面保护不足，并一再要求中国加强对知识产权的保护。中国知识产权状况一直处在美国贸易法 301 条款的监督之下，美国每年都要发表一份年度特别“301 报告”，其中多次把中国列入“重点观察国家”名单。此外，美国近年来还多次对中国发起 337 条款调查。自 2002 年以来，涉及中国对美出口产品的“337 调查”数量逐年上升，中国已连续数年位居“337 调查”涉案国家（地区）的首位。2010 年 1～10 月，已有 16 起“337 调查”涉及中国出口企业。当中国企业为避开 337 条款而直接在美国投资时，美国政府为阻挠中国企业的投资行为，又将外国投资委员会（CIFUS）审查作为新的干涉手段。2011 年 2 月底，美国贸易代表办公室（USTR）还将中国的百度和淘宝网列入其假冒和盗版产品的年度“恶名市场”（notorious market）名单。

事实上，2001 年加入世界贸易组织后，中国开始履行 TRIPs（《与贸易有关的知识产权协定》）的有关义务，并先后加入了《保护工业产权巴黎公约》、《商标国际注册马德里协定》等主要的知识产权国际条约和公约，这表明中国的知识产权保护范围和保护水平已逐步与国际接轨。但即便如此，美国仍然认为中国在保护知识产权方面做得很不够。伴随着两国经贸关系的加深，这种摩擦也将呈日益加重之势。

5）碳关税问题

近年来，能源短缺和环境污染已成为世界关注的焦点问题，转变传统高能耗、高污染的经济增长方式，大力推进节能减排，发展以低能耗、低排放为标志的低碳经济，实现可持续发展，正成为世界各国经济发展的共同选择。2009 年 6 月底，美国众议院通过了一项征收进口产品“边界调节税”法案，其实质就是准备从 2020 年开始实施“碳关税”。中国已凭借廉价劳动力和自然资源投入成为世界工厂，但在生产过程中产生的环境污染和能源消耗也使我国成为温室气体排放的大国。若美国对进口商品征收碳关税，中国将首当其冲地成为其目标。中国企业势必需要着手研究或引进高效率、低排放的技术和设备来改进既有生产工艺，届时中国的出口成本将大大上升。

4. 中美贸易关系的前景

2011 年 1 月在美国举行的中美两国元首会议提出，2015 年双边贸易要超过 5000 亿美元，中方还表示希望其中至少 2000 亿美元是美对华的出口贸易。美国有着世界上最大的消费市场，也有着最先进的高端制造业和现代服务业；中国则是全球最大的低端产品制造基地，也是增长最快的消费市场。虽然存在着种种矛盾和摩擦，但随着中国产业结构不断升级，人民生活水平不断提高，中国对美国产品的需求会不断增加，双方的利益交汇点将会更多，互利共赢将依然是中美经贸合作的显著特点。

二、中欧贸易关系

欧盟是全球最大的区域性经济集团，全面发展同欧盟及其成员国长期稳定的互利合作关系，是中国外交政策的重要组成部分。自 1975 年 5 月中国与欧洲共同体（欧盟前身）正式建立外交关系以来，双方在经贸领域一直保持密切交往，为发展双边贸易往来与经济合作奠定了基础。随着欧盟内部统一大市场的建成与欧元的成功启动，以及中国加入世界贸易组织，双方的经济贸易交流又大大向前推进了一步。欧盟作为世界经济格局中的重要一极，在中国对外经贸关系中占有重要地位。2004 年后，欧盟跃升为中国第一大贸易伙伴、第一大技术来源地和第四大外商直接投资来源地。

1. 中欧贸易的发展历史

中欧双边关系经历了探索、磨合、加深理解等不同阶段，总体上看一直积极向前发展。中欧之间的贸易发展历程大致可分为三个阶段。

1）中欧建交以前（1975 年以前）

中欧建交之前，中国与当时的欧共体成员国均已建立外交关系，并有良好的贸易合作关系，中国与其大多数成员国签订有贸易协定或经贸合作协定。在 20 世纪 60～70 年代的大多数年份里，欧共体是中国的第二大贸易伙伴。1975 年 5 月中欧建立外交关系后，双边贸易发展迅速，并在双方共同努力下不断扩大。但是在 20 世纪 70 年代，中国与欧共体国家的贸易额还微不足道，1975 年建交时双边贸易总额仅为 24 亿美元。

2）中欧建交后至中国“入世”前（1975～2001 年）

1978 年 4 月，中国和欧共体签署了第一个贸易协定，双方相互给予最惠国待遇，从此双边经贸关系进入了一个新的发展时期。从 1980 年起，欧共体给予中国普惠制待遇，对中国除纺织品外的所有工业品、制成品和半成品提供程度不等的关税优惠。从 1984 年起，双方每年举行一次经贸事务部长级会晤。1985 年 5 月，中欧之间又签订了第二个全面调整双方关系的双边协定《经济与贸易合作协定》，合作领域进一步拓宽，经贸关系也由此进入一个更富有活力的阶段。据欧方统计，1979 年中欧双边贸易总额为 46.89 亿美元，只占欧共体对外贸易总额的 0.6％。在整个 20 世纪 80 年代和 90 年代，中欧贸易大约以每五年翻一番的速度增长。

20 世纪 80 年代末 90 年代初，世界政治格局发生重大变化——东欧剧变、苏联解体和冷战结束。欧共体对外经贸开始向中东欧倾斜，其成员国宣布对中国实行一系列的制裁措施，中欧经济贸易关系由此受到严重影响。双方政治交往开始减少，贸易摩擦增多，经济和科技合作发展受挫，中欧经贸关系经历了一段困难时期。

进入 1998 年，欧盟在《中欧关系长期政策》基础上宣布了更为全面、更具持久性的对华新政策，即《与中国建立全面伙伴关系》，并且将中国从“非市场经济”国家名单中删除。欧盟对华政策的改变促进了中欧经贸关系的发展，标志着双边经贸关系进入一个成熟、稳定的发展时期。1999 年双方贸易额达 557 亿美元，欧盟成为中国的第四大对外贸易伙伴，仅次于日本、中国香港和美国。中国则在欧盟对外贸易伙伴中排行第五，位居美国、瑞士、日本和挪威之后。2001 年，双边贸易额已上升至 766.4 亿美元。

3）中国“入世”后（2001 年至今）

中国“入世”后，中欧双边贸易增长速度大大加快，中欧贸易额每年以 30％～40％的速度增长，双边经贸关系进入稳步、快速发展时期。2002 年，欧盟发表《国家战略报告：中国》，进一步明确了对华合作的重点领域。2003 年 9 月，欧盟委员会又推出新的对华关系战略文件《一个成熟的伙伴关系——欧中的共同利益与挑战》。中国政府对欧盟发展对华关系的积极态度也作出回应。2003

年 10 月 13 日，中国政府发表首份《中国对欧盟政策文件》，规划了五年的合作领域和相关措施。至此，双方决定建立全面战略伙伴关系。

近几年来，双方高层领导人频频互访，各种对话磋商机制日趋完善，各领域交流合作不断扩大，已形成全方位、宽领域、多层次的格局。2007 年，中国和欧盟相继启动《中欧伙伴合作协定》（PCA）和完善 1985 年中欧经贸协定谈判。完善 1985 年中欧经贸协定第二次实质性谈判于 2008 年举行。2009 年 11 月 30 日，第 12 次中欧领导人会晤在中国南京举行，双方发表联合声明，一致同意深化中欧全面战略伙伴关系，共同应对全球性挑战。

如今欧盟已是中国最大贸易伙伴，最大技术引进来源地和重要的投资来源地。中国也首次超过美国，成为欧盟第一大进口来源国和第二大贸易伙伴。中欧经贸合作规模越来越大、水平越来越高，正在进入一个快速发展的新阶段。

2. 中欧贸易的状况与特点

1）贸易总量不断上升

近年来，中欧经贸关系发展迅速，双边贸易一直保持两位数的年增长率，中国市场对欧盟的重要性也日渐提升。据中国海关统计，2003 年中欧贸易额达 1252.2 亿美元，首次突破千亿美元。中国成为欧盟进出口贸易增长最快的贸易伙伴，双边贸易总额大幅超过欧盟与瑞士的贸易总额，稳居欧盟第二大贸易伙伴地位，仅次于美国。2007 年中欧贸易额突破 3000 亿美元，为 3561.5 亿美元。因受国际金融危机影响，2009 年双边贸易额虽已达 3640.89 亿美元，却同比下降 14.5%。2010 年的形势大有好转，双边贸易额已升至 4797.13 亿美元，同比增长 31.8%。欧盟仍为我国第一大贸易伙伴和最大的出口市场，其中中国对欧盟出口为 3112.35 亿美元，增长 31.8%，进口为 1684.77 亿美元，增长 31.9%，进出口增速显著。

2）双方投资大幅提升

中国加入世界贸易组织后，投资环境进一步改善，欧盟企业对华投资信心不断增强，诺基亚、BP、壳牌、阿尔卡特等欧洲跨国公司资本大量进入中国。欧盟对华投资领域涉及能源、原材料、石化、化工、汽车、电信、医药、食品和纺织等，这些领域均是欧盟的强项。据统计，2003～2006 年，欧盟对华实际投资额逐年增长，增长率分别为 5.9%、10.3%、21.4%和 2.51%。2010 年，欧盟 27 国对华投资新设立企业 1688 家，同比增长 6.97%，实际投入资金 65.89 亿美元，同比增长 10.71%。欧盟现已超过美国和日本，成为中国第三大外商投资来源地，仅次于中国香港地区和英属维尔京群岛。①

近年来，随着“走出去”战略的实施，中国对欧盟国家的投资也取得一定进

① 中国投资指南（http://www.fdi.gov.cn/）

展，但相对于欧盟对华投资来说仍处于起步阶段。中国投资目的地主要集中在德国、法国、英国和意大利等国，投资领域多为贸易、海运和金融，另外还涉及电子家电、机械、轻工、纺织等生产加工产业。以华为、中兴、TCL、海尔等龙头中国企业为首的产业型投资初有成效。我国商务部统计显示，2009 年年末，中国对外直接投资已覆盖欧盟 27 个国家，当年投资流量为 29.66 亿美元，较上年增长 5.53 倍，累计存量为 62.77 亿美元。

3）技术贸易活跃

欧盟是中国最大的技术引进来源地。欧盟拥有能源、环保、交通、化工、汽车、电子和农业等方面的先进技术，且对华技术转让态度较为积极，近年来，中国从欧盟引进的高新技术项目占从全球引进总数的一半以上。截至 2007 年年底，中国从欧盟累计引进技术 24 114 项，合同总金额约为 1079 亿美元。2010 年 1～9 月，我国与欧盟签订技术引进合同 2171 份，合同金额 54.1 亿美元，占技术引进合同总金额的 28.27％。美国和日本列第二、第三位，引进金额分别为 45 亿美元和 34.9 亿美元，金额占比为 23.53％和 18.27％。

3. 中欧贸易存在的问题

1）双边贸易不平衡

近年来，在中欧贸易上中方存在较大规模的顺差。据中国海关统计，2001～2005 年的 5 年，中方贸易顺差依次为 51.7 亿美元、96.7 亿美元、197 亿美元、370 亿美元和 701 亿美元，顺差规模逐年扩大。2010 年，中国对欧盟贸易顺差已上升至 1085 亿美元，同比增长 31.57％。按照欧盟统计，2005 年其对华贸易逆差已达 1200 亿美元（1000 亿欧元）。中欧贸易不平衡问题产生的原因主要有：中国轻纺等产品具有国际竞争力、欧盟在华投资企业加工贸易出口、欧盟因对华军售禁令而限制对华出口军民两用产品与技术等。此外，双边统计上产生的巨大差异，源于各自对原产地规则的不同理解和统计方法的不同，欧方通常将经第三方转口的产品也视为来自中国的进口。

2）欧盟技术贸易壁垒门槛高

在对欧盟出口过程中，中国产品遭遇的最严峻障碍之一就是欧盟的技术性贸易壁垒。欧盟是世界上运用技术性贸易保护措施最频繁和最严格的地区，目前已形成了包括约 300 多个具有法律效力的欧盟指令和 10 多万个技术标准的双重结构技术性贸易措施管理体系。中欧在技术水平上存在较大差距，欧盟的技术壁垒使中国向欧盟出口的产品遭受了重大损失。例如，欧盟建立了针对非食品消费品的快速预警体系（RAPEX），以确保来自某一成员国的关于危险产品的信息迅速地在成员国之间及欧盟委员会之间的传播，可以从市场上撤掉该产品，从消费者手中召回该产品，或者发布预警。2010 年 12 月 13 日，欧盟 RAPEX 系统发布 2010 年第 49 周安全通报，共计 50 项。其中对华产品通报 34 项，占欧盟通报总数的 68%，中国产品高居首位。

又如，欧盟于 2007 年出台了《关于化学品注册评估许可法案》（REACH）。该项法规涉及欧盟市场上约 3 万种中国化工产品。欧盟是我国五矿化工类产品第一大出口市场，该法案的实施将对我国输欧化工品及相关下游产品的出口贸易产生重大影响，部分化工类产品面临退出欧盟市场的风险。据估算，REACH 的实施将使我国出口欧盟的产品总成本上升 5%，给中国企业每年增加 5 亿～10 亿美元的成本负担。①

3）欧盟东扩产生贸易转移效应

2004 年 5 月 1 日，东欧 10 国加入欧盟；2007 年 1 月 1 日，罗马尼亚和保加利亚入盟。截至 2010 年，欧盟已经有 27 个成员国。新加入的中东欧国家与中国在经济发展、生产力水平上比较接近，但这些国家占有地理位置、文化习俗、语言环境等方面的优势。随着新成员的加入，不可避免地会产生贸易转移效应和投资转移效应，从而给中欧经贸关系带来挑战。比如，在最关键的农产品补贴问题解决后，这些新入盟国家对欧盟原成员国的农产品贸易势必给中国对欧盟的农产品贸易造成一定影响，中国农产品将直接面临中东欧国家的激烈竞争。另外，从投资来看，欧盟为使新入盟国家尽快赶上欧盟平均经济水平，将继续增加对中东欧国家的投资。这些都必然会带来相应的投资转移，从而对我国吸引欧盟投资产生不利影响。

4. 中欧贸易关系的前景

中国与欧盟在贸易上存在明显的互补性。虽然双方在政治、文化价值观等方面有差异，在局部经济利益上也存在某种对立，但这不会打破整体关系稳步向前发展的态势。尤其是近几年来，中欧高层频繁互访，使双方政治关系提高到一个新水平。2007 年中国和欧盟双方相继启动《中欧伙伴合作协定》和完善 1985 年中欧经贸协定谈判。这两个协定的谈判，将继续为双边经贸合作实现可持续增长夯实法律基础，为双方企业加强经贸往来提供可预见、非歧视和稳定的制度环境。总的来看，中欧双边经贸合作的潜力和发展空间巨大。中国改革开放的日益深化和欧盟经济一体化的不断推进，将为中欧经贸合作深入发展带来巨大机遇，中欧经贸关系必将在一个稳定的体制框架内更加迅速地发展。

三、中日贸易关系

中日两国是一衣带水的邻邦，也都是亚洲乃至全球重要的经济体。日本的资金、技术、设备和管理经验与中国广阔的市场及丰富、优质的劳动力相结合，结出了双边经贸合作的丰硕成果。自 1972 年中日邦交实现正常化以来，两国之间

---

① 商务部网站（http://www.mofcom.gov.cn/）

已逐步形成一种多层次、多领域、相互依存、互惠互利的合作框架。

1. 中日贸易关系的发展历史

中日两国经贸往来有着悠久的历史，尽管两国之间的交往也曾有过摩擦和争端，但整体而言，双方的贸易关系还是比较融洽的。新中国成立后，中日贸易的发展经历了以下几个时期。

1）民间贸易时期（1950～1971年）

新中国对日贸易正式开始于1952年，20世纪50年代是中日民间贸易的起步阶段。从1952年6月1日到1958年3月5日，中日两国促进贸易的团体和有关代表，曾先后4次签订中日民间贸易协定，贸易的原则是：平等互利、同类物资相交换、用英镑结汇、中国主要出口农产品、日本主要出口工业品。但日本当时唯美国马首是瞻，采取严厉的对华“禁运”政策，为中日民间贸易设置重重障碍，使前3次中日民间贸易协定均未能顺利进行，尤其是岸信介内阁和佐藤内阁采取反华政策，严重阻碍了民间贸易，致使1958年3月5日签订的第4次中日民间贸易协定无法执行。1958～1960年，中日民间贸易被迫中断。

20世纪60年代后，中日民间贸易进入发展阶段。友好贸易与备忘录贸易构成了这一时期中日经贸关系的主要内容。特别是中日备忘录贸易是综合的、大宗的、长期的、易货的，也包括采用延期付款方式在内的贸易，具有半官方性质。中国出口产品主要是初级产品，如炭、大豆、玉米、盐、镁等；日本出口的主要是工业制成品，如钢材、化肥、农药、农业机械等。到1971年，双边贸易额达9亿美元。但从总体看，建交前的中日贸易规模较小，交换的商品品种也很有限。

2）逐步发展时期（1972～1980年）

1972年9月，中日两国宣布邦交正常化，开创了中日贸易的新时代。这段时期的中日贸易是官民并举。1974年1月双方签订政府间贸易协议，相互给予对方最惠国待遇，随后日本宣布给予中国普惠制待遇。1978年双方签署《中日和平友好条约》和《中日长期贸易协议》，为双边贸易发展奠定了良好的政治与经济基础。此外，1979年中日两国政府达成一揽子长期援助协议，内容包括日元贷款、技术合作和无偿援助等。这一时期，中日贸易保持了较快的发展势头。据中方统计，1972年中日建交时，双边贸易额仅为10.4亿美元，到1980年已达89.1亿美元，占中国对外贸易总额的24%，日本成为中国最重要的贸易伙伴之一。这一时期中日进出口商品结构垂直型分工特点十分突出，即中国对日本主要出口煤炭、石油、农副产品等初级产品，主要从日本进口机械设备等工业制成品。

3）迅速发展时期（1981～2001年）

1978年之前，中日经贸往来只是单纯的货物进出口贸易。中国实行改革开放后，两国经贸关系向投资、技术合作、政府资金合作等多领域拓展，为贸易发展创造了新的条件，中日贸易呈现出高速增长势头。据中方统计，1981 年双边贸易额超过 100 亿美元。1993 年中日贸易额达 390.3 亿美元，日本首次成为中国最大的贸易伙伴，直至 2003 年连续保持了 11 年的第一位置。据日方统计，1994 年日中贸易额达 462.5 亿美元，中国成为日本第二大贸易伙伴。据中方统计，2001 年双边贸易额为 877 亿美元，比 1980 年增长 9.85 倍。20 世纪 90 年代初期，中国向日本出口的产品仍主要是技术含量与附加值较低的初级产品，占当时对日出口贸易额的 70%，但到了 2001 年，该比重已明显下降。

4）缓慢发展时期（2002 年至今）

中国加入世界贸易组织后，中日贸易量虽然从 2002 年的 1000 亿美元，上升至 2006 年的 2073.6 亿美元，但双边贸易增幅迅速下滑。2006 年，中日贸易占中国对外贸易总额的比重进一步下降到 11.8%，不及 1994 年高峰时的 24%的一半。中日贸易在中国对外贸易中的比重正在出现弱化趋势。

其中部分原因，在于中日经贸关系受到两国政治关系的影响。2001 年 4 月小泉上台后，日方在两国关系问题上频繁制造事端，小泉一再参拜靖国神社，日本政府篡改历史教科书；在有关两国领土主权问题上，积极介入中国台湾问题，侵占中国钓鱼岛，在东海中日双方有争议的海域进行海底资源调查等。由于日方的不断挑衅，中日两国关系“坠入政治冰期”。中日政治关系的冷淡与摩擦导致两国民众相互反感情绪日益强烈，最终影响到双边经贸关系。后随着 2006 年 10 月安倍首相成功访华，2007 年 4 月温家宝总理访日，两国政治关系进入回暖期，并对双边经贸关系起到促进作用。据中国商务部统计，2010 年双边贸易额为 2977.68 亿美元，同比增长 30.2%。中日经贸关系总体处于健康发展状态。

2. 中日贸易的状况与特点

1）双边贸易稳步增长

1972 年中日双边贸易额仅为 10.38 亿美元，2010 年已增至 2977.68 亿美元，37 年间贸易额增长了 286 倍。在中国经济持续高速增长和日本经济 20 年低迷复苏的背景下，中日贸易的相互依赖关系发生了巨大变化，即中国在日本对外贸易中的地位提高和日本在中国对外贸易中的地位下降。据日本海关统计，2010 年日本与中国的双边贸易额为 3030.6 亿美元，增长 30.6%。其中，日本对中国出口 1496.9 亿美元，增长 36.6%；自中国进口 1533.7 亿美元，增长 25.2%。中国自 2005 年以来已超过美国连续成为日本第一大贸易伙伴、第一大出口目的地和最大的进口来源地。

与此同时，中日贸易结构也发生了巨大变化。20 世纪七八十年代，中日贸易商品结构是典型的垂直分工型。在 20 世纪 80 年代中期前，中国对日出口产品以矿产品、原油、煤炭、粮食等初级产品为主，从日本主要进口成套设备及其他高附加值的工业制成品。进入 20 世纪 90 年代以后，中日贸易之间的产业分工模式逐渐成为以垂直分工-互补为主、水平-竞争模式为辅。日本对华出口产品仍以各种类型的发动机及零件、加工机床、数字程控交换机、集成电路等高技术含量产品为主，但中国开始向日本出口冰箱、风扇等家用电器以及计算机、计算机显示器、电话机、便携式数码音乐播放器等技术含量较低的产品。

2）直接投资起伏不定

日本对华直接投资始于1979年，当时仅为1400万美元。20世纪90年代以来，日本对华投资迅速增长，1995年出现第一个高峰，达到44.76亿美元。由于1997年亚洲金融危机的影响，日本对华投资曾一度下降，1999年跌至谷底，2000年起又逐步回升。在我国经济健康发展及“入世”等有利因素影响下，日本企业对华投资活动趋旺，大企业首脑纷纷访华，寻求合作。从1986年到2010年11月，日本对华实际投资累计金额为722.35亿美元，成为中国利用外资的主要来源国之一。

近些年来，我国企业开始实行“走出去”战略，也开始对日本进行直接投资。据不完全统计，2003～2009年，我国对日直接投资累计金额仅为2.61亿美元，投资项目涉及软件、机械、电子等领域，其中服务业与商业仍是主要投资领域。中国对日本直接投资整体上仍处于起步阶段，投资额也较小。

3）节能环保产业成为中日经贸合作新亮点

中日在环保领域的合作由来已久。自1977年日本环境代表团首次访华后，中日即开始环保节能方面的合作，且并未因政治问题及贸易摩擦等阻碍而中止。从1979年开始，日本向中国提供日元贷款和无偿援助项目，其中环保能源领域的合作占了较大比例。据统计，截至2008年年底，中国共接受日本对华无偿援助项目145个，总金额累计1408.06亿日元。该类项目虽已于2008年结束，但中日之间的节能环保合作却未因此中止。

1997年《京都议定书》签订后，清洁发展机制（clean development mechanism，简称CDM机制）成为发达国家和发展中国家合作减排的最有效手段。日本在《京都议定书》中承诺在2008～2010年将温室气体排放量减少至1990年的94%，但依靠其国内力量仅能实现4.4%的减排量，剩余的减排量只能通过联合履行或CDM机制来实现。截至2010年2月10日，中国国家发展和改革委员会已批准的全部CDM项目共2411个，其中中日CDM合作项目351项，占总项目数的14.56%。从减排类型看，在所有项目中，新能源与可再生能源项目最多，共237个，占中日CDM合作项目的67.5%；其次为节能和提高能效项目63个，占比为17.9%；居第三位的是甲烷回收利用项目29个，占比为8.3%。上述三个类型共计占中日CDM合作项目总数的93.7%，其余6个类型仅占 6.3%。[1] 这不仅指明了今后两国间经济方面交流与合作的重点所在，同时也表明两国在节能方面的合作潜力巨大。

3. 中日贸易关系存在的问题

1）中方逆差持续扩大

2000 年以来，中日贸易的增长速度与中国整体对外贸易的增长速度，以及与中美、中欧、中韩贸易的增长速度相比相差甚远。在中日贸易中，自 2002 年以来，中方一直处于逆差状态且逆差居高不下。2010 年，中方贸易逆差高达 556.46 亿美元，2002～2010 年的逆差累计为 2168.63 亿美元。在对美贸易顺差巨大的同时出现对日贸易高额逆差，这其中有相当部分是中国背负了日本的对美顺差。在中日贸易中，半成品占很大比重，即日本向中国大量出口高端零部件，在中国进行组装后，再以成品的形式出口到美国的最终消费市场，因此所有的顺差均计在中国名下。很显然，这种状况若长期持续下去，将不利于中国对外贸易的健康发展，也不利于中日双边贸易的健康发展。

2）中日贸易争端增多

由于贸易总额的不断增大，双边贸易摩擦也频繁出现。日本投放中国市场的 SK-II 化妆品、丰田汽车、索尼数码相机产品等相继出现质量问题。日本对中国的知识产权保护也十分不满。自 2006 年 5 月 29 日起，日方开始实施“肯定列表制度”，对中国输日农产品造成消极影响。中国先后有多种农产品被日方列为命令检查及监控检查产品。从海关统计看，实施命令检查和监控检查后，这些产品的出口数量均出现较大下降。如 2006 年 6～12 月，保鲜豌豆对日出口数量下降 54.3%，出口金额下降 26.5%；茶叶出口同比下降 24.4%，金额下降 23.6%；鲜香菇出口量和金额分别下降 32.7% 和 25.6%，等等。肯定列表制度实施至 2010 年，日方共从进口食品中检出农药兽药残留超标 6269 批，其中中国产品为 2010 批，占 32.1%。

3）日本对华直接投资锐减

改革开放以来，日本一直是中国重要的外资来源地，日本对华直接投资在中日经贸关系中占有十分重要的地位。2001 年后，在中日政治关系冷淡且双边贸易也相对减速的情况下，日本对华直接投资仍保持强劲增长势头。从某种意义上讲，日本对华直接投资的扩大对中日经济合作的健康发展起到了支撑作用。然而近几年来，其投资增幅及在中国利用外资总量中的比重均呈下降态势。2007 年，日本对华直接投资项目数为 1974 项，同比减少 23.78%，金额为 35.89 亿美元，同比下降 24.59%。2008 年，日本对华投资项目数为 1438 项，同比减少 27.1%。2009 年，日本对华投资开始呈走出低谷之势，全年投资项目数为 1275 项，同比

---

① 中国清洁发展机制网（http://cdm.ccchina.gov.cn/）

下降 11.3%，金额为 41.1 亿美元，同比增长 12.4%。

此外，日本对华技术转让水平低，高新技术少。日本政府从 2002 年起制定并公布《全面控制出口管制外国最终用户名单》，日本企业在向被列入该名单的企业和组织出口有关敏感货物及技术时，须事先向经产省咨询，如得不到许可则不得出口。受此影响，许多向中国出口的产品都必须报批，手续非常烦琐。2007 年 2 月以来，日本政府以可以转为军用为由查抄日本雅马哈公司对华出口的小型无人驾驶直升机。事实上，此飞机的性能与日本政府出口管制法律中规定的相关具体技术性能要求相差甚远，甚至技术专家也不认为可能被转为军用。日本政府这一做法在于警告日本企业：对中国出口技术、设备必须选择比较落后的。在对华节能技术合作上，日本政府也基本上采取“动口不动手”的政策。

4）中日能源利益冲突日益加剧

中日两国均是能源消费大国，具有类似的能源消费结构，在能源供应问题上存在竞争关系。日本是世界经济强国但能源自给率仅为 16%，99.7%的原油依靠进口。2009 年，全球天然气进口总量的 36%被日本消化。2011 年 3 月，日本近海地震引发的核泄漏给日本民众带来的巨大恐慌，势必会令日本的能源结构发生改变，对传统化石能源的需求将会增强。中国作为正在迅速崛起的大国，在经济快速发展进程中同样也对石油、天然气等有着很大需求。中日两国在俄罗斯的油气开采，在中亚一些国家的石油利用，在中国东海、南中国海和中国钓鱼岛的资源开发利用上，竞争和纠纷日益加剧。中日在能源方面的竞争不仅是经济领域的竞争，而且与领海争端有关联。中日在能源利益问题上呈现出竞争大于合作的特点。

4. 中日贸易关系的前景

回顾中日经贸合作走过的历程可以看出，发展经贸合作符合两国的根本利益，而且此利益是平衡、互利的。中日两国贸易具有发达国家与发展中国家之间的典型贸易特征。发展水平的不同和资源禀赋的差异，决定了中日之间的贸易以行业间贸易为主，决定了两国经贸合作是一种优势互补关系。日本的资金和技术是中国经济建设所需要的，节能、环保、高新技术、中小企业、金融与信息等领域，是中日经贸合作未来非常有潜力的领域。2009 年，中国已超过美国成为日本最大的出口对象国，这也意味着日本经济对中国经济的依存度越来越大。中国巨大的市场和活跃的商机、丰富的劳动力资源及智力资源，也是日本经济发展所需要的。2007 年 4 月温家宝总理访日，启动了中日经济高层对话机制。截至 2010 年年底，中日之间已经开展了三次经济高层对话。高层顺畅的对话机制将有利于双边经贸的持久合作，再加上目前东亚区域合作密切，中日韩三国正在商讨建立东北亚自由贸易区。这些都将有利于中日双边关系的改善，进而促进中日经贸关系的发展。

第三节 中国的区域贸易关系

进入20世纪90年代以来，世界经济发展中出现了两大趋势：经济全球化和区域经济集团化。其中区域经济集团是以各国间签订双边或多边自由贸易协定(FTA)为纽带而组成的区域性经济组织。截至2010年7月31日，向世界贸易组织通报、仍然有效的区域贸易安排达283项，其中80%以上是在最近10年内出现的。

所谓自由贸易协定(free trade agreement，FTA)，是指两个或两个以上的国家(包括独立关税区)根据世界贸易组织相关规则，为实现相互间的贸易自由化所进行的地区性贸易安排。由自由贸易协定缔约方所形成的区域称为自由贸易区。FTA的传统含义是指缔约方之间相互取消货物贸易关税和非关税贸易壁垒，但近几年的FTA出现了新的变化，其内容不仅包括货物贸易自由化，而且涉及服务贸易、投资、政府采购、知识产权保护、标准化等更多领域的相互承诺。这种广义的FTA也被称为“经济合作协定”(economic partnership agreement，EPA)。

世界贸易组织各成员之间的经济发展水平存在显著差异，因此在多边谈判中的政策主张和利益要求有明显不同，多边谈判取得一致结果越来越困难。与此同时，新一代双边FTA所特有的跨地区性、涉及面广、操作性强等优点，使得许多国家和地区纷纷调整自己的对外贸易政策，将有条件商签双边FTA列为与开展区域性、多边性经济合作同等重要的贸易战略举措。近年来这种合作趋势日趋增强，超越地缘界限的区域合作及区域经济集团间的合作也有扩展的趋势。

相比而言，中国以往在建立具有机制性的区域经济合作一体化方面较为滞后。为顺应全球区域经济一体化迅速发展的新形势，近年来，我国按照由近及远、先易后难、灵活务实的原则，积极参与和开展区域和双边经济合作，有选择、有重点地加大了与有关国家和地区商建自由贸易区的工作力度。目前，中国的自由贸易区战略已上升至国家战略层面，步伐明显加快。

一、中国加入区域自由贸易协定的进程

中国参与区域化的步伐始于20世纪90年代。1991年，中国加入亚洲太平洋经济合作组织(APEC)，这是中国参与区域经济合作的开端。迄今，中国已广泛参与了各类区域经济合作按排。

1. 已经签订的FTA

截至2010年年底，我国已签订了10个双边FTA，按时间先后排列，分别是《中国与东盟自由贸易协定》、《内地与香港澳门关于建立更紧密经贸关系的安

排》、《亚太贸易协定》、《中华人民共和国和智利共和国政府自由贸易协定》、《中华人民共和国政府和巴基斯坦伊斯兰共和国政府自由贸易协定》、《中华人民共和国政府和新西兰政府自由贸易协定》、《中华人民共和国政府和新加坡共和国政府自由贸易协定》、《中华人民共和国政府和秘鲁政府自由贸易协定》、《中华人民共和国政府和哥斯达黎加政府自由贸易协定》，以及《海峡两岸经济合作框架协议》。

2. 谈判阶段的 FTA

除上述已经与我国签订 FTA 的经济体外，南部非洲关税同盟（SACU）、海湾合作委员会（GCC）、澳大利亚、冰岛等也已先后正式决定启动同中国的自由贸易区谈判（表 9-1）。

表 9-1　处于谈判中的 FTA 进展列表

谈判国家/经济集团	谈判启动时间	谈判进展情况（截至 2010 年 12 月）
南部非洲关税同盟（SACU）	2004 年 6 月	即将进入实质性谈判阶段
海湾合作委员会（GCC）	2004 年 7 月	已举行 5 轮谈判，双方在货物贸易领域的谈判进展迅速，在服务贸易领域也开始交换意见
澳大利亚	2005 年 4 月	已举行 14 轮谈判，双方就货物贸易领域市场准入、金融和教育服务、知识产权、投资、非关税措施、原产地规则、海关程序、检验检疫、争端解决等问题进行了讨论
冰岛	2006 年 12 月	已举行 4 轮谈判，双方就货物贸易、服务贸易、投资、经济合作及协议文本等问题进行了深入磋商
挪威	2008 年 9 月	已举行 8 轮谈判，双方就货物贸易、服务贸易、原产地规则、卫生和植物卫生标准/技术贸易壁垒、贸易救济、贸易便利化等议题进行了磋商

资料来源：中国自由贸易区服务网（http://fta.mofcom.gov.cn/）

3. 可行性研究阶段的 FTA

目前，中国正在与印度、韩国等分别就建立自由贸易区的区域贸易安排进行可行性研究。2009 年 11 月，中国与瑞士联合开展了自由贸易区的可行性研究，并于 2010 年 8 月提交了研究的结果和结论。2010 年 5 月，中日韩自贸区研究联合委员会正式启动，迄今已召开 3 次会议。

二、中国—东盟自由贸易区（CAFTA）

1. 中国—东盟自由贸易区的建立

东盟（ASEAN）由文莱、印度尼西亚、马来西亚、菲律宾、新加坡、泰国、越南、老挝、柬埔寨和缅甸10个国家组成。中国与东盟国家的友好往来历史悠久。新中国成立后，由于冷战原因，双方长期处于敌对关系，1991年才开始正式往来。1996年中国成为东盟全面对话伙伴国，次年与东盟确立了建立睦邻互信伙伴关系。此后，2000年9月，在新加坡举行的第四次东盟和中国“10+1”领导人会议上，中国总理朱镕基提出关于建立中国—东盟自由贸易区（CAFTA）的建议，得到了东盟有关国家的赞同。

2002年在柬埔寨金边召开的第六次东盟－中国领导人会议上，中国及东盟各国领导人决定到2010年建成中国—东盟自由贸易区，并签署了《中国与东盟全面经济合作框架协议》和《中国与东盟农业合作谅解备忘录》。《中国与东盟全面经济合作框架协议》于2003年1月1日开始实施，双方共同签订自由贸易协定之前，最迟在2004年年初前开始下调农产品关税，三年内取消其关税，2003年正式举行有关签订自由贸易协定的谈判。

考虑到东盟一些国家对建立与中国自由贸易区的担心，双方首先启动“早期收获”（early harvest）计划，即在达成自由贸易区协定之前，中国先期给予东盟国家一些现实的贸易利益，不对等地开放农产品贸易，用现实的利益使东盟国家认识到与中国建立紧密经贸关系及开放市场大有裨益，以减少东盟诸国的疑虑。应该说，“早期收获”计划是对传统自由贸易区的一个创新。

2003年2月，在中国桂林召开的中国—东盟高官会议上，泰国提出率先与中国就农产品零关税进行谈判。经过谈判，中国同意与泰国率先于2003年10月将果蔬关税降至零，泰国因此成为第一个与中国订立“早期收获”计划的东盟国家。“早期收获”计划从2003年开始实施，为期4年。该计划选择对东盟的400种农产品实行零关税，而不要求互惠让步，这在发展中国家中是没有先例的。到2004年年底，中国—东盟自由贸易区的货物贸易谈判完成。货物贸易开放分为两步：第一步是对较发达国家，用不到10年时间实现大部分产品零关税；第二步是对欠发达的东盟新成员，给予3～5年的过渡期。由此，中国—东盟自由贸易区的全面建成时间为2010～2015年。

在2003年第七次东盟与中国领导人会议上，中国政府宣布加入《东南亚友好合作条约》，并与东盟签署了《中国—东盟面向和平与繁荣的战略伙伴关系联合宣言》。2004年11月，中国与东盟在老挝万象举行的东盟第十次首脑会议上签署《中国—东盟自由贸易区框架协议下的货物贸易协议》及《争端解决机制协议》。从2005年7月20日起，中国与东盟开始全面实施关税减让，包括“早期收获”产品在内的7000多个税目纳入降税计划。到2010年，中国和东盟老成员绝大多数产品的关税将取消，东盟新成员将在2015年基本实现货物贸易自由化。

2007年1月14日，中国与东盟签署了《中国—东盟自由贸易区服务贸易协议》，并于2007年7月1日生效。中国承诺在世界贸易组织允诺的开放条件下，将进一步向东盟国家开放建筑、环保、运输、体育和商务等五个服务部门的 26 个分部门，东盟 10 国也将向中国开放金融、电信、教育、旅游、建筑、医疗等行业。2009 年 8 月，双方又签署了《投资协议》。2010 年 1 月 1 日，经过双方 10 年的共同努力，中国—东盟自由贸易区如期建成。

2. 中国与东盟的贸易状况

1）货物贸易持续增长

20 年来，中国与东盟的双边贸易不断扩大，在各自对外贸易总额中的比重不断提升，双边贸易的潜力巨大。数据显示，1978 年中国与东盟的双边贸易额仅为 8.59 亿美元，1991 年为 79.6 亿美元，13 年间增长了 8 倍。2010 年，中国与东盟的双边贸易额为 2927.76 亿美元，较 1991 年增长了 36 倍，年均增长率高达 20％以上，这一增长率超过了同期中国与东盟各自的对外贸易增长率。

中国海关统计数据显示，2007 年，中国与东盟 10 国的贸易总额达 2025.5 亿美元，比双方原来预计到 2010 年双边贸易额达到 2000 亿美元的目标提前了 3 年，距离双边贸易首次突破 1000 亿美元的 2004 年也是 3 年。2010 年，中国与东盟双边贸易额已接近 3000 亿美元，其中中国对东盟出口 1382.07 亿美元，同比增长 30％，进口 1545.69 亿美元，同比增长 45％，中国贸易逆差为 163.62 亿美元。如今，东盟已成为中国内地的第四大贸易伙伴、第四大出口市场和第三大进口来源地。

2）双向投资力度加大

东盟国家已成为中国吸引外资的重要来源地，也是中国企业“走出去”的首选地之一。1991 年，中国批准东盟企业在华投资 3.32 亿美元。至 2007 年年底，东盟国家在华累计投资达 429 亿美元。东盟对华投资居前三位的国家是新加坡、马来西亚及泰国。其中，新加坡在华投资涉及行业多、经营地域广，表现较为突出。

在中国对东盟投资方面，虽然投资绝对金额还不高，但潜力巨大，增速较快。2009 年，我国对东盟投资 26.98 亿美元，同比增长 8.6％。至 2009 年年末，中国共在东盟设立直接投资企业近 2000 家。我国的投资重点领域集中在批发和零售业、电力、煤气及水的生产和供应业、制造业、采矿业以及建筑业方面。中国在东盟国家投资居前三位的国家分别是新加坡、印度尼西亚和越南。

3）服务贸易呈现互补性

东盟与中国的服务贸易各行业发展参差不齐，其服务贸易发展水平也有较大的差异，因此，双方在比较优势方面呈现多样性和互补性。中国在建筑、海运、旅游、计算机信息服务、商务服务等方面竞争力较强，而新加坡、马来西亚则在航空运输、金融、酒店和会展服务等方面优势明显，泰国的旅游服务业独具特色，竞争力较强。

3. 中国—东盟自由贸易区的意义

中国—东盟自由贸易区建成后，从经济规模上看，将是仅次于欧盟和北美自由贸易区的全球第三大自由贸易区。由中国与东盟 10 国共创的世界第三大自由贸易区，是由发展中国家组成的最大自由贸易区。如今，中国与东盟双边合作领域不断扩大，贸易实现稳健、持续增长，并且次区域合作日益深化，成为双方合作亮点。双方日益紧密的经贸合作也会为中国解决同周边国家的外交争端提供条件。

三、内地与中国香港、中国澳门的紧密合作安排（CEPA）

1. 内地与中国香港的紧密合作安排

1）CEPA 的签订过程

1997 年香港回归祖国后，与内地的经贸联系十分紧密，规模和层次不断提高。但由于中国香港作为特别行政区和单独关税区，与内地实行不同的经济制度，两地间的经贸交流仍存在一定障碍。双方不断扩大的物流、人流、资金流和信息流要求减少彼此间的制度障碍，建立更加便利、高效的合作机制，以促进贸易投资的便利进行。

为逐步取消中国香港与内地之间的货物贸易关税和非关税壁垒，逐步实现服务贸易自由化和贸易投资便利化，提高两地之间的经贸合作水平，实现共同发展，2003 年 6 月，香港特区政府与中央政府签署了《内地与香港关于建立更紧密经贸关系的安排》（*Closer Economic Partnership Arrangement*，CEPA）的主体协议（CEPA 第一阶段），并于同年 9 月进一步签署了 6 份实施细节的附件，主要内容涵盖货物贸易零关税、服务贸易自由化和贸易投资便利化三个方面。此后，双方又分别在 2004 年 10 月、2005 年 10 月、2006 年 6 月、2007 年 6 月、2008 年 7 月、2009 年 5 月和 2010 年 5 月，签署了 CEPA 补充协议一（CEPA 第二阶段）、补充协议二（CEPA 第三阶段）、补充协议三（CEPA 第四阶段）、补充协议四（CEPA 第五阶段）、补充协议五（CEPA 第六阶段）、补充协议六（CEPA 第七阶段）和补充协议七（CEPA 第八阶段），内地对中国香港进一步开放货物贸易和服务贸易，如表 9-2 所示。

表 9-2 CEPA 各阶段的主要内容

阶段	货物贸易	服务贸易	贸易投资
第一阶段 2003 年 6 月 29 日签署 2004 年 1 月 1 日起实施	374 类中国香港产品零关税，取消对港产品的非关税措施和关税配额	内地对 18 个领域降低门槛	7 个领域便利化，中国香港居民可在广东省设立个体户

续表

阶段	货物贸易	服务贸易	贸易投资
第二阶段 2004年10月27日签署 2005年1月1日起实施	增加713类中国香港产品零关税	扩大其中11个领域	全国各地设立个体户
第三阶段 2005年10月18日签署 2006年1月1日起实施	增加261类产品零关税。符合CEPA原产地规则的所有中国香港产品，均可按零关税输入内地市场	引入23项开放措施，包括10个行业	
第四阶段 2006年6月27日签署 2007年1月1日起实施	37项货物确定其原产地规则	15项具体开放措施	知识产权保护
第五阶段 2007年6月29日签署 2008年1月日起实施		28个领域进一步放宽市场准入的条件	加强会展业的合作
第六阶段 2008年7月29日签署 2009年1月1日起实施		17个领域进一步放宽市场准入的条件	加强电子商务领域、知识产权保护领域和品牌领域的合作
第七阶段 2009年5月9日签署 2009年10月1日起实施		20个领域进一步放宽市场准入的条件	
第八阶段 2010年5月27日签署 2011年1月1日起实施		14个领域进一步放宽市场准入的条件	加强中医药产业、会展业、文化产业、环保产业、创新科技产业以及教育业的合作

资料来源：俞肇熊，王坤．2007. CEPA对香港和内地经济的影响与发展前景．世界经济研究，6：80～85；商务部台港澳司（http://tga.mofcom.gov.cn/）

2）CEPA实施以来两地经贸合作状况

CEPA实施后对两地的经济发展产生了积极影响。总体上看，自2004年1月1日CEPA实施以来，香港地区经济开始复苏。2004～2009年，香港地区GDP的年均增长率超过6%，失业率也由最高时的8.7%下降到2009年的4.6%。CEPA的实施也使得中国香港对祖国内地的投资更加便利。由于服务业投资限制的放宽，香港地区服务业的较高发展水平也可较好地辅助内地企业开展商务及贸易活动，实现互利，并且CEPA引动的对内地投资和为内地创造的就业机会，也对中国香港本地的影响较大。

2004年，内地与中国香港地区双边贸易额首次突破千亿美元大关，达到1126.7亿美元，中国香港地区成为内地的第四大贸易伙伴。据中国海关统计，

2010 年 CEPA 项下内地进口中国香港零关税货物货值为 8.8 亿美元，关税优惠额 4.7 亿元人民币。截至 2010 年年底，内地累计进口中国香港 CEPA 项下受惠货物 35.7 亿美元，关税优惠额 21 亿元人民币。为享受零关税优惠，中国香港各类公司申请原产地证书十分踊跃。香港地区的统计数字显示，截至 2010 年 12 月底，中国香港发证机构共签发 63 899 份原产地证书，货物离岸价总值为 286.3 亿港元，涉及货物主要为纺织及成衣制品、食品及饮品、药用及护理用品、塑料及塑料制品、纸品及印刷品等。

在直接投资方面，中国香港继续保持内地最大外资来源地的地位。2009 年，中国香港在内地直接投资 10 701 个项目，实际使用港资金额 460.8 亿美元，分别较上年同期下降 16.8%和增长 12.3%，占全国总数的比重分别为 45.7%和 51.2%。[①] 制造业和房地产业是港商投资的最主要行业，房地产业成为港商投资最大的行业。同时，CEPA 的实施也使中国香港日益成为跨国公司拓展内地与亚洲业务的首选之地，不少内地企业和海外企业相继以中国香港作为地区总部。2009 年，中国内地对中国香港地区的投资为 356 亿美元，占对外投资总额的 63%，主要流向商务服务业、金融业、采矿业、批发零售业、交通运输/仓储业、制造业和房地产业等行业。

根据 CEPA 已达成的安排，在 27 个服务贸易领域内，中国香港的服务提供者可以更优惠的市场准入条件在内地经营业务。在 CEPA 实施第一年的 2004 年，CEPA 开放下的服务贸易已为中国香港带来 10 亿港元的额外投资[②]。目前，已有超过 2000 家的中国香港公司取得了服务提供者证明书，其业务领域涉及运输、物流、分销、广告、建筑工程、管理咨询等。

2. 内地与中国澳门的紧密合作安排

1）CEPA 的签订过程

2003 年 10 月 17 日，中央政府和中国澳门特区政府签署《内地与澳门关于建立更紧密经贸关系的安排》及 6 个附件。随后，双方于 2004 年 1 月 1 日正式实施协定有关货物贸易和服务贸易自由化的具体承诺。此后，中国澳门特区政府与中央政府又分别于 2004 年 10 月、2005 年 10 月、2006 年 6 月、2007 年 7 月、2008 年 7 月、2009 年 5 月和 2010 年 5 月，签署了 CEPA 补充协议一（CEPA 第二阶段）、补充协议二（CEPA 第三阶段）、补充协议三（CEPA 第四阶段）、补充协议四（CEPA 第五阶段）、补充协议五（CEPA 第六阶段）、补充协议六（CEPA 第七阶段）和补充协议七（CEPA 第八阶段），如表 9-3 所示。

---

① 商务部台港澳司（http：//tga.mofcom.gov.cn/）

② 香港工商及科技局局长曾俊华 2005 年 3 月 21 日在岭南大学周年颁奖典礼的致辞，http：//www.citb.gov.hk/chf/speech/pr21032005b.html

表 9-3　CEPA 各阶段的主要内容

阶段	货物贸易	服务贸易	贸易投资
第一阶段 2003 年 10 月 17 日签署 2004 年 1 月 1 日起实施	311 类中国澳门产品零关税，取消对澳产品的非关税措施和关税配额	内地对 18 个领域降低门槛	7 个领域便利化
第二阶段 2004 年 10 月 29 日签署 2005 年 1 月 1 日起实施	增加 190 种中国澳门产品零关税	扩大其中 11 个领域，中国澳门银行开始办理人民币存款、兑换和汇款业务	
第三阶段 2005 年 10 月 21 日签署 2006 年 1 月 1 日起实施	符合 CEPA 原产地规则的所有中国澳门产品，均可按零关税输入内地市场	引入 23 项开放措施，包括 10 个行业	
第四阶段 2006 年 6 月 26 日签署 2007 年 1 月 1 日起实施	37 项货物确定其原产地规则	15 项具体开放措施	知识产权保护
第五阶段 2007 年 7 月 2 日签署 2008 年 1 月 1 日起实施		28 个领域进一步放宽市场准入的条件	加强会展业的合作
第六阶段 2008 年 7 月 30 日签署 2009 年 1 月 1 日起实施		18 个领域进一步放宽市场准入的条件	加强品牌合作
第七阶段 2009 年 5 月 11 日签署 2009 年 10 月 1 日起实施		19 个领域进一步放宽市场准入的条件	加强商标领域的合作
第八阶段 2010 年 5 月 28 日签署 2011 年 1 月 1 日起实施		13 个领域进一步放宽市场准入的条件	加强文化产业、环保产业和创新科技产业的合作

资料来源：商务部台港澳司（http：//tga. mofcom. gov. cn/）

2）CEPA 实施以来两地经贸合作状况

CEPA 实施以来，两地在货物贸易、服务贸易及金融领域展开了频繁合作。在货物贸易领域，两地双边贸易额增幅明显，2004～2006 年，双边进出口总额年均增长 19.07%。但是内地从中国澳门进口额增幅不明显，CEPA 的零关税效应不是很显著。2010 年，内地与中国澳门贸易额为 22.6 亿美元，同比上升 8.0%。其中，内地对中国澳门出口 21.4 亿美元，同比上升 15.7%；自中国澳门进口 1.2 亿美元，同比下降 49.8%。这主要是由于中国澳门的经济结构以旅游博彩服务业为支撑产业。在服务贸易领域，截至2010年12月底，内地赴澳“个人游”旅客累计达3891.1万人次，占内地游客总数的43.2%。在金融领域，截至2010年12月底，中国澳门共有18家银行与清算行签订了清算协议，其中16家已开办人民币业务。

3. 内地与中国港澳地区经贸发展的前景

自内地与中国港澳地区实施CEPA以来，带来了一定的贸易创造效应，但三地的服务贸易动态经济效应更加明显。CEPA关于服务贸易一体化安排，将港澳地区服务业的资本、技术、知识密集优势，与内地服务业劳动力成本低、服务市场规模大、潜力大、资源相对丰富的优势结合起来，港澳地区公司不仅可以为内地制造业提供高素质的生产服务，同时也通过提供丰富的管理经验，提高了内地服务业的水平。而随着开放领域的不断扩大与深化，加强贸易投资便利化就成为今后CEPA实施的关键环节和重点，这对于港澳地区而言是个利好消息。CEPA对港澳地区吸引投资会产生极大的扩散效应，增强港澳地区吸引外国投资的能力，有利于促进港澳地区产业升级与多元化。

四、内地与中国台湾的《海峡两岸经济合作框架协议》(ECFA)

1. ECFA的签订过程

自2002年起，内地即成为中国台湾最大出口地区。两岸经贸合作的范围和领域不断扩展，经贸交往已成为推动两岸经济合作与发展的重要动力源。随着两岸经贸交流交往的日益扩大，经济融合程度也在不断提升。随着2008年金融危机的爆发，全球各地经济受到空前严重打击，中国台湾经济也出现大幅度衰退。为加快两岸经济合作的机制化建设，实现两岸关系和平、稳定、健康发展，加快推进ECFA的签署就显得异常重要。

ECFA的提出可以追溯到2008年马英九竞选中国台湾地区领导人时的政见。ECFA时称CECA（*Comprehensive Economic Cooperation Agreement*，综合性经济合作协议），其签署目的在于逐步取消所有货物的贸易关税与非关税壁垒，使服务贸易自由化，建立开放的投资机制，甚至采取共同对外关税及贸易政策。2008年年底，胡锦涛主席发表对台政策的六点意见，明确并直接引用了“两岸可以签署综合性经济合作协议”。但中国台湾内部对签署CECA产生意见分歧，泛绿阵营更是将CECA和内地与中国香港、中国澳门签署的CEPA进行比较，认为有矮化台湾“主权”之嫌。为避免外界过度联想，马英九将CECA改为ECFA。2009年5月，在胡锦涛主席会见国民党主席吴伯雄商讨两岸经济合作事宜时，内地正式将《综合性经济合作协议》改称为《两岸经济合作架构协议》。2010年6月29日，内地海协会与台湾海基会领导人在重庆签署《海峡两岸经济合作框架协议》（*Economic Cooperation Framework Agreement*，ECFA）。2010

年9月12日，ECFA开始生效。

2. ECFA的内容

ECFA包括序言和5章16条及5个附件。“5章”分别是：总则、贸易与投资、经济合作、早期收获、其他；“16条”依次为：目标、合作措施、货物贸易、服务贸易、投资、经济合作、货物贸易早期收获、服务贸易早期收获、例外、争端解决、机构安排、文书格式、附件及后续协议、修正、生效、终止；“5个附件”依次为：货物贸易早期收获产品清单及降税安排、适用于货物贸易早期收获产品的临时原产地规则、适用于货物贸易早期收获产品的双方保障措施、服务贸易早期收获部门及开放措施、适用于服务贸易早期收获部门及开放措施的服务提供者定义。ECFA的内容基本涵盖了两岸间的主要经济活动，是一个综合性、具有两岸特色的经济协议。

ECFA的货物贸易早期收获于2011年1月1日起正式实施。厦门佛权进出口公司在取得厦门出入境检验检疫局签发的ECFA原产地证书后，向中国台湾地区出口卫生香产品，成为ECFA项下内地对台出口第一单；厦门鑫金鹭公司通过“小三通”自金门进口台湾水果（柳橙300箱，哈密瓜50箱），成为ECFA项下内地自台进口第一单。此外，2010年9月8日，江苏扬子江船业集团在中国台湾证交所挂牌上市，这是ECFA签署后首家大陆企业赴台上市，标志着两岸金融实质性合作迈出第一步。

3. 内地与中国台湾经贸发展的前景

在现阶段，两岸各界已充分认识到，随着两岸经济全面合作条件的逐步成熟，两岸经贸合作的发展空间将更加广阔。根据ECFA的货物贸易早期收获，在未来几年中，内地将陆续降低539种中国台湾进口产品的关税，在降税以前这些产品的税率是10%左右。约一半被降低关税的中国台湾产品属于农业或者传统产业。同时，内地276种出口中国台湾的产品将被降低关税，其中大部分是石化产品和机械产品，这些同样是内地的优势出口产品。此外，ECFA的签订同样会大大促进中国台湾旅游业的发展及大大便利中国台湾企业对内地服务业的投资，从而推动中国台湾在内地投资产业的升级转型。随着ECFA的实施，海峡两岸的经贸交流将会有较大层次的提高。

五、中国与亚太经济合作组织（APEC）

1. 亚太经济合作组织的成立与概况

亚太经济合作组织（Asia-Pacific Economic Cooperation，APEC）成立之初只是一个区域性经济论坛和磋商机构，经过20多年的发展，已逐渐演变为亚太地区重要的经济合作论坛，也是亚太地区最高级别的政府间经济合作机制。它在推动区域贸易投资自由化，加强成员间经济技术合作等方面均发挥了不可替代的作用。

1）成立背景

亚太经济合作组织成立于1989年。20世纪80年代末，国际形势趋向缓和，经济因素在国际关系中的地位上升；世界经济全球化、贸易投资自由化和区域经济集团化的趋势渐成潮流；欧洲经济一体化进程加快，北美自由贸易区已显雏形。与此同时，亚太地区政治相对稳定，经济呈高速增长，在世界经济中的比重明显上升。面对东亚的崛起和欧洲的日渐强大，美国调整了其对外经济政策，提出了加强亚太地区经济合作的设想，欲以亚太为依托抗衡欧洲并牵制日本。日本则欲凭借其经济实力，确立自身在亚太地区的重要地位，与美欧形成三足鼎立之势。东盟对日渐增长的贸易保护主义深感忧虑，探求维护自身利益的途径，加之当时“乌拉圭回合”谈判困难重重，全球贸易体制前途未卜，加强合作、互相协调已成为各方共识。尽管此前相继成立了太平洋盆地经济委员会（PBEC）和太平洋经济合作理事会（PECC），但它们都缺乏足够的权威性。在此态势下，APEC应运而生。

1989年1月，澳大利亚总理霍克访问韩国，提出了“汉城倡议”，建议召开部长级会议，讨论加强亚太地区经济合作问题。经与有关国家磋商，首届部长会议于1989年11月6～7日在澳大利亚首都堪培拉举行。澳大利亚、美国、加拿大、日本、韩国、新西兰和当时的东盟六国的外交与经济部长参加了会议，APEC正式成立。

2）宗旨与目标

1991年11月，在韩国汉城（现在称首尔）举行的APEC第三届部长级会议通过了《汉城宣言》，正式确立APEC的宗旨和目标为“相互依存，共同利益，坚持开放的多边贸易体制和减少区域贸易壁垒”。

3）成员加入情况

目前，APEC的成员有21个。其中，澳大利亚、文莱、加拿大、印度尼西亚、日本、韩国、马来西亚、新西兰、菲律宾、新加坡、泰国、美国等12个成员，是于1989年11月APEC成立时加入的。1991年11月，中国以主权国家身份，中国台北和香港以地区经济名义加入（香港于1997年后改为“中国香港”）；1993年11月，墨西哥、巴布亚新几内亚加入；1994年智利加入；1998年11月，秘鲁、俄罗斯、越南加入。APEC接纳新成员需全体成员的协商一致。在1997年温哥华领导人会议上，宣布APEC进入10年巩固期，暂不接纳新成员。

4）组织机构

APEC的组织机构分为五个层次：

（1）领导人非正式会议。每年下半年举行。自1993年至2010年共举行了18

次。2010 年 11 月，APEC 第 18 次领导人非正式会议在日本横滨举行。2011 年 11 月，将在美国夏威夷举行第 19 次领导人非正式会议。

（2）双部长会议。每年的领导人非正式会议前举行，由各成员的外交部长（中国台北、中国香港除外）和经贸部长出席。此外，APEC 每年还举行一些专业部长会议。

（3）高官会。每年举行 3～4 次会议，一般由各成员副部、司局或大使级官员组成。高官会的主要任务是负责执行领导人及部长会议的决定，并为下次领导人及部长会议做准备。

（4）委员会和工作组。高官会下设 4 个委员会，即贸易和投资委员会（CTI）、经济委员会（EC）、高官会经济技术合作分委员会（ESC）和预算管理委员会（BMC）。CTI 负责贸易和投资自由化方面高官会交办的工作；EC 负责研究本地区经济发展趋势和问题；ESC 负责指导和协调经济技术合作；BMC 负责预算、行政和管理方面的问题。此外，高官会还下设 9 个工作组，3 个政策级专家组，开展专业活动和合作。

（5）秘书处。1993 年 1 月在新加坡设立，为 APEC 各层次的活动提供支持与服务。秘书处最高职务为执行主任，任期一年，由 APEC 当年的东道主指派。副执行主任由下届 APEC 会议东道主指派，一年之后成为执行主任。

2. 中国与亚太经合组织成员之间的经贸关系

亚太地区是中国对外贸易的重要依托。我国与 APEC 成员之间的经贸往来相当密切，与 APEC 成员的贸易额一直占据中国对外贸易总额的大部分比例。例如，2001 年中国与 APEC 成员的贸易额达 3668.4 亿美元，占中国当年贸易总额的 72%。在中国的前 10 大贸易伙伴中，除欧盟外，其他均为 APEC 成员，即日本、美国、中国香港、东盟、韩国、中国台湾、俄罗斯、澳大利亚和加拿大。据 APEC 统计，2009 年，中国与 APEC 成员的贸易额为 14671.9 亿美元，占中国对外贸易总额的 63.7%（表 9-4）。

表 9-4　中国与 APEC 成员双边贸易额一览表（2004～2009 年）

经济体	2004 年	2005 年	2006 年	2007 年	2008 年	2009 年
APEC/亿美元	8 106.91	9 886.69	11 962.54	14 347.64	16 072.73	14 069.13
全国/亿美元	11 547.92	14 221.18	17 606.86	21 738.33	25 616.3	22 072.7
APEC 比例/%	70.2	69.5	67.9	66.0	62.7	63.7

资料来源：根据 APEC 数据库网站（http：//statistics. apec. org/）整理而得

在吸引外资方面，亚太地区也是中国利用外资的主要来源。2001 年，我国新批设立外商投资企业 26 136 家，合同外资 691.95 亿美元，实际利用外资 468.78 亿美元，其中来自 APEC 成员的投资为 22 136 家，合同金额 494.03

亿美元，实际使用金额 344.61 亿美元，分别占中国当年吸收外资总量的 84.68%、71.40%和 73.51%。2007 年，亚太经合组织 11 个主要成员对中国的实际投资金额为 437.6 亿美元，占当年中国实际利用外资总额的 58.5%。

因此，积极参与亚太地区经济合作，在亚太地区建立更加开放的贸易和投资环境，有利于我国与 APEC 其他成员经济贸易关系的稳步发展和我国国民经济的持续发展。

3. 中国在亚太经合组织中的作用

APEC 是中国加入的第一个区域性经济组织。一方面，中国充分利用这个区域性国际平台，积极开展各类经贸活动，参与各类国际经济合作，拓展了国际发展空间，推动了经济快速增长，加快了改革开放进程，积累了参与国际经济活动的经验，为全面融入世界经济体系创造了良好机遇；另一方面，APEC 也离不开中国。中国作为 APEC 最大的发展中成员及最具经济潜力与活力的成员，对 APEC 的发展发挥着积极的推动作用和建设性作用。

1）确立 APEC 的方式

APEC 涵盖了不同经济规模和发展层次的成员，以什么样的模式开展区域经济合作对 APEC 而言至关重要。早在 1993 年 APEC 第一次领导人非正式会议上，江泽民主席就提出“相互尊重、平等互利、彼此开放、共同繁荣”的区域经济合作指导原则。在 1994 年的茂物会议上，又提出了亚太经济未来发展的五项原则，其核心是尊重本地区现实，实现各成员的互利共荣。1996 年在菲律宾第四次 APEC 领导人非正式会议上，江泽民主席对 APEC 方式作了高度概括，即承认多样性，强调灵活性、渐进性和开放性；遵循相互尊重、平等互利、协商一致、自主自愿的原则；单边行动与集体行动相结合。

因此，APEC 方式体现的原则和做法兼顾了各成员不同的经济发展水平和承受能力，在区域经济合作目标指引下，允许其根据各自情况作出安排，充分反映成员经济差异性的特征，平衡各方的利益。APEC 独特的运作模式不仅对本地区经济合作意义重大，对于建立新型国际经济体制也具有借鉴作用。

2004 年在智利圣地亚哥第 12 次领导人非正式会议上，胡锦涛主席提出，APEC 要坚持经济合作为主的方向，坚持独特的合作方式，坚持循序渐进的前进道路，坚持与时俱进的改革精神，始终保持 APEC 的生命力。

2）推动亚太地区的经济增长

自加入 APEC 以后，中国经济发展为 APEC 其他成员的经济增长及其他方面的进步作出了显著贡献。中国是 APEC 成员中最大的发展中国家，也是亚太地区最具潜力的大市场。多年来，中国经济持续高速增长一直是世界经济中的一个亮点，是 APEC 成员中表现最突出的经济体之一。中国经济的增长，带动了本国进出口贸易的大幅度增长，具有非常明显的开放型增长特性。APEC 成员是中国主要的贸易伙伴，中国内地的进口约有 90%是来自 APEC 成员。因此，中国经济的持续增长，对于稳定亚太地区的经济发挥了重要作用，这也是推进 APEC 进程所必需的宏观经济基础。

3）推动贸易投资自由化和便利化合作

在 1995 年的大阪会议上，中国承诺从 1996 年 4 月 1 日开始将 4900 个税目商品的平均关税从 35.9%降到 23%，降幅为 35%，并承诺取消 170 项进口商品的配额许可证制度。在 1997 年的温哥华会议上，我国又在 APEC 单边行动计划中承诺，在 2000 年前确定审查所有非关税措施，逐步减少非关税措施，并确保非关税措施透明度；2010 年前进一步减少非关税措施；2020 年前取消所有不符合世界贸易组织规则的非关税措施。

在 APEC 投资自由化进程中，中国也始终保持积极合作的态度。从历年提交的单边行动计划来看，我国在投资领域作出了较多的承诺并付诸实施。例如，根据 1999 年的单边行动计划（IAP），我国已取消了外资银行设立分支机构的地域限制，陆续有外资银行和国外保险公司获准在华设立分支机构。我国还在标准和一致化、海关程序、知识产权、竞争政策、政府采购、放松管制、原产地规则、争端调解、商业人员流动、乌拉圭回合结果执行、信息收集与分析等方面作出了承诺，并正在逐步采取行动，实施有关措施。

4）促进经济技术合作

APEC 经济技术合作的指导原则是"相互平等，相互尊重，互助互利，建设性和真诚的伙伴关系"。在 APEC 成员中，我国是加强 APEC 内部经济技术合作的积极倡导者和坚定支持者。中国一贯主张经济技术合作与贸易投资自由化、便利化的均衡发展，强调成员间密切合作对增强经济增长潜力，尤其是对发展中成员的重要性。

在 1997 年温哥华会议上，中国建议要充分开放技术贸易市场，鼓励和加快高新技术向所有成员特别是发展中成员转移，促使知识产权制度更加合理化。1998 年的吉隆坡会议通过了《走向 21 世纪的科技产业合作议程》。中国政府专门援款 1000 万美元，设立"中国亚太经合组织科技产业合作基金"，用于资助我国与其他成员在科技产业领域的合作，并提出了一系列合作项目建议。2006 年，在越南河内第 14 次领导人非正式会议上，胡锦涛主席宣布中国政府将捐资 200 万美元用于推动地区经济技术合作。在 APEC 经济技术合作的众多领域中，中国积极参与人力资源开发、产业科学与技术、能源、贸易和投资数据、贸易促进、海洋资源保护、农业技术合作、技术设施建设等项目。在 2010 年 APEC 日本横滨峰会上，胡锦涛主席提出要继续加强经济技术合作，增强发展中成员自主发展能力和经济内生动力。上述这些方面的具体行动，体现了中国对 APEC 经济技术合作的积极贡献。

第四节　中国与多边贸易体制的关系

世界贸易组织、国际货币基金组织以及世界银行是当今全球多边经济体系中的三大机构。现行多边贸易体制是以世界贸易组织为中心的贸易体制。它是一个以自由贸易为导向的体制，在主张自由贸易的同时也对贸易保护给予适度宽容，通过组织多边贸易谈判来增加国与国之间的贸易、规范贸易行为和解决贸易纠纷，从而使国际贸易在平等竞争的环境下运行。中国为进一步融入世界经济体系，必须与世界贸易组织的多边贸易体制相衔接。

一、世界贸易组织的基本概况

1. 世界贸易组织的成立

世界贸易组织（World Trade Organization，WTO），简称世贸组织，是一个独立于联合国的永久性国际组织，总部设在瑞士日内瓦。世界贸易组织是具有法人地位的国际组织，在调解成员争端方面具有很高的权威性。它的前身是关税与贸易总协定（General Agreement on Tariff and Trade，GATT），简称关贸总协定。世界贸易组织是根据关贸总协定乌拉圭回合多边贸易谈判达成的《建立世界贸易组织协定》建立的，1996 年 1 月 1 日，世界贸易组织正式取代成立于 1947 年的关贸总协定。与只适用于货物贸易的关贸总协定相比，世界贸易组织的管辖范围涉及货物贸易、服务贸易、与贸易有关的投资及知识产权等。世界贸易组织成员分四类：发达成员、发展中成员、转轨经济体成员和最不发达成员。2008 年 7 月，随着佛得角的加入，世界贸易组织的成员达到 153 个。

2. 世界贸易组织的宗旨

在关贸总协定乌拉圭回合多边贸易谈判达成的《建立世界贸易组织协定》中明确规定，世界贸易组织的宗旨是：在提高生活水平和保证充分就业的前提下，扩大货物和服务的生产与贸易，按照可持续发展的原则实现全球资源的最佳配置；努力确保发展中国家，尤其是最不发达国家在国际贸易增长中的份额与其经济需要相称；保护和维护环境。

世界贸易组织的目标，是建立一个完整的、更具有活力的和永久性的多边贸易体制，以巩固原来的关贸总协定为贸易自由化所作的努力和乌拉圭回合多边贸易谈判的所有成果。为实现这些目标，各成员应通过互惠互利的安排，切实降低关税及其他贸易壁垒，在国际贸易中消除歧视性待遇。概括起来说，就是实现贸易自由化，根本目标是，在全球范围内实现物流、人流、资金流（投资自由化）、技术流（知识产权）四大流动。

为了有效实现上述宗旨与目标，世界贸易组织规定各成员应通过达成互惠互利的安排，大幅度削减关税和贸易壁垒，消除歧视性待遇，坚持非歧视贸易原则，对发展中国家给予特殊和差别待遇，扩大市场准入程度，提高贸易政策和法规的透明度，实施审议制度和争端解决机制，从而协调各成员间的贸易政策，共同管理全球贸易。

3. 世界贸易组织的成就和作用

世界贸易组织作为当今世界唯一规范全球贸易的国际性组织，通过多边贸易谈判、贸易政策审议和争端解决机制，为广大成员参与并受益于国际贸易提供了多边制度保障，在推动全球经济可持续发展、遏制贸易保护主义等方面，发挥了中流砥柱般的作用，显示出多边贸易体制强大的生命力和制度优势。

世界贸易组织所主导的多边贸易体制历经 60 多年的风雨历程，经受住了种种考验，取得了举世瞩目的成就。一是建立起统一的多边贸易体制，遏制了单边主义倾向；二是世界贸易组织成为世界经济的“发动机”，半个多世纪来，全球贸易总量增长了 30 倍，全球关税平均水平从最初的 40%下降到目前的 4%；三是在金融危机中，世界贸易组织充分发挥监督和约束作用，及时启动“贸易措施监督机制”，定期发布报告，跟踪各国经济刺激措施，在抵制贸易保护主义方面发挥了至关重要的作用；四是不断加强多边贸易规则的广度和力度，越来越多的涉及贸易的活动得以规范。迄今世界贸易组织已发动了 9 轮多边贸易谈判，目前正在进行的多哈回合谈判首次以发展为主题，将进一步扩大贸易自由化；五是不断提高多边贸易体制的代表性，成员从最初的 23 个发展到目前的 153 个，增加了 7 倍；六是有效化解贸易争端，为贸易自由化提供制度支撑。

在当前的后金融危机时代，世界贸易组织有望不断完善规则，强化自身职能，增强对其他国际协调机制的影响力，在全球经济治理中，承担更高的责任、发挥更大的作用。

二、中国加入世界贸易组织的历程

早在 1948 年，中国就已正式成为关贸总协定的缔约国之一。但由于 1950 年中国台湾当局宣布退出 GATT，使得拥有世界最多人口的中国几十年来一直徘徊在“关外”。20 世纪 80 年代初，中国为恢复关贸总协定缔约国地位开始着手准备工作，并于 1984 年正式参加了关贸总协定主持签订的《多种纤维协议》。经过几年的准备工作，1986 年 7 月，中国政府正式提出恢复关贸总协定缔约国地位的申请。1987 年 3 月 4 日，GATT 理事会设立了关于中国缔约方地位的中国工作组。从此，中国走上了漫长的“复关”（1995 年后成为“入世”）谈判之路。

中国“复关”（“入世”）的谈判大体上经历了以下几个阶段。

(1) 第一阶段：1986 年 7 月～1989 年 6 月。1986 年 7 月 10 日，中国正式提出恢复在关贸总协定中缔约方地位的申请。此后，中国与主要缔约方进行了十几次双边磋商，并就中国“复关”的一些核心问题基本达成了谅解。而且中国工作组通过连续召开 7 次会议，也基本结束了中国对外贸易制度的答疑和综合评估工作，中国“复关”协定书框架草案已经形成。这一时期，谈判的主要问题集中在贸易政策的透明度和实施、关税和非关税减让、价格改革的时间表和选择性保障条款等 5 个问题上。

(2) 第二阶段：1989 年 6 月～1992 年 2 月。这一阶段的谈判处于停滞状态。1989 年 6 月中国国内“政治风波”发生后，以美国为首的西方国家以该事件为由对中国实行经济制裁，把暂时不让中国“复关”作为制裁的一项主要内容。在此阶段，除召开了象征性的第八、第九次中国工作组例会外，谈判基本上处于停滞状态。

(3) 第三阶段：1992 年 2 月～1994 年年底。进入这一阶段，“复关”谈判重新启动并进入实质性谈判的最后阶段。由于某些西方主要国家一再扩大中国“复关”的谈判内容，漫天要价，将一些不属于现行 GATT 范围下的义务，如知识产权保护、服务业开放、农产品和纺织品贸易等问题统统列入其“要价”清单中，加之世界贸易组织成立在即，中国“复关”问题又一次搁浅。

(4) 第四阶段：1995 年 1 月～2001 年 12 月。1995 年 1 月，世界贸易组织正式成立，中国因“复关”受阻而未能成为其创始成员，“复关”谈判转为“入世”谈判。1995 年 5 月 7 日至 19 日，原外经贸部部长助理龙永图率中国代表团赴日内瓦与缔约方就中国“复关”进行了非正式双边磋商。此次磋商被西方媒体称为“试水”谈判。1995 年 6 月 3 日，中国成为世界贸易组织观察员。1995 年 11 月，关贸总协定中国工作组更名为中国加入世界贸易组织工作组。

中国在加入世界贸易组织的过程中，曾先后与 37 个世界贸易组织成员方进行了双边市场准入谈判。1997 年 8 月 6 日，中国与新西兰率先就中国“入世”问题达成双边协议。1999 年 11 月 15 日，经过艰难曲折的谈判，中美双方终于就中国加入世界贸易组织问题达成双边协议，中国加入世界贸易组织迈出了最为关键的一步。2000 年 5 月 19 日，中国与欧盟的双边谈判结束。2001 年 9 月 13 日，中国与墨西哥就中国加入世界贸易组织达成双边协议。至此，中国完成了与世界贸易组织成员的所有双边市场准入谈判。2001 年 11 月 10 日，在卡塔尔多哈举行的世界贸易组织第四次部长级会议通过了接纳中国为世界贸易组织成员的决议。从 1986 年 7 月正式提出申请恢复 GATT 缔约国地位起，在经历了 15 年漫长而艰辛的谈判过程后，2001 年 12 月 11 日中国终于实现了“入世”夙愿，正式成为世界贸易组织的第 143 个成员。

三、中国切实履行了各项“入世”承诺

加入世界贸易组织以来，中国坚定不移地坚持改革开放，主动把握经济全球化的历史机遇，积极利用世界贸易组织多边贸易体制框架，与世界各国发展经贸关系，经济社会发展取得了巨大成就。国际金融危机发生后，中国全面实施并不断丰富完善应对金融危机冲击的一揽子计划和政策措施，2009 年中国经济增长 8.7%，为地区和世界经济复苏作出了自己的贡献。2010 年，中国国内生产总值实现 10.3%的增长，经济总量已上升至世界第二，占全球的比重为 9.5%。

加入世界贸易组织 10 年来，多边贸易体制所倡导的理念在中国已逐渐为人们所了解，“透明度”和“非歧视”等世界贸易组织原则已成为中国立法的原则依据，全球视野、创新眼光、竞争意识、发展意识、法治观念、知识产权观念正在深入人心，逐步建立了现代企业制度和会计制度，企业素质与国民素质得到了更深层次和更具普遍意义的提升。

加入世界贸易组织后，中国切实履行承诺，认真行使权利，积极参与 WTO 各项活动并发挥了建设性作用，被大多数世界贸易组织成员誉为“履行承诺的表率”。截至 2010 年，中国加入世界贸易组织的所有承诺已全部履行完毕，建立起了符合规则要求的经济贸易体制，成为全球最开放的市场之一（关于中国加入世界贸易组织以来履行承诺的具体情况，请参阅本书第四章第三节）。

中国的发展是世界发展的一部分，中国发展得越好，对世界作出的贡献就越大。加入世界贸易组织 10 年来，中国平均每年进口价值 6870 亿美元的商品，为相关国家和地区创造了 1400 万个就业岗位。在 2008 年爆发的国际金融危机中，中国作为贸易大国，一方面，采取以扩大内需为重点的举措，积极应对危机；另一方面，继续保持市场开放，以实际行动反对各种形式的保护主义，未采取任何保护主义措施。2009 年，中国进口增长 2.8%，是主要经济体中唯一进口呈现正增长的国家，支撑了不少受危机困扰的国家的出口，创造了就业机会，为全球经济复苏作出了重要贡献，推动世界经济向健康、多元化的方向发展①。

加入世界贸易组织 10 年来的发展情况，再次证明“入世”是符合中国国情的历史性决策。中国有效利用世界贸易组织这个多边舞台，抓住经济全球化的历史机遇，成为发展中国家积极融入全球化进程的一个典范。中国负责守信地履行承诺，积极为加强多边贸易体制作出贡献，不仅为自身的经济社会发展注入了强大的活力，也赢得了世界贸易组织成员和国际社会的广泛肯定和赞赏。中国将继续坚持“互利共赢”的基本原则，与其他成员一道反对各种形式的保护主义，不断推动世界贸易组织多边贸易体制向更加民主、高效和更加公

① 商务部世界贸易组织司 . 2010-07-22. 中国与世贸组织：回顾与展望 . http：//www. mofcom. gov. cn/

正、平衡的方向发展。

思 考 题

1. 中国在发展对外贸易关系中应坚持什么样的原则？
2. 中美贸易之间主要存在哪些贸易摩擦？中方应如何妥善应对？
3. 如何看待中日两国之间的经贸关系？
4. 中欧贸易在中国对外贸易中的地位如何？目前又存在哪些主要问题？
5. 试详细阐述中国自由贸易区战略的进展状况。
6. 中国内地与中国香港、中国澳门紧密经贸合作安排的意义何在？
7. 中国内地与中国台湾签订的ECFA协议将对海峡两岸的经济起何等作用？
8. 如何认识中国在亚太经济合作组织中的作用？
9. 试述世界贸易组织的发展成就和作用？

第十章　中国对外贸易的有关问题

20世纪90年代以来，随着经济全球化进程的不断加快和中国日益融入世界经济体系，中国对外贸易发展过程中也出现了一些新的热点问题，如贸易摩擦问题、知识产权问题、环境保护问题等。这些问题已经直接影响到中国对外贸易的发展。

第一节　中国对外贸易中的贸易摩擦问题

对外贸易摩擦（foreign trade friction）是指由于贸易活动或与贸易相关的政策、制度等原因引起的国际经济关系紧张及争端事态。经济全球化进程的加速带来各国经济发展与利益的不平衡，进而加剧了各国间的贸易摩擦。自“入世”以来，随着对外贸易特别是出口贸易的快速发展，中国与其他国家或经济体的贸易摩擦频率也在上升。如何客观认识并积极应对国外对华贸易摩擦问题，是中国对外贸易持续发展过程中必须面对的重要课题之一。

一、国外对华贸易摩擦的类型

国外对华贸易摩擦类型可以依据不同的视角进行分类，这里主要根据贸易摩擦的对象国、表现形式及产业加以区分。

1. 按贸易摩擦的对象国分类

国外对华贸易摩擦的国家，基本上可以分为两大类：发达国家和发展中国家。

1）发达国家对华贸易摩擦

中国最大的三个贸易伙伴——欧盟、美国和日本，均位居发达国家行列，因而具有一定的相似性。由于产业转移的需要，它们同时也是对华直接投资的主要来源地。但在欧、美、日等发达国家和地区内部，出于对本身就业流失、经济增长下降等问题的忧虑而实施的贸易限制政策，使得中国出口产品屡屡受阻，造成发达国家与中国贸易摩擦的数量持续增加，领域不断扩大。同时，发达国家和经济体对华贸易摩擦也各具特点。

（1）欧盟对华贸易摩擦。观察历史统计数据可知，欧盟是对华产生贸易摩擦最多的经济体，其常见做法有反倾销、技术性贸易壁垒、普惠制待遇、单方面数量限制等。由于欧盟大部分成员国的科技较为发达，对产品的技术和环保水平要求很高，因此其对华贸易摩擦最多的还是技术性贸易摩擦。同时还应看到，随着不少与中国经济发展水平、劳动力成本、产业和贸易结构相近的东欧国家加入欧盟，中国将面临来自欧盟更多、更苛刻的反倾销和反补贴调查。

(2) 美国对华贸易摩擦。长期以来，在中美经贸关系总体保持比较平稳和良好发展势头的同时，双方间的经贸冲突和摩擦也在日益增多。两国之间的贸易摩擦具有复杂性和多层次的特点，以贸易不平衡为基本背景，包括反倾销、反补贴、保障措施、技术壁垒、知识产权等多种形式在内的一般贸易摩擦，常常与宏观经济政策、经济与社会制度层面的矛盾交织在一起。双方贸易摩擦的焦点主要集中在四个方面：美国对华大幅贸易逆差问题、知识产权保护问题、人民币汇率问题、对华纺织品设限与反设限问题。由于两国实行不同的政治制度，美国不承认中国的市场经济国家地位，以及美国时常采取贸易政策的单边主义和保护主义，其对华贸易摩擦更多地体现在制度性贸易摩擦方面。

(3) 日本对华贸易摩擦。随着中国对日本出口产品结构的不断升级，两国间的产业分工与比较优势发生趋同的变化，贸易结构也逐步接近，使日本经济发展受到一定的威胁，因而造成日益频繁的贸易摩擦。从贸易摩擦的方式和做法上看，日本采取的形式较为多样，其中有技术壁垒、反倾销、卫生检疫标准、环保标准、保障条款等，以增强阻挡中国商品进入日本市场的效果。因此，日本对华贸易摩擦更多地是以遏制中国产业竞争力为目的。

2) 发展中国家对华贸易摩擦

在中国对外贸易快速发展过程中，发展中国家对华贸易摩擦也进入高发期，典型标志是发展中国家对华反倾销事件频发（表 10-1）。根据世界贸易组织反倾销统计，1995～2008 年，中国遭受国外反倾销调查案 1295 起，其中发达国家 526 起，占 42.2%，发展中国家 719 起，占 57.8%。发展中国家对华反倾销案增加，是发达国家的 4 倍。从发展中国家的国别看，对华发起反倾销的国家大多是发展中大国，如印度、土耳其、阿根廷、南非、巴西、墨西哥等。近几年来，发展中国家对华反倾销又呈现出新态势，一是涉案金额逐渐增大；二是终裁比例高，如 1994～2005 年，在印度对华启动的 92 起反倾销调查中，有 82 起作出终裁，其中 72 起是肯定性裁决，占 87.8%，远高于美国的 73.2%和欧盟的 65.1%的终裁比例；三是反倾销税率高，发展中国家对中国征收反倾销税率一般在 50%～250%。

表 10-1 主要发展中国家对华反倾销立案统计

年份	中国对主要发展中国家出口额/亿美元	主要发展中国家对华反倾销立案数
1998	32.58	14
1999	122.56	26

续表

年份	中国对主要发展中国家出口额/亿美元	主要发展中国家对华反倾销立案数
2000	143.37	22
2001	56.81	25
2002	143.81	21
2003	194.22	24
2004	107.22	42
2005	365.60	33
2006	430.96	39
2007	563.24	27
2008	658.87	35
2009	855.89	40

注：表中主要发展中国家指印度、墨西哥、土耳其、阿根廷、南非、巴西、秘鲁、韩国、埃及、委内瑞拉、印度尼西亚、菲律宾、哥伦比亚、巴基斯坦、泰国、马来西亚、牙买加、智利等

资料来源：刘晓琴.2010.发展中国家对华反倾销的影响实证分析.现代经济信息，10：2

总体而言，发展中国家对华贸易摩擦的主要特点包括：

(1) 贸易摩擦形式较为单一，相比欧美发达国家对华贸易摩擦，发展中国家对华贸易摩擦主要表现为反倾销。

(2) 摩擦程度较低，主要属于微观经济活动范围，基本不涉及制度和社会、政治层面。由于中国与其他发展中国家的产业结构具有一定的相似性，出口商品结构的竞争性容易诱发这类贸易摩擦。

2. 按国外对华贸易摩擦的表现形式分类

国外对华贸易摩擦的表现形式主要有反倾销调查、反补贴调查、保障措施与特别保障措施、技术性贸易壁垒、社会壁垒、汇率制度摩擦、知识产权摩擦等。

1) 反倾销调查

反倾销是世界贸易组织用于维护公平贸易的一种机制。然而近年来，反倾销常常被不少国家滥用，成为贸易保护的重要手段之一，也成为主要贸易伙伴对华贸易摩擦的最常用方式。中国遭遇反倾销调查具有以下特点：一是次数不断增加，涉案金额巨大。从1979年中国产品首次在欧共体遭到反倾销诉讼至今，中国出口产品受到反倾销指控的数量不断增加。世界贸易组织统计报告显示，1995～2010年,中国已连续16年成为全球遭反倾销调查和被实施反倾销措施数量最多的国家。二是立案国家多，被诉产品范围广。北美、欧盟一直是对华反倾销的主要区域。20世纪90年代后，对华反倾销的国家从发达国家迅速向发展中国家蔓延，且反倾销越来越针对中国具有比较优势的产品，并且常常是同一种产品相继被多个国家反倾销。

2）反补贴调查

与反倾销案件相比，对华反补贴案件相对较少。主要原因是：首先，这类案件在政治上比较敏感，不仅要调查出口国的涉诉企业，还要调查出口国政府；其次，与计算反倾销的方法相比，反补贴的计算方法还不是很成熟，国外采用反倾销的方式胜算更大；最后，当前许多国家一般认为反补贴不适用于非市场经济国家，而中国仍被较多国家认为是非市场经济国家。

2004年，中国遭受了由加拿大发起的3起反补贴调查，产品涉及户外烧烤架、碳钢和不锈钢紧固件、复合地板。这是中国遭受的首次反补贴调查，加拿大也因此成为首个对中国发起反补贴调查的世界贸易组织成员。2006年11月20日，美国对中国铜版纸进行的反补贴调查，是中国遭受国外反补贴调查的划时代事件（虽然美国国际贸易委员会终裁不对中国铜版纸征收反补贴税，但铜版纸反补贴案的最大意义和关注点在于，美国改变了23年以来不对非市场经济国家提起反补贴调查的历史，从实践上确立了对非市场经济国家提起反补贴调查的法律制度）。

由此可以预测的是，在今后相当长的时期内，中国除将继续遭受大量国外反倾销调查外，遭受国外反补贴调查也将成为常态。例如，自从首例反补贴案之后，美国连续对中国提起多起反补贴调查案。美国对中国进行的反补贴调查，将使欧盟、澳大利亚、日本、印度等中国主要的贸易伙伴竞先效仿，中国将面临空前的反补贴调查压力。应对国外反补贴调查，将成为中国未来遭遇贸易摩擦的主流，甚至超越反倾销。欧盟已经表示，对于非市场经济体在反倾销调查中获得市场经济地位的企业，自动适用反补贴调查，而且欧盟可以主动提起反补贴调查。目前已有12个欧盟成员国明确表示，赞成更多地采取反补贴措施，只有两个成员国反对，并且10多个成员国支持赋予欧盟委员会自行发起调查的权力。

从危害性上看，反补贴调查要远甚于反倾销调查。反补贴调查反的是政府的补贴行为，针对的是政府，但影响的是整个行业，一旦一种产品遭到国外反补贴调查成功，整个行业出口将受到阻止，甚至该类产品被完全逐出有关国家市场。据统计，截至2010年10月，我国已遭遇国外反补贴调查42起。频繁的反补贴调查直接挑战了我国的宏观经济政策及相关制度，影响了我国经济发展的外部环境。

3）保障措施和特殊保障措施

中国出口增长较快的产品主要是劳动密集型产品，这些具有较强比较优势的产品的出口，势必会对贸易伙伴的相关产业造成一定冲击。因此，从其他世界贸易组织成员来看，为防止中国产品在“入世”后较低的关税水平条件下冲击其国内产业，会不断采取保障措施。而且中国出口产品除受一般保障措施限制外，还会受到专门针对中国的特殊保障措施的限制。当前，已有韩国、加拿大、澳大利亚、新西兰、印度等国制定了对华保障措施法规。自 2006 年 8 月起，印度和美国就相继发起对中国缝纫机针、座椅升降装置、轴承制动器的 3 起特殊保障措施案，而涉华保障措施和特保调查激增，印度是主要发起者。2009 年，国外涉华保障措施和特殊保障措施案件数占同期贸易救济调查案件总数的 25.2%，比上年提高 9.5 个百分点。值得关注的是，特保调查由于立案门槛低、调查程序简便、限制措施快捷，近年来被个别国家尤其是印度所广泛使用。2009 年，在国外对华 7 起特保调查中，5 起由印度启动，占比高达 71.4%；在国外 23 起涉华保障措施中，印度启动 9 起，占比 39.1%。截至 2010 年 9 月底，我国已遭遇来自美国、土耳其、哥伦比亚等国发起的 33 起特保调查，涉案金额超过 28 亿美元。[①] 针对中国发起的特殊保障措施案件，已成为中国“入世”后出现的贸易摩擦新问题。

由于在中国加入世界贸易组织议定书中有允许成员对中国出口产品采取特殊保障措施的承诺，中国“入世”后，世界贸易组织各成员纷纷加强了对华特别产品过渡性保障机制的立法工作。这些立法对中国十分不利，主要是大幅度降低了立案标准，同时可以仅针对中国，从而避免了保障措施针对全球所带来的压力。

4）技术性贸易壁垒

所谓技术贸易壁垒，是指一国以维护国家安全或保护人类健康和安全，保护动植物的生命和健康，保护生态环境，或防止欺诈行为，保证产品质量为由，采取的一些强制性或非强制性的技术性措施，这些措施成为其他国家商品自由进入该国的障碍。随着经济全球化和贸易自由化进程的加快，以技术法规、技术标准等为主要内容的技术性贸易措施成为最普遍、最难对付的贸易壁垒，成为各国保护本国产业和促进其对外贸易发展的重要手段，这对中国扩大出口贸易构成了显著影响。

近些年来，受技术性贸易壁垒的影响，中国产品成为美国、欧盟、日本召回/通报的主要对象。

儿童产品、食品、饮料和农产品是美国召回/拒绝进口的重点对象。2006～2009 年，美国消费品安全委员会（CPSC）共发布召回通报 1570 起，其中对华 905 起，占比 57.6%。中国产品业已成为美国对华召回通报的重点。2006 年，美国对华召回/通报占当年总召回/通报的比重为 49.7%，2007 年为 65.9%，2008 年为 56.4%，2009 年为 56.7%。在对华召回/通报中，儿童产品是重点，共 286 起，占对华召回/通报总数的 31.6%。2006～2009 年，美国食品和药品管理局（FDA）共拒绝产品进口 63 988 批次，其中涉及中国产品 7312 批次，占比

① 商务部新闻办公室．2010-10-28．“十一五”期间我国公平贸易工作回顾和展望．http：//www.mofcom.gov.cn/

11.4%。尤其是近年来，美国对华召回大量增加。2006年，美国拒绝中国产品占当年美国拒绝产品总数的10%；2007年为12.5%；2008年为10.3%；2009年为13.2%。在被拒绝的中国产品中，食品、饮料和农产品最多，共3014批次，占被拒绝的进口中国产品总数的41.2%。

欧盟对华通报产品数也呈稳步上升态势。2006～2009年，欧盟非食品快速预警系统（RAPEX）对欧盟市场上存在严重危险的消费品发布5502项通报，其中涉华2964项，占比达53.9%。玩具、电器、服饰产品和照明设备成为欧盟对华通报重点。近年来，欧盟对华通报产品数及其在欧盟RAPEX通报中的比例呈逐年上升的趋势。2006年为436项，占比47.8%；2007年为683项，占比51.2%；2008年为862项，占比54.8%；2009年为982项，占比为58.3%。2006～2009年，欧盟食品与饲料快速预警与通报系统（RASFF）共发布11 798项通报，其中针对中国的有1355项，坚果及与食品直接接触的产品是中国输欧食品被通报的重点。2006年，中国输欧产品被通报265项，占比9.1%；2007年为331项，占比11.3%；2008年为466项，占比16.7%；2009年为291项，占比为9.2%。

中国农副产品成为日本食品扣留通报的主要对象。2006～2009年，日本共启动4922起扣留通报，其中涉华1555起，占比高达31.6%。日本厚生劳动省于2006年6月开始实行新的《食品中残留农业化学品肯定列表制度》（简称“肯定列表”制度），对进口食品中残留农药的标准设定更加严格。2006年我国因此被日本扣留的食品批次大量增加，共计476批次。后随我国食品出口企业对于“肯定列表”制度相关标准细则的掌握，2007年被扣留食品出现6.5%的下降。2008年，受金融危机影响，加上“饺子事件”及“三聚氰胺”事件的影响，我国出口至日本的食品数量出现较大幅度下降。2009年，我国被扣食品同比增长46.9%，达376批次。2006～2009年，我国经加工的蔬菜、水果、谷物等农产加工食品是日本扣留的主要产品，共计380批次，所占比重为24.4%。成分规格不合格是我国产品被扣留的主要原因，共计799批次，所占比重为51.4%。①

5）社会壁垒

社会壁垒是指以劳动者劳动环境恶劣、生存权利受到损害为借口而采取的贸易保护措施。社会壁垒由各种国际公约的社会条款（包括社会保障、劳动者待遇、劳动权利、劳动技术标准等条款）构成，其与公民权利和政治权利相辅相成。社会条款的提出是为了保护劳动者的权益，本来不是什么贸易壁垒，但被贸易保护主义者利用为削弱或限制发展中国家企业产品低成本的优势而成为变相的贸易壁垒。在社会壁垒措施中，比较引人注目的是SA 8000标准，该标准是从

① 路漫.2010.中国已连续15年成为全球贸易摩擦最大受害者.商务周刊，5：78～79

ISO 9000 质量管理体系及 ISO 14000 环境管理体系演绎而来的道德规范国际标准。社会壁垒可能成为阻碍发展中国家劳动密集型产品出口的主要障碍，不但可能发展成为一种新的贸易壁垒，还可与环境壁垒联合起来构成一种更新型、更复杂、更难以对付的环境—社会贸易壁垒。

客观地说，制定社会条款（或社会责任标准）的初衷是好的，是为了确保劳工权益，规范企业的道德标准和社会责任。但在关税壁垒及一般非关税壁垒不断被削弱的今天，社会责任标准非常容易被贸易保护主义者所利用，成为限制发展中国家劳动密集型产品出口的有效工具。具体地说，社会壁垒对中国出口贸易的影响如下：

（1）短期影响：使中国出口量下降。美国相关商会组织的调查显示，目前有超过 50%的跨国公司和外资企业表示，如果 SA 8000 标准实施，将重新与中国企业签订采购合同。未经认证的中国国内企业将失去订单，这将直接导致中国产品出口量的降低。

（2）长期影响：会不断推动中国出口产品成本上升，使中国产品的国际竞争力下降，并引发外国投资减少、劳动力闲置、产业结构调整难度增加等一系列问题。从潜在影响看，可能会使中国劳动力成本优势全部丧失，甚至变成劳动力劣势，而且若过多的剩余劳动力得不到安置，将会严重影响中国的经济发展和社会稳定。

6）汇率制度摩擦

近年来，中外之间的贸易摩擦呈现出一个明显特点，即在贸易摩擦的背后交织着两国（地区）金融利益的博弈，在金融战略的背后隐藏着两国（地区）贸易与经济利益的争夺。而在金融博弈中，人民币汇率常常成为热点问题。当前，无论是国际货币基金组织，还是美国、欧盟等经济体，均认为人民币汇率被人为压低，存在所谓的“根本性失衡”。因而在贸易争端及国际谈判中，它们便时常打“汇率牌”，向中国施压。在中美战略经济对话中，美方已经提出人民币汇率问题是对话的焦点。

7）知识产权摩擦

中外知识产权摩擦的实质，是有关国家利用其知识产权优势，对中国企业设置知识产权壁垒，从而占领市场。具体来讲，知识产权摩擦就是发达国家依托自身的知识产权优势和先进技术水平，利用知识产权制度和相关国家政策，在保护知识产权的“正当”名义下，限制中国企业在中国国内外市场竞争的不正当措施和策略，借此实现维护其知识产权优势和市场优势的目的。

中外知识产权摩擦呈现出以下特性：一是从发展趋势来看，由美国一国到美、日、欧等多个发达国家和地区，由劳动密集型产品到高技术型产品，知识产权摩擦将成为中外经贸摩擦的主要形式，由中国“摩擦”他国向他国“摩擦”中国转变；二是在国际法承认的范畴内以保护知识产权的合理理由进行；三是具有无形性、时间性与地域性，这是由知识产权本身的特点决定的；四是与各国经济及国际贸易发展密切相关；五是从企业间的知识产权纠纷向知识产权制度层面冲突发展；六是摩擦主体由企业向企业和政府演化，从企业策略向国家战略演化。

3. 按国外对华贸易摩擦的产业分类

从国外对华贸易摩擦发生的产业来看，主要集中在机电、纺织品与服装、农产品、能源与主要原材料贸易等方面。

1）机电产业贸易摩擦

近年来，中国机电产品出口贸易快速增长。2005年机电产品出口额为3522亿美元，占出口总额近一半。2009年，受国际金融危机影响，机电产品出口总额有所下降，但由于德国机电产品出口量大幅下降，中国机电产品出口在世界机电产品出口国中的排名也上升至第1位。2010年，中国机电产品出口额已达9334亿美元，同比增长29.7%，占当年出口总值的59.2%，继续保持全球机电产品第一出口大国的地位。

随着中国机电产品出口贸易规模的扩大和贸易不平衡等问题的加剧，机电产业贸易摩擦成为中外贸易摩擦的重点领域，特别是计算机与通信技术产品和电子技术产品的贸易。发达国家发难的对象往往是那些中国竞争力较强产业的高新技术出口产品，而发难的时机也多选在产品的高成长期，从而对中国高新技术产业发展造成了较大的负面影响。据悉，2010年中国机电进出口商会组织应诉的贸易摩擦和预警案件就达51起，主要集中在欧洲和亚洲地区市场，涉及我国通信设备、家电、自行车、摩托车、汽车配件及机械零部件等几十个行业及产品，直接牵涉上千家国内企业。

2）纺织品服装贸易摩擦

中国是全球最大的纺织品与服装生产国和出口国，其顺差额与中国总体顺差额大致相当。2006年中国纺织品服装出口1439.9亿美元，同比增长25.2%，约占全球纺织品服装贸易总额的1/4，排名第一。2010年，中国纺织品服装出口2065.4亿美元，同比增长23.7%。

全球纺织品贸易实现一体化后，配额取消使中国部分纺织品长期被压抑的增长潜力在短期内迅速释放。欧美等一些国家和地区由于担心中国纺织品巨大的出口潜力，对我纺织品频繁采取各种贸易救济措施，在案件频发的2004～2005年，涉案金额超过90亿美元，涉及近百万人就业，是中国迄今遇到的涉案金额最大、社会反响最为深远的贸易争端。依据纺织品特别限制措施条款，欧盟对中国20种产品进行限制或设限调查，涉案金额合计约20亿美元；美国对中国24种产品设限或进行设限调查，涉及金额共63亿美元；土耳其对中国42类产品设限，涉案金额约3.8亿美元。其他一些国家也对中国纺织品发起了反倾销及特保调查。

欧美设限案件频发，并不断向其他国家蔓延，这给中国的整体纺织品出口造成很大困难，影响了一体化后纺织品贸易环境的稳定。

3）农产品贸易摩擦

加入世界贸易组织以来，我国农产品贸易持续快速增长，已成为中国对外贸易的重要组成部分。2006 年，中国农产品贸易额为 630 亿美元，是位于欧盟、美国之后的世界第三大农产品贸易体，并以较快的增长速度发展。2008 年，中国农产品贸易额已达 985.7 亿美元。受金融危机影响，2009 年的农产品贸易额降为 913.8 亿美元，降幅为 7.3%。随着中国农产品贸易快速发展，农产品出口也面临越来越多的障碍，从反倾销、保障措施、特殊保障措施等贸易救济措施，到检验检疫、技术标准、认证程序、进口配额管理制度等贸易壁垒，贸易摩擦涉及的农产品范围日趋扩大。

反倾销调查是中国农产品遭遇最多的贸易救济措施。中国农产品遭遇国外反倾销主要有两个特点：一是同一产品多次遭遇反倾销调查，导致出口市场不断丢失，给农产品生产、加工和出口带来巨大经济损失。例如，大蒜曾遭到 4 次反倾销调查（美国、巴西、韩国、加拿大各 1 次），蘑菇罐头 4 次（美国 2 次，巴西、澳大利亚各 1 次），猪鬃毛刷 5 次（欧盟、美国、加拿大、澳大利亚、新西兰各 1 次）；二是反倾销案金额较大。2004 年美国对中国暖水虾反倾销案是中国历史上涉案金额最高、影响最大的农产品贸易救济调查案件。该案涉案金额高达 2.48 亿美元，直接或间接影响了中国 163 家企业和几百万虾农和专业捕虾渔民。

欧盟、日本等国家和地区还以中国农产品存在疫病（口蹄疫、禽流感、新城疫等）和农药残留（农药、兽药、环境污染物等）等问题为由，多次对我出口农产品实行封杀，并逐步加强对中国出口农产品的检验检疫。2006 年，欧盟、日本相继实施新的食品安全法和农药残留检测标准，大大提高了中国农产品出口的技术门槛。欧盟实施的《欧盟食品与饲料安全管理法》，禁止含有 320 种农药残留的农产品在其境内销售。日本从 2006 年 5 月 29 日开始实施“肯定列表”制度，制订了新的农药残留标准，其中有 4 万多个限量标准，涉及 833 种农、兽药，显著影响了我国对日农产品的出口，同时也给出口企业及日本进口商造成了心理压力。从整体上看，肉类制品、蔬菜、水果及制品、水产品、食用菌、茶叶、谷物等，均是日本实施“肯定列表”制度后中国出口风险较高的大类商品。

此外，一些国家还对中国农产品实行进口配额管理等其他限制性措施。例如，日本是全球最大的紫菜消费国，市场规模约 1000 亿日元。然而，为保护其国内紫菜产业，日本政府长期对进口紫菜实施封闭市场政策，导致中国产紫菜原料及制品销售价格逐年下滑，产品积压、企业经营艰难。

4）能源与主要原材料贸易摩擦

随着中国经济的迅速增长，对能源和铁矿石等主要原材料的需求急剧上升，国内供给已经无法满足需求。因而，中国与一些国家的能源与主要原材料的贸易摩擦在所难免。这里分别以石油和铁矿石贸易为例加以说明。

A. 石油贸易摩擦

中国与日本在争取国际石油供应方面日益显示出一种竞争关系。作为经济强国的日本，在能源资源上却是一贫如洗，石油、煤炭、天然气等主要能源产品几乎全部依赖于进口，其过度依赖石油已造成能源消费结构的严重缺陷，这种缺陷也让日本较早步入国际能源市场。近年来，随着中国对石油需求的不断加强，中日两国面临同样资源紧缺状况是不争的事实。能源对外依存度的相似性、主要进口油气资源的同源性、再加上地缘政治经济的相关性，将不可避免地导致中日两国在国际石油市场上展开竞争。

中国与印度的石油之争也愈演愈烈。随着印度经济的快速发展，其对石油及天然气等资源的需求也在不断增长，早已超过其国内能源供应的限度。目前印度石油产量只有3700万吨，尚不足国内需求的1/2，70%的石油需求需要进口。面对油气供需严峻形势，中印两国在原油贸易和上游油气资源收购项目上的竞争日益激烈，且有不断升级之势。

中俄供需互补，夹杂摩擦。俄罗斯作为油气资源大国和生产大国，其能源安全观着眼于生产和出口。自苏联解体后，俄罗斯的油气战略与外交策略不断明朗化，其石油外交策略有三个特点：一是继续稳定传统的欧洲市场，并保持自己的竞争力，关键点是深化俄德之间的油气合作；二是大力开辟非欧洲市场，即中国、日本、美国及土耳其等市场，尤其看好中国市场，利用地缘政治优势扩展油气管网；三是在外交上经常表现为由平衡外交导致的多变性。虽然中俄合作的主流是供需互补，但在石油贸易领域的关系却比较复杂，时常夹杂着摩擦。

中美在石油领域互为战略竞争对手。中美关系中潜在的最大“冲突源”之一，是两国对全球石油资源的竞争。美国与中国作为全球两个石油净进口大国，石油进口来源地呈高度交叉甚至重叠，中美两国从中东、非洲所进口的石油数量、比重都很大。美国企图以绝对控制世界石油资源富集地区和左右石油价格的霸权战略，钳制中国的经济、军事力量和国际影响力，遏制中国的迅速崛起。在这种态势下，摩擦发生更不可避免。

B. 铁矿石贸易摩擦

国际市场上铁矿石的主要出口国是巴西、澳大利亚、印度、南非等国，主要进口国是欧盟国家及中、日、韩等产钢大国。在国际市场上，铁矿石价格是在逐年谈判的基础上商定的，当供需双方就一种铁矿石的价格达成协议后，其他供需方就以此价格作为参照，这也导致了国际铁矿石价格谈判的多样和艰难。

长期以来，澳大利亚的必和必拓公司（BHP）、力拓集团（Rio Tinto）以及巴西的淡水河谷公司（CVRD）这三大矿商垄断了全球75%以上的铁矿石贸易。

由于缺乏有效竞争，加上需求急剧增长，国际铁矿石价格持续高企。中国是世界上最大的铁矿石需求国，2009年进口量达到惊人的6.28亿吨，占全球铁矿石海运贸易量的50%以上，但中国在国际铁矿石谈判中却不具备举足轻重的议价能力，自2005年首次独立参加铁矿石谈判以来，历次谈判都未能取得理想的“中国价格”，在2009年度的谈判中与全球三大矿商未达成任何协议。连续多年痛失“话语权”，令中国钢铁业损失惨重，过去6年中国钢铁商和铁矿石消费者，因价格谈判下铁矿石定价太高，损失高达7000亿元人民币。

二、国外对华贸易摩擦的成因

随着中国经济的快速发展，以及对外贸易的迅速增长，国外对华贸易摩擦日趋频发。究其原因，可主要从国际因素和国内因素进行分析。

1. 国外对华贸易摩擦的国际因素分析

1）政治因素

特定时期世界或有关国家的经济和政治发展形势，直接影响着贸易摩擦的发生频率。由于存在着利益集团，他们在一定的资源投入下，通过自己或代理人使用投票、制造舆论等手段，游说政府作出有利于自己集团利益的政策决定，使得各国政府越来越多地直接参与到贸易争端的产生和解决过程中，通过贸易摩擦获得利益集团的认可，从而谋求贸易以外的政治利益。

美国对华贸易摩擦即是典型例子，非经济因素对贸易摩擦施加了许多负面影响。比如，美国对华纺织品实施的特保措施，其重要原因就是美国同类产品在国际市场上的竞争优势逐渐丧失，本国市场也受到冲击。国内的纺织业主、工会等利益集团对美国政府施加压力，以举行游行示威、威胁在中期选举和总统大选中改变投票、组成院外集团游说等为手段，要求政府实行进口限制，而美国政府在国内政治压力下，采取了贸易保护主义政策，因而导致中美之间纺织品贸易争端不断。

2）贸易保护主义

全球性的经济紧缩和整体经济复苏乏力引发了愈演愈烈的新贸易保护主义，导致贸易摩擦加剧，中国首当其冲。世界经济发展状况与贸易保护主义呈负相关关系。自20世纪末以来，特别是美国“9·11事件”后，全球主要经济体都发生了经济衰退或增长迟缓，需求的萎缩导致争夺市场的竞争白热化。在经济繁荣时期，各国出于自身经济和政治利益的需要，贸易政策相对开放，产生贸易摩擦的可能性相应减少。而在经济紧缩和萧条时期，贸易政策趋于保守，各种新贸易保护主义的观点，如保证公平竞争、保护知识产权、保护生态环境和维护国家经济安全等，左右着政府贸易政策的制定，从而引发了愈演愈烈的新贸易保护主义。中国经济贸易以高速增长态势与世界经济贸易增长尤其是与一些发达国家经济贸易增长形成巨大反差，首当其冲地受到新贸易保护主义的冲击，贸易摩擦难以避免。

"中国威胁论"使中国遭遇更多的新贸易保护主义，成为贸易摩擦的一个重要诱因。中国是世界上最大的发展中国家，改革开放 30 多年来，随着综合国力日益增强，一些国家提出"中国威胁论"的论调。它们常常无端制造贸易争端和纠纷，使中国在国际贸易中遭遇了更多的、比常规贸易保护更隐蔽的新贸易保护主义，引发了多起贸易摩擦。

3）世界贸易组织相关条款的模糊性及争端解决机制的缺陷

为了协调缔约方之间的利益，避免贸易自由化对各国经济的过分冲击，世界贸易组织规定了一些例外条款和弹性条款，通过这些条款，缔约方可以以维护国际收支平衡、促进特定工业的建立、维护国家安全、保护环境等理由，暂停、修改或撤销世界贸易组织的各项义务。由于世界贸易组织个别条款在例外规定上存在模糊和漏洞，使其常常被贸易保护主义者所利用，成为实行进口限制的借口，导致贸易摩擦更加频繁。例如，在限制中国大葱等农产品的进口案中，日本就是利用保障措施的不完善，在世界贸易组织允许的范围内打了一个擦边球。

2. 国外对华贸易摩擦的国内因素分析

1）中国出口贸易额迅速增长、贸易顺差较大

经过 30 余年的对外开放，中国已成为贸易大国，对外贸易呈高速增长态势。1978 年中国出口仅占世界出口总额的 0.76%，2008 年已达到 8.89%，2009 年更是超过德国，成为全球第一大出口国，并在 2010 年继续保持出口世界第一的地位。由于中国出口市场扩张较快、对一些国家贸易顺差较大，以及人民币汇率被认为低估等原因，导致一些发达国家和部分发展中国家对中国出口产品实行严格限制，致使贸易摩擦加剧。

2）出口市场相对集中

长期以来，中国虽然推进"市场多元化"战略，但对外贸易地理方向仍比较集中，大部分出口产品销往欧盟、美国、日本这三大地区，而这些地区既是近期经济衰退的主流，也是贸易壁垒的主要发源地。当其传统产业受到迅速增长的中国廉价产品出口的影响时，引发双边、多边贸易摩擦的概率随之加大。此外，中国与一些发展中国家的部分产品比较优势趋同，产业结构类似，产品可替代性强，因而在争夺国际市场份额的竞争中，出口产品与国外产品的竞争不可避免。这是近年来发展中国家对华发起反倾销和保障措施不断增多的主要原因。目前，发展中国家对中国采取的贸易救济措施，已占到所有贸易救济措施的 60%以上。

3）各项技术标准与国际标准存在差距

虽然中国引进了一些国外先进技术，企业的技术创新能力有所提高，但总体而言技术吸收、消化和创新能力不强，与发达国家相比仍存在较大的技术差距。中国在技术制度、国家创新体系等很多方面仍很落后，国际上现行的技术标准又

是由发达国家所制定和主宰的，而中国目前仅有40%左右的国家标准采用了国际标准。这种同国际标准接轨程度不高的状况，不仅仅存在于技术标准方面，同时在知识产权保护、环境保护等涉及国际贸易的众多领域均有表现，这些都大大增加了中国同贸易伙伴产生贸易摩擦的概率。

4）某些产品出口无序导致摩擦加剧

国内法制不健全，市场发育不完善，企业规范运行、出口经营秩序等方面的一些深层次矛盾短期还难以解决。“入世”以来，中国经历着修改和完善国内法律并不断向世界贸易组织规则靠拢的艰难历程。从客观上讲，中国在某些领域法制不健全、执法不严，一些出口企业之间存在价格恶性竞争行为，某些产品出口经营秩序混乱，不遵守国际竞争游戏规则，很容易被一些进口国抓住“把柄”。这在某种程度上也加剧了贸易摩擦。

三、国外对华贸易摩擦的效应分析

贸易摩擦对中国经济的负面影响是显而易见的，其直接抑制中国产品的出口，减少贸易收益，致使国内相关产业萎缩、失业增加，阻碍经济的增长。但同时也应认识到，贸易摩擦对中国的经济发展也有着某种积极促进和优化作用，尤其在中国存在贸易扭曲以及产业结构失衡的情形下更是如此。

1. 贸易摩擦的积极效应

中国对外贸易摩擦的频繁爆发具有一定的合理性，因为它是中国经济和贸易发展特殊阶段和特殊国情下的正常现象，同时也是中国对外贸易进一步发展和提升层次的必需品和刺激物。也就是说，贸易摩擦具有一定的积极效应。

1）有利于促进中国产业结构的升级

当前中国主要出口劳动密集型产品，贸易摩擦使得这些产品的出口减少，国内相关的产业规模就会缩减，因此而退出的资源和资金就会流向更高层次的产业，从而推动产业结构升级。一些特殊的贸易摩擦起因如技术性贸易壁垒，直接要求的就是产品技术水平的提高，这对于提升产业结构的作用更为明显。从中国处于经济转型这个特殊国情来说，贸易摩擦可以起到一种积极的指引作用。按照西方经济学的观点，市场在某些领域会失灵，但贸易摩擦恰好起到了纠正市场失灵的作用。从历史角度看，贸易摩擦确实给一些国家带来了益处，最好的例证即为日本。日美、日欧之间长期存在贸易摩擦，在这个过程中，随着贸易数量的增加，贸易摩擦的领域从20世纪60年代的纺织品，到70年代的半导体，再到80年代的汽车，在这个不断发生摩擦的过程中，日本的产业结构也在外部压力下不断得到提升。

2）有利于培养中国的竞争优势产业

首先，贸易摩擦有利于优胜劣汰。贸易摩擦会淘汰一些竞争力孱弱的小企业，有利于资源的优化配置，优秀企业可以借机做大做强；其次，贸易摩擦会加剧国内相关企业之间的竞争。经济理论和实证研究发现，竞争的引入和加强可以帮助企业提高劳动生产率和全要素生产率，竞争机制的加强还可刺激企业的技术创新，从而促进企业的发展和壮大；最后，贸易摩擦能诱导比较优势产业转变为竞争优势产业。比较优势产业源于李嘉图的比较优势理论所揭示的思想，它是从资源禀赋及相对生产率角度出发的优势；而竞争优势产业源于波特的国家竞争优势理论所揭示的思想，该理论阐明，通过提高技术水平，以技术优势取得市场上的竞争力，形成竞争优势。如前所述，贸易摩擦可以淘汰小企业而发展大企业，大企业具有雄厚的资金实力，它们可以适应国际市场竞争的需要提高技术水平，并取得国际范围内的绝对竞争力，也就形成了竞争优势产业。

3）可以刺激中国对外直接投资的发展

当前，世界经济不景气和发展不平衡，新的贸易保护主义抬头，是造成中国对外贸易摩擦频繁发生的外部根源。为绕开新贸易保护主义设置的贸易壁垒，一个重要途径就是扩大对外直接投资，到国外就地生产、就地销售。贸易摩擦刺激中国对外直接投资的增加是一种“逼迫效应”。也就是说，贸易摩擦阻止了有关企业的商品出口，使其市场缩小，商品价值无法实现，这时候有关企业为了走出困境，往往想方设法绕过国外贸易壁垒，通过对外直接投资求得发展。因而在贸易摩擦的压力下，企业对外直接投资增加，获利空间扩大，也有助于缓解中国的贸易摩擦问题。

4）有利于实现中国对外贸易地理方向的多元化

中国对外贸易地理方向长期较为单一。2010 年，欧盟继续为中国第一大贸易伙伴，双边贸易额为 4797 亿美元，占中国对外贸易总额的 16.14%，美国和日本为中国的第二、第三大贸易伙伴，再加上东盟、韩国等，前六大贸易伙伴占中国对外贸易总额的 63.7%（表 10-2）。一旦与其中一个贸易伙伴发生剧烈贸易摩擦，就可能给中国对外贸易带来严重冲击，直接影响到国内经济的稳定和发展。贸易摩擦的频繁发生在一定程度上有助于促进中国对外贸易地理方向的多元化。首先，贸易摩擦使人们认识到，对个别贸易伙伴的过分依赖蕴涵着极大的风险，促使企业和政府认识到对外贸易地理方向集中的严重缺陷，从而致力于开拓其他国家的市场；其次，贸易摩擦阻碍了某些产品的出口，为了减少损失，出口商就会设法寻找其他国家的市场。随着新市场的成功开拓，中国对外贸易地理方向就会逐步实现多元化，从而有助于中国出口贸易的健康发展。

表 10-2　2010 年中国与主要贸易伙伴的贸易额及贸易占比

名次	国家或地区	双边贸易额/亿美元	双边贸易额占中国对外贸易的比重/%
1	欧盟	4 797	16.14
2	美国	3 853	12.96

续表

名次	国家或地区	双边贸易额/亿美元	双边贸易额占中国对外贸易的比重/%
3	日本	2 978	10.02
4	东盟	2 928	9.85
5	中国香港	2 306	7.76
6	韩国	2 072	6.97

资料来源：根据国家统计局《中华人民共和国2010年国民经济和社会发展统计公报》资料整理

2. 贸易摩擦的消极影响

虽然贸易摩擦对中国对外贸易乃至经济发展有一定的积极效应，但其产生的消极影响毕竟是现实的和直接的。贸易摩擦会直接抑制中国的出口贸易，减少贸易收益，致使国内相关产业萎缩、失业增加，阻碍经济的增长。

1）影响中国的贸易安全

加入世界贸易组织后，伴随经济快速发展和出口大幅增长，中国面临的贸易摩擦也越来越多，频繁的贸易摩擦对中国的贸易安全造成不良影响。首先，从国外对中国出口产品发起的贸易救济措施看，其以反倾销、反补贴和保障措施为主，这些贸易救济措施都披着合法的外衣，是造成中国贸易摩擦频繁发生的主要原因。特别是反倾销对中国企业影响巨大，高额反倾销税增加了出口商品的成本，严重削弱了中国出口商品的市场竞争力，给出口企业带来较大损失。其次，从国外对我频繁实施的技术性贸易壁垒等措施看，同样影响到中国的贸易安全。近年来，世界贸易组织的一些发达成员如美国、日本、欧盟等，正在不断调整和提升其技术门槛，安全标准、卫生标准、技术标准、环境标准等越来越苛刻、复杂。烦琐的认证制度大大增加了中国出口商品的成本，削弱了其市场竞争力。技术性贸易壁垒已成为发达国家保护本国市场、占领别国市场、获取最大经济利益的武器。最后，从贸易不平衡引发的贸易摩擦看，由于中国出口市场主要集中于美国、欧盟、日本等少数发达国家和地区，特别是对美贸易存在大量顺差，由于美方认为中国低估人民币对外价值、滥用劳工权使得产品出口竞争力大幅度提高，因此强烈要求中国改革汇率制度，千方百计迫使人民币对外升值，从而使中美贸易摩擦从微观经济层面向宏观经济政策、体制和制度层面延伸。

2）破坏中国与贸易对象国双边正常贸易关系

贸易摩擦的频繁爆发，在一定程度上破坏了中国与贸易伙伴的正常贸易关系。很明显，贸易摩擦直接造成中国的出口减少，出口创汇能力降低，从而影响到中国与贸易对象国的贸易往来。中国有时也需要采取一定的反制措施，其结果往往是两败俱伤。对于进口国而言，虽然贸易摩擦能暂时保护国内市场，使其夕阳产业延续一段生存时间，但保护的结果必然制约进口国的技术更新和产业结构升级，从长远看也不利于这些国家的经济发展。

3）打击中国相关地区和企业的发展

频繁的贸易摩擦必然给涉案中国企业带来某些难以预料的损失，一些企业由于被贸易摩擦所牵连，其正常经营受到严重影响，有的甚至被迫退出国际市场，进而打击了中国出口地区的相关产业发展。此外，中国的对外贸易摩擦主要集中于劳动密集型和资本密集型产品，这两类产品一般不具备较高的技术含量，对中国经济的主要贡献是吸纳大量就业人员。随着中国与其他国家贸易摩擦的急剧增加，致使就业问题日益严峻。以印度对中国丝绸实施反倾销调查为例，四川是中国对印度出口丝绸的第一大省，印度提起对中国丝绸的反倾销，使四川对印度丝绸出口下降 25%，出口金额下降 50%，对四川丝绸业打击沉重。印度是中国丝绸出口第一大市场，约占该产品出口份额的 30%。中国涉案企业如不积极应诉，就有可能失去印度这个市场，进而危及中国 1000 万丝农的生计。

4）引发对外贸易摩擦的连锁效应

对外贸易摩擦连锁效应体现在两个方面，一是地区连锁效应，即某国对中国某一产品产生贸易摩擦后，往往引发其他国家对中国同一产品产生贸易摩擦；二是产品连锁反应，即某国对中国某一产品产生贸易摩擦后，会进而引发其对中国其他相关产品也产生贸易摩擦。继 2006 年 11 月美国对中国产铜版纸发起首起“双反”调查后，2010 年 4 月，欧盟也就铜版纸针对中国发起首例反倾销、反补贴调查。连锁效应的结果是随着中国贸易摩擦案件数量的增加，其他国家对中国摩擦涉及的行业和产品呈现出多元化格局。

综上所述，中国对外贸易摩擦的频繁爆发有其合理性与必然性，这决定了其对中国对外贸易有一定的积极效应，但同时也造成抑制中国出口贸易、减少贸易收益等消极影响。因此，在制定具体应对策略时，既要考虑到贸易摩擦所产生的积极作用，又要尽量消弭其消极影响。这就需要我国政府部门、出口企业以及相关行业组织共同付出努力。

四、应对国外对华贸易摩擦的策略

从总体发展趋势看，中国对外贸易在未来仍会维持较快增长速度，国外对华贸易摩擦也将在相当长的一段时期内成为一种常态。因此在制定具体应对策略时，既要充分考虑和发挥贸易摩擦所带来的积极效应，也应看到贸易摩擦对经济的扭曲和对贸易的阻碍，通过积极应对使其消极影响最小化。为此，长期内要发挥市场机制的作用，完善中国的市场体系，短期内则应规避贸易摩擦对中国对外贸易和经济的冲击，构建政府部门、中介组织和企业“三位一体”的摩擦应对机制。

1. 政府部门的应对策略

国外对华贸易摩擦很多是由于中国的发展中国家地位、对主要伙伴国的贸易盈余大、与现行国际贸易制度存在差异等所引起的，因此对于我国政府部门来说，为促进对外贸易的健康发展，应积极调整对外经贸发展战略，并辅以相应的产业保护战略，以求将贸易摩擦的损失降低到最低程度。

1）加快产业结构调整，促进产业升级，调整对外贸易发展战略

中国已是世界贸易大国但仍非贸易强国，主要原因在于出口产品缺乏核心技术和国际知名品牌，出口产品国内增值率不高。要实现由贸易大国向贸易强国的转变，必须转变对外贸易增长方式，优化对外贸易商品结构，实施以质取胜、市场多元化和科技兴贸战略。要扶持企业提高自主研发和技术创新能力，使其掌握具有自主知识产权的核心技术，通过提高出口商品的附加值，带动产业升级，从传统的追求贸易规模转变到追求贸易结构优化，提高国际竞争力。此外，还要鼓励跨国公司把高技术、高增值的加工制造环节和研发机构转移到中国。

（1）促进加工贸易的转型升级。中国加工贸易的国内采购率低，加工链条短，只是承担了产品增值链条中附加价值较低的加工组装环节，一旦发生贸易摩擦，“两头在外”（即设计在外、市场在外）的生产模式就会使自身变得很被动。要鼓励企业从事产品深加工和精加工，增强国内配套能力，提高出口商品的国产化率，延长产业链条，释放加工贸易的辐射能力和聚集效应，打造一批带动性强的龙头企业和配套协作型企业。要发挥政府部门的管理效能，使加工贸易与国内工业体系融为一体，把加工贸易作为承接新一轮国际产业转移的载体，把产业结构调整与出口增长方式的转变结合起来，向高附加值产品方向发展，真正把中国发展成为具有较强竞争力的世界工厂。

（2）调整对外贸易发展战略，转变经济增长方式。当前，中国对外贸易存在贸易摩擦增多、出口产品未反映真实成本、资源消耗高、缺乏自主品牌和核心竞争力等问题，影响了对外贸易的可持续发展。为此，应调整对外贸易发展战略，转变外贸增长方式。要以科学发展观为指导，彻底改变传统的以出口创汇为首要目标的发展模式，从出口主导型转变为出口与进口相平衡，从重视开拓国际市场转为“内需”和“外需”共同拓展，从关注贸易顺差转向贸易平衡，从“高物耗、高能耗、高污染、低附加值”的粗放型经济发展方式转向高效、集约型的经济发展方式。如此才能提升中国的贸易产品结构，纾解由于与部分发展中国家的产品结构趋同而产生的贸易摩擦问题。

2）构筑贸易保障体系

为防止贸易摩擦进一步升级，保护已有市场，应加快建立多层次、多渠道的贸易壁垒预警机制。一个有效的预警系统，需要政府、行业组织和企业各司其职。政府应提供宏观政策指导；行业协会应正确定位，积极为政府提供合理的政策建议；企业应以市场为导向进行生产和销售，关注市场变化，并积极研究其对自身的影响。

对外贸易职能部门要依托各行业协会和主管部门，尽快建立包括重要产品出口数量、出口价格走势等内容在内的动态监控系统，争取把握应对贸易摩擦的主动权。特别是对重点敏感出口产品，要做好出口价格、出口目标市场的监测工作，发现存在竞价销售、扰乱出口秩序的现象要坚决制止，有效帮助各类企业、行业协会及时了解并适应国际市场变化，提高商品国际竞争力，防范和减少贸易纠纷的发生。同时，政府部门应及时给予被调查企业必要的协调和指导，鼓励和支持企业以积极心态参与调查，使其树立正确的应诉理念，克服畏惧心理，准确把握应诉期限，运用法律武器积极答辩和及时抗辩，努力通过交涉和协商来解决贸易摩擦。

3）构筑贸易摩擦援助体系

国内出口企业面对国外贸易摩擦调查时，普遍存在资金不足、信息不灵、不了解国外的调查程序等问题。为此，政府部门应构筑贸易摩擦援助体系，协助企业应对贸易摩擦调查。

首先，帮助企业尽快熟悉和适应贸易摩擦的环境，掌握应对贸易摩擦的法律程序与内容，善于抓住化解案情的关键点，加强国际沟通和政策协调，通过谈判及其他途径进行交涉，寻求恰当的解决方案。其次，建立健全专业化、全方位、多形式的贸易摩擦援助机制，设立贸易摩擦应诉基金，对应诉企业提供资金、信息和人才培训等方面的便利。引导企业、行业协会积极参与贸易摩擦应对工作，支持其走出国门，开展游说和抗辩工作，引导企业同进口国贸易、投资合作伙伴建立长效联系，结成同盟共同应对贸易摩擦。对重点贸易摩擦案件实行全程跟踪，注重通过典型案例，加强对公平贸易工作的推动和业务指导。最后，应建立健全律师救援机制，选聘经验丰富的律师，利用国内外律师的权威力量，帮助企业做好国外政策动态的跟踪调查，协助企业严密审慎地快速应对贸易摩擦诉讼，降低发案率，提高胜诉率。

2. 企业的应对措施

贸易摩擦发生后，受影响最大、最直接的还是出口企业。因此，企业理所当然地成为应对贸易摩擦的主体力量。

1）熟悉和掌握世界贸易组织争端解决机制，积极应诉

面对国外频繁发起的贸易摩擦，企业必须积极应诉，否则对方就会变本加厉，带来更大的损失。企业应熟悉和利用世界贸易组织有关规则来维护自身权益，避免或及时应对各种可能的指控，如此才能在贸易摩擦中处于有利地位。企业还可利用世界贸易组织争端解决机制针对发展中国家的特殊条款，为自己在抗辩中争取有利地位。

企业应加强主体意识，不应过度依赖政府。要积极利用世界贸易组织关于倾销和反倾销的有关规定，确保在应诉中处于有利地位，应诉后要积极配合有关组

织的调查，悉心提供对企业自身有利的证据，证明自己的出口价格是合理的、不存在倾销的事实，而政府在应对反倾销调查中则主要起协调作用。

2）实施多元化的市场战略，积极“走出去”

目前，中国产品出口主要集中在欧盟、美国、日本等传统市场。出口市场的过于集中，往往导致多家国内厂商的同类产品大量进入同一国家，如此就易遭到国外采取保障措施等限制性措施。因此，一方面，企业在继续深化、均衡扩大对传统市场出口的同时，应积极开拓非洲、拉丁美洲和东欧等新兴市场，并根据其特点采取不同的开拓方法，提高对新兴市场的出口比重，形成出口多元化格局，以分散风险，增强应变能力；另一方面，企业要加快实施“走出去”战略。“走出去”战略不仅可以巩固海外市场，还可以巧妙转移贸易摩擦。在国外投资设厂从事生产和销售，既可绕开东道国贸易壁垒，还可向周边国家辐射，分享有关国家经贸互惠协议带来的好处，并将发生贸易摩擦的风险降到最低程度。

3）发展出口产品的自有技术和自主品牌

发展具有自主知识产权和自主品牌的高新技术产品出口，是减少贸易摩擦的根本出路。为此，一是企业必须增加科技投入，强化研发能力和技术创新能力，积极开发新产品，推动产品的升级换代与技术改造；二是研发具有自主知识产权的技术，提升出口商品的技术含量，增强企业核心竞争力；三是要加强对知识产权的保护。在做好产品技术专利国内申请的同时，注意把具有自主知识产权且国际市场前景看好的专利技术拿到国外申请专利，以更好地保护知识产权和技术领先优势；四是要注重创立国际品牌，强化品牌意识，提升品牌价值。唯有如此，才不会处处受制于人。

3. 充分发挥行业协会的作用

面对频繁爆发的贸易摩擦，相关出口商会、行业协会的行业协调和服务功能仍未充分发挥，难以满足应对贸易摩擦的需要。为此，应加快行业协会建设，进一步明确行业协会的权威性和协调作用，使行业协会能切实维护企业利益。就当前对外贸易实践看，行业协会可提供有关对外出口信息，促使会员企业加强自律，建立完善的协商、调解制度。在维护行业利益、企业利益和化解贸易摩擦方面，行业协会是政府、企业的合适“代言人”，可以充分发挥其主导作用。行业协会需要担负起规范、协调进出口贸易秩序的职能，特别是在价格协调方面发挥作用，以维护产品在国际市场上的合理价格，尽可能地减少贸易摩擦。

第二节 中国对外贸易中的知识产权问题

随着对外贸易的发展，知识产权壁垒开始成为中国出口贸易遭遇的主要壁垒之一。因此，如何认识并克服国外知识产权壁垒，成为中国对外贸易面临的一项重要课题。

一、知识产权与国际贸易

1. 知识产权的主要特征

所谓知识产权（intellectual property），根据世界贸易组织《与贸易有关的知识产权协定》（*Agreement on Trade-related Aspects of Intellectual Property Rights*，简称 TRIPs）的解释，是指版权、商标、专利、工业设计、地理标识、集成电路、外观设计、未披露的信息等。

知识产权的特征概括起来有以下几个方面：

（1）是一种无形财产权。知识产权是靠智力活动创造的成果权，其客体是智力成果。智力成果不具有物质形态，不占据一定的空间。因此，知识产权是一种客观上无法被人们实际占有和控制的无形财产。

（2）其确认或授予须经国家专门立法直接规定。知识产权的客体是无形的智力成果，但这种无形智力成果必须借助一定的物质形式表现出来，如果创造人的智力成果不能借助一定的物质形式表现出来，就无法得到法律的确认，也就得不到相关法律的保护。

（3）双重性。即既有某种人身权（如签名权）的性质，又包含财产权的内容。人身权是指创造智力成果的人的特定身份所享有的精神权，人身权与智力成果的创造人的人身不可分离、不能转让、不能赠与、不能继承。财产权是指智力成果的创造人获得的财产报酬和奖励，而这些有形的财产是可以转让、赠与、继承的。但商标权是一个例外，它只保护财产权，不保护人身权。

（4）专有性。知识产权为权利主体所专有。权利人以外的任何人，未经权利人的同意或者法律的特别规定，都不能享有或使用这种权利。

（5）地域性。某一国法律所确认和保护的知识产权，只在该国领域内发生法律效力。

（6）时间性。法律对知识产权的保护规定有一定的保护期限，知识产权在法定期限内有效。有效期届满，创造人创造的智力成果即进入社会公有领域，成为社会的共同财富，任何人都可以自由、无偿地使用。

2. 国际贸易中的知识产权保护

世界贸易组织的 TRIPs，第一次把知识产权与国际贸易问题联系在一起，同时又规定了一些强制性措施，成为知识产权制度发展的里程碑。与以往的知识产权国际公约相比，TRIPs 是一个更高标准、更严要求的公约。它具有以下显著特点：第一，首次将最惠国待遇原则引入知识产权的国际保护领域；第二，要求成员对知识产权提供更高水平的立法保护；第三，要求成员采取更为严格的知识产权执法措施；第四，要求成员的知识产权获权和维持程序必须公平合理；第五，将成员方之间的知识产权争端纳入贸易争端解决机制，加强协议的约束力。

TRIPs的出现，统一了国际知识产权标准的保护制度，对知识产权的范围、类别、保护和争端解决等问题作出了比较详细的规定，有利于维护各个国家和地区的知识产权不受侵犯和国际间知识产权贸易的进一步发展。然而，由于世界上先进技术的大部分为发达国家所拥有和控制，广大发展中国家如何在使用发达国家先进技术的同时，最大限度地维护自身的利益和提高经济效益，成为其面临的一项重大挑战。

二、国际知识产权壁垒及中国的应对措施

1. 国际知识产权壁垒

所谓国际知识产权壁垒，是指超越正当的知识产权保护标准或要求，对国外含有知识产权的商品采取不公平贸易限制的各种措施。与其他非关税壁垒相比，国际知识产权壁垒明显具有隐蔽性、广泛性、针对性、歧视性和报复性的特点。

（1）隐蔽性。知识产权壁垒往往与各国的知识产权立法、执法紧密联系，披着种种合法的外衣，这是其具有隐蔽性的主要原因。一般的非关税壁垒都主要依靠行政手段或不公开的限制措施发挥作用，其致命弱点和受到经常性谴责的原因在于缺乏法律依据。而知识产权壁垒与知识产权立法、执法密切相关，法律依据公开确凿，法律的主体、客体、边界和解释权均由一国法律当局掌握，法律程序与执法环节复杂，外来竞争者很难尽晓其奥妙。

（2）广泛性。由于目前世界上绝大多数国家都已经实行了知识产权保护制度，国际贸易中涉及知识产权的商品和服务越来越多，占世界贸易的比重也越来越大。随着知识经济的加快发展，这一趋势还在不断加强。因此，知识产权壁垒具有一定的递增性和广泛性。

（3）针对性。知识产权壁垒的宽严取决于各国经济发展与技术进步、知识产权保护水平以及对外贸易的竞争力状况。一般来说，知识产权壁垒的作用总是集中体现在维护本国的优势产业地位和保护本国的幼稚产业不受损害。但当一国的传统产业受到外来竞争威胁时，知识产权壁垒也会被有针对性地延伸使用。例如，美国贸易法的“特别301条款”既用于保护美国的高端产业如计算机软件、集成电路布图，也用于保护传统产业如服装、纺织品等。因此，知识产权壁垒具有特殊的针对性。

（4）歧视性。知识产权壁垒通常出自贸易保护主义的动机，表现为一国对本国产品与外国产品采取歧视性的双重标准。比如，美、日、英、法等国对涉及知识产权较多的平行进口持不同看法，美国认为平行进口违法但有许多例外，日本认为平行进口合法但附有条件。又如，各国对冒牌货的认定条件有差异，极易产生双重标准，进而造成知识产权方面的歧视性待遇。

(5) 报复性。在有关国家的立法、执法过程中，知识产权侵犯的调查、诉讼、判案、执行等具有完整的法律程序，法律对知识产权侵犯的惩处、报复规定了相应的条款。因此，知识产权壁垒产生的不公平贸易待遇会通过法律上的强制性和报复性，强加于其他国家的出口商。

由于知识产权壁垒的上述特征，近些年来发达国家凭借自身在知识产权方面的优势，对发展中国家的出口产品频繁发动知识产权侵权调查和报复，迫使发展中国家接受某些超出其经济承受能力的知识产权保护要求，对发展中国家的出口贸易造成了不利影响。

2. 中国应对知识产权壁垒的策略

当前，中国企业在研发能力上与国外大企业相比尚有一定差距，因此选择技术引进、实现跨越式发展是国内不少企业的选择。在此过程中，企业常常会面临国外的知识产权壁垒。此外，部分国内企业的知识产权保护意识薄弱，国外企业抢先注册其拥有的商标、专利等，转而再状告这些企业侵犯其知识产权，严重影响了中国企业的生产销售能力。此类例子不胜枚举。据称，我国企业因在海外遭遇知识产权诉讼而支付的赔偿金超过 10 亿美元。面对如此严峻的挑战，我国政府部门和企业应采取相关措施予以应对。

1) 政府应对知识产权壁垒的策略

(1) 制定和实施国家知识产权战略。中国应当尽快制定和实施符合国际规则且与本国政治、经济及文化相适应的国家知识产权战略。该战略应包括四个方面的内容：一是大力推进和鼓励知识产权的获得；二是加强知识产权保护；三是加快知识产权转化进程；四是建立和健全知识产权制度。具体来讲，应当从理论研究、法律制度、司法实践、管理机构、政策协调、媒体宣传等方面入手，将知识产权战略与产业政策、科技策略、可持续发展、国际竞争和人才战略等紧密结合和配套实施。

(2) 建立知识产权壁垒预警与应急机制。应建立有关国家和地区知识产权壁垒的法律法规及技术标准的动态数据库，并建立相应的信息咨询服务网络，如知识产权壁垒信息发布机制及产品出口知识产权壁垒预警机制，为出口企业提供可靠的经营决策信息来源。组建各行业或各专业的专利网，使企业能够及时了解本行业或本专业的专利研发情况，从编制的专利网中寻求突破口，通过对专利网的分析，有关部门能够及时发出专利预警，如出口预警和研发预警等。同时，政府部门应主动搜集和掌握国外对华贸易政策的发展趋势、正在实施或拟定中的与贸易相关的知识产权壁垒措施，建立和完善知识产权壁垒通报和快速反应机制，以便在获知贸易伙伴贸易政策和措施的变化后，能迅速有效地评估该变化对有关产业和对外贸易产生的影响，并分析其是否符合多边贸易规则。同时通知有关国内产业，适时采取调整和适应措施，充分利用企业的资源，形成政府和企业之间的互动。

（3）构建知识产权壁垒的管理体系。首先，应建立专门的知识产权壁垒咨询机构。其次，要加快国内技术标准体系建设并积极参与国际标准化活动。在采用国际标准的同时，应组织更多国内标准化专家参与到国际标准的制定当中，打破发达国家对国际标准制定的垄断。最后，应成立专门的专利许可委员会，对于国外专利在中国的专利许可收费，实行总量控制，例如，在DVD产品上，国外“3C”企业联盟[①]对中国DVD生产企业的许可收费达到了销售价格的50%，远远超过了5%～8%的国际惯例，对于国外这种知识产权权利滥用，国家应当进行干预。

（4）以反垄断法规制滥用知识产权行为。对于外国企业滥用知识产权的行为，应当依法加以规制。美国等国家的反垄断法甚至将其法律效力延伸到了国外，中国的反垄断法对此也应采取对等措施。同时，应当建立专门的限制知识产权滥用的执法审查机构，增加法律的确定性和可操作性。

（5）合理运用法律手段。从法律运用角度看，中国应建立一种机制或渠道，使企业能及时向政府反映其在出口方面所受到的各种不公，使政府部门能及时获悉这种呼声，并能在必要时尽快启用世界贸易组织争端解决程序。对国外的知识产权壁垒，应学会运用作为世界贸易组织成员的权利，联合相关利益方，以谈判与磋商的方式降低知识产权壁垒的影响，合理利用法律设置自身的保护条件。

（6）加强国际沟通和联系，为产品出口的市场准入创造条件。例如，通过签订多边及双边消除知识产权壁垒的协定，加强与美国、欧盟及日本的主动沟通与磋商，争取减少争端，促进合作。要加强与发达国家在标准、技术法规和合格评定程序方面的技术合作，确保相互了解对方的标准和法规制定方面的最新信息。

（7）积极推动建立与完善产品出口的商会、行业协会等专业组织和中介组织，充分发挥其在调研、协调、协商、服务等方面的职能。

（8）与其他发展中国家一道，争取获得参与世界贸易组织相关知识产权协定的制定和修改的主动权。例如，TRIPs虽然对“最不发达国家”承认可以采用不同于发达国家的知识产权制度，但对于广大发展中国家却没有任何区别，这本身就是违背世界贸易组织原则的。在某种意义上，TRIPs可被视为是“撤掉发展中国家向上攀登的梯子”，维护的完全是发达国家的利益。应当倡导对TRIPs进行根本性改革，如允许发展中国家对知识产权实行相对较弱的保护，对特许权支付较低费用，通过设立专利权的国际税收并以其来提高发展中国家的科技能力等。

（9）加快对专门人才的培养。政府部门可以采取多种形式，培养一批通晓世界贸易组织规则、精通外语、熟悉知识产权贸易壁垒的专门人才。这些专门人才

① “3C”企业联盟由荷兰的飞利浦公司、日本的索尼公司和先锋公司以及韩国的LG公司组成，解码芯片、机芯等DVD零部件的关键技术主要掌握在这些公司手中

可以成为知识产权贸易壁垒预警系统的主要人力资源。

2）企业应对知识产权壁垒的策略

（1）针对产品出口的知识产权壁垒，出口企业应把握国际市场消费需求变化趋势，掌握国外政策最新动态和有关信息，改变以往主要通过增加产品出口数量来发展出口贸易的模式，确立依靠科技进步、提高产品科技含量、降低产品生产成本、提升产品品质、扩展产品功能的发展思路。

（2）针对国外知识产权壁垒，企业应强化知识产权意识，了解出口国相关知识产权的法律法规，搜集相关信息，建立知识产权预警机制，避免因知识产权壁垒而造成的损失。企业应通过发展具有自主知识产权的主导技术和产品，突破国外的知识产权壁垒。

（3）面对国外滥用诉权和知识产权，应大胆起诉或及时应诉，主动运用世界贸易组织的争端机制进行抗辩。比如，深圳木地板企业燕加隆集团在2004～2010年连续打胜了7起知识产权跨国诉讼，涉及加拿大、德国、美国等国家，维护了自身的权益和市场份额，也提高了企业的研发和国际竞争能力。再如，2010年，我国通领科技集团胜诉美国国际贸易委员会。这起持续时间长达6年的337调查，以通领科技集团付出1080万美元巨额诉讼费获得美国市场准入权而结束。

第三节　中国对外贸易中的环境保护问题

在当前经济全球化进程中，伴随着经济增长和生活水平的提高，环境问题也日益突出，环境保护理念逐渐被人们所接受和重视。如何对待和处理贸易与环境的关系，正成为世界各国关注的焦点之一。

一、国际贸易与环境保护问题

国际贸易中环境问题的出现主要有两个原因：一是一些国家试图利用贸易措施以影响其他国家的环境政策，或者以保护环境的名义，筑起贸易壁垒，保护本国的利益；二是由于环境问题的全球化，各国所采取的行动对贸易有着重大的影响。当前，各国政府已经达成的有关臭氧及气候变化的《蒙特利尔议定书》、生物多样性的《濒危物种国际贸易公约》、涉及危险废物的《巴赛尔公约》等，都具有与贸易密切相关的内容。

随着国际贸易的发展，贸易与环境的关系问题日益引起世界各国的重视。从20世纪70年代起，关贸总协定就曾通过贸易与环境工作组讨论贸易与环境的关系问题。1995年世界贸易组织成立后建立了贸易与环境委员会（CTE），其基本宗旨是“明确贸易措施与环境措施之间的关系以促进可持续发展；对多边贸易体系条款是否需要修改提出适当建议，这些建议必须与多边贸易体系的公开、公正、非歧视性原则相一致。” CTE 每年对有关贸易与环境的 10 项议题进行讨论。

2001 年在卡塔尔多哈举行的世界贸易组织第四次部长级会议上，在欧盟的积极推动下，经过激烈谈判，会议在最后一刻将贸易与环境问题作为一揽子的一部分列入新一轮多边贸易谈判的内容，决定对贸易与环境议题（包括三个子项内容）展开谈判。

综上所述，贸易与环境的结合已是大势所趋。发达国家以保护环境和保障人身安全为由，通过立法制定严格的强制性技术标准，以限制不符合其环保标准的外国产品进口，而发展中国家则强调环境壁垒对其对外贸易的消极影响。因为每个国家的经济发展水平不同，发达国家的生产工艺、技术和检验检疫手段都比发展中国家先进，能够提出更高水平的环境要求而将发展中国家的产品拒之门外，从而起到贸易保护的作用。并且，这种保护是一种以环保为名的新型壁垒即绿色壁垒，其形式更为隐蔽，针对性更强。

二、环境贸易壁垒及其对中国出口贸易的影响

随着环境保护运动的兴起，国际贸易中出现了以保护环境为借口而实行的贸易限制，被称为环境贸易壁垒或绿色壁垒。这种贸易壁垒对中国对外贸易产生了很大影响，使中国出口产品的竞争力受到了较大冲击。

1. 环境贸易壁垒的特点及表现形式

环境贸易壁垒，是指以保护人类和动植物的生命、健康或安全，保护生态或环境为由而采取的直接或间接限制甚至禁止贸易的法律、法规、政策与措施。

1）环境贸易壁垒的特点

（1）名义合理、合法。以保护资源环境和动植物及人类健康为目标，关注生态可持续发展，无论是在国际和国家层面，还是在团体、企业和消费者层面，均能得到认可和接受，具有明确的法律依据。

（2）内容广泛而系统。不但包括初级产品，而且涉及所有的中间产品和工业制成品；不仅涉及资源环境，而且涉及动植物与人类健康；不仅包括商品生产、销售，而且涉及生产方法与过程；不仅涉及法律法规，而且涉及产品标准；不仅涉及产品内在品质，而且涉及产品的外观与包装等。

（3）形式复杂且技术性强。发达国家利用其科学技术优势，通过制定大量系统而严密的农牧业标准和法律法规，以满足其农牧业生产、加工、贸易活动有序进行的多种要求，而且对产品的生产、使用、消费和处理过程的鉴定等，都包含较多的科学技术成分。

（4）发展多变且具有隐蔽性。许多发达国家借绿色之名行贸易保护之实，通过灵活多变的管理办法、检测内容和实施标准等，使出口方往往难以预见具体的

内容及其变化。因此，与其他非关税壁垒相比，环境贸易壁垒更容易回避贸易对方的指责。而且，各种检验标准极为复杂，往往使出口国尤其是发展中国家难以及时应对而蒙受损失。

（5）具有歧视性和不公正待遇。各国在政策和标准的制定方面，主要依据其国内资源技术条件和国内生产者以及消费者的需求，有些条例是专门针对出口国家或其商品制定的，甚至制定一些明显或隐蔽的双重环境标准。执行这些措施和标准时，隐含着歧视性和非公平待遇，往往是有利于本国生产者而不利于外国出口商的。

（6）影响范围广且具有争议性。环境贸易壁垒的做法容易受到模仿而迅速扩散，产生连锁反应，涉及的范围也逐渐由传统产业向高新技术产业扩展，影响范围大。但由于标准不统一且很难协调，往往容易产生分歧以及贸易摩擦。

2）环境贸易壁垒的表现形式

（1）环境技术标准 。发达国家凭借自身科技水平较高的优势专门订立一些严格的、强制性的环保技术标准，限制国外尤其是发展中国家商品的出口。由于这些标准都是根据发达国家的技术水平制定的，对于发达国家来说是可以达到的，而对于发展中国家而言，则是难以达到的。

（2）卫生检疫检验制度。关贸总协定通过的《卫生与动植物卫生措施协议》规定各成员方政府有权采取措施，保护人类与动植物的健康，使人、畜免遭污染物、毒素、添加剂的影响，确保人类健康免遭进口动植物携带疾病而造成的伤害。为保护国内消费者的利益，各国海关、商检机构都制定了种类繁多的卫生检疫制度，对进口商品的品质进行检测和鉴定。大多数发达国家对食品、药品的进口制定了严格的标准，其食品安全卫生指标、农药残留、放射性残留、重金属含量、细菌含量等指标的要求极为苛刻。发展中国家由于受生产水平和技术条件的限制，其出口发达国家的农产品、食品、药品等受到极大限制。

（3）环保标志。环保标志也称生态标志或环境标志，是由政府管理部门按照严格的程序和环境标准颁发给厂商印在其产品及包装上的一种图案，用以向消费者表明该产品从生产、使用到回收处理的整个过程均符合环保要求。发展中国家的产品为了获得这种“绿色通行证”，一方面要花费大量的检验、测试、评估、购买仪器设备等费用，另一方面还要支付不菲的认证申请费和标志使用费。

（4）环保包装。环保包装是指能节约资源、减少废弃物、使用后易于回收再利用，易于自然分解、不污染环境的包装，这类包装在发达国家已广泛流行。发达国家纷纷制定各种法规，要求简化包装，或使用可再生回收再循环包装、多功能包装，或要求以纸包装代替塑料包装等。这些“环保包装”法规有利于环境保护，但同时大大增加了出口商的成本，也为发达国家制造环境贸易壁垒提供了借口。

（5）环境关税和市场准入。主要发达国家以保护环境为名，对一些污染环境、影响生态平衡的进口产品征收进口附加税，或者限制、禁止其进口，甚至实行贸易制裁等。

（6）环境补贴。为了保护环境和资源，有必要将环境和资源费用计算在成本当中，使环境和资源成本内在化。发达国家还把一些严重污染环境的产业转移到发展中国家，以降低环境成本，导致发展中国家的环境成本因此而提高。此外，发展中国家绝大部分企业无力承担治理环境污染的费用，政府有时只能为此给予一定的环境补贴。发达国家又以这种补贴违反世界贸易组织的规定为由，限制发展中国家向发达国家的出口。

2. 环境贸易壁垒对中国出口贸易的影响

1）对农产品和食品出口的影响

（1）严格的技术标准，直接限制了中国农产品和食品的出口。发达国家在实施环境壁垒过程中，通过立法形式制定严格的技术标准，限制外国产品进入本国市场。对于中国而言，由于发达国家在生产、包装、处理等方面的技术要求，结果就是欧盟不允许中国的牛肉等产品进入欧盟市场，美国不允许中国的龙眼、苹果等产品进入美国市场，从而极大地抑制了中国农产品和食品的出口。

（2）严格的环保标准，削弱了中国传统农产品和食品的出口优势。在传统农产品和食品国际贸易中，中国的花生、茶叶、蜂蜜等产品都处于优势地位。但随着发达国家提出“自然食品”、“生态食品”等口号，并对产品包装标准也提出新要求，中国农产品和食品已难以达到发达国家的标准。中国的花生产量本来居世界首位，在国际贸易中曾与美国、阿根廷一起成为世界三大花生出口国，但近年来却因黄曲霉毒素含量指标达不到发达国家的限定标准而导致出口量下降。中国的茶叶、蜂蜜等产品，也因为含有污染物质而出口下滑。据估计，中国每年约有240亿美元的出口产品因达不到发达国家的环保标准而间接受到影响。

（3）严格的绿色卫生检疫制度，增加了中国农产品和食品开拓国际市场的难度。发达国家制定了一系列严格而又烦琐的卫生检疫制度，阻止外国农产品和食品进入本国，并且利用世界贸易组织协议中关于环境问题规定的漏洞打擦边球，实行贸易歧视，增加了中国农产品和食品开拓国际市场的难度。例如，美国除实行进口卫生许可证制度和良好食品生产规范注册认证制度外，又实行ISO 9000系列质量认证和水产品危害分析临界控制点认证制度，对所列指标要求精确到小数点后二位甚至三位，而中国的技术水平难以达到。又如，因不能满足进口方的特殊卫生要求，中国输往德国的3万多吨蜂蜜不得不停止出运，一度失去欧洲市场。同时，发达国家还针对中国农业生产中农药的使用设置环境壁垒。如欧盟宣布禁止茶叶使用的农药标准由旧标准的29种增加到新标准的62种，部分农药的标准比原标准的要求提高了100倍以上。

2）对机电行业的影响

欧盟最早设置了针对机电产品的严格技术性贸易壁垒。CE标志是工业品进入欧盟市场的通行证，欧盟各国海关有权拒绝未贴CE标志的产品入关。美国则对电子产品进口设置《控制放射性的健康与安全法》，对汽车制定《空气净化法》和《防污染法》，不达标的产品将被拒之门外。日本也制定了名目繁多的技术法规和标准，对机电产品的限制是JIS标准，其中许多项目高于国际标准，不达标就不能进入日本市场。目前，欧盟拥有的技术标准就有10多万个，德国的工业标准约有15万种，美国的技术标准和法规更是不胜枚举。

机电产品自1995年成为我国第一大类出口产品起，就屡屡遭遇国外环境壁垒。中国绝大部分企业缺乏核心竞争力，企业的设计制造及环保检测水准比起发达国家还差得远，仅机电产品出口一项，每年都要因环境壁垒损失90亿美元左右。国外环境贸易壁垒现已涵盖机电产品的研发、生产、加工、包装、运输、销售和消费的全过程，成为中国机电产品出口的一大障碍。

3）对纺织服装及染料行业的影响

纺织服装业是中国的主要传统产业，其产品出口在我国出口总额中占据较大比重。近年来，国外针对纺织品服装生产过程中的印花、染色和后期整理等工艺中使用化学物质的要求日益严格。1994年7月，德国政府首先颁布法令，禁止在纺织品和服装生产过程中使用118种偶氮染料。美国也提出对非环保染料的限令性要求，对纺织品中的偶氮染料、甲醛、五氯苯酚、杀虫剂、有机氧化物等的含量都实施了严格限制。欧盟等国家的纺织品环境标志标准也非常严格，且使用极为广泛，其禁令所涉及的染料在中国纺织产业中大量应用，有关产品对欧盟的年出口额达70亿美元。由于进口染料价格较国产染料普遍高出3～5倍，纺织企业若使用进口染料将使纺织品出口价格增加，影响产品的整体竞争力。

4）对皮革行业的影响

近年来，中国皮革制品的出口量较大，2010年皮革、毛皮及制品出口达538.3亿美元。由于皮革行业属于重污染行业，因此遭受的环境贸易壁垒更为繁多。在皮革产品进口方面，自1994年开始，德国相继制定了皮革中的六钾铬、禁用偶氮染料、五氯苯酚和甲醛等一系列的检测要求和方法，至2003年9月已为欧盟各国采用。

此外，欧盟REACH法规①的实施，也对中国的皮革化工、制革、皮革制品等行业产生较为深刻的影响。在制革过程中使用很多化学原料，使皮革产品中会有化学品的残留物。按照REACH法规的注册要求，在使用过程中有“意外的化

① REACH：Registration，Evaluation，Authorization and Restriction of Chemicals，化学品注册、评估、许可和限制，是欧盟对进入其市场的所有化学品进行预防性管理的法规，于2007年6月1日正式实施

学品释放”的皮革及其制品，即使无化学品的测试要求程序，生产商和进口商仍必须测试、各自评定产品中每种可能释放的化学品，同时在评估要求中，“任何有理由怀疑对人体健康或环境可能有危害的化学物质”，都可被有关机构根据标准要求进行物质评估。中国皮革企业为了获取认证，不仅要支付大量的检验、测试、评估、购买先进仪器设备等间接费用，而且还要支付较高的认证申请费和标志的使用年费等直接费用，导致产品成本大幅上升，进而丧失价格优势。如果产品被检测为不合格，则可能由于未符合 REACH 法规要求而导致贸易失败。

5）对包装行业的影响

近年来，发达国家对商品包装材料的要求迅速提高。例如，美国禁止使用稻草捆扎商品或作为包装的填充材料，英国则对此要求必须事先进行杀菌、灭虫等预防处理。德国政府要求纸箱包装材料表面不能上蜡、涂油，也不允许涂上塑料、沥青等防潮化学物。欧盟规定，包装材料的设计、生产和销售必须使其能够再利用和再生产，严格管制不可回收和不可分解材料的使用。日本政府也规定，制作购物袋等包装物所用的塑料必须是生物降解性塑料。虽然中国近年来在适应国际潮流和加强自身环保方面付出了较大努力，但对比国际上高标准的要求仍有相当差距。

6）对其他行业及产品的影响

中国陶瓷尤其是各类陶瓷餐具中的含铅量、烟草中的有机氯含量、玩具中的软化剂以及鞋类的黏着剂含量，均存在超标和被国外禁用等问题。合成洗涤剂是中国的主要洗涤材料，但因其对水体污染严重，发达国家的环保法规对生产合成洗涤剂使用的各种化学物质有着严格的限制，尤其对三聚磷酸钠、烷基苯磷酸钠、荧光增白剂等物质的含量提出了严格的要求。

综上所述，环境贸易壁垒已经越来越广泛地影响到中国出口产品及相关产业，成为中国扩大出口贸易的巨大障碍。

三、中国对外贸易发展对环境的影响

随着对外贸易的迅速发展，中国已成为世界贸易大国之一，但与此同时，也对环境造成了一定的负面影响，需要引起高度重视。

1. 出口贸易造成的环境问题

中国对外贸易在 20 世纪 90 年代以前，基本没有或很少考虑贸易对环境的影响。由于大量出口矿产品、农产品和畜牧产品，局部地区自然资源锐减、生态环境恶化，如钨、锡、锑、稀土及其他稀有金属的出口，都曾不同程度地导致这些矿产资源被乱挖滥采；矿物的土法选炼释放出大量有毒和放射性物质，严重污染了环境；石材的出口造成景观破坏和水土流失等。因一些出口企业盲目收购发菜、山野菜、药材等野生植物，致使大批农民拥向内蒙古草原，乱挖滥采，加速了草原沙化。羊绒出口量的扩大，导致过度放牧和生态环境的破坏。为了出口创汇，一些企业生产和出口的产品是发达国家因污染严重而不愿生产的产品，结果造成“把产品输往国外，把污染留在家乡”的问题。

长期以来，由于国内资源税和资源补偿费过低，加之环境污染没有真正被计入企业成本，资源性产品过度供给，相应刺激了下游重化工业的过度投资，并且导致高耗能、高污染、资源密集型产品大量出口。这相当于用中国的资源和原材料去补贴国外消费者，同时把大量污染留在国内，造成中国居民福利的净损失。

2. 进口贸易造成的环境问题

中国曾一度进口数量较大的象牙、虎骨、豹骨、犀牛角等野生动物制品。这些产品的进口破坏了国际珍稀濒危物种的保护，国家现已明令禁止进口，但管理任务仍相当繁重。沿海地区从美国、日本、西欧、香港等 20 多个国家和地区进口大量旧船拆卸废钢，使油污、船锈以及电焊渣等污染物直接排入滩涂、江海中，给人工养殖带来严重危害。中国每年从国外进口废金属、废纸等废旧物资，如果管理不善也会导致“洋垃圾”入境。随着中国废弃物资源进口总量的增长，非法废弃物进口屡禁不止，造成了严重的环境问题。据悉，全球数量惊人的电子垃圾有 80%出口到了亚洲，其中又有 90%进入中国。

3. 利用外资带来的环境问题

随着国际产业结构的调整，发达国家污染密集型产业逐步受到限制，促使其将污染密集型产业向发展中国家转移。随着中国利用外资规模的不断上升，外商直接投资对中国资源和环境造成的负面影响也在增大。有资料表明，外商投资企业正在向资源消耗型、污染密集型产业集中。随着中国东部地区的环境标准逐渐提高，受中西部开发战略的推动，目前外资有可能转向中西部地区去发展采掘业和制造业，并转移东部地区的落后行业，结果可能是向中西部地区进行变相的“污染转移”。

四、中国对外贸易与环境协调发展的策略

作为全球最大的发展中国家，近年来中国的经济和对外贸易保持高速增长，但同时也产生了一系列环境问题。对外贸易规模的不断扩大带来的环境与生态影响日益突出，这主要表现在两个方面：一是很长一段时期内，我国在发展对外贸易上由于资金和经验不足、管理不力以及决策上的某些失误，在追求经济发展时没有充分注意生态环境保护，一度造成盲目开发出口产品而引起生态环境的恶化，以及进口有害废弃物而造成重大环境损失等情况；二是一些发达国家为保护其本国生态环境，通过各种途径，将资源消耗高、污染重的产业以及危害严重的危险废弃物转移至中国，直接损害了我国的环境权益。

面对世界贸易发展新趋势以及国内经济建设步伐加快的现实，我国应制定和

推行经济与对外贸易的可持续发展战略，使对外贸易在可持续发展的良性循环中健康发展，在数量增长的同时，实现对外贸易发展的实质性目标。

1. 制定并完善贸易与环境协调发展的政策

1）把握对外贸易与环境保护关系，均等政策协调力度

从中国现阶段情况看，绝大多数政策、法规正处于调整期，对外贸易政策和环境政策也不例外。但在协调二者关系时应把握好一点，即规范的自由贸易不仅不会对环境造成破坏，相反，贸易的自由发展必将促进传统意义上的社会福利和经济发展水平的提高，而不加限制的自由贸易将导致环境污染和破坏，造成污染产业和危险废弃物向我国转移的问题。因此，一方面，应通过相关贸易及投资政策的制定和执行，防止和抑制国外有害废弃物及环境污染产业向国内转移，鼓励和引导相关环境技术的引进和运用，同时限制有害废物和化学品的出口，防止污染的进一步扩大；另一方面，应通过税收、收费及环境标志等政策措施，促进国内生产方式的逐步转变。

世界贸易组织贸易与环境委员会 1996 年的报告承认："贸易自由化可以通过促进资源的更有效配置与使用来实现发展和环境收益。"但要实现这些收益，使贸易带动的增长具有可持续性，需要在国内层面制定合理的环境政策。我国应发挥对外贸易政策与环境保护政策双管齐下的作用，规范、合理的贸易政策和适度、恰当的环境政策的制定，是我国有关职能部门工作的一个出发点。贸易政策与环境政策两个方面，哪一方面走偏都会背离可持续发展原则。

2）完善对外贸易政策，遵守世界贸易组织有关原则

目前，为环境目的而采取的贸易措施即环境贸易措施，已成为国际社会为促进环保而实施的主要措施之一。基于环境保护的巨大压力，各国政府的贸易政策正日益成为为环境目标提供服务的工具。不少发达国家更是采取单方面行动，为环境目的实施限制或禁止进口的措施，从而不断引发贸易争端。对此，我国应积极应对，并有效利用世界贸易组织有关贸易争端的解决规则和机制，维护国家经济利益。更为重要的是，要对我国对外贸易政策作进一步的完善，使得对外贸易政策既充分顾及环境保护，但又不会因此而制约贸易的发展。这也符合世界贸易组织有关贸易与环境的规定。

3）加强环境保护立法，落实环境保护措施

首先，主动落实在多边贸易协定和多边环境协定中达成的协议，并使之转化为国内立法，以履行成员方的义务；其次，广泛实施世界贸易组织允许的绿色环保措施，如环境税收；最后，强化环境国际标准的实施与管理。在现阶段，应继续推广和实施 ISO 14000 产品环境标准。从长远看，长期实行过低的环境标准不仅不利于我国生态环境的改善和人民生活质量的提高，也不利于我国出口贸易的发展，因为这会给他国以制造环境壁垒的借口。

4）借鉴欧盟贸易与环境协调机制的经验

欧盟在协调环境与贸易关系上有两个好的做法：一是为保障贸易自由化，欧盟在环境标准的协调上采取多种不同的方式，如对有的产品制定统一标准，对有的产品制定最高标准或是最低标准；二是为协调贸易自由与环境保护之间的关系，欧盟让其司法机关和立法机构发挥重要作用，欧盟立法机构通过发布具有法律约束力的指令来指导成员国的行动。上述做法值得我国借鉴。

2. 实施可持续发展的对外贸易战略

1）建立和完善环境经济核算体系，实现贸易与环境的均衡发展

长期以来，我国产品价格未将环境成本计入在内，资源也成了可以廉价出口的商品。这不仅导致出口贸易容易受到环境贸易壁垒的掣肘，而且也损害了国家的长远发展利益，造成生态环境的严重失调。因此，应借鉴国外经验，建立适合我国国情的环境经济分析方法和政策体系，加强对环境变化对资源、人体健康、社会经济影响的定量化研究，将不可再生资源的损耗、可更新再生资源的消长、环境的破坏与修复改善、污染的治理，作为社会成本列入核算体系，逐步做到资源与环境的商品化、价格的合理化和消耗资源与破坏环境的有偿化，实现资源的集约使用和有效管理，走可持续发展之路。

2）调整出口商品结构，大力发展环保产业

要密切关注环境问题全球化发展进程，认真研究发达国家绿色消费浪潮的基本趋势，积极推进清洁生产，发展无污染和少污染产品的工业，引导各类企业将环境保护作为其主要价值取向之一，使环保指标和其他质量指标一起构成优质产品的内涵，从而建立起可持续发展的出口贸易商品结构。要把绿色产业作为提升出口产业结构的重点方向，实施战略性产业政策，通过财政、税收、金融等优惠政策加以扶持，培植规模经济优势，在大力开展环保产品国际贸易的同时，提高企业防治污染的能力，为我国出口产品冲破国际贸易中的绿色壁垒提供硬件上的支持。

3）实施绿色高科技战略，提高产品的技术含量

要进一步加强国际交流与合作，跟踪世界最先进科技成果，积极引进国外先进清洁生产技术、污染治理技术、“三废”综合利用技术，并有计划地建立一批环保高新科技和产品的研究开发基地及高新技术孵化、辐射基地，研究和开发具有自主知识产权的核心技术和主导产品，走技术引进与自主开发并举之路，推动产品和技术的升级换代。环境壁垒实质上是绿色高科技壁垒，对于企业而言，提高产品的科技含量是突破国外环境壁垒的根本所在。

4）推行 ISO 14000 国际认证，做好标准化工作

ISO 14000 环境管理系列标准是国际上通用的标准，其不对绝对量进行限制，而是关心是否符合环保法规，是否与承诺一致等问题，因而是消除环境贸易

壁垒的有效手段。当前，许多国家已开始按照 ISO 14000 标准对本国企业及产品开展认证工作，同时对进口产品也提出了这方面的要求。因此，我国应借鉴国外企业的成功经验，积极推行 ISO 14000 环境管理体系认证工作，并向通过该项认证的企业颁发“绿色标志”。要在实施环境认证制度的基础上，建立和完善我国的环境标准和技术法规体系，积极参与国际标准互认，签订多边或双边互认协议，以便从制度上消除贸易摩擦。要理性对待环境标准化工作的双重效应，通过渐进提升环境标准要求，推动资源的合理利用，降低产品成本，提高国际竞争力。

5）利用世界贸易组织机制，抵制绿色保护主义行为

要充分利用世界贸易组织的多边贸易体系谈判机制、合理对抗机制、报复措施、非歧视原则以及对发展中国家特殊照顾的规定，维护自身合理的经济权益。在发生环境贸易纠纷时，要依据上述规定和原则，向有关国家和国际机构提出交涉或申诉，力争通过磋商和谈判解决争端。要坚持权利与义务平衡的原则，在享受国际贸易赋予的比较利益的同时，承担与我国经济和社会发展水平相称的环境保护义务，反对西方国家在环境保护的旗帜下，实际推行以邻为壑、奖出限入的新重商主义行为。要积极参与世界贸易组织关于环境问题的贸易规则的修改与制定工作，以限制环境壁垒的活动空间，为我国企业开展国际经贸活动争取主动权。

思考题

1. 国外对华贸易摩擦的类型可依据哪些方法进行分类？主要有哪些类型？

2. 国外对华贸易摩擦的成因及效应有哪些？我国政府、企业和中介组织如何应对？

3. 何谓国际知识产权壁垒？我国政府和企业如何应对？

4. 环境贸易壁垒的特点和表现形式是什么？对中国出口贸易的影响如何？

5. 中国对外贸易发展对环境的影响有哪些？中国对外贸易与环境协调发展的策略是什么？

参考文献

陈双喜，魏巍，冯琳. 2008. 国际服务贸易. 大连：东北财经大学出版社.
冯雷. 2004. 经济全球化与中国贸易政策. 北京：经济管理出版社.
胡涵均. 2004. WTO与中国对外贸易. 上海：复旦大学出版社.
黄晓玲，宋沛. 2009. 中国对外贸易. 第2版. 北京：中国人民大学出版社.
江小涓，杨圣明，冯雷. 2001. 中国对外经贸理论前沿Ⅱ. 北京：社会科学文献出版社.
李钢，李俊. 2006. 迈向贸易强国——中国外经贸战略的深化与升级. 北京：人民出版社.
裴长洪，王万山. 2009. 共和国对外贸易60年. 北京：人民出版社.
裴长洪，赵忠秀，彭磊. 2007. 经济全球化与当代国际贸易. 北京：社会科学文献出版社.
曲如晓. 2009. 中国对外贸易概论. 第2版. 北京：机械工业出版社.
王绍媛，李艳丽. 2010. 中国对外贸易. 第3版. 大连：东北财经大学出版社.
王玉清，赵承璧. 2007. 国际技术贸易. 北京：清华大学出版社.
徐复. 2006. 中国对外贸易. 北京：清华大学出版社.
杨圣明. 1999. 中国对外经贸理论前沿. 北京：社会科学文献出版社.
张二震，马野青. 2003. 国际贸易学. 南京：南京大学出版社.

附录　中华人民共和国对外贸易法

（1994 年 5 月 12 日第八届全国人民代表大会常务委员会第七次会议通过，2004 年 4 月 6 日第十届全国人民代表大会常务委员会第八次会议修订）

第一章　总　　则

第一条　为了扩大对外开放，发展对外贸易，维护对外贸易秩序，保护对外贸易经营者的合法权益，促进社会主义市场经济的健康发展，制定本法。

第二条　本法适用于对外贸易以及与对外贸易有关的知识产权保护。

本法所称对外贸易，是指货物进出口、技术进出口和国际服务贸易。

第三条　国务院对外贸易主管部门依照本法主管全国对外贸易工作。

第四条　国家实行统一的对外贸易制度，鼓励发展对外贸易，维护公平、自由的对外贸易秩序。

第五条　中华人民共和国根据平等互利的原则，促进和发展同其他国家和地区的贸易关系，缔结或者参加关税同盟协定、自由贸易区协定等区域经济贸易协定，参加区域经济组织。

第六条　中华人民共和国在对外贸易方面根据所缔结或者参加的国际条约、协定，给予其他缔约方、参加方最惠国待遇、国民待遇等待遇，或者根据互惠、对等原则给予对方最惠国待遇、国民待遇等待遇。

第七条　任何国家或者地区在贸易方面对中华人民共和国采取歧视性的禁止、限制或者其他类似措施的，中华人民共和国可以根据实际情况对该国家或者该地区采取相应的措施。

第二章　对外贸易经营者

第八条　本法所称对外贸易经营者，是指依法办理工商登记或者其他执业手续，依照本法和其他有关法律、行政法规的规定从事对外贸易经营活动的法人、其他组织或者个人。

第九条　从事货物进出口或者技术进出口的对外贸易经营者，应当向国务院对外贸易主管部门或者其委托的机构办理备案登记；但是，法律、行政法规和国务院对外贸易主管部门规定不需要备案登记的除外。备案登记的具体办法由国务院对外贸易主管部门规定。对外贸易经营者未按照规定办理备案登记的，海关不予办理进出口货物的报关验放手续。

第十条　从事国际服务贸易，应当遵守本法和其他有关法律、行政法规的规定。

从事对外工程承包或者对外劳务合作的单位，应当具备相应的资质或者资格。具体办法由国务院规定。

第十一条　国家可以对部分货物的进出口实行国营贸易管理。实行国营贸易管理货物的进出口业务只能由经授权的企业经营；但是，国家允许部分数量的国营贸易管理货物的进出口业务由非授权企业经营的除外。实行国营贸易管理的货物和经授权经营企业的目录，由国务院对外贸易主管部门会同国务院其他有关部门确定、调整并公布。

违反本条第一款规定，擅自进出口实行国营贸易管理的货物的，海关不予放行。

第十二条　对外贸易经营者可以接受他人的委托，在经营范围内代为办理对外贸易业务。

第十三条　对外贸易经营者应当按照国务院对外贸易主管部门或者国务院其他有关部门依法作出的规定，向有关部门提交与其对外贸易经营活动有关的文件及资料。有关部门应当为提供者保守商业秘密。

第三章　货物进出口与技术进出口

第十四条　国家准许货物与技术的自由进出口。但是，法律、行政法规另有规定的除外。

第十五条　国务院对外贸易主管部门基于监测进出口情况的需要，可以对部分自由进出口的货物实行进出口自动许可并公布其目录。

实行自动许可的进出口货物，收货人、发货人在办理海关报关手续前提出自动许可申请的，国务院对外贸易主管部门或者其委托的机构应当予以许可；未办理自动许可手续的，海关不予放行。

进出口属于自由进出口的技术，应当向国务院对外贸易主管部门或者其委托的机构办理合同备案登记。

第十六条　国家基于下列原因，可以限制或者禁止有关货物、技术的进口或者出口：

（一）为维护国家安全、社会公共利益或者公共道德，需要限制或者禁止进口或者出口的；

（二）为保护人的健康或者安全，保护动物、植物的生命或者健康，保护环境，需要限制或者禁止进口或者出口的；

（三）为实施与黄金或者白银进出口有关的措施，需要限制或者禁止进口或者出口的；

（四）国内供应短缺或者为有效保护可能用竭的自然资源，需要限制或者禁止出口的；

（五）输往国家或者地区的市场容量有限，需要限制出口的；

（六）出口经营秩序出现严重混乱，需要限制出口的；

（七）为建立或者加快建立国内特定产业，需要限制进口的；

（八）对任何形式的农业、牧业、渔业产品有必要限制进口的；

（九）为保障国家国际金融地位和国际收支平衡，需要限制进口的；

（十）依照法律、行政法规的规定，其他需要限制或者禁止进口或者出口的；

（十一）根据我国缔结或者参加的国际条约、协定的规定，其他需要限制或者禁止进口或者出口的。

第十七条　国家对与裂变、聚变物质或者衍生此类物质的物质有关的货物、技术进出口，以及与武器、弹药或者其他军用物资有关的进出口，可以采取任何必要的措施，维护国家安全。

在战时或者为维护国际和平与安全，国家在货物、技术进出口方面可以采取任何必要的措施。

第十八条　国务院对外贸易主管部门会同国务院其他有关部门，依照本法第十六条和第十七条的规定，制定、调整并公布限制或者禁止进出口的货物、技术目录。

国务院对外贸易主管部门或者由其会同国务院其他有关部门，经国务院批准，可以在本法第十六条和第十七条规定的范围内，临时决定限制或者禁止前款规定目录以外的特定货物、技术的进口或者出口。

第十九条　国家对限制进口或者出口的货物，实行配额、许可证等方式管理；对限制进口或者出口的技术，实行许可证管理。

实行配额、许可证管理的货物、技术，应当按照国务院规定经国务院对外贸易主管部门或者经其会同国务院其他有关部门许可，方可进口或者出口。

国家对部分进口货物可以实行关税配额管理。

第二十条　进出口货物配额、关税配额，由国务院对外贸易主管部门或者国务院其他有关部门在各自的职责范围内，按照公开、公平、公正和效益的原则进行分配。具体办法由国务院规定。

第二十一条　国家实行统一的商品合格评定制度，根据有关法律、行政法规的规定，对进出口商品进行认证、检验、检疫。

第二十二条　国家对进出口货物进行原产地管理。具体办法由国务院规定。

第二十三条　对文物和野生动物、植物及其产品等，其他法律、行政法规有禁止或者限制进出口规定的，依照有关法律、行政法规的规定执行。

第四章 国际服务贸易

第二十四条 中华人民共和国在国际服务贸易方面根据所缔结或者参加的国际条约、协定中所作的承诺，给予其他缔约方、参加方市场准入和国民待遇。

第二十五条 国务院对外贸易主管部门和国务院其他有关部门，依照本法和其他有关法律、行政法规的规定，对国际服务贸易进行管理。

第二十六条 国家基于下列原因，可以限制或者禁止有关的国际服务贸易：

（一）为维护国家安全、社会公共利益或者公共道德，需要限制或者禁止的；

（二）为保护人的健康或者安全，保护动物、植物的生命或者健康，保护环境，需要限制或者禁止的；

（三）为建立或者加快建立国内特定服务产业，需要限制的；

（四）为保障国家外汇收支平衡，需要限制的；

（五）依照法律、行政法规的规定，其他需要限制或者禁止的；

（六）根据我国缔结或者参加的国际条约、协定的规定，其他需要限制或者禁止的。

第二十七条 国家对与军事有关的国际服务贸易，以及与裂变、聚变物质或者衍生此类物质的物质有关的国际服务贸易，可以采取任何必要的措施，维护国家安全。

在战时或者为维护国际和平与安全，国家在国际服务贸易方面可以采取任何必要的措施。

第二十八条 国务院对外贸易主管部门会同国务院其他有关部门，依照本法第二十六条、第二十七条和其他有关法律、行政法规的规定，制定、调整并公布国际服务贸易市场准入目录。

第五章 与对外贸易有关的知识产权保护

第二十九条 国家依照有关知识产权的法律、行政法规，保护与对外贸易有关的知识产权。

进口货物侵犯知识产权，并危害对外贸易秩序的，国务院对外贸易主管部门可以采取在一定期限内禁止侵权人生产、销售的有关货物进口等措施。

第三十条 知识产权权利人有阻止被许可人对许可合同中的知识产权的有效性提出质疑、进行强制性一揽子许可、在许可合同中规定排他性返授条件等行为之一，并危害对外贸易公平竞争秩序的，国务院对外贸易主管部门可以采取必要的措施消除危害。

第三十一条 其他国家或者地区在知识产权保护方面未给予中华人民共和国的法人、其他组织或者个人国民待遇，或者不能对来源于中华人民共和国的货物、技术或者服务提供充分有效的知识产权保护的，国务院对外贸易主管部门可以依照本法和其他有关法律、行政法规的规定，并根据中华人民共和国缔结或者参加的国际条约、协定，对与该国家或者该地区的贸易采取必要的措施。

第六章　对外贸易秩序

第三十二条　在对外贸易经营活动中，不得违反有关反垄断的法律、行政法规的规定实施垄断行为。

在对外贸易经营活动中实施垄断行为，危害市场公平竞争的，依照有关反垄断的法律、行政法规的规定处理。有前款违法行为，并危害对外贸易秩序的，国务院对外贸易主管部门可以采取必要的措施消除危害。

第三十三条　在对外贸易经营活动中，不得实施以不正当的低价销售商品、串通投标、发布虚假广告、进行商业贿赂等不正当竞争行为。

在对外贸易经营活动中实施不正当竞争行为的，依照有关反不正当竞争的法律、行政法规的规定处理。

有前款违法行为，并危害对外贸易秩序的，国务院对外贸易主管部门可以采取禁止该经营者有关货物、技术进出口等措施消除危害。

第三十四条　在对外贸易活动中，不得有下列行为：

（一）伪造、变造进出口货物原产地标记，伪造、变造或者买卖进出口货物原产地证书、进出口许可证、进出口配额证明或者其他进出口证明文件；

（二）骗取出口退税；

（三）走私；

（四）逃避法律、行政法规规定的认证、检验、检疫；

（五）违反法律、行政法规规定的其他行为。

第三十五条　对外贸易经营者在对外贸易经营活动中，应当遵守国家有关外汇管理的规定。

第三十六条　违反本法规定，危害对外贸易秩序的，国务院对外贸易主管部门可以向社会公告。

第七章　对外贸易调查

第三十七条　为了维护对外贸易秩序，国务院对外贸易主管部门可以自行或者会同国务院其他有关部门，依照法律、行政法规的规定对下列事项进行调查：

（一）货物进出口、技术进出口、国际服务贸易对国内产业及其竞争力的影响；

（二）有关国家或者地区的贸易壁垒；

（三）为确定是否应当依法采取反倾销、反补贴或者保障措施等对外贸易救济措施，需要调查的事项；

（四）规避对外贸易救济措施的行为；

（五）对外贸易中有关国家安全利益的事项；

（六）为执行本法第七条、第二十九条第二款、第三十条、第三十一条、第三十二条第三款、第三十三条第三款的规定，需要调查的事项；

（七）其他影响对外贸易秩序，需要调查的事项。

第三十八条　启动对外贸易调查，由国务院对外贸易主管部门发布公告。

调查可以采取书面问卷、召开听证会、实地调查、委托调查等方式进行。

国务院对外贸易主管部门根据调查结果，提出调查报告或者作出处理裁定，并发布公告。

第三十九条　有关单位和个人应当对对外贸易调查给予配合、协助。

国务院对外贸易主管部门和国务院其他有关部门及其工作人员进行对外贸易调查，对知悉的国家秘密和商业秘密负有保密义务。

第八章　对外贸易救济

第四十条　国家根据对外贸易调查结果，可以采取适当的对外贸易救济措施。

第四十一条　其他国家或者地区的产品以低于正常价值的倾销方式进入我国市场，对已建立的国内产业造成实质损害或者产生实质损害威胁，或者对建立国内产业造成实质阻碍的，国家可以采取反倾销措施，消除或者减轻这种损害或者损害的威胁或者阻碍。

第四十二条　其他国家或者地区的产品以低于正常价值出口至第三国市场，对我国已建立的国内产业造成实质损害或者产生实质损害威胁，或者对我国建立国内产业造成实质阻碍的，应国内产业的申请，国务院对外贸易主管部门可以与该第三国政府进行磋商，要求其采取适当的措施。

第四十三条　进口的产品直接或者间接地接受出口国家或者地区给予的任何形式的专向性补贴，对已建立的国内产业造成实质损害或者产生实质损害威胁，或者对建立国内产业造成实质阻碍的，国家可以采取反补贴措施，消除或者减轻这种损害或者损害的威胁或者阻碍。

第四十四条　因进口产品数量大量增加，对生产同类产品或者与其直接竞争的产品的国内产业造成严重损害或者严重损害威胁的，国家可以采取必要的保障措施，消除或者减轻这种损害或者损害的威胁，并可以对该产业提供必要的支持。

第四十五条　因其他国家或者地区的服务提供者向我国提供的服务增加，对提供同类服务或者与其直接竞争的服务的国内产业造成损害或者产生损害威胁的，国家可以采取必要的救济措施，消除或者减轻这种损害或者损害的威胁。

第四十六条　因第三国限制进口而导致某种产品进入我国市场的数量大量增加，对已建立的国内产业造成损害或者产生损害威胁，或者对建立国内产业造成阻碍的，国家可以采取必要的救济措施，限制该产品进口。

第四十七条　与中华人民共和国缔结或者共同参加经济贸易条约、协定的国家或者地区，违反条约、协定的规定，使中华人民共和国根据该条约、协定享有的利益丧失或者受损，或者阻碍条约、协定目标实现的，中华人民共和国政府有权要求有关国家或者地区政府采取适当的补救措施，并可以根据有关条约、协定中止或者终止履行相关义务。

第四十八条　国务院对外贸易主管部门依照本法和其他有关法律的规定，进行对外贸易的双边或者多边磋商、谈判和争端的解决。

第四十九条　国务院对外贸易主管部门和国务院其他有关部门应当建立货物进出口、技术进出口和国际服务贸易的预警应急机制，应对对外贸易中的突发和异常情况，维护国家经济安全。

第五十条　国家对规避本法规定的对外贸易救济措施的行为，可以采取必要的反规避措施。

第九章　对外贸易促进

第五十一条　国家制定对外贸易发展战略，建立和完善对外贸易促进机制。

第五十二条　国家根据对外贸易发展的需要，建立和完善为对外贸易服务的金融机构，设立对外贸易发展基金、风险基金。

第五十三条　国家通过进出口信贷、出口信用保险、出口退税及其他促进对外贸易的方式，发展对外贸易。

第五十四条　国家建立对外贸易公共信息服务体系，向对外贸易经营者和其他社会公众提供信息服务。

第五十五条　国家采取措施鼓励对外贸易经营者开拓国际市场，采取对外投资、对外工程承包和对外劳务合作等多种形式，发展对外贸易。

第五十六条　对外贸易经营者可以依法成立和参加有关协会、商会。

有关协会、商会应当遵守法律、行政法规，按照章程对其成员提供与对外贸易有关的生产、营销、信息、培训等方面的服务，发挥协调和自律作用，依法提出有关对外贸易救济措施的申请，维护成员和行业的利益，向政府有关部门反映成员有关对外贸易的建议，开展对外贸易促进活动。

第五十七条　中国国际贸易促进组织按照章程开展对外联系，举办展览，提供信息、咨询服务和其他对外贸易促进活动。

第五十八条　国家扶持和促进中小企业开展对外贸易。

第五十九条　国家扶持和促进民族自治地方和经济不发达地区发展对外贸易。

第十章　法律责任

第六十条　违反本法第十一条规定，未经授权擅自进出口实行国营贸易管理的货物的，国务院对外贸易主管部门或者国务院其他有关部门可以处五万元以下罚款；情节严重的，可以自行政处罚决定生效之日起三年内，不受理违法行为人从事国营贸易管理货物进出口业务的申请，或者撤销已给予其从事其他国营贸易管理货物进出口的授权。

第六十一条　进出口属于禁止进出口的货物的，或者未经许可擅自进出口属于限制进出口的货物的，由海关依照有关法律、行政法规的规定处理、处罚；构成犯罪的，依法追究刑事责任。

进出口属于禁止进出口的技术的，或者未经许可擅自进出口属于限制进出口的技术的，依照有关法律、行政法规的规定处理、处罚；法律、行政法规没有规定的，由国务院对外贸易主管部门责令改正，没收违法所得，并处违法所得一倍以上五倍以下罚款，没有违法所得或者违法所得不足一万元的，处一万元以上五万元以下罚款；构成犯罪的，依法追究刑事责任。

自前两款规定的行政处罚决定生效之日或者刑事处罚判决生效之日起，国务院对外贸易主管部门或者国务院其他有关部门可以在三年内不受理违法行为人提出的进出口配额或者许可证的申请，或者禁止违法行为人在一年以上三年以下的期限内从事有关货物或者技术的进出口经营活动。

第六十二条　从事属于禁止的国际服务贸易的，或者未经许可擅自从事属于限制的国际服务贸易的，依照有关法律、行政法规的规定处罚；法律、行政法规没有规定的，由国务院对外贸易主管部门责令改正，没收违法所得，并处违法所得一倍以上五倍以下罚款，没有违法所得或者违法所得不足一万元的，处一万元以上五万元以下罚款；构成犯罪的，依法追究刑事责任。

国务院对外贸易主管部门可以禁止违法行为人自前款规定的行政处罚决定生效之日或者刑事处罚判决生效之日起一年以上三年以下的期限内从事有关的国际服务贸易经营活动。

第六十三条　违反本法第三十四条规定，依照有关法律、行政法规的规定处罚；构成犯罪的，依法追究刑事责任。

国务院对外贸易主管部门可以禁止违法行为人自前款规定的行政处罚决定生效之日或者刑事处罚判决生效之日起一年以上三年以下的期限内从事有关的对外贸易经营活动。

第六十四条　依照本法第六十一条至第六十三条规定被禁止从事有关对外贸

易经营活动的，在禁止期限内，海关根据国务院对外贸易主管部门依法作出的禁止决定，对该对外贸易经营者的有关进出口货物不予办理报关验放手续，外汇管理部门或者外汇指定银行不予办理有关结汇、售汇手续。

第六十五条　依照本法负责对外贸易管理工作的部门的工作人员玩忽职守、徇私舞弊或者滥用职权，构成犯罪的，依法追究刑事责任；尚不构成犯罪的，依法给予行政处分。

依照本法负责对外贸易管理工作的部门的工作人员利用职务上的便利，索取他人财物，或者非法收受他人财物为他人谋取利益，构成犯罪的，依法追究刑事责任；尚不构成犯罪的，依法给予行政处分。

第六十六条　对外贸易经营活动当事人对依照本法负责对外贸易管理工作的部门作出的具体行政行为不服的，可以依法申请行政复议或者向人民法院提起行政诉讼。

第十一章　附　　则

第六十七条　与军品、裂变和聚变物质或者衍生此类物质的物质有关的对外贸易管理以及文化产品的进出口管理，法律、行政法规另有规定的，依照其规定。

第六十八条　国家对边境地区与接壤国家边境地区之间的贸易以及边民互市贸易，采取灵活措施，给予优惠和便利。具体办法由国务院规定。

第六十九条　中华人民共和国的单独关税区不适用本法。

第七十条　本法自 2004 年 7 月 1 日起施行。